マルクスとヒポクラテスの間

鈴村鋼二遺稿集

風媒社

談笑するコーちゃんこと、鈴村鋼二。(2007年)　(中井征勝・撮影)

マルクスとヒポクラテスの間

鈴村鋼二遺稿集

鋼ちゃんの声が聞こえる

稲垣喜代志

この本は奇抜な本である。というより全く変てこな本だ。普通の常識では考えられない本の造り方だ。私が編集の仕事にたずさわるようになってからもう数十年になるが、このような本造りに関わったのは初めてだ。

しかし、読みにくいこの本をたどたどしくたどって読み進んでいくと、読む人は、やがてなるほどとうなずいてくれると思う。こういった文章は鈴村君だけにしか書けない文章なのである。

東大の法学部政治学科に入って四年、彼は何を考え続けてきたのだろうか。入学してその年の末には法学部の学生の大部分が将来、自分は何をするかを算盤《そろばん》ではじき出し、八、九〇%が官僚の道を選ぶという。たとえ、省庁のトップになれなくとも、五十代で天下りをくり返し、そのたびに昇給と数千万円という退職金を手にすると、他のいかなる職業を選ぶよりも生涯収入が最も多く手に入るという。それを知って彼は唖然とした。俺はけっしてそんな仕事はしない。そんな階層の人物がいない社会を作りたいと考えた。

そこで、六〇年安保の挫折後、一九六一年に卒業と同時に名大の医学部の試験を受け、大学に再入学する。郷里はトヨタ城下町。そこで働く人、そこに住む人の人権は必ずしも守られているとはいえない。為政者が「Aだ」と言えば、市議会議員や労働組合、たとえ社会党選出の代議士であっても「ノー」とは言えない空気が町中に充満している。

そうした中で彼は産婦人科病院を開業し、患者本人や家族たちとの信頼関係を築きながら、町を少しでも民主主義的な（衆愚政治的でない）ものに近づけたいと考えた。六二年には豊田市政研究会をつくり、渥美の杉浦明平さんのグループに学びながら、多治見、豊明、江南、恵那、浦和などの若い人々と連絡をとり、協力し合って市民のための社会づくりを志したのであった。

私は一九五三年に学生たちが全国的に展開した帰郷運動（護憲運動）に参加し、東海地方を担当したことがあるが、その時から親しくしてきた友人に神谷長君（故人）がいて、彼は豊田市に帰り、鈴村君と共に初期の市政研を築き上げた。鈴村君がいかに頑張ったかは、「トヨタ巨大サッカー場建設」の部分を読んでいただければよくわかると思う。そして、〝役人〟が構成する組織というものが「いかに巨大で、どうしようもないもの」であるかも。

彼は専門家以上に、水準をこえる社会・政治思想の勉強も続け、その上に産婦人科医としても、「日本一」という折紙がつくほど、一人で頑張り働きつづけた。

だから、東大・丸山門下生でつくる『'60』、同人誌『象』に発表した原稿なども彼自身の〝地〟の文章よりも「引用文」の方が長いというルール違反のようなことをやっているが、一人であれもこれもやってきたので、本来は引用文を要約して出すのがよいが、そのヒマを惜しんで、その分、掲載料を余分に払って勘弁してもらったということだそうだ。どうぞ、ご海容のほど。

文章をよく噛みしめて読んで下さい。いまそこで鈴村君があの独特の声で叫んでいるのが聞こえてくるようです。

◉目次

凡例

①遺稿集へ収録した論稿は、Ⅶの「画像録」以外はすべて発表年代順に配列した。
②鈴村論稿は、少数のものを除いて、大半が自ら創設にかかわった「豊田市政研究会」の機関紙『月刊市政研』への執筆、東大同期生の同人誌『'60の会』への投稿、二〇〇四年から参加した名古屋の同人誌『象』への投稿が中心となっている。
③鈴村論稿には、発表誌・紙間で一部論稿の「使いまわし」がある（『月刊市政研』、『'60の会』、『象』）。こうした場合は、編集者の判断で同内容の重複掲載を避け、「初出」のものを優先収録した。
④鈴村論稿の数字表記の大半は、一部の例外―例えば資料として載せられた、「ビラ」やその他横書きの文書―（これらは、すべて本遺稿集では「縦書き」に変更して収録）を除き「縦書き」であるが、例えば年号の表示で、「一九六〇年」であったり「1960」であったり「六〇年安保や６０年安保」とあったり、また一二月が時には十二月になり、12月や12.月の場合もある。このような表記については、編集段階で可能な限り（１９７２年を一九七二年などのように）統一したが、もちろんある程度の「例外的使用」があり、また鈴村の引用した様々な著者たちの表記もばらばらであるため、オリジナル表記を尊重した場合があったことも注記しておく。
　また表記上の統一で留意したのは、欧文表記（専門用語・人名・書名・雑誌・新聞名など）である。鈴村は、ほとんどの場合、和文の縦書きの中に欧文を「横書き」でそのまま書き込んでいる。これらについては、ごくわずかの例外を除いて、ほとんどそのまま欧文「横書き」で表記し、本の題名はイタリック体に統一した。
⑤鈴村論稿には、明らかな誤記・誤植があり、これらは編集時に気付いたものを訂正したが（後に鈴村自身の手で、活字になった自分の論稿に訂正を入れているものはもちろんそれに従っている）、必ずしも誤記・誤植とは言えない（本人の好みや語感によって表記したと思われる単語や行文など）表記はそのままにした。またいわゆる略字使用（二十才→二十歳、云う→言う、など）については、（一部例外があるが）できる限り正字に置き換えた。

1956年11月、ハンガリー事件のインパクトをうけて市図書館にて講演会を開く。前列左から2人目が鈴村。渡久地氏の顔も見える。

60年安保闘争に挫折、豊田市での帰郷運動の集会に参加。前列中央が鈴村。その右が、彼が敬愛する神谷長（つね）さん。

61年の町のメーデーに参加。「平和を守る会」のメンバーはトヨタの下請企業を不当解雇させられた「黒川君を守る会」をつくり、街でデモ行進した。

東大'60の会。中央が丸山眞男師。その左は会員 庄司薫の妻のピアニスト・中村紘子。

東大駒場寮。
社研の仲間たち。

中学時代からの親友の川上欣宏君が法政大の政治学科に入り、丸山門下の俊秀、松下圭一・藤田省三氏のゼミに出ていて、「お前も来いよ」と誘ってくれたので喜んで参加した。ゼミの仲間たちと大学祭で。以来、松下さんとは深くつき合う。

兄・本多静雄さん（わが町の巨人）が毎春催された観桜会には弟の文学者・秋五さんが逗子から毎回、楽しみに来豊されていた。その折、「秋五先生の話を聞き、勉強する会をしたい」と申し入れ、快諾され、実現。会場と夕食代他は鈴村家が請け負った。ある時、「子どもの頃によく遊びに行った猿投神社に行ってみたい」と言われ、翌日、皆で一緒に神社に行った。2001年4月9日。写真上・後列中央が秋五さん。

地元の伝統の「挙母祭」には鈴村家の別邸に友人・知己を毎年招待して賑々しく一日をすごした。

この頃から山登りを覚える。友人の村山高康（左）、矢野和夫（右）らと鈴鹿山脈の岩場を登る。20代、63～64年。

名大医学部に入り直し、教養部で中川久定先生に学ぶ。中川氏はディドロの研究で世界的に評価され、京大文学部長も務める。

新婚早々の美彌子さんと。御岳山頂上の旭館前で。

親友の川上欣宏君と。山と海の遊びは彼がすべて教えた。

I

『思想の科学』一九六三年十一月号への投稿文

本稿を『鈴村鋼二遺稿集』の《巻頭論文》とする。鈴村鋼二がこれ以前になにかを書いていたとしても、我々のみるところ本稿こそが鈴村のデビュー作であり、遺稿集の巻頭へ置くのに相応しいものと判断した。文中には華麗なインテリジェンスをちりばめながらも、その文体は率直果敢であり、後の鈴村の資質がここにすでに出そろっていると思われるからである。編者（村山）は、本稿が発表された直後、『思想の科学』を主宰する鶴見俊輔氏に会う機会があり、この論文について言及すると、鶴見氏は鈴村について「最近知った最も注目すべき人物、まさに新人の登場と言えるでしょう」と称賛した。

なお本稿は、この論稿の主題ともなった「豊田市政研究会」の活動にかかわるもので、この会を代表して豊田市議会議員になった渡久地政司氏との共同執筆である。実際の誌面では、渡久地氏が前半で豊田市政の現状分析「―内がわ―」を書き、後半で鈴村が豊田市政と市民運動にかかわる思想的意味「―外側―」を探求する構成になっている。ただしこの『鈴村鋼二遺稿集』が、鈴村のものではない文章から始まるのもやや違和感があるため、渡久地氏の文章を鈴村の文章の後へ置くことにした。渡久地氏の論稿も、地方政治の実態を知る優れた報告であり、鈴村のものと合わせて読むことでより彼らの活動の理解が深まるのは言うまでもない。このようなかたちの収録をご了解いただいた渡久地氏に感謝する。（編者）

連帯と孤絶の条件 ―豊田市政研究会の場合―

鈴村鋼二

書くのは気はずかしい。書いてしまえばシラジラしい。書くに値するほどの仕事もやっておらず、「曰く言いがたし」を語れるほどの詩人の魂も持ち合わせない僕らだ。ベルンシュタインみたいに「プロセスがすべてだ」と開きなおって冷や汗をぬぐいながら書くつもり。

五三年の護憲帰郷運動で生まれたサークル。挙母《ころも》平和を守る会（五三―五八年）、市民講座実行委員会（五九―六〇年）、黒川君を守る会(註1)（六一―六二年）、豊田市政研究会（六二年―）と時々の活動の重点に応じて、十名ほどの顔ぶれが、（きだみのる氏描くところの）「気違い部落」の住人達のごとく、あきもせずにその十ページばかりを十年間(註2)くりかえし熟読玩味しながら、題名を書き換えたり、つけ加えたりして、手垢と体臭をしみ込ませた愛すべき古本だ。いや古本のイメージより、日本一のモダンなラインを誇るトヨタ元町工場を仰ぎつつ、田圃の泥の中を這い回っているザリガニのほうが動きがあってよい。

「外がわ」を書く渡久地は、愛大経済に在学中、日共に入党し、安保闘争では、細胞キャップとしてブントと渡り合い、卒業して町の小新聞の記者になり、六二年八月豊田原水協を代表して東京大会に出席中、ソ連の核実験に反対して、暴れ脱党。今年四月、のれんに腕押しの現実感の稀薄さにいらだち、サークルの分解の危機感につき動かされ、公示一週間前に立候補を決定し、初産で入院中の女房にはげまされ、ドサクサの選挙で三〇名中一一位で当選した二六歳の市会議員。「内がわ」を書く鈴村は、東大法に在学中、近代政治学を齧って客観主義的になり、ブントに対してアンビヴァレントな感情を抱きながら、安保中はポリに撲られぬよう逃げ足速く、農本主義的センチメンタリズムから町に帰り住むため名大医に入学し、選挙中は、街頭宣伝を担当して、トロツキスト崩れの学生弁士に言いたいことをしゃべらせ、現在「市政研ニュース」の発行責任者として、名誉毀損で訴えられても気軽な学生。共に高校一年の時からのサークルのメンバー。

註1　関根弘『くたばれ独占資本』

註2『世界』六三年八月号「サークル小史」

——内がわ——

中世の宗教裁判所か、ディストピアでの秘密軍事法廷を思わせるような、新市庁舎の灰褐色の無表情な高い壁面に囲まれた議場から外へ出ると、すでに秋を感じさせる日射しが明るかった。渡久地君のおとなしくひかえめの反対質問のあとの静けさを、ウチの向かいで歯医者をやってる議長が、もっともらしい紳士面で、「ではこれで……」とおしのけた途端、「異議あり」と大声でヤジってはみたものの、この夏の憂ウツ―遅々と進まぬゴルフ場反対請願署名。分担された街並を、下駄をひきずり、汗をぬぐいながら、市民派風の説得のロジックをあやつって歩き廻っては、俺がこうして歩くのは、そんな、もっともらしい市民的論理があるからじゃないんだぞとシラジラしい思いでくさってみたり、気負ってみたりして、これで、ハイデッガーもサルトルも、解剖学の宿題もおじゃんになるなといらだった。台無しにした夏のうらみのこもった一票一票もつい先程の「異議あり」で、いかにもヒッソリとどこかへ霧散してしまったようなとぼけたむなしさが残っただけだ。

　町へ帰れば、そこには地方的現実があると思い込んでいたのは、哲学的次元での誤謬であったんじゃなかろうか。現実というやつはあるものではなくて、僕らひとりひとりの観念の内側にデッチ上げるものじゃないか。そう言えば、黒川君を守る闘いでも、労組の内部から、労働者の内側から、内発的には何事も起こらなかった。外から、インテリゲントたらんとする僕らが、騒ぎたて、その騒音は、デモ、シカ労働者達の頭を素通りして、赤土の台地の彼方に消えた。解雇権の濫用として地裁では勝訴したが、それも弁護士と裁判官の形式的で冷静な頭脳のもたらしたものだった。僕らをいらだたせるこの稀薄な血の通わぬ現実感覚、あの鈍く重いひびきのようなものが伝わってくるはずの現実の欠落感は、むしろ、僕らが、はっきりと意志を支えとして、僕らの内部に現実を構成しようとする観念論的発想法を持たなかったことから来ているのではないか。九州の大正炭坑や、伊良湖岬の渥美町には、汗と血がにじむ、堅い確かな手ごたえある現実があって、この僕らの町には、空気みたいなそれしかないというのもヘンな話だ。勿論渡久地君を市議にしたのも、下請工場の若い労働者のひそかな集まりをなんとか持続させようとしたのも、僕らにかかわる現実を手さぐりで探しあてようとしたあがきからだ。この外へ向かってあがいてゆくやり方は、現実加工という形の外的現実構成の道だし、イメージのつくりなおしをくりかえしてゆく内的現実構成の道と、後になり先になるような風にからみあうはずだ。この二重の現実構成の試みが、停止するたびに、白昼の広場の孤独みたいなものが僕らの胸に帰ってくる。その停止が長びけば、不感症、アパシーに陥ち込んで、僕らはもう、主体であることをやめるだろう。

今日、秋の初めの日曜日、町の山寺へ来て、渡久地君とこの原稿の予備討論をしながら「僕らのサークル」と僕がサークルを連発したら、彼は、口をひん曲げて「サークルという言葉にひっかかる。歌ったり踊ったり、おしゃべりしたりするイメージが……」と文句を言った。しばらくしたら、今度は彼が「前衛組織」を連発しだして、僕が目をとんがらせた。「前衛という言葉の臭いがひっかかる。えらぶったエリート気どり。ヒストリシズムの救済観念。軍隊帰りの郷愁……ヘドだ」。

確かに、僕と彼との間だけでなく、僕らのサークルには、サークル嫌いの前衛好きと前衛嫌いのサークル好きの二つの型があって、前者には軍隊（共産党・ブント）帰り、後者には、足を踏み込まなかったシンパが多い。いずれにしても、サークルを仲よしが慰めあってオダを上げるものというより、外へ向かってケンカを売って歩く徒党だと思いたいし、前衛を歴史の神々に選ばれた者達というより、個々の集団や個人の歴史過程における側面的機能として考えようとする点では了解し合える。この実体概念から機能概念への転換は、歴史的諸現象の確定的評価と意味づけが、つねに不可能であるか、少なくとも現象が定着し凝固する未来に、即ち後世の史家にのみ可能であるとすれば、現在を生きる同時代者にとって、前衛概念の無意味化に導く。

二年ばかり前、藤田省一という人から、マル青労同の『最前線』が送られてきて、藤田さんもヘンなことをすると思いわずらった末、省三でなく省一と気づき、しゃくにさわったので「現在の状況は、どこが最前線かの位置測定の不可能性にその特徴があるので、オレが最前線に立っていると思い込んでいるやつほどビリのドン尻でありそうに見えるね。プロレタリア的実存とかの片コトをわめくヒマに、一人の少年工を酒かワイ談でつりあげて、どんな風に口説き落とすかの手練手管の実践でも聞かせてくれ」と書いてやったら、さっそく、投書として掲載され「まだスターリン主義から脱却していない」と批判をつけられた。

僕らは共産党からはトロッキストと呼ばれるし、彼らからはスターリン主義の残滓を指摘される。率直に言って、どっちでもよいので、日和見主義と言われれば、日和はよく見て、雨模様なら長靴、晴なら下駄ばきと用意する必要があり、改良主義と言われれば、社会を改良することは大切だし、冒険主義といわれれば冒険のない政治行動はナンセンスだ……と答えて平然たるものだ。社会党の理論家故伊藤好道氏の未亡人が、黒川君を守る闘いを僕らが始めた頃「あんた達の運動はマスターベーションよ」ときめつけた時、「最近少し衰えて回数は減ったが、いったい、マスターベーションでないような人間的営為が存在するかな」と僕らは苦笑した。

かくいう状況を思想的混迷と呼ぶ人がいれば、僕らは混迷や混乱やカオスが大好きだと答えるほかない。五六年の混迷状況（スターリン批判、ハンガリー事件）はサークルの何人かにとって浪人生活と恋と失恋の甘美、憂ウツな混沌と重なり合って青春の原型を形成し、大学を出た年は安保の敗北という二日酔の吐き気をともなって青春前期に有終の美を与えてくれた。したがってまた、世代的近親感は三十代後半の歯ぎしりの戦中派や前半のアナーキーの戦後派へ向かう。

　町の新聞記者が「独特のＰ・Ｒ戦術で名を売る市政研」（たかだか月々新聞折込みで市政批判を一万枚ほど流すことだが）と書きたてて、市政研の思想、綱領とかを聞きに来ると僕らは困ってしまうのだ。どうとも答えようがないね。シャルドンの性格類型表を真似て、トロッキズム要素優位型、構造的改良要素優位型、谷川・吉本流自立主義型、丸山学派的市民主義型……と要するにＮＥＷ・ＬＥＦＴの無数の構成因子を列挙したあげく、何点で採点し、いかにして平均値を算出するかということにあいなる。それで当惑した僕は苦しまぎれに「デモクラシーは永遠の課題だ」という言葉を思い出し、これを永久革命の思想として誤解し、谷川・吉本思想を冷汗をかきながら思い浮かべつつ、鶴見さんの例のラディカル・デモクラシー「根もとからの民主々義」と叫んだ。他の一切は、民主主義の多義性にかけて。「根もとからの」など新聞語にならんと不平を言いつつ記者は帰ったが、新聞を見ると「根っこからの民主化運動」とあり「根っこの会」やソ連の捕虜収容所やらのイメージで、僕はもう一度冷汗をかいた。サークルの面々にも浮かぬ顔をしたあげく、結局思想とは本来的にまとまらぬものだということになった。

　明年二月の市長選では、トヨタの次長で自民党主流派の壮年候補と、元翼賛議員で追放になり、数年前には、党功労者として自民党から表彰をうけた地方名望家の老政客との闘いになるが、僕らサークルの大半は、全力を投入して、後者の当選に努力するつもりだ。彼を支える者は、僕らが裁判闘争を続けている黒川君を不当解雇した会社重役の一族や、頑迷保守主義者、反主流の部落議員から、市名変更以来、反トヨタの執念を固めた下層市民にいたる雑多さだ。確かに保守同士の闘いだ。イデオロギーに忠実な社会党や共産党は沈黙を守るかも知れぬが、僕らは「トヨタ様のおかげで生きている」意識、生産の場と生活の場とで二重に資本に屈従している意識を、「俺達の生きた労働と生活が会社をもうけさせてやっている」意識に、資本に対して生きた労働の尊厳を昂然と主張する意識に切り換えるため、御用労組を揺さぶり、青年労働者を獲得するために、敢えて、積極的加担をするつもりだ。

人間―生きて、行動する人間は非合理だ。数学的論理の世界でしか論理の体系は成立しない。他の一切の領域では経験と、経験の了解しやすい形式への整序が存在するだけだ。経験と了解には人間的非合理性（弁証法的合理性?）を避けえぬ以上、世間でいう「論理」は論理であるより、了解という心理的因子と事象の因果系列という論理外的事実性とをいっしょくたにつきあわせた擬似論理だ。理論や「論理的」体系にうっとりしたり、奇妙な原理的一貫性とかに惚れ込むわけにはいかぬ。まして、そんなもので分離したり結合したり、結んで、開いてと幼稚園ゴッコはやれぬ。僕らをつなぐもの、それはシラジラしい主義や、綱領や、論理じゃない。そんな知的遊戯や趣味じゃない。暗い汚れたいらだたしい、底にふつふつとたぎっている情欲みたいな情念なんだ。情念のカオス。見えざるものへの執念。思想的葛藤の熱度。生活への嘔吐感。不良性。青春への固着。少年の理想主義……。みたいなモヤモヤが僕らの連帯のサインだ。僕らはマルクスの『経済学哲学手稿』を愛し、同時に、マルクスの学説を罵倒しつつ社会的抑圧への史上無数の抵抗を美しくうたいあげたアナーキスト、シモーヌ・ヴェイユを愛することが可能だ。それは、両者の精神の底にある暗い情念と僕らのそれとの共鳴ではないか。分離も統一も僕らにはシラジラしい。結集の呼びかけもそれに似る。

冬の朝、この町の台地に登ると、北方、猿投山の東に、白い三角形の結晶体のカケラのように御嶽山が光っている。むなしさの中で残るもの、それはこの町で、この限定された場所で、そんなカケラのようなはるかなものに目を凝らしながら、人生とかいうやつをすりつぶして行こうじゃねえかという意気ごみだけだ。地上の革命はたかだか改良でしかないことがわかった時、改良の内側に革命を見ようとする時、それこそ、魯迅の「絶望の虚妄なるは希望の虚妄なるに等しい」を胸の内に念じつつ、この散文的な時代を、散文的な、あまりにも散文的なトライアル・アンド・エラーをくりかえして耐えてゆけそうな気もするのだ。英国の諺に「二十代で社会主義者にならぬ奴はHEARTがなく、三十代になってもやめぬ奴はHEADがない」というのがあるが、さしずめ僕らは、心やさしき馬鹿者でありつづけたいと思う。みんな就職転向を切り抜けたし、結婚転向を切り抜けたのも数人いる。残る何人かも、まず大丈夫だろう。はたして、こんなサークルにドラスティックな分裂、解体を必至とするようなしあわせな危機がやってくるだろうか。

ところで、僕は「泣くな、笑うな、ただひたすらに理解につとめよ」といった一七世紀の哲学者に叱られそうだな。

——外側——

渡久地政司

「ないない」と言われながらも地方自治体に関する住民の側からの研究・方法論・報告が、かなり読み応えのあるものとして出ている。なかでも浪江虔氏の『町づくり村づくり』(農山漁村文化協会発行)や柴田徳衛・宮本憲一氏らの『地方財政』(有斐閣)それに藤田武夫氏や木村禧八郎氏、松下圭一氏らの労作は、地域社会民主化の闘いの指針を示すもので、私も大いに参考にさせてもらっている。

だが愛知県豊田市の状況は、特殊で異常なものがあり、これら優れた学者の指摘の裏目として現象している場合が多い。

浪江虔氏は『町づくり村づくり』でくずれゆく市町村の政治を分析して、市町村の赤字、仕事のくりのべ、浪費から地方自治圧殺の陰謀までをきわめて的確に指摘している。ところが、豊田市は、浪費をのぞいて全部といってよいほどが逆に現象しつつ地方自治が圧殺されている。浪江虔氏が決算書の急所として指摘した「予算現額に比し増減」をみると△印(減)がほとんどない。税収の見こみ違いでは、税が多く入りはすれど減るということはまずない。市税徴収は九九パーセントで十年連続して日本一だし、国民健康保険も本人・家族とも七割給付を日本一早く実施している。人口五万五〇〇〇人で三八年度当初予算が十四億五〇〇〇万円、九月追加更生予算が二億七〇〇〇万円、市予算全体から教育費をみると一割五分で少ないが、同程度の市の教育費を一人当たりで比較すると二～三倍となっている。

トヨタ自動車が豊田市の政治・経済・文化の一切を支配しているが故に「富裕」自治体となり住民福祉も相対的に進んでいる。問題にするところは「富裕」な財源の配分が独占体奉仕になっているとする左翼公式論的発想に止まってしまう。浪江虔氏が指摘した「貧しいが故にくずれゆく地方自治」が豊田市では「独占体が支配するが故に富裕になり地方自治がくずれゆく」ということになっている。

それでも自動車産業に働く労働者と労働組合、給与所得者連合会、革新政党、市営住宅協、民主商工会、原水協などがある。松下圭一氏が「地域民主主義の課題と展望」（『思想』一九六二年五月号）でこれら「民主団体」の地域民主化闘争での役割を理論化し、高く評価している。ところが豊田市では、これら「民主団体」がネガティブな役割を果たしている場合が多い。

豊田給与所得者連合会（勤労協）―の本来あるべき姿は、長野市勤労協がいうように「地域住民との結びつきを深めつつ、明るい地域社会を建設し、勤労者とくに組織労働者が職場のワクをのりこえて、各々その居住地において統一された活動をする」ことにある。ところが豊田給連の場合、豊田市から年間約二〇〇万円の助成金をもらって自民党の選挙運動母胎となっている。豊田給連役員は、トヨタ自動車と下請企業の従業員で独占している。選挙で労働組合が「労組」の看板をかかげる以上、自民党候補の運動をするわけに行かないので、労組執行委員が給連役員に衣替えをして労働者に工作するのである。地域民主化に役立つような労働者地域組織ではない。

豊田市営住宅居住者連盟（公営住宅協）―市営住宅の環境整備と居住者相互の親睦、家賃値上

げに反対、居住権を奪還し、地域民主化運動の中核となるのが本来のあるべき姿である。しかし、この市営住宅居住者連盟が最初に豊田市へ要求したことは、なんと五十万円の助成金陳情であった。同盟の役員が日頃行なっている政治行動や結成過程から推察すると、この組織も自民党の外郭団体と結論してもよい。

労働組合—トヨタ自動車と下請企業に働く労働者は約二万五千人くらいで、うち約二万人が労働組合員である。労働組合は地域の民主化運動に役立つだろうか。すべての労働組合とネガティブに評価はしない。だが、こんなエピソードがある。トヨタ自動車の下請けの荒川車体で労働者の立場から労働組合運動をはじめた黒川孝夫君が、名誉ある首切りを宣告された時、トヨタ労組が議長組合をしている加茂地区労に支援を求めたところ、トヨタ労組の一執行委員は「首を切られた君は一市民だ、一市民の問題をとりあげるわけにはいかん」。黒川孝夫君はその後二カ年間苦しい闘いを続け、名古屋地裁仮処分判決で勝利し現在会社から月給をもらいながら、「失業」している。またこんなエピソードもある。トヨタ労組は労働運動の憲兵である、という話。下請けの労働者が労働組合結成の準備をし、労組の看板をかかげているので味方と思って相談に行ったところ、すぐ会社に通告されて、労組結成準備運動は潰されてしまった。二つのエピソードは典型的な例である。だが、そんなトヨタ労組も全国自動車のヘゲモニーをとり、維持し続けるためには、少しはまともにならねばと思い直してか、最近少し姿勢を直している。二年前、トヨタ自動車に反逆したのは黒川孝夫君唯々一人であったが、いま一つの小さな労組も反逆の狼火をあげている。豊田市地域の労働組合が地域民主化で果たす役割がネガティブであるからこそ労働者の本能的闘争を甦らせたのかも知れない。

革新政党―豊田市には、社会党と共産党があり、民社党はない。

社会党豊田支部―社会党という国民がある種の期待をよせている政党であるが故に、豊田支部は一つの政治的力を持っている。それも中央との結びつきで有効な役割を果たしている。だが、トヨタ自動車の地域支配、反労働者的経営施策に矢面に立って対決する姿勢が、豊田支部にはない。黒川孝夫君が首切り反対闘争を行なった時、社会党豊田支部は支援をこばんだ。しかし、副支部長で戦前からの優れた労働運動家である矢頭鉦太郎氏は、黒川君を守る会の会長をひきうけ、勝利に導く点で大きな役割を果たしている。豊田市独特の民主団体が持つネガティブな影響を受けているが、民主団体の姿勢を直すことの出来る可能性を持つ唯一の公然化した部分であるので、私たちは否定面をとくに強調することを避けている。

日本共産党・民主商工会―その組織の秘密を維持するために有効な大衆運動を組めず低迷している。しかし、今春行なわれた市議会議員選挙で初めて市議会議員の席を獲得し、長年続いた低迷を打開しようとしているが、労働運動、市政運動、青年運動ともキャンペーン主義の域を出ていない。民主商工会も看板だけで内容はたいしたことはない。とくに、共産党豊田支部は、左翼運動の多様化、思想の重層性に対してきわめて硬直した考え方を持っており、黒川孝夫君の闘いとそれを「守る」運動をやっている学生や青年労働者などをトロツキスト呼ばわりした。また、今春の統一地方選挙で立候補した私に対して、「トヨタ自動車から資金が出ている」と言いふらし、更に、三月三十日付『アカハタ』には、「柴田隆一候補を落とすため豊田財閥がトロツキストを立候補させた」というきわめて悪質で非常識きわまることをやった。これに対し、私たち豊田市政研究会は数度に亘って抗議をし、非公式ながら訂正を約束させたがいまのところ解決していない。

私たちが運動を始めている豊田市では、地域民主化と闘うその組織が、その本来あるべき姿でないという状況から出発せざるを得ない。

いままで、豊田市という「富裕自治体」とそこの「民主団体」の状況を書いた。こんな悪状況の中で左翼の市議会議員として、私がどう闘っているか、また、どういうことで困っているかを次に書いてみたい。

合併問題―豊田市南部一帯はトヨタ自動車本社工場があり、工場敷地の一部は、隣接している上郷町地内にくい込んでいる。この上郷町の豊田市への編入合併案は議決する臨時市議会で、共産党の柴田議員と私は「賛成、反対」の判断が出来ず「退席」し残った議員全員が賛成して保守派が心配した議事録を「汚す」ことなく可決された。柴田議員と私の意見は必ずしも一致しないが、私が賛否の判断を下さなかったのは次のような理由からであった。一般論として合併は住民の直接民主制が拡散され、市役所が住民からますます遠い存在となってしまう。それは中央集権につながる。具体的には、上郷町の編入合併は、商業・農業・文教・地方政治圏（旧郡が違っている）の違いを無視して、トヨタ自動車の生産部門が豊田市から南へ連なる数カ市町にまたがることから生ずる弊害に困りぬいた企業が、望んだものであった。だが副次的ではあるが、トヨタ自動車の発展に伴って住宅地化した上郷町北部（豊田市に隣接）住民は、同一生活圏にある豊田市に合併することは長年の悲願でもあった。一方、合併を受け入れる側の豊田市市民の中にも、合併を快く思っていない部分がかなりあった。こういう状況から、私は合併に反対はしないが賛成のために起立することはできない、と煮えきれない曖昧な態度をとった。

態度が曖昧なものに工場誘致・地域開発問題がある。豊田市側には愛知県新地方計画にもとづく十万都市、二十万都市構想というバラ色の未来像がある。これに対決する対案を下手に出すとトヨタ独占や豊田市当局に利用されてしまい、議会での対決の姿勢がくずれる心配もある。対策計画は住民側の力が強まった時に出すべきものだ、ということは理解できる。だが、市の計画がトヨタ独占優遇の住民欺瞞計画だと暴露し宣伝しても市民を納得させることはなかなか困難である。「お前は反対ばかりしているが、対案を出せ」と逆襲された時、部分対案で応えるしか出来ない。革新側からの構想の必要性と実現性のない計画は住民欺瞞であり、更に市側のペースに陥ってしまう、という矛盾をあわせ考えなければならない。

すっきりしないものに保守同士が争う市長選挙がある。公式左翼は、「同じ穴の……」で割り切っているが、私たちは両方を見わけて積極的な役割を果たすことにしている。豊田市では、トヨタ自動車に結びつく企業保守派と土着保守派が対立している。企業保守派は、トヨタ自動車総務次長のS氏を候補者にしたてて疑似革新・近代派を装って準備工作に入っている。一方の土着保守は、戦前の地方政治を牛耳っていた有力者を中心に元代議士のH氏を候補者にしている。H氏は大正デモクラシーの影響から徹底した党人派的政治家で反骨精神の持ち主である。私たちは、S氏とH氏を比較した場合、H氏の方がより保守的であっても、現在の特殊豊田市的状況下では、

H氏を市長にすることが市民的であると判断を下した。

私の市議会活動での態度について市政研の仲間から批判が起きた。もともと市議会は不正を暴露するところ、茶番だから傍聴席と議員との間でやりとりを行なうぐらいして企業保守派（主流）の横暴を看視しなくてはいかん、と市政研の仲間は考えている。そこから私の議会活動があまりにも紳士然としていて丁寧すぎる、もっと荒っぽい言葉でポイン、ポインと罵倒すべき！　というものである。この批判はかなり当たっている。私が丁寧すぎたり紳士然とするのは、議員としての迷いから来ている。議会でのかけ引き、孤立しないようにしたい、地元から頼まれた仕事をするためにもえげつない攻撃は避けた方がよい、それに自分自身のスタイリスト的なところからである。議員になったとたん行政区（部落）の役員になり学区の小中学校の育友会常任委員にされてしまった。そして、地元や学校で決まった事業計画にそって市から仕事をもって来なくてはならない。仕事をやるには、市長側近になるか、徹底した反対派になって、「相手」の不正を握っていて、かけひきで仕事をとらねばならない。私の方でしなくても市当局は、必ずとりひきをしてくる。私はとぼけたり、怒ったり、はったりをきかせたり、エロ話で煙にまくなどして「かけひき」をする能力に欠けるところから、紳士然と構える市議会での活動は、悲喜劇役者を即席でやれることが必要なのである。

私たちは現在、市有地にゴルフ場をつくることに反対する闘いをすすめている。このため二回に亘って、「市政研ニュース」一万四千枚を新聞折込みし、ゴルフ場化反対請願署名を六五〇〇集めた。ゴルフ場に関する議案が審議された臨時市議会は、大衆行動が議会の「かけひき」でプラスに動かせた点で画期的であった。市議会議員の構成はトヨタ労組出身の四名を中心とした企業派保守（主流）が二十名、土着保守（反主流）の民主クラブ七名共産党一名、創価学会一名、革新無所属の私となっている。ゴルフ場反対を打ち出していたのは、私と柴田議員（共）の二人だけで、創価学会は賛成にまわり、民主クラブは審議において追及するが採決では賛成にまわることになっていた。私と柴田議員、田口議員（民主クラブ）の三人がゴルフ場反対の質問を行ない、この間、傍聴席にいた市政研の仲間や学生達は、拍手やヤジを飛ばした。石川議長が強引に採決をとろうとした時、間髪を入れず傍聴席から鈴村君が大声で「異議あり！」を連発して「賛成の諸君の起立を求めます」という石川議長の声を圧倒してしまった次の瞬間、賛成することになっていた民主クラブの議員が起立することが出来ず、主流派と創価学会だけが賛成した。敗北の瞬間ではあったが、「三分の一の反対」という傷ついた形でしかゴルフ場議案は可決出来なかったのである。トヨタ労組出身の北川議員（主流）が「傍聴席から圧力をかけるのはけしからん」と民主政治のルールをひとくさりやっていたので私は思わず大笑いしてしまった。

Ⅱ 『月刊市政研』への投稿文

鈴村鋼二は、自らも創立にかかわった「豊田市政研究会」の機関紙『月刊市政研』の発行責任者を長らく務め、また度々投稿もした。以下それらを発表順に収録する。

内容は、市政研の活動報告、他組織との論争、偉大な革命家への弔辞、フランスの新聞記事の翻訳、フランス留学中の手紙、帰国途中の旅行記（ここに描かれたギリシアから中東諸国、インドやタイさらにイギリス統治時代の香港などの実情は、現在では貴重なルポルタージュである）、さらには日本の状況への発言、とくに産婦人科医師としての提言や警告など、多彩なテーマが取り上げられている。また小品ながらコラム「夏の思い出」二編にも注目されたい。（編者）

第三一号　一九六六・二・五

一　日共市議柴田隆一君へ

この小文は、柴田隆一日共市議が『加茂タイムス』紙正月号で「自主独立の日本共産党とは」と題する小文を書き、そのなかで市政研ならびに鈴村鋼二君を批判したのに対する反論として書かれたものです。なお、加茂タイムス紙一月八日号に全文がすでに掲載されています。（『月刊市政研』編集部）

元日の『加茂タイムス』に君が書いた「自主独立の日本共産党とは」についていささか文句がある。全体として、日本語の文法を無視した悪文で、文意を読み取るのに、ずいぶん難儀した。本論に入る前に、特別、資料棚をさばいて立証しなければならないような誤謬は、わきにおいて単純なことだけとりだす。

「党史」をいいかげんに語るな

世人の印象としては、日共は、志賀義雄、中野重治、神山茂夫などの戦前からの党指導者の一群を「ソ連派」として、除名し、今度は「中国派」とみられる連中を除名し、最近「自主独立」路線を打ち出したと承知している。それに対して、君は長々と書きたてて「自主独立」は昔からのことで、今に始まったのではないといいたいらしい。君はあの元日号十四面の第二段で「日本共産党が独立の第一歩をふみ出したのは……一九五八年の第七回党大会です」と書き、同第四段なかばで「一九四三年コミンテルンが解散していらい各国共産党は、一つの国際的な指導をおわって、それぞれ独立、平等の党となってより二三年になります」と書いた。一体九年前なのか二三年前なのか。一つの小文の中で一人の筆者が、二つの説を平気で書きうるという神経といいおうかアタマといいおうか、これは何だ。

君はあの小文で、コミンフォルムという単語を一つも出さなかった。一九五〇年コミンフォルムによる日共批判が党内にどんな大混乱をひき起こしたか。分派が分派同士互いを除名し合って、およそ党内民主主義だの民主的中央集権制などを思い起こすことさえ恥ずかしい事態が生じたのだが、これを忘れてしまったのか。それとも覚えていても書くのは具合が悪いのか。さっきの二三年前に「独立、平等の党となって」しかも九年前に「自主独立の第一歩をふみ出した」という珍妙な中間期のことを。自分の属する党の歴史を本気で批判的に検討し誤謬の一つ一つを頭にきざみつけて考えつづけ語りつづけることをしないで、一体何が「これが自主独立の党の歴史的真実です」だ。歴史的真実など一かけらほどもなくて、党史年表から口当たりのよいところだけ抜き出して並べたてただけのことだ。

僕が現在の日共党員には「知的誠実さが欠如している」と書いた見本を、その反論のつもりの君の小文自体が提供しているとは何たる皮肉、こっけい、幼稚さだ。だいたい二三年前に「独立」し、九年前にまたまた「自主独立の第一歩をふみ出し」ているなら、どうしていまさら「自主独立」と呼ぶ必要があるのだ。そう二度も三度も「独立」しなければならないこと自体が、二度目の「独立」も三度目の「独立」も信用しにくいことの証拠ではないか。これからまた何度くりかえすつもりか。

一体、何を批判しているのか

ここらで本論に入ろう。

あの小文の第三段なかばに君は「また豊田市内で共産党の悪口をいって得意になっている二、三の分子がいるがあれも共産党ですかときかれました。それは日共党内にもぐり込んでいたかつての二心者やブルジョア思想におかされた分子が特定の国の理論に盲従して日本の党の破壊をくわだて……」と書き、同第五段で「ちかごろ、反党分子を排除して日本の共産党が自主独立の路線に立って前進していることを快く思わない連中が、中央、地方で反共を旗じるしにしゅん動しています。共産党には民主主義がないとか、理論がないとかいって秀才ぶっているのもいます」と書いている。

君は一体誰のことをいっているのか。名指しでいうとクビになる危険がある勤め人だから手控えているのか。それなら僕は了解する。僕らだって、根本的には資本主義を敵に廻して闘うかぎり日共もバリケードのこちら側だと思うから、誰と誰が党員だというような批判はしない。階級闘争を共に闘う者のルールだからだ。しかし僕のことなら話は違う。僕は勤め人ではない。鈴村は日共に批判的な左翼だといわれてもこわいことは何もないのだ。僕は僕のことなら名指しで来いというのだ。もし君が僕を含めながら名指さないとしたら僕の反撃を誘発するのがコワイからだろう。ズルイ。とにかく世人に誤解されると困るから僕の意見を書く。

自分自身の頭で考え行動してきたのはどちらか

僕は「ソ連派」として除名された連中にも「中国派」として除名された連中にも同情も味方もしない。勿論君が支持する宮本顕治らの「独立派」にも一片の共感も持たぬ。全部、三派ともひっくるめて、安保闘争を自己の肉体で闘った学生達（僕もその端くれの一人だ）に許しがたい侮辱を加えたスターリン主義者だからだ。そのことをまだ謝罪もせず自己批判もせずにいるような連中は作家としての中野重治を除いて全部嫌いだ。「特定の国の理論に盲従して」いたのは君の方だ。僕は君のグループの一人と駅前の若松で飲みながら激しくソ連社会主義の問題性を問いかけた記憶がある。八年も前のことだ。六年前に君は、「中ソ論争の重大性」についての渡久地の問題提起を「中ソ間に問題はない」と拒否したことを忘れてしまったのか。君は外国の理論に盲従していたばかりではなく、その時その時の日共中央の主流派に盲従し、思想的、政治的判断を党中央委員の頭にアズケッパナシにしてきたのだ。君の口から出ることはすべて『前衛』と『赤旗』の安手の論文の口うつしだ。党中央が何かいわないかぎり、自分の意見さえいえないという党員なのだ。この点でトヨタ議員の市議会主流派が何かいわないと自分の意見を持てないそこらの部落、町内会市議と似ている。一個の自立した頭脳で、自立した思考をなし、自立した個人としての意見を持つことができぬような党員が何万人集まったところで自主独立の党はできるはずはないではないか。勿論、党内民主主義も存在の余地はない。それは現在の市議会に議会内民主主義が存在しえないのと同じだ。

僕らの立場

僕らは、ソ連派でも中国派でも宮顕派でもなく、個人の自立した思考と行動を阻害する一切のスターリン主義的党派と絶縁して、ちょうど、無教会派のキリスト者達が一冊の聖書だけを通じて神と結ぼうとするように、マルクス・レーニン・トロツキー・ヴェイユ・サルトル・柳田國男等の思想的巨人の著作を「問題」として読み抜きながら人類史的理念としての共産主義と行動的に結ぼうとしている。脳ミソを党中央にオアズケした党員から構成された現在の日共なぞは「破壊」したいどころか、興味すらない。安心されよ。日共に理論がないなどということはいまや常識であって「秀才」ならずとも、凡才にとっても自明のことだ。勿論僕らにも理論はない。現在の困難な左翼の状況下で「理論」を持っていると思い込んでいる奴は問題以前だ。いま僕らには、理論が不在だ。だからこそ理論を創出する行動が必要なのだ。この点、アメリカの新左翼の問題意識と僕らのそれとが全く等質であることを最近『世界』一月号で知って、その世界史的同時性に驚いている。

不潔なコトバを使うな

まだあの小文第五段以下について述べておきたいことがたくさんある。例えば「わが党の組織原則に対し、党内民主主義がないと幼稚な悪口をいうことで自分を売り出している……」とか「……こうした反共を職業としている……」とかバカゲタことを君は書いているがこれは何だ。僕は将来とも市会議員にも何議員にもなりたくない。政治家になり切れない。渡久地の忙しさを見ていると立派だとも思い可哀想にも思うが、僕の柄に合わぬ仕事だと思う。一体どうして「自分を売り出す」（なんと下品なコトバだろう。ヤクザじゃあるまいし）必要があろうか。それから、いま僕は学生だから家庭教師を職業として喰っているが、卒業すれば、人の病気を癒すことを職業とする。君の職業についてアゲツラウつもりはないが、「反トロツキスト」を職業の一部にしていなければよいが。あまりトンチンカンなことを言うな。

ついでに念のためいっておくが、僕らは「反共」ではなく「非共」なのだ。ANTI - COMMUNIST ではなく NON-COMMUNIST なのだ。共産党に反対する立場ではなく、共産党ではあらざる立場なのだ。お分かりかな。

例えば、社会党員が共産党を批判したら君は彼を「反共」と呼ぶか。呼ばないだろう。同じように一市政研究会員に対するべきなのだ。

このへんで地方紙のことでもありこんなつまらぬことでスペースをとっては読者にも迷惑であるので切り上げる。

日共のウソの実例

ただ一二月なかばに『加茂タイムス』からの「政治の黒い霧」についてのアンケートへの回答の末尾に僕は「現在の共産党には、党内民主主義がなく、党員から知的誠実さを失わせ、しばしばウソをつくがこれはやめよ」と同志的批判を加えたが、このうち党内民主主義と知的誠実さの欠如については、すでに例証したので「しばしばウソをつく」という点を例証しておこう。（丁度六年前の今頃にも僕らについてのウソをビラで党内に流したが、これは僕らの執拗な要求と交渉で君らが詫び状を出したからここではふれぬ）。

一九六三年四月二九日（市議選投票日前日）の日共機関紙『赤旗』の記事に次の箇所がある。

「……豊田財閥が市政を牛耳っている豊田市では、柴田隆一候補を落とすためトロツキストを立候補させ、それでも安心できず、浦野自民党代議士のさしずで市長自らのりだし告示後三日目に柴田候補と同町内会で三軒となりの婦人を柴田候補の票を割るために立候補させた……」。

主語不明の文だが「トロツキストを立候補させた」のは豊田財閥としかとりようがない。後半は僕らに無関係だ。僕らの渡久地以外には日共から「トロツキスト」と名誉の称号を与えられる候補はいなかった。ことわっておくが僕ら市政研のメンバーの思想的最大公約数は「戦闘的民主主義者」だ。忘れずによく覚えよ。

これは一体何のマネだ。市政研の渡久地が豊田財閥によって立候補させられたとは何だ。証拠を見せろというのもバカバカしいウソだ。その後の四年間の渡久地を中心とした市政研の市民運動は一貫してトヨタ資本の市政支配に向けて闘われてきたことは市民の誰もが知っている事実だ。さらに傍証すれば、当時市内某中学校の某日共党員教師（とくに名を秘すが、党員である君には教えてもよい）は、教え子（卒業生）に「渡久地は柴田を落とすためにトヨタから金をもらって立候補した」といった。（その教え子を対決させるために君のところへ連れていってもよい）。

その後、僕ら市政研が中心になって組織して闘った鞍ヶ池ゴルフ場反対闘争の記事が君の手柄として『赤旗』に大きく載ったことはあっても、僕らに対する一言の謝罪も、一片の訂正記事も『赤旗』には載らなかった。

党の中央機関紙に何の根拠もなくウソを書き、四年間も放置できるようでは、およそ大衆から信頼される党になることはほど遠い。

ウソをつくのはやめて責任ある文章を書け

こうしたことを二度とくりかえすな。僕らが迷惑であるだけでなく『赤旗』のマジメな読者を欺瞞することになる。くどいようだが主語不在又は主語不鮮明な文章は書くな。責任のとりようのある文章を書け。「大衆への責任」などという口はばったいことは今のところいえる段階ではないと思え。

第三七号　一九六七・一〇・一〇

二　アイザック・ドイッチャー氏の死を悼んで

先月号の締め切り直前にドイッチャーの死が報ぜられた。僕の知人達はみんな会うたびごとに、残念そうに、そのことを口にした。先月号に一行でもよいから書かねばいかんと思いながら、ど忘れしてしまった。でも九月末日の『毎日新聞』には、平野謙が文芸時評の末尾でやはり書いておきたいと書いてあるくらいだから遅すぎることはない。どうしてもここに書きとめておかねばならぬと思う。

今から十一年前、一九五六年に、スターリン批判とハンガリー事件が僕らに与えたショックは、たぶん僕ら三〇歳前後のものより若い友人達には了解しにくいことにちがいない。僕らが社会主義の祖国と信じていたソ連に、どんなにひどい人民の抑圧、許しがたい知的道徳的退廃が存在していたことか。なぜ、どうして僕らは長い間、そのことに気付かずにいたのか。なぜ、いかにして、このような抑圧と退廃が発生し持続したか。僕らは、驚きと疑問の中で、一所懸命に考え、論じ、読んだ。僕らは、何人かの思想家に出会った。僕らを最も深い説得力で方向づけてくれたのはサルトルとドイッチャーだった。今にして思えば恥ずかしいことだが、氏がスターリン批判を予言した『ロシア―マレンコフ以後』はすでに邦訳が出ていたし、『スターリン―政治的評伝』も出ていたのだ。

僕らが初めて氏の本を読んだのは一九五九年の夏で、それはその一年も前に邦訳が出ていた『変貌するソヴェト』だった。目からウロコが落ちるような感じという表現にぶつかるたびに、僕はこの本との出会いを思い出す。以後、目につく限り全部読んできた。全世界のほとんどの共産党が、古典マルクス主義の理想と分析力を失い、若い新左翼がいまだ未成熟である現在、スターリン主義によって、汚され、歪められ、傷つけられたマルクス主義の思想的力を回復させるために、僕らは氏の頭脳を必要としている。社会主義への真摯な情熱と何ものも恐れない鋭い明晰な分析に満ちた氏の文章がもう現れないのだと思うと深い淋しさと痛い悲しみがおこる。

僕らは、氏が完成させた『トロツキー伝』三巻を、マルクス主義の古典として市政研の第一級必読書に数えている。

終わりに、イギリスの雑誌“NEW LEFT REVIEW”四三号が、生前、氏の論文掲載に当たって記した「前書き」を引用する。

「ドイッチャーの著作はいつも、ブルジョア批評家と党派主義的左翼の両方から気狂いじみた攻撃の的にされてきた。このような攻撃は驚くにあたらないし、むしろ、ドイッチャーの業績の巨大さに対する雄弁な証拠となるものだ。十月革命とそれに続く重大な事件についての氏の解釈は、社会主義者の一世代を鼓舞し、教育してきた。彼の著作はすでにマルクス主義史上に古典の位置を占めている。」

＊入手できる邦訳書　『変貌するソヴェト』（みすず書房）、『トロツキー伝』全三巻（新潮社）、『毛沢東主義』（新

潮社)、『大いなる競争』(岩波新書)、『ロシア革命五十年』(岩波新書)、『スターリン—政治的伝記』(みすず書房)。
▽追悼の意味で、雑誌『展望』(一〇月号)に「資本論と私」、『世界』(一〇月号)「イスラエル・アラブ戦争について」、『文藝』(一〇月号)「ロシア革命論」がある。

第三八号　一九六七・一一・一

三　エルネスト・チェ・ゲバラの死を悼んで

遠い国の文章を通じてしか知らない人が死んだという報道で、こんなに重く、暗く、悲痛な思いにとらわれたことは、これまでなかった。そしてこれからも何度も起こりはしないだろう。新聞に最初の報道が現れてから数日間、カストロによる確認まで、何度、彼の死が誤認であり、誤報であることを願ったことか。一日に何度も、アーと大声をあげないと押えがたい、苦しいものが胸をつきあげ、そのあとで、放心したように南アメリカの空の色のことをボンヤリ頭に浮かべる日が続いた。

ソ連共産党は特権的官僚群の持つ人民大衆への不信と猜疑によって、非スターリン化にブレーキをかけ続け、国家的自己保存を第一義とすることによって、後進地域におけるアメリカ帝国主義の暴力と陰謀に譲歩を続けている。中国共産党は、マルクス主義の普遍的言語を放棄し内政外政ともに、「暗い混迷に陥っている。日共は羽田闘争を「反動勢力と極左的反革命分子の衝突にすぎない。断固トロツキストを粉砕する」と声明し、ベトナム反戦闘争を血まみれになって闘う学生達へ、恥知らずな攻撃を加え、革命の精神を完全に喪失したことを示している。

アメリカ帝国主義の凶暴化とこうした社会主義勢力の果てしない退廃の中にあって、革命とは何であり、革命家の魂とは何であるかを、その生と死によって僕らに示し続けてきた人々、それが、ゲバラとそのキューバ革命の同志たちだった。彼らは、泥と炎の中で、汗と地にまみれながら、透明でさわやかな言葉を語り続けてきた。

僕は、ゲバラの『ゲリラ戦争』、『革命の回想』、『別れの手紙』、『世界の人民にあてたメッセージ』を、死の直前の一カ月間に読んだ。このように、直截、率直、謙虚、透明な散文を僕は知らない。一行一行が僕の心を打ち、読了するのが惜しまれた。

これらの数少ない、彼の著作は、日常性という泥沼が、僕らを日々、引きずりこもうと待ちかまえ、わずかの気のゆるみが果てしない精神の風化を引き起こしそうなここ日本の風土で、僕らが持ちこたえ歩み続けてゆくために不可欠な精神の羅針盤となるだろう。

ゲバラはキューバ解放の後に死んだ戦友カミロ・シエンフェゴスに次のような言葉を捧げている。

〝「たくさんのカミロのような人物が出てくるだろう」とフィデルは言った。私は続けて言いたい。「カミロのような人たちが、なん人もいたのだ。カミロを歴史的人物にしたような、すばらしい行動の軌跡をたどるまえに死んでいった多くのカミロたちがいたのだ」と。……ゲリラ戦士カミロは「カミロがやった」と言われるあれこれの仕事によって、キューバ革命にハッキリとした消えることのない足跡を残した。それは日毎、永久にわれわれを鼓舞し続けるだろう。彼は勝利の日まで生きながらえなかった人々と、またこんごあらわれてくるであろう人々とともにある。

永久にほろびることなく再生するカミロ、彼こそは人民の記念碑である。〟

この言葉は彼ゲバラ自身に捧げるにふさわしい。そして、いまゲバラは、ベトナムでベネズエラでコロンビアでコンゴで人民解放のために日々闘い倒れている名も知れぬ無数の人々と共にある。

四　コラム「虫メガネ」より「誤解をうけたくないので」

第五七号　一九六九・六・五

僕が、以前、市政研の会合でしゃべったこととして、井上三郎君は前号四頁に次のように書いた。「会議の席上、教育問題について、内藤氏と立場を同じくする鈴村鋼二氏は、誰もが高等学校へ行こうとするから大工や左官が不足し、日当が高くなるのだ、という趣旨の発言をし、時代の流れに遅れないよう教育を受けさせよう、受けようとする父兄と生徒の意欲を非難した。なぜ、国民一般の教育水準の上がるのが悪いのか?内藤氏は、教育水準の一般的な向上への努力を非難したけれどもその理由をはっきりと書いていない。鈴村氏は、大工や左官の日当が高くなるという例をあげてそれを批判の理由の一ツとした」。

井上君が引用符までつけて僕の発言として書いているようなことを僕は言った覚えがある。

しかしそうした発言につづけて「それほど日当がよくなったのに大工や左官にならず高校へ行くわけが分からんなあ」と僕が言ったら、井上君は「普通のサラリーマンとくらべてそんなに職人の収入がよいわけじゃないぞ」と反論したことも覚えている。だからその会合の場のコンテクストとしては、井上君の文章とは全く逆と言えないにしても、無関係な方向で僕は話していたはずだ。

井上君の文章を読んだかぎりでは誰でも大工、左官の日当が高くなったから「彼らに仕事を頼む我々は困る」という言外の意味を感じるにちがいない。そして、その言外の意味を根拠にして高校へ進学する人が増えない方がよいと僕が議論したような印象を抜きがたくうけるにちがいない。バカゲタことだ。腹を立てるのもバカバカしい。

僕は内藤君や竹内君と幾晩も教育論をやっており、一致した見解をもっている。

中学卒で大工、左官になったら、高校へ進学した者より、教育が低く、教養が足りず、「時代の流れに遅れる」とは思わない。

僕は職人の精神、生き方が好きだ。いまの学校教育なぞに教育という全人的過程が包摂されうるなどというバカな夢はもたない。確かな仕事を身につけて、自分の生活の意味をその内に考えてゆくような若者は高校生や大学生より他に求められるかもしれないと思っている。それだけのこと。

第九四号　一九七二・七・五

五　「フランス通信」

（一）モンペリエより

パリから大陸を横断して、地中海に二〇分ほどの南仏の大学町に来ました。ここで九月末まで語学教育をうけます。ラブレーとかヴァレリーの出た所です。アルルも近くですので、ゴッホの絵の中に住んでいるようなものです。工場は全然ありません。下の写真は右上の市民劇場から東に向かって見下ろした所です。〔編者註＝この手紙は、モンペリエ市の景観を写した絵葉書に書かれたもので、『月刊市政研』にはその実物もコピー掲載されている〕。正面の公園の右手の柵にはレジスタンスで倒れた闘士の碑銘が刻まれ、森の奥には“Montpellier a les enfants qui sont morts pour France”と大きく刻まれたアーチがあります。

昨日は地中海へ出て泳いでみましたが単調な浜でつまらなかった。磯をさがしたいと思っています。

一九七二・七・九

第九五号　一九七二・八・五

（二）鈴村鋼二・彼の出迎え人S氏

最初に載せたのは、パリで鈴村君を出迎えたS氏がN先生に知らせて来た鈴村君の到着の様子です。略した部分がとても面白いのですが物議をかもしだす虞があるので、割愛させていただきます。

『月刊市政研』編集部

鈴村君を出迎えたS氏からの手紙

六月二九日付

鈴村君が二八日午前一〇時三〇分、オルリー空港に無事着かれた。語学研修先はモンペリエという所で他の研修生と共に汽車で向かわれる筈でしたが疲れてもいるし授業は七月三日からでパリも見たいしという事で残られました。僕の下宿近くに宿をとり、一休みしブラブラセーヌからノートルダムへと散歩しました。さっそく彼曰く「(若い娘たちをみて)あんな男性化のどこがいいのか。考え違いしている。だいたい男がだらしなくなったからだ。好感もてるのは初老の男とガキだけだ……そこへいくと僕の彼女達などは相当イイ線をいっているよ！」。

飛行機の中で眠れず、又出発前の日本ではテンヤワンヤだったそうでまったく疲弊しきった顔でしたが中華料理店で昼食のワインを傾けるうちにサエザエとしてきて元気も回復してきたようです。

今朝は僕が寝不足で朝寝坊していると、朝九時には彼に起こされました。もう元気一パイでイライラしている様子。まずオペラ座の東銀へ。彼なにしろドルで現金二〇万お尻のポケットにつっこんで歩いているのだからまいります。農協さん以下です（農協氏はまだ腹巻につっこんで歩きますから）。東銀で小切手に替えようとしたけど本国で替えてないとだめだという返事。彼のお尻にこの二〇万いつまで収まっていることか。―略―

七月六日付

鈴村氏は七月一日に無事研修先のモンペリエへと発たれ―略―リオン駅はバカンスの皮切りとあって大混雑。臨時列車の一角に奇跡的に空席をみつけました。荷物を向かいの網棚に載せようと身軽な鈴村氏が座席に上り片足を支えのためにヌッと手前の老婦人のヒジのあたりに突き出したときなどは観物でありました。―略―

鈴村鋼二君からN先生への手紙

―略―

僕のこちらでの読解テストは満点で、ききとりテストは〇点。向こうもいくらクラシックな十年前の語学教育だとしてもと呆れ顔。とにかくがんばりなさいといってくれ、ひとくぎりごとに、

〝ムッシューすずむら、わかりますか〟といってくれます。先週のテーマは免疫。それをめぐってまとまらなかったので僕は発奮して論理的に問題を整理して僕なりのデフィニッションを黒板に書いて発表したら〝非常に結構、完璧です〟といってほめてくれました。今日は中南米の植民地の歴史が問題になり（écologie との関連で）ヴェネズエラの若い医師が長々とうまくこたえていました。六割位わかりました。授業が終わってからその男に「君はラス・カサスを知っているか。スペインの一五・六世紀の神父で布教のために西インド諸島へ派遣され、征服者の残虐さをみてぼう大な報告を本国政府に提出して終生植民地政策への抗議をしつづけたんだ」といってやったら、彼はびっくりして「バルトロメオ・ラス・カサスのことか」といってまじまじと僕の顔を見ました。大学食堂では彼は仲間のラテンアメリカ系の男に僕のことをたいしたインテリだとしゃべっているのを耳にしていささかいい気分になり、彼に「僕はラス・カサスのことをドイツ新左翼の批評家であるエンツェンスベルガーの本で読んだんだがエンツェンスベルガーを知っているか」ときいたら「しらない」といいました。とにかくスペイン語系、アラブ系はよくしゃべります。こちらはしゃべれないけど結局物をよく知っているからだんだん大胆になって十日ばかりですがすっかりなれました。

(三) モンペリエにて

第九七号　一九七二・一〇・五

「ミュンヘン事件　その死の意味を……」

国家によって命じられた殺人なら許せるのか、人はテルアビブの日本人を虐殺者として非難できる。しかし、それは、ただ国家によって命じられた殺人を拒否しうる人だけだ。

ミュンヘンの事件の報復として、いま、無数のパレスティナ難民の村々がイスラエル空軍の爆撃をうけている。何百人の人々が爆撃によって無差別に殺されている。この爆撃機に搭乗しているイスラエルの兵士、それを命じるイスラエル政府、それを支持するイスラエル国民は、テルアビブ、ミュンヘンで殺人を行なった「テロリスト」とどこが違うのか。ただ一点の違いがあるだけだ。前者の方がより安全に、より多数の人々を殺しているという点だ。「黒い九月」の人々は爆撃機を持たなかったから自動小銃を使ったにすぎない。僕らはニューヨークで、シカゴで、ワシントンで、北ベトナムの青年が同じことを突然やったと想像することができる。

アメリカ政府は、そして政府を支持するアメリカ国民は、北ベトナムの青年を非難する権利能力を持っただろうか。アジアやオリエントの彼方で爆撃という大量虐殺が毎日くりかえされていることに、おどろきもしない西欧やアメリカの人々には、いや日本人だってそうだ、ベトナムへのアメリカの戦車の移送を妨げて、闘う人々以外のどんな日本人にも、テルアビブやミュンヘンのテロリストへの非難の権利能力はない。報復への報復という循環理論へ避けることはできない。パレスティナの土地を奪い、パレスティナ人を追い払い、そこに人工国家を作ったのはイスラエル人だ。まず奪い殺したのは、イスラエルだ。

アメリカでベトナム人が戦っているのではなく、ベトナムでアメリカがベトナム人を殺しているのだ。原因は、はっきりしている。パレスティナ人の権利が、ベトナム人の権利が、侵害から回復されなければならない。

もう一度言う。爆撃機による虐殺は虐殺ではないのか。国家によって、軍隊によってなされる人殺しはテロルではないのか。

テルアビブの日本人とミュンヘンの「黒い九月」の人々の行為は、テロルという犯行を自らの死によってこうした問いを提出している。同じ大学の寮に住む、パレスティナ難民の子弟の親友同士の間でも「黒い九月」の行動への評価は分裂している。僕らは、しかし、彼らと同じレヴェルで考える権利能力を持たない。あえてそのレヴェルで政治評価を下すとすれば、僕は次のような『ル・モンド』の社説の結語に同意する。「パレスティナ人の熱望の内に悲痛なものがあることをよく理解し、彼らが希望を持ちうるために絶対必要な世界の世論の支持を得るためのすべてのチャンスを、彼ら自身で破壊してゆくのを、ジリジリした思いで見つめている人々の心を掻き傷つける以外のどんな効果もなかったのだ」(九月七日号)。

しかし、僕らは、この事件の悲劇的な犠牲者達の死を読みとる努力をすることはできる。それは、イスラエルの選手達の死も「黒い九月」の人々の死も等価として考えることであり、何がイスラエル人をしてその人工国家の維持に固執させているかを問うことである。真の究極の犯罪者はどこにいるか。それは、何世紀にもわたる西欧諸国によるユダヤ人への差別、迫害であり、アラブ民族主義への抑圧の契機としてイスラエル建国を企画した西欧帝国主義であり、独占資本のために、その維持に加担するアメリカ帝国主義である。パレスティナ人民とイスラエル人民の共通の敵はこれである。アラブ諸国とイスラエル自体における真の社会主義革命以外には、解決の道はありえない。そして、ますます多くのアラブの若い学生達がそのことを自覚しつつある。いま彼らは「コーラン」から「毛語録」へ移行しつつある。「毛語録」から真のマルクス主義への移行も遠いことではないように思われる。

九月一四日

第一三三号　一九七五・八・五

(四) アテネから香港へ①

不妊症外科のテクニックを学ぶということで、二年近くパリにいた。妻の二人目のお産も自分でやりたいので、二カ月ばかり留学期限を縮めて帰ることにした。フランス政府のくれる切符はパリ—東京の北回り便のものだが、南回りに切りかえ、あちこちで降りても距離がたいして変わらず、運賃も、追加する必要もないのが分かったので、切符を作り換えてもらった。

四月四日、パリ大学都市の日本館の自室で目が覚めたのは昼一二時頃で、一二時のアテネ行の予約便には間に合わなかった。前の晩飲みすぎたのが悪かった。やや二日酔気味で頭はどんより濁っていた。オルリー空港まで行ってみれば別の便があるのかも知れないと、重いリュックをかついで、バスに乗り込んだ。明るいよい日だった。

オルリーで係に聞くと、一本だけオナシスの会社の便があり、それも駆け込みで間に合った。四時頃だった。飛行機からアルプスがよく見えた。イタリアを斜めに横切り、アドリア海を越えて、エーゲ海が、だいだい色に光っていた。

1 アテネ

夕もやの空港からバスで街の中心部まで来て、リュックの重さによたよたしながら、なるべく安そうな、小さなホテルを探し廻るが、満員ばかりで、四つ目くらいにやっと見つかった。地図を見るとアクロポリスの丘の北側で、小さなギリシヤ正教会のある広場に面していた。若い頃パリにいたという宿のおやじは親切だった。

ギリシャについての近頃の関心といえば、コスタ・ガヴラスの映画『Z』(軍事独裁政権がテロとクーデターにより成立するまでの過程を描いたもので、これは日本で見た)、この冬、『ル・モンド』で読んだ、工科大学から始まった学生運動の残虐な弾圧(撃たれて負傷した学生達を手当てしているアテネ大学医学部の手術室にまで軍隊が立ち入り、学生をかばう医者達を撲り倒した)、去年からパリで出版されだしたコルネリウス・カストリアーデス(亡命の理論家)によるスターリン主義分析のぼう大な規模の論集などだ。こういう国へ来ると、スペインを旅した時と同じで、地下で苦しい運動を続けている人々のことばかり思われる。マドリッドの地下道では、〝革命的アナルコ・サンディカリズム万歳〟という落書きを見た。サン・セバスチャンでは、海の見える高台の公園の岩壁に、バスク民族運動のスローガンが読解できないように文字を歪められて残っているのを見た。夜のアテネの街をいくらほっついても、そうしたものは見つからなかったような気がするのは、ギリシャ文字はＡＢＣとは違うから、サッパリ分からなかったせいかも知れない。

駅の近くの大衆酒場で魚のフライを肴に酒を飲んで、宿に帰った。途中、男が近づいて来て、英語で、女はほしくないかとしつこく聞いた。やっぱりアメリカの植民地みたいな独裁国だなと胸がムカついた。

翌日、アクロポリスの丘へ登った。石柱の風化で欠け落ちた部分にセメントをつめる補修工事の足場があちこちにあった。ここは見晴しがよくて、街の見当をつけるのによい。二、三カ所付近の遺跡を見て、トラヴェルチェック作り、船旅の予約、飛行機の予約などをしているうちに日が暮れた。スナックで食事をして、宿で、ウイスキーを飲んで寝た。

2　デロス島

旅行社の受付が、集合場所を間違って教えたために、重いリュックを背負って三〇分もウロウロし、バスに乗り遅れた。係がタクシーで港まで送ってくれて、船に間に合った。気の毒したから船室はよい所に入れてやると言った。大きな船で、四つベッドのある部屋を一人で使わせてくれた。天気は悪化して雨になった。甲板で日本人の娘に出合った。三人共、お茶大の同窓仲間で、高校の社会科の先生達。春休みを利用してのヨーロッパ旅行で、うち二人は二度目だそうだ。その晩は、僕の部屋へ招《よ》んで、フランスのパスティスに似た強い酒で、水で割ると白濁するのを飲ませて駄弁った。社会科教育について熱っぽく論じたが、よく覚えていない。司馬遼太郎の本は読んだかと聞いたら、読んでいないというので、司馬遼を読まずに、歴史の教育ができるかとかなんとかからんだようだ。うち一人だけは終始僕の意見に賛成していた。組合をやっている人だったからかな。

翌朝、デロス島に着いた。紀元前何世紀だかに貿易の要港として栄えたというちっぽけな荒地と禿げ山だけの島。石柱、モザイク壁画、壺のカケラ、石畳、雑草。低い荒地を強い風が渡り、その向こうの海に白い波頭が幾重にも見えた。壺や瓦のカケラを拾って貧相な美術館に入ると「この島から何もどんな無価値なものと見えても何も持ち出してはならない」と書いてあった。展示物も、貧相なのはしかたない。これらはよい物がたぶんパリやロンドンへ持ち去られたあとの残り物のはずだから。空はきびしい青さで、ちぎれ雲が飛んで、強い冷たい海の風が渡ると、太陽は明るく照っているのに、何故だか知れぬが、日が暗いようなちぐはぐな感じだった。何故だろうか。きっと空が青すぎて、海が青すぎて、青という色は暗い色だからだろう、と思った。この島で、四匹だか五匹だかのライオンが前足をつっぱって並んでいる風化で磨滅したスフィンクスを見た。エジプトのは、うずくまっているところが違うという。案内人の英語の説明を女先生達が僕に通訳してくれた。

この日の食事は特によかった。シシカバブだか何だとかいう、焼肉料理はうまかった。カルチエ・ラタンのギリシヤ料理店で喰ったやつだ。それにしても僕は焼肉は朝鮮焼肉が一番だと思う。店を開けばきっとはやるのに、パリにはなかった。

翌日もよい天気だった。甲板へ出て日なたぼっこして、パイプをふかした。この明るい日射しが青い空と青い海のために暗いと感じるのは何だろうと、きのうと同じことをぼんやり考えていたら、〝日の光は珪石か何かのようにサラサラと、サラサラと降っているのでありました〟とかいうような中也の詩を思い出した。あの感じなのだ。自分が、この世界に組み込まれていずに、遠くの方に置き去りにされているような感覚。（次号につづく）

第一三五号　一九七五・一〇・一五

（五）アテネから香港まで②

3　ミコノス島

ミコノス島に着いた。船中で知り合ったイランの大学の内科学の教授夫妻と一緒にみやげ屋を廻った。この初老の教授は、いかにも庶民的な感じの人で、若い頃にはパリとロンドンで勉強したと言ってしきりになつかしがり、思い出しながら、タドタドしくフランス語をしゃべった（と言っても僕も似た程度だが）。僕と背が同じくらいの小男で、奥さんの方はガッチリした大女だった。モサデグ政権の崩壊の頃のことを聞いたら、モサデグの名前を君みたいな日本人が覚えていてくれてうれしい、彼は立派な民族主義者だったと言った。今は我々には言論の自由がないと悲しそうな表情をした。穏健なリベラルなのだろう。しきりに中国をどう評価するかと聞いた。奥さんとはぐれそうで話も落ちついてできず、中止した。別れて絵ハガキで見る白い壁と草屋根の風車小屋のある丘に登った。

青い空、青い海、白い小さな家並、丘の斜面に続く路地、ロバ、風車、観光ポスターそのままだ。発見も驚きもなく、ただ既視感のみが、くりかえし襲ってくる風景。疲れて風車小屋の下に腰を下ろして港を見下ろしていると、突堤に近づいて来た大きな商船が急に直角に曲がろうとするがすでに遅く、岩壁に船腹をガガーと接触して傷つきそのまま去って行った。西に傾いた日のために海のきらめきで目が疲れた。丘を下って、村の酒場で、変なタネを塩でまぶしたつまみで酒を飲んだ。村の衆が、もの珍しそうにジロジロ見た。出てから美術店に入って宝石を見た。中年の感じのよい女主人が説明してくれた。小さな乳灰色の石が気に入った。この石は沈んだ上品な落ちつきがあって、心が静まると思った。くすんだ色が気に入った。九カ月の腹をかかえて僕を待っている中年の女によく似合うと思った。女主人も年を聞いて、似合うと思うと言った。石の名はアゴットだったか、忘れた。三千円くらいだったが迷った。この先、旅は長いし店を出て村の路地を一廻りしているうちに酔いが回ってきて、一大奮発をして、あの石を買うか買わないかが何やら、愛の証しにかかわる大問題のような気がして、戻って、買った。

夜、僕の部屋へイランの教授が訪ねて来た。昼、中断した議論の続き。教授は、とてもナイーヴにとても真摯に問う。「結局、お前にとって社会主義とは何か」と。僕もナイーヴに答える。「結局、平等ということだ。つけ加えるなら直接的生産者の権利の全面的拡大だ」、「したがってソ連はニセ社会主義か、社会主義の奇形だ。知的自由を欠く点で同様に駄目でも、平等の理想を追求しつづけている中国の方に希望がある」。教授は言う。「平等は社会の停滞をもたらさないか」と。僕は「戦後日本では、大学の先生や研究者の給料は、トラックの運転手の給料と似たりよったりになったが、しかし学問研究の進歩は、そのために戦前より停滞することはなかった。知識人は給料のためでなく職業的責任感で仕事を進めるから停滞の心配はない」と応えた。目を丸くしてびっくりしていたが、やがてフムフムと大きくうなずいた。そのきまじめな表情を見て僕はますますこの人への敬愛の気持を強めた。年をとってもこういう風に人の話を聞けるようになりたいと思った。この人は回教徒なのか、すすめても酒は飲まなかった。この後、船中のバーへ行って、無税で安いジョニ黒のオンザロックを女先生達と飲んだ。

翌朝、港へ着いて、アテネへ帰り、もう一度アクロポリスに登ると、二十歳くらいの日本人の男の子と女の子が話しかけてきた。二人共ミュンヘンだかの高校にいると言う。「……ね〜え」という甘ったたれた口のきき方だ。

めりはり、とか、けじめとかが欠けた、青年期の自我形成に失敗したような日本人の若者達をパリでよく見かけたが、そうした種族なのであろう。ドイツ語はむずかしいかと聞くと、日常の用は足りるから、文法さえ覚えれば簡単だと思うわと、こともなげに言う。日常の用などは、店頭に立ち欲しいものを指させば足りるので、愚にもつかぬごあいさつのかけ言葉を覚えるより、辞書を引けば、必要な論文は読めることの方が大事なんだぞ、日本に帰って、机に向かって、ドイツ語の勉強をした方がよいよと言いたくなったが、それもやめた。しきりにトンカツが食べたいと言うので、パリでの自炊生活で覚えたやり方をこまかく教えてやったのだが、食べたいくせに自分で作る根気はないらしい。あとで女先生達と、甘ったれた幼児言葉のような日本語しかしゃべれなくて、ドイツ語どころじゃないよと笑ったが、しばらく空しかった。

イスタンブール行きに乗るのにバスが間にあわずタクシーを拾う。運転手が飛行場を間違えてヒヤヒヤした。余分の走行料金は恐縮して受け取らなかった。

第一三六号　一九七五・一一・一五

(六) アテネから香港まで③

4 イスタンブール

夕方空港に着いて、リュックを受けとると横ポケットのところがビタビタだ。しまったと思って調べると、ウイスキーのビンが割れている。連中は荷物をほうり投げているのだ。酒とタバコは、空港で買えば安いのですぐ買っておいた。もうバスがないので、メーターのこわれたタクシーに乗る。夕空の中に回教寺院の尖塔やドームが浮び上がる。空港で、できるだけ安い所と言って聞いたホテルに着くが、大きな部屋で、アテネより安い。すぐ近くのセルフ・サーヴィスの食堂へ行って夕メシを済ます。払いが思ったより高いので主人に聞くと、置いてないビールを頼んだから、外へ買いに行ったサービス料だと言った。ケマル・パシャだかの像のある広場を一巡して帰って眠る。

翌朝、観光バスに乗ってバザール（市場）とか寺院を廻る。バザール内で、みやげに買ったメルシャム・パイプの値段が、外の店のものとくらべて二〜三倍高かった。

回教寺院では、内部へ入る時に、靴をぬぐ。じゅうたんを敷きつめてあって、高い天井から、何本もの鎖で灯台が頭のすぐ上までつりさげられている。水色の色調で内部が統一されているブルー・モスクで、あぐらをかいてすわっていると、ああやっぱり東洋式がよいなあという気分になってくる。案内人は客の一団を国語によって、英、独、仏と分けて、同じことをそれぞれのグループに話す。僕は、三つともいい加減にしか分からないので、全部のグループの説明につき合ってようやく、半分くらい納得する熱心な生徒というわけで、案内人は愛想よくしてくれたが、いささか情けない気がした。午後は、ボスフォラス海峡を船で航行した。ここには、つい最近西ドイツの技術でできたという鉄橋がかかっていた。全く狭い海峡だった。ちょっと大きな河という程度。宿の近所は、場末といった感じで、夜は暗く、飲み屋も見あたらないので、部屋で、ウイスキー飲んで早寝する。

翌朝、バスに乗ろうと広場へ出ると、なにやら、いかめしい兵隊と警官でいっぱいだ。記念日の行進行事らしい。終わるのを待ってトプカピ宮殿へ行く。スルタンの財宝でいっぱいだ。金銀宝石でギンギラピカピカしている。中国渡来の陶器類はまあ見られたが、こいつらには閉口した。昔の王様の悪趣味ぶりにへきえきした。北欧などの簡素な民芸品の方に、僕の美意識は向く。一角にハレムというのがあって、ここへは特別入場料を払うのだが、うんざりしてやめた。

海峡の見晴しがよいこの宮殿から離れるとすぐに、貧民街が背中合せに続いていて、下り切ると、駅、港、バスターミナルがあった。靴磨きが手真似でタバコをくれというので一本あげたら、靴を磨いてやると追ってきたけど、靴は人に磨かせてはいかん主義なので手をふって逃げた。もう飛行機の時間ギリギリだった。宿へ帰るとすぐ、リュックを背負って、汗まみれで三〇分歩き、空港行バスに間に合った。

5 ベイルート

もう夜で、街の灯が、眼下に美しく、またたいていた。空港の案内所のおばさんは、リュックをかついだ僕が「一番安い宿を」と言うと、ニヤリとして片目をつぶってここへ行けと地図を書いてくれた。タクシーの運転手が、街中を走り廻っても宿を見当ることができないのは結局地図のABCが読めないためだと分かって、しかたないので降りて街角で学生風の男に聞くと、うなずいて彼の車で、宿へ連れて行ってくれた。大学の裏手のキリスト教系のユースホステルだった。中へ入ってみて、空港のおばさんのニヤリが分かった。僕をヒッピーと思ったのだ。入口の部屋にはベッドが三つ、奥の部屋には二段ベッドが二組、ヒゲの若者がゴロゴロしていた。六八年の五月革命の頃パリにいたというアナキスト風のフランスの青年。彼はタイヤを拾ってきては、それで草履を修理して喰っているという。カイロから来ている毛沢東主義者みたいなエジプト人学生。西ドイツの学生（これはノンポリ風）。その他二、三人。空港で買ったホワイト・ホースを一本出したら、みんな喜んで飲んだ。英、仏のカタコトで酔っぱらってわめきちらし、パレスチナ人民万歳とかでお開き。

翌日、また二日酔。昼頃起きてぼんやりしていたら、連中が、パン、牛乳を買ってきて、一諸に喰えと言ってくれる。食後、西ドイツの学生の旅行計画を聞いたら、近くにある古代フェニキアの大遺跡へ行くと言うから、明日一緒に行こうと約束して外へ出る。エール・フランスの事務所へ行って、便の予約のことを聞くが係が来るまで三時間も待てと言うので海岸へ歩く。岸の土が悪くて海は濁っている。少し南へ下っただけだけど、もう暑くてここは夏だ。泳ぎたくなる。日射しはきついが、海からの風は気持いい。あたりは近代建築のホテルばかりで面白くない。

エール・フランスの事務所へもどって、聞くと、バグダッドへ行くには、翌朝カイロへ行かねば無理と分かる。しかたないので、これでフェニキア遺跡はあきらめる。エジプト航空へその足で飛んで行き、一つだけ空席が見つかる。旧市街の市場の雑踏を歩いて、黒人の店に入った。飲み屋だと思って入ったが、回教の戒律きびしく酒は出さない。やけくそで、鯛の黒焼きに酢をぶっかけただけの、野蛮未開な「料理」を喰って出た。苦かった。新市街へ出て、飲めるのを念押して小さな店に入り香りの強い生野菜、焼肉、お好み焼を肴に、水で割って白濁する酒を飲む。航空会社との交渉のためにベイルートへ来たみたいで、空しかった。去年、ここでは、パレスチナ・ゲリラの本部がイスラエル特務機関に襲われ、三人の指導者が家族の面前で射殺され機密文書を奪われる事件が起きたのに、通り過ぎる旅行者には、何もかもが平隠なだけだ。(次号につづく)

一三八号　一九七六・一・五

(七) アテネから香港まで④

6　カイロ

ベイルート空港を出た飛行機は、イスラエル近海を避けるためか、真西に向かって地中海上に出た。ずい分西へ来てから南へ下るようだ。少し前に、アラブの民間航空機が方向を誤り、イスラエル占領地の上空に入り、撃墜されたことがある。あの時のパイロットの残された記録を読むと、無警告で、何が何だか分からぬまま撃たれていて、悲惨だったことが思い出される。勿論、休戦が成立して以後のことで残酷だった。

隣席の男が話しかけてきた。「スズキの軽自動車を商用に買ったが、スズキは日本では大きい会社か。車の評判はよいか」と言う。「評判は知らぬが、大きな会社ではない」と応える。大きな会社にトヨタというのがあって、そこでは、労働者がどのように抑圧され、搾取されているかということは、パリで鎌田慧の『自動車絶望工場』を読んで、友人にくわしく話してやっているので、いくらでも説明できるのになあと思ったが、やめといた。アラブのブルジョアに、日本の労働者へのシンパシーがあるとも思えないから。真昼の地中海を越えて、カイロ空港に降りた。宿の予約、観光バスの予約をすませ、タクシーに乗ってまわりの風景を見回して驚いた。砂嵐なのだ。日は確かに照っていて、空には雲がないが、地上も空も、茶色に煙っている。砂煙のために、日がにぶっている。空気は乾いていて、肌はベトつかないが、バリバリにザラついてくる。市中へ入ると、巨大な城塞やモスクが眼前に出現してくる様は、黒沢の映画『蜘蛛巣城』みたいだ。

古い大きなホテルだった。部屋も広い。気に喰わないのはアラブ人の年寄りがボーイで、廊下にいる。手前でやればよい用事を引きうけるためにいる。チップのためだ。僕は下層中産階級の出身で、「自分のことは自分でやれ」と幼少よりたたきこまれていて、湯は自分で、湯沸しのあるところまでとりに行きたいのに、それはいけないらしい。勿論、いま金がないからチップも惜しい。だいたい僕の主義思想からは、チップで生活する人々があってはならないのだ。しかしそれが生活のために必要な年寄りのボーイ（形容矛盾！）が廊下に控えている。僕には、それに敬老精神がある。使えないし、使ってはならぬし、使わねば気の毒だし。この単純きわまる心理的ジレンマで、僕はイラダチ疲れた。そしてアラブ「社会主義」のデタラメとインチキを憎悪した。ナセル革命？　そんなものは「独立」ではあっても革命ではない。さらに今世紀にあって革命でないような「独立」はホンモノでないことは、資本主義の世界体系性から明白だ。レーニンの帝国主義論からそうなる。自分の国の年寄りがチップで外国人旅行者に使われていることを許す国家が本当に独立していると言えるか。

埃が舞って、茶色っぽいビルが続く街中へ出て、地図をたどって、ナイル川へ歩く。子供達が、荷を運んだり、商売を手伝っているのがやたらに目につく。ナイルは上流も下流も砂煙にかすんで見通せない。濁った水がゆっくり流れている。暑さと砂埃で閉口して、河畔にあるヒルトンホテルに逃げこんで冷房のロビーで一息つく。アメリカンエキスプレスの窓口でチェックを金に代えた後、航空会社へ、バグダッド行きの予約に行くが、イランへはヴィザがないと行けぬと言うので、しかたなく、クウェート経由でボンベイへの予約をする。夜はアラブ料理の鳩の焼トリを喰った。久しぶりの焼トリで満足。こんなにうまいなら日本では病院の軒などに来て、羽根や糞で汚す鳩が多いから、片っぱしから捕えて喰うべきだなど思いながら。空港で買ったウイスキーは三倍くらいの値でホテルで買い取ってくれたので、店で土地の安酒を買って部屋で一人で飲む。

翌朝、観光バスで美術館へ行く。ルーブルにもたくさんあったが、古代エジプトの村長だか王様だかのスッキリした顔立ちの彫像は気持よい。ミイラや柩もあったが、僕にはつまらない。そういえば、モンペリエ大学医学部の解剖博物館にも、こっちから持ち出したミイラがあった。ナイルを渡って西へ走り畑がつきると砂漠が始まって、この台地から東を見ると畑、カイロ、その向こうの畑らしい緑の帯のすぐ向こうからまた東の砂漠が始まっているのが見え、要するにナイル流域の細長い所だけ人間が暮らせるのだという地理的限界条件が歴然とする。ピラミッドは、近くまで来るとどうということなくガックリ。青い空と白い砂、輝やく太陽の下にクッキリという絵ハガキとは違って、砂煙に濁った茶色っぽい空と、にぶった日射しの下に石が積まれておって、石を引っぱられた古代の人民にはえらい迷惑だったろうと思われる。古代文化の達成した幾何学や力学は立派なものだとしても、こうした愚にもつかぬお墓を作るために莫大な金と労力を集中したのには呆れる。しかし、現代でも同じことで、貧しい民衆の生活はそのままで、宇宙ロケットを飛ばして威張っているのが国家というヤツだ。五千年来たいした進歩はないわけだ。

ここから少し離れて古くて崩れかけた小さなピラミッドの近くにある砂に埋もれた宮殿の壁画

など見てから、メンフィスへ行く。大きな王様の石像が寝ていて、その足のスネの内側に、王様の十分の一くらいのお后様の像がくっついていて、二人とも好ましい顔立ちをして、いかにも仲が良さそうで、ユーモラスだった。ウーマン・リブなんか糞喰え、これで結構じゃないかと思いながら横を向くと、アメリカ人の老夫婦の亭主の方が僕と目を合わせて、片目をつぶってニヤリとした。外へ出ると村の子供や老人達が手に手に青銅の獣人像や青い昆虫の焼物などを持って来てこの辺の出土品だから買えと言う。あたりには半分土に埋れた石像がゴロゴロしており、ついさっきはカイロの美術館で似たような彫物をたくさん見たし、数日前にはデロス島の遺跡の破片を踏み歩いてきたので、一コ千円なら安いと思って買った。ホテルへ帰って、よくよく眺めているうちに、これはひっかかったと分かってきた。たぶんこれは、カイロあたりの鋳物工場で型に入れて作ってから、半年くらいメンフィスの彼らの家の庭に埋めておいて、掘り出したものに違いない。メンフィス出土たることには嘘はないわけだ。古代ローマの古銭とか、いろいろあったが、手を出さずによかった。観光バスの案内人も同胞のささやかな生計の道を絶つのは気がひけて黙っていたに違いない。カイロに帰って、これは信用のおけるという店で、アレクサンドリア石とクレオパトラも使ったという香水を、僕のクレオパトラのために買って、夜は、また鳩を喰いに行った。（次号につづく）

第一三九号　一九七六・二・五

（八）アテネから香港まで⑤

7　カイロ

この茶色のカイロを離れてアレクサンドリアの青い海を見たいと思って予約しておいた観光バスを、あまり金を使ってはいかぬと取り消しておいたので、翌朝、金を返してもらいに行った。この観光バスの事務所で見たポスターは、ナイルのはるか上流にあるルクソール（？）だかの遺跡の写真で、メンフィスで見た王様とその足元の小さなお后様の石像のもっと大きなもので、これは、まさに永遠の女人像と言ってよいすばらしさだった。やさしさ、つつましさ、気高さ……といった古典的な美徳が、生けるが如く、その美しい表情の中にあった。息がつまってくるくらい魅力的だった。今は、金が足りぬからしかたないが次の機会は絶対にルクソールだと思った。

昨日、見残した寺を回ることにして歩いた。学生らしいのに聞いてバスや市電を乗りついであちこち廻った。バスは超満員でステップに人をぶら下げたまま走り、運賃を払いに移動することもできない。降車して外から運転手の方に払いにゆくと乗客達が一せいに手をふって払わんでもよいと言う。もたもたしているうちにバスは行ってしまう。街を歩いて屋台に寄ると、三〇円くらいで焼肉と野菜を揚げてお好み焼の皮でくるんだようなものが喰えるし口が渇けば、オレンジ五個くらいを目の前でつぶした生ジュースが立ち飲みできる。こうしてやっていれば、一日一〇〇円か一五〇円で生きてゆけそうだ。ゴミゴミした裏町の雑踏を行くと突然後ろの足元へドサッと長い物が投げられ、ハッと見るとコブラ。ワッと飛びすさったら、蛇使いが笑っている。毒牙は抜いてあるだろうが。子供達が寄ってきてタバコをくれと言う。自分が吸うのか、おやじにやるのか分からんが、しつっこいので与える。大きな寺院へたどりついて、入ると案内人が近寄ってきて、英語で勝手に説明を始める。僕はチップが惜しいのでフランス語しか分からんと断ると、スルタンの柩のある中心部はもう閉っているが案内人がつけば開けてやると言う。しかたがないので従うが、チップを払う段になって、百円くらいの小銭しかなかったのでそれを与えると、これでは足りぬと言う。もう小銭はないと言うと、連れの仲間が金をくずすからと言う。くずした男はくずし賃として五%くらい取った上で、チップの不足分を仲間に渡して、残りを僕にくれ、「エジプトはよい所だろう」と言った。腹が立って「こんな不合理なシステムは我慢ならん。ここは良い所ではない」と言ってやったら、仲間同士苦笑していた。イヤな奴らだ。

夜ビヤホールへ入って飲んでいると、隣のテーブルの男が話しかけてきて、こっちで、一緒に飲めと言う。彼は貿易関係の仕事をしていて、他の二人は戦車隊の将校と兵士だと言って通訳してくれる。日本人は空手や柔道が強いと、他愛ないことばかり言うので、中東戦争のことに話題を変えて聞く。今度の戦争で、イスラエルにはかなわぬというコンプレックスを克服して自信をつけた口ぶり。今日は昼のことでクサクサしていたので僕は、占領地の回復、パレスチナ人民の権利回復という戦争の大義を支持すると言った上で、「日本では、昼、子供達は学校で勉強しているのに、ここでは路上で、仕事に使われている。ここは街角という街角に兵士がいて警官の仕事をしているようだが、カイロの町の地図さえ読めないではないか。字はアルファベットだが、寺の絵もある観光地図を示して聞いても見当違いの間違いばかり教えられて、ずい分無駄歩きさせられた。これでは指揮官が戦死すれば、あとは作戦地図も読めない兵士が残るだけで戦闘は続けられない。地図が読め、近代兵器を操作できるためには教育が一番大事なのに、これでは駄目だ」と言ってやった。その通りだと将校は、悲しそうにうなずいていた。第三軍の包囲孤立の原因も、納得のゆく説明がなかった。ホテルに帰ってもこのアラブの民衆のあり方、チップ、物乞いを恥としない回教文化の精神の暗部を撃たなければ、「社会主義」「民衆の自立」ということは問題にならないとガタガタ考えて眠れなかった。教育をアラブの民衆から奪った西欧帝国主義は、政治的独立達成後、一〇年、二〇年たっても癒せない傷を彼らに残したわけだ。

8　クウェイト

昼頃カイロ空港を出て、砂漠と海、いつまでたっても、人も車も家もない砂漠の果てに、白い波打際が続く風景があって、夕方クウェイトへ着く。夜中のボンベイへ行くまでの待ち時間を、ホテル、夕食、バス送迎を会社のサービスでやってくれるという。空港にはピカピカの外車が一杯並んでいる。町への道では日本の車もたくさん見た。ホテルの近辺は、新しい建物ばかりで面白くない。海へ歩く。空には薄雲がはっていて、波一つない静けさだ。遠くに石油プラントか、積出し港が見える。フリ金になって泳ぐ。水はなまぬるい。しばらくたって岸に上がると、三台くらいピカピカの外車が止って、若者達がイチャついている。なんだかあさましい国だ。石油成り金で、たまたま石油があったというだけで外車を買ってピカピカ磨いて、小ぎれいな家を建てているわけだ。同じ石油の国でも、リビアのカダフィは、「我々は、石油があるために豊かだ。しかし、これは我々の努力、知識や労働によってあるわけではない。だから……」という戒めを国民に言っている。段違いだ。もっともカダフィはヨーロッパ思想史の教養のない軍人で、共産主義は悪魔だと思い込んでいる狂信的回教徒らしいが。でもアラブ指導者の中では最もスッキリしている。ホテルで夕食のとき何か酒をと頼んだが、禁じられているという。教理はどうでも、禁酒だけでも回教は我慢ならぬ。信徒が飲まぬのは勝手だが、無神論者の僕に強いるとは何だ。水を頼むと一リットルのプラスチック入りを持ってきてこれが五百円くらいだ。ベイルート製とある。部屋へ帰ってウイスキーを飲む。夜中に空港を飛び立つと、無数の油田の炎が見えた。回教と石油が君達から、革命を遠ざけている。あさましい国よ、さらば。(次号につづく)

第一四〇号　一九七六・三・五

(九)アテネから香港まで⑥

ボンベイ

よく眠れないまま、朝、空港に着く。空気が不思議なほど水っぽく感じられるのは砂漠の国から来たためか。安くて良いホテルを教えると言ってきた学生とタクシーに乗る。郊外に近づくと、いまにも壊れそうなバラックがつづく。中心部のホテルに着いてみると八階建の新しいビルで、一泊三千円くらいで高い。冷房はよくきいている。不眠だったで、ウイスキーを飲んでベッドにもぐる。夕方目がさめて近所へ散歩に出ると、あたりは熱気と異臭に満ちている。これは糞尿の臭いだろうと舗道の隅に注意して行くと、小便のシミと乾いた糞があちらにも、こちらにも見つかる。パリでも糞は街の到る所にころがっていて、ウッカリしていると踏んづけてしまう。踏んづけると「ボン・シャンス！」（運がいい？）と言うのだそうだが、これは犬の糞だ。ボンベイのは人糞であるためか、はるかに臭い。これは、家がなくて路上に住んでいる人が多いためだろう。ホテルへ逃げ帰ってよい空気を吸おうと屋上へ昇り、海から吹いてくる風にあたる。ところがこの風も臭いのである。海はつい二、三百メートル先にあって、風は、街から吹き上がってくるのではなく、海から直接に来ているのに。となるとこの街は海へタレ流しをつづけているとしか思えないのだ。汚水処理がないのだろう。この海は直接外洋に面しているのに、色もドブのような鉛色だ。鉛色の海に鉛色の軍艦が三つ浮かんでいた。軍艦なんか売り払って、その金で、公衆便所と汚水処理施設を作るべきではないか。それともパキスタンとの宗教戦争の方が大事かね。

夜、海岸へ出る。イギリスの植民地時代に、国王来訪のために建てた「インドの門」というのがあって、これを中心とした、岸壁の舗道は、涼風を求める人々がお祭りの人出のように集って、カーバイトランプの夜店が並んでいる。海からの風は臭いのを我慢すれば、こころよい。石の手摺に腰かけていると少女が二人幼児を連れてきて、僕に手をさしだす。ポケットの小銭を二、三枚渡したが、立去らずにいて、今度は、その受け取った小銭を海の方へ投げ捨てる真似をする。まわりの人々はニヤニヤしている。要するに、これっぽちの金は、なんにもならんということだなと分かる。つけ足すにしても金はいやになったので、物売りからパンと駄菓子を買って与えると、今度はニコニコして、幼児達にわけ与えた。少女はインドの婦人達一般と同じく、整った彫りの深い顔立ちで、姿はほっそりと美しかった。だからボロをまとっていると、よけいに痛々しく見えた。ホテルへ帰って、一人でウイスキーを飲んでいると、人々の悲惨な貧しさへの憤りで口惜し涙が出て来た。泣きながらどんどん飲んだ。

アジャンタ(1)

日暮れになって、バスが出た。穴だらけの舗装道路を走る。二時間に一度くらい小休止をとって、水を飲んだり、小便したりして走る。真夜中になると、ガタビシして完全には閉じない窓からの風が寒くて眠れない。明け方の四時頃終点に着いたから一〇時間北東に向かって走ったことになる。終点にはタクシーが来ていて宿へ案内するという。タクシーと言っても、小型三輪オートバイだ。一番安い所と言ったら、インディアン・スタイルで木の板の上にゴザが敷いてあって、毛布一枚ひっかぶって眠る部屋だった。合部屋式らしかったが人はいなかった。三時間ばかり眠って二〇〇円くらい。朝八時頃迎えに来た三輪でバス停へ行き、いよいよアジャンタ行きに乗る。山も川も森もない、ただポツンポツンと貧弱な木が見えるだけの荒地と何もない畑が延々と続く。緑はない。暑さで草も木も枯れてしまっている。三時間くらい走って、石窟を見下ろす丘に立つ。それは小渓谷の崖の中腹をくり抜いて並んでいる。物売りの子供達が寄ってきて大小の石を見せて割れ目を開くと、水晶が内腔にできている。

メンフィスでは小細工にひっかかってこりていたので、これは間違いないと五百円くらい払って二つばかり買う。石窟の入口のレストランでカレーを喰い、案内の青年について回る。壮大な規模と思い込んでいたが違う。天井もたいして高くない。普通の家くらいだ。完成されているのは二、三にすぎず寺の入り口二、三メートルで挫折しているのが多い。ノミでコツンコツンと岩を砕き、柱にする岩は残して……という具合にやってゆくのだから思うと気が遠くなる。人間の精神というのはヘンなところがあって、そんなことが続けられたのだろうが、そのヘンなところが人間としては大事なとこかも知れんなあと思ってしまう。よく分からないが、日常的合理性とは異質の次元が精神の働きにつきまとっていて、それが人間にこの世界を耐えさせているのか。ピラミッドを見て、こんなものを作るのに狩り出されて、古代エジプトの人民大衆は迷惑したろうなあと思ったのは、日常的合理性のワクにはまり込んだうすっぺらな捉え方だったかな。完成した石窟寺院の内部では感じない、この人間的営為の途方もなさを、中途で挫折した寺院の軒先にたたずんでいると気味が悪くなるほど感じる。

一回りして、岩の日陰に腰を下ろし、涸れた谷底を見下ろしながらタバコをふかしていると、インド人の青年が話しかけてきた。聞くと英文科の学生だそうだ。そんなら、ジョージ・オーウェルという作家を知っているかと聞くと考え込んでいるので、彼のインド時代植民地支配者の側からの民衆に対する屈折した意識を書いた有名な『象を撃つ』のことを言ってみたがサッパリ。

とにかく英文学はシェークスピアだと思い込んでいる程度らしい。日本は工業が発展して素晴しいとお世辞みたいなことを言うので、「第二次大戦後、植民地を失ったのにどうして、このように発展したと思うか」と聞くが、分からないという。それで次のように説明してやった。第一に農地改革をやって大土地所有を廃し農民に分配し、農民の購買力を高めて国内市場を開発した。第二に世界に誇る平和憲法によって軍備のための非生産的支出をなくした。そして戦争をやらなかった。第三に百年も前から義務教育が徹底していて、労働力の質が高い。第四に一君万民という平等感覚が定着していて、階級間の壁が薄く、社会階層間の流動性が高く、能力さえあれば、門閥に関係なく、出世できるため官僚も世界一優秀だし、企業の幹部も有能である。以上。言い終わって、日本は良い国だとタメイキが出た。二年国を離れて、他国のアラばかり見ているとナショナリストになる。

（次号につづく）

第一四一号　一九七六・四・五

（一〇）アテネから香港まで⑦

アジャンタ(2)

こんな馬鹿げたお国自慢（というのは、朝鮮戦争特需、ベトナム戦争協力という人殺しへのかかわりで稼いだこと、水俣病や四日市喘息などの公害問題を語らずにという意味。さらに言えば、トヨタはＡＰＡ特需を道徳的にどう考えるかということ）で終わってはいけないと思って、インドの発展のためには中国方式の革命路線をとらねばいけないと忠告してみたが、これにはキョトンとしていた。君は何になるつもりかと聞くと、この石窟寺院の案内人の免許をとって、英語を生かしたいと言った。僕はいささかゲンナリした。

日本人の観光客は多いから日本語も覚えたいと言うので「日本語はむずかしいから、五年くらい日本に住まねば無理だ。それより君が案内人の口上を英文で示し、それを日本人にローマ字日本語に訳してもらい、それを読めばよい」と教えた。彼と別れて、入口の広場にもどると、みやげ物の売店にいる少年達が僕をとりかこんだ。写真をとるととても喜んだ。例の水晶の石を買ってくれと迫るので、すでにあの崖の上で買ったと言うと、そんなら、只でやると言う。これはどこで採るかと聞くと、姉や妹達が近くで掘っていると言う。僕をかこんでキャッキャッとはしゃいでいる。

そのうちに中学生くらいの少年が、手まねと片言英語で、要するにセックスしたいとき、日本語でなんと言うかと聞く。僕はハタと考えた。北杜夫氏は北欧の港町で娼婦に「イッパツヤルカ」と言われて閉口したと書いているので、僕はもっと上品なのを教えようと思い、ローマ字で「アナタトネタイ」と書いてやった。ガキ共は口々にこの言葉をワメイて騒いだ。石を只でやるから英和辞典を送ってくれと言うので約束した。僕はどうして、こう少年達に好かれるのか。チビで童顔だから、同類視されるのだ、きっと。

少年達が、ボンベイへ帰るのに列車を使うようすすめたので、駅までガタガタ道をガタガタバスに乗る。約三時間、荒地といくつかのバラックの集落を通る。顔も髪もザラザラ、パリパリになる。

窓からの熱風のためだ。荒地は荒地でも、スペインのアンダルシアやアラゴンには雄大な岩山が地平をかぎり、凛烈、透明な空気があるが、ここでは砂ぼこりで濁った空の下に、貧弱な雑木がポツン、ポツンと地面にしがみついているだけで、地平はさだかでない。夕方、駅のある村に着く。駅前の店先で、まずいビールを飲む。僕の椅子のそばの地べたへ、家族連れが来て、座り込んで夕食をとるテーブルや椅子が空いていても地べたの方がよいらしいのが不思議だ。

床屋へ入って散髪する。百円。駅でボンベイ行きの切符を買う。夜一〇時発夜行二等普通券。乗り込むと一応満席。頭上の荷物棚を見上げると、少年が一人上がっていて、目が合うと上がれと手招きするので、よじのぼると荷物をつめて僕の場を作ってくれる。ボンベイへ行くことを確かめる。僕はこれで眠れるとひと安心。

夜中二時頃、ゆり起こされると、少年がこの車両はボンベイまで行かず切り離されるから乗り移ると言う。少年の家族は大きなトランクのいくつかに家財道具一式つめ込み、引っ越しみたいで移動が大変に見えたので手伝う。ホームは同じような連中で大騒ぎ。とにかく彼らの押し込みが終わると僕が押し入る余地がないのでホームを走りながら、入れる客車を探しはじめて驚いた。半分の客車の窓には鉄格子がはまっていて、中の乗客は、すしづめでなく各自着席している。入口には駅員がいて切符を見て、二等普通は入れない。結局、僕は三等があると思って買ったのに、二等普通が三等のことだったのだ。

とにかく、しゃにむに普通に押し入る。あたりは、ボロをまとった疲れ切った人達ばかり、幼児をかかえた、家族全員という風のが多い。敗戦直後の日本の列車風景よりひどい。

鉄格子は、これらの人々が指定席車に窓から乱入するのを防ぐためだろうが、それにしてもひどい。事故があったら、どこから逃げるのだろう。二等普通の人々は、貧しい農村で喰いつめて、ボンベイという大都会へ、仕事を探してなだれ込んで行くのだろう。しかし、僕がすでにボンベイで見たものは、仕事もなく、子女に物乞いをさせて、路上で生活している無数の人びとだった。それでもボンベイへ行くのかと暗然とした。異臭と人いきれで気持ちわるかったが床にしゃがんでいると疲れて眠り込めた。一〇時間ほどの夜行が終わって朝ボンベイへ着き、バスターミナルでリュックを受け取って、空港へ向かう。

デリーとタージマハール（1）

真昼、雲はなく、飛行機は、家が一つ一つ見えるくらい低く飛んだので、ボンベイからデリーまで地上を眺めて過ごす。茶色のカサカサに乾いてひびわれた重病人の皮膚のようだ。山もあるにはあるが、草木はない。川も水が涸れて、茶色の筋になっている。季節がわるいこともある。アジャンタの少年は、二、三カ月遅く来れば、緑の草や木が見られるのにと言っていた。過酷な自然風土。それは確かだ。しかし、それだけであるはずがない。大土地所有制、階級差別に結びついた農政、農業技術の貧困と停滞という要因が、人為の要因がないはずがない。中国政府は、日本の視察団よりインドの底辺の農民を、人民公社視察に招く方に熱を入れるべきだ。

リュックをかつぎまわる愚に気づいて空港にあずけ、ホテルへ行く。公団アパートにそっくりな新式ホテル。風呂から出てカシミール地方の民俗音楽の実演を見ながら食堂で夕食をとり、久しぶりにサッパリした気分になる。

翌朝、ホテルを引き払って、タージマハールへのバス旅行。先回にも書いた通り風景の美しさはない。二〇年くらい前の海軍道路を伊保原の方に行くとあたりに見える風景に近い。要するに殺風景ということ。四時間くらいで着く。宮殿は白い大理石で、写真で見た通り美しい。

ここから二、三キロの所に大城塞があって、スペインのアルハンブラ宮殿（と言っても外観は荒々しい城塞）によく似ている。考えてみればあたり前で、両方とも回教徒による征服時代のもので、インドからイベリア半島に到る回教文化圏が成立していたからだ。ここの売店で様々な性交姿態のレリーフがいっぱいある何とか寺院のアルバムを見つけて、しまったと思った。よく調べて計画に組み入れるべきだった。（次号につづく）

第一四六号　一九七六・八・五

（一一）アテネから香港まで⑧

※本稿は都合により暫く休みましたが、本号より再び掲載いたします。続いてご愛読下さるようお願いいたします。『月刊市政研』編集部
尚、既掲載は『アテネ・デロス島』『ミコノス島』『イスタンブール・ベイルート』『カイロ』『カイロ・

クウェイト』『ボンベイ・アジャンタ(1)』『アジャンタ(2)・デリーとタージマハール(1)』でした。

デリーとタージマハール(2)

物売りの子供達が群がって来るのに悲しい気持で閉口した。観光客は彼らの貧しい品物を相手にせず高級大理石細工の店に入ってゆく。僕は入っても買う金はないので、外で子供達から小銭で何か買ってやった。夜デリーへ帰って、空港へ行き、深夜のバンコク行きを待つ。無料の冷水スタンドへ水を飲みに行くと、傍に立っていた中年男がさっとコップを取って水を受けて渡してくれる。イヤだがチップの小銭を渡して聞いてみると、子供が四人いて月収が三千にもならないから、こうしてサービスしているという。

同情すると、まだ残った小銭はどうせインドを出れば使えないから不用だろうと言う。記念に持ち帰ろうと思っていたが、残り全部をくれてやった。しかたない。

「またインドへおいで」とお愛想を言ってくれたが、「ここを旅すると悲しみや怒りが起こってくる。本当の社会主義革命を、あなた達がなしとげるまでは来たくない」と応える。

五時間近くも待ったあげく、エール・フランスのインド人職員は僕のパスポートにタイのヴィザがないからバンコク行きに乗せられぬと言う。僕はヴィザ不要ということをパリで聞いていたのだ、文句を言うと、英文の入国条件書を持ってきてこの通りだと言うが、読んで見ると明らかに縮少解釈をやっている。実際は拡大解釈が通用しているのに。あまり、頑固なので口論をあきらめて時刻表を見ると朝パンナムの便がある。パンナムの部屋へ行って、聞くとOKと言う。それでエール・フランスの例の係のところへ行ってパンナムはOKだから変更同意の認めをくれと言うとヘンな顔して判をついた。

「御親切大変ありがとう」とどなってやった。こういう融通のきかぬ馬鹿職員のため会社はみすみす損をしているのだ。それに僕も空港で徹夜だ。

バンコク

パンナムの機内で、やれやれこれでインドから脱出できるとホッとして、ウィスキーを飲み出すと、スチュワーデスがニコヤカに割らずに飲むのは身体にわるいからと言ってビンを取り上げ、オンザロックを作ってきてくれた。全く親切だと感心した。海を渡ると眼下に一面の緑が拡がった。久しぶり、パリを出て以来はじめての緑で、水田らしきものも見えて来ると、日本へ帰ったみたいな安らぎを覚えた。稲作民族としては、ここからはひとつながりになっているわけだ。

空港からの道では、日本の会社の看板がたくさん見えた。タクシーが連れて行ってくれたホテルはヒッピー向きの三〜四人の合部屋で、一人割の部屋代は人数がふえればその分だけ安くなる仕組になっている。どこかの工大を一年休学して世界をさまよっている日本人の青年が同室にいた。この人は、お金もないし好奇心もすりへってしまったようでどこへも行かず近所の屋台店で、ラーメン喰ってあとは部屋に寝そべってハシシ（麻薬タバコ）をふかしている。イランの田舎で買ったと言う。すすめられて吸ってみたが、やたらと想念の断片化がめまぐるしく起こって、めまいの感覚に近い状態に陥るだけでつまらない。いかにも精神力の弱い青年達に好かれる麻薬だ。僕は、むしろ睡眠薬と酒を同時に飲んで起こる想念の集中と、ユウフォリアと言ってよいような高揚感の方が好きだ。この方だとデプレッションの時でも、長文のラブレターが一気に書けるほどの効用がある。と言っても続けると肝臓に悪い。少し眠り、夕方、起きて市バスで街へ行く。終点の場末で降りて歩く。店や街の感じは、しばらく前の名古屋駅の西（駅裏）を思い出せばピッタリする。路地裏の屋台でラーメン、焼豚などを肴に酒を飲む。泡盛みたいに強いヤツをずいぶん飲んでしまう。

僕の土地勘はよいのか、夜中にとにかくホテルにたどり着けた。翌朝、二日酔いで頭が痛いのを我慢して飛行機会社を回ってサイゴン行きの便を探すが、満席で一週間も待たねばならぬのであきらめる。午後、観光バスでお寺廻り。仏塔にしても寺自体にしても、赤と緑と金ピカで全く毒々しい。悪趣味としか言いようのない金キラ金だ。三島由紀夫氏の晩年の作中でケンランゴーカに描いているが実物を見るとヘキエキする。この辺は小乗仏教だったか忘れたが、とにかく国教で王室と結びついていて、青年達は一度は坊主になることになっているらしい。政治支配とコケオドシの金ピカが結びつくと、宗教も内なる精神性の深さを失うに違いない。そういえば、ここはアメリカ帝国主義の基地があって、インドシナ半島の人民解放勢力を脅やかしているのだ。フランスで会ったタイの青年は、どいつもこいつも政治の話はノーコメントのいじけた骨なしだったが、日米帝国主義と結合した前近代的支配層と闘い続けている学生達がここにいるはずだ。

三日目の午前、水上生活者を見に行く。隅田川みたいな大河があって、臭くはないが土色に濁っている。これから狭く入りくんだ迷路のような水路へ観光ボートが入って行くと、岸から半分水路に乗り出した格好で両側に民家が並び、子供達は縁側から泥水の中へ飛び込んで遊び、お勝手口からは野菜のくずだのゴミが水路に捨てられる。暑くて家は窓や戸を開けはなっているので、一家が御飯を食べているのが三メートルくらいの鼻先に見えて少々気がひける。公衆衛生上のことも気になるが、それでも愉しい風景だ。日本の農家や裏長屋には昔からあった文字通りのあけっぴろげだ。このボートで知り合った日本人の青年が、彼のホテルにはプールがあると言うので、泳ぎに行く。名古屋の電気機器メーカーの技術屋で、オーストラリア出張の帰りらしい。工場の拡張の計画があるが、インドネシアにするか、韓国にするか迷っているという。

日本国内での拡張などバカバカしいそうだ。韓国でなら、一人前の男が月三万円で使えるから、という所までは、資本は安価な労働力を求めて移動するという一般論で納得して聞いていたが、それから韓国の女は情が濃くってよいですねえと言い出されて、カッときてしまった。ペニスも安価なヴァギナを求めて移動するのか。

僕は、マルクス主義者であるので売春、特に買春は許せないと思っている。しかし一般的に許せない買春行為も、特に許せないヤツと少々許せないヤツと二通りある。後者の例には、パリの日本人留学生の体験談で、こんなのがある。アムステルダムの有名な飾り窓の女の所へ、これも経験だと思って行ってみた。さてやることになって背広をぬいで、ネクタイをはずしにかかると、相手がパッと開いてモタモタせずに早く来て済ませてと言ったためしぼんでしまったげな。

こういうのは少々許せない程度の経験だ。人間のペニスとヴァギナの結合は非歴史的な生物学的な器官の行為ではない。日本人と日本帝国主義がこの百年、朝鮮と日本で朝鮮人にして来たことの歴史的事実が、社会的心理的倫理的意味づけを、朝鮮人の女を日本人の男が買う行為に与えることは避け難いことだ。オランダ人の女と日本人の男にはこの重大な歴史的事実による意味づけはない。この違いが分からぬヤツはハ虫類に属すと思う。

夏になればキャンピングカーで女房子供を連れ出すという善良な家庭人で、仕事もばりばりやっているこの有能な青年が同時にハ虫類であることはやり切れないが、それが一般的事実であることは、みんながよく承知していることに違いない。

僕は、怒鳴らずに、居心地のよいホテルのプールから帰った。夜は、同室の青年から、駅の近くにはここよりも部屋代が安くて、しかも女つきというか、女代も込みになっているのがあって……という話を聞かされた。思い出すとこの合部屋へ案内される前に、このホテルのボーイは廊下で、僕に「女は必要ないか」と聞いた。僕はすぐさま模範回答を出した。「私は、日本に愛する妻がいるので女はいりません」カックイイ!?（つづく）

第一四七号　一九七六・九・五

（一二）アテネから香港まで⑨

香港　⑴

バンコクのヒッピーホテルの掲示板に、「香港の安い宿」の電話番号が出ていたので、空港に着くとすぐ電話してみた。僕の英語は読めても聞きとれないというシロモノであるためか、サッパリ相手の言うことが分からない。とにかくしばらく、バスはどれに乗るのかとガンガン大声で聾者の問答をやっていたがラチがあかないのであきらめかかっていると「お前は日本人だろう。日本の青年にかわる」と言ってくれた。それでバス停と、行き先を教わってようやくたどりつく。クイーンズロード何番地という所。夜八時頃。大道の両側はずっと商店でその上階がアパートになっている。一〇階くらいの所で、3DKの公団アパートへ入った感じ。居間のカーテンの向こうをのぞいて、やれやれ、これなら安いぞとひと安心。ベイルート以来二度目になるが、三段ベッドが四つくらい並んでいる。一泊二百円くらいだ。主人は五〇年輩の中国人のおばさんでアル中風のオーストラリア人だという中年の白人の亭主と、しょっちゅういがみあっている。電話をかわってくれた日本人の青年は、天理高校を出て、三年ばかり働いてためた金を使って、アルバイトをみつけながら、これから三〜四年世界中を廻る旅に出たところでここの前は台湾の高砂族のところにいたという。この青年は、僕よりはるかに英語が分かるらしくおばさんのカタコト日本語と英語の話を共に通訳してくれた。おばさんは、昔は女学校で物理を教えていたというインテリで若者達が好きだ、というだけのために、このタダの奉仕みたいな宿をやっているそうだ。本職はヒスイの鑑定士と言う。たまげたのは、とにかく毛沢東の姪だそうだということだ。要するに中国の親族制度では、どの範囲まで を姪と称するかだが、あんまり遠すぎる範囲までだと悪いような気がして問い詰めるのはやめて、ただただ感心しておいた。彼の案内でちょっとだけ飲みに出て帰って寝る。

翌日は、おばさんが一日つきあってくれる。まず、ヤムチャへ行く。中国風軽食店というわけか、セイロに入ったシューマイとか、なんかが多種あって、好きなだけ各種たのんでお茶を飲みながら喰う。とてもうまくて、安い。街の子供づれの家族で店は一杯。全く安いので、案内のお礼に僕が払うと言ってもおばさんは、「君は遊学中の身だからワリカンで」と言う。有難い。午後、九竜半島の方へ連絡船で渡って、入江か湖か記憶が判然としないけど、大きな船が料理屋になっている所で、ビール飲んで喰う。うまい。ここもワリカン。帰りには大陸からの難民が入っているというアパート群や、その下の屋台店を見て歩く。物資豊富。お祭りみたいな活気でうれしくなってしまう。

夜は、青年と二人で香港島の港近くの広場の屋台店で飲む。ワーッと広場一杯に、屋台が拡がり、そのほとんどが喰いもの屋で、年から年中お祭りをやってるみたいだ。エビのゆでたのやカニを唐揚げにしたもので飲む。バンコクの路地裏の屋台は、なにやらしめっぽかったけど、ここは広くて、陽気だ。もう日本はすぐそこ、あしただし、カニも酒も安くてうまいし、「ボカーシアワセダナー」と思って、飲みに飲む。カニの唐揚げをバリバリムシャムシャやりながら夜道を帰る。彼は、この辺の一人歩きはあぶないですよと言う。あぶなくても、どうでも、アテネから香港までの旅で、僕がもう一度、来たいと思う所は、香港だけだ。他はすべて、貧しくて、みじめで、喰うものがマズかった。僕のやってきた底辺旅行の結論はそれだ。一流ホテルで食事をしているかぎり、それは世界中、どこでも同じだ。民衆が喰う所で一緒に喰って来たから、違いがよく分かったのだ。つけ加える必要が一点だけある。香港は国家ではない。国家のあり様が生み出す貧困とみじめさから奇妙に隔離された一地域、例外都市とでも言うしかない所だ。

第一四八号　一九七六・一〇・五

（一三）アテネから香港まで⑩

香港　(2)

翌日は、二日酔のため昼まで寝る。カイコ棚式ベッドの最上段のため、天井が鼻先にある。同宿の日本青年と一緒に、近くでチャーハンを喰ってから、バスで海水浴に出る。レパルス湾という所で島の南側だったと思う。レパルスとかプリンス・オブ・ウェールズ湾とかの地名を妙に感じたのは、これらは両方とも、第二次大戦初期に日本海軍によって沈められた英国の軍艦として記憶があるからだ。香港は、英国の植民地だったから、後には不名誉になってしまったこんな名称がつけられたのだろう。四月末の海は、ここでは冷たくはない。波は静かで、空は明るく晴れ、人は、まばらで、浜は美しい。二年間のヨーロッパでの長い休暇とほぼ一カ月の南回りの旅の終わりの日を過ごすにはもってこいだ。砂にあお向けに寝ころんで、水平線の彼方を見ていると、つくづく、俺の休暇、俺の修業時代、俺の執行猶予は、とうとうこれで終わったのだと思えてくる。帰ると、産婦人科医としての縛られた生活が始まる。一、二年して町で開業すればもう身動きがつかぬ軟禁状態に入る。逃げに逃げて来た家庭生活というヤツにもはまり込まざるを得まい。留学直前に俺の第一子を生んでくれた人は、あと一カ月するとパリで仕込んだ第二子を生むはずだ。となると、結婚否定論者としては、俺は挫折的転向を余儀なくされるだろう。俺の享受してきた自由は三七歳の今日で失われるのだ。いつの日かまた？ヨボヨボジジイになった退役の日までか。暗然たる思い。我が青春よさらば。映画『太陽がいっぱい』のラストシーンのような風景を前にして、すでに中年男であるくせに、どうしても、自分を中年とは思えないこの男は、未練がましく感慨にふけったのであった。

横に寝そべっている二〇歳の青年は、これから数年間の世界漫遊に出かけるところだ。おそらくは底辺労働者としての生活に耐えながらしか続けられまいが、自由がある。彼は、台湾の高砂族と住んで来た経験を語る。彼らは日本統治時代を懐しんでいて、親日的であること。当初、同民族としての国民党軍の進駐を解放とうけとって喜んだが、その支配、統治は、日本のそれより、はるかに劣悪であったこと。そのため、国民党ら外省人の支配に抗して内省人の大暴動が発生し、それが残酷に鎮圧されたこと。これらの話を聞きながら、僕は、国民党外省人の支配を排しての台湾独立論には十分の根拠があるような気がした。

宿への帰りはバスの終点から市電に乗った。満員の中を立っていると、どうも後方から人が押しつけてくるので、スリを警戒して尻ポケットの口のボタンへ手を置いた。しばらくして手を下へずらすと、ポケットの下の方が切られて、財布が半分はみだしている。それを押えて、まわりを見廻すと目付の鋭い若い男が人を押し分けて出口の方へ急いでいた。座席の人々が同情して、僕を座らせてくれた。スリという英単語が、ついに思い出せず、怒鳴るわけにもいかなかった。宿へ着いて、大急ぎで針と糸を借りて縫った。尻ポケットの財布には小銭しか入れないから取られたとしても大したことはない。トラベラーズチェックや大きな金はズボンの前面左右の内側に古靴下を縫いつけて入れてある。これは安全な方法だ。

夕方の飛行機の時間が迫ったので、宿のおばさんにお礼を言って、安すぎる宿賃のかわりでもないけれど、ヒスイを二個買ってあげる（我が愛する未婚の母のために）。おばさんは鑑定人だからこれは間違いない。病気療養に日本に来たいと言っていたので、僕が病院を建てたら、きっと泊めてあげるからと約束して、アドレスを書く。

おばさんは、これをあてにして二週間後に英文の念おしの手紙をくれた。返事を書こうとしたが彼女のアドレスを書いた手帖が見つからず、以後、今日まで、気がとがめていたが、今日、もう一度、探したら見つかった。とにかく毛沢東も死んでしまったので、その姪であるというおばさんへの手紙にはおくやみの一句も入れなければならない。

終わり

付記、この旅行は一九七四年四月のほぼ一カ月間です。それからの二年間にはここに書いた国々についても、ギリシャの軍事独裁政権の崩壊、レバノン内戦、インドの反政府闘争の高揚とガンジー政権の独裁化、ベトナム人民の勝利、タイ軍部のクーデター、フランコの死など多くの出来事がありました。

ノート、パンフレット、辞典類の参照はわずらわしいので全然やらず、記憶だけに頼ったので勘違いがあるかもしれません。

アテネからタイまでの部分は『新三河タイムス』に一年後の昨年春から夏にかけて書き、『月刊市政研』へは、遅れて転載されました。香港の部分だけが二年後の最近書いたものです。

『新三河タイムス』に載った時には誤植がひどく（例えば、見出しのカイロが二度三度と続けてカロイとなっていて、ある読者はカロイという町があると信じたくらいです）、書くのを中止すると抗議してやっとやや減少しました。『月刊市政研』転載のものは、かなり改善されましたが、毎回数カ所以上あります。一四六号一〇ページで例をあげると「怒り」が「怠り」、「それで」が「それだ」、「好奇心」が「好気心」、「思い出せば」が「思い出させ」にです。なお「日本人と日本帝国主義がこの百年、朝鮮と日本で朝鮮人にしてきたことの歴史的事実が、社会的心理的倫理的意味づけを、朝鮮人の女を日本人の男が買う行為に与えることは避け難いことだ」の「行為に」が「行為を」になっていて文法的構造が破壊されています。御判読ありがとうございました。（誤植訂正済　編者）

第一五九号　一九七七・九・五

六　『トヨタ・恐怖の工場』

CFDT機関紙　四月号に載った鎌田慧『自動車絶望工場』（仏訳）の書評（翻訳とコメント　鈴村鋼二）

CFDTは共産党系勢力の強いCGTと並ぶ大きな労働組織で、社会党、統一社会党系勢力が強く、リップ工場自主管理にも大きな役割を果たした。書記エドモン・メールの言説にはアンドレ・ゴルツ、ミッシェル・ロカール等の革命的構造改良派と共通するものが多い。（鈴村）

トヨタを知っているか。フォード、ジェネラルモータースに次ぐ第三位の世界的自動車工場だ。この日本の工場で働いた鎌田慧は「徒刑場」だと言い、労働者の全生活がいかにトヨタの企業内世界にクギづけにされているかを語る。

「やれやれ終わった。午前一時半。寮の階段を四階まで昇って部屋に帰り、顔を洗って、鏡の中の自分の顔を見てびっくりした。顔はもはや全然生気を失い、赤い眼にクマが出来ている。打ちのめされた顔に変わってしまっている。僕の生活は起きて、工場へ行って、また眠って、就業時間ギリギリに間に合うよう疲れたからだを引きずってゆくことだ。僕の生活は、全能の工場への隷従でしかない」。

「今週は準夜勤。二二時過ぎ、よろめき、頭はカラッポ。ラインを使っているのが人間ではなく、人間を機械として使っているのがラインだ。敗れるのはきまり切っている」。

これが、日本の世界第三位の自動車工場で起こっていることだ。

鎌田慧は季節工として、三五歳でそこへ雇われ、完全にトヨタに捧げられた数カ月間のその日、その日を、今度仏訳の出た本の中で語っている。

この本の題は、「疲労の極限でいかに生産するか」としてもよい。

これを読むと、労働者から人間性を奪う極端な疲労から、そんな風に感じられる。強制収容所か？ ほとんどそうだ。ただし、トヨタにあっては、最大限の搾取が最大限の生産を妨げないという均衡点を見つけるためにすべてが計算されている点を除いて。

愛される車トヨタ

これがこの工場の最近のスローガンで、これはまた、買い手と同じく生産している労働者も惹きつけなければならない。

鎌田はミッション組付コンベアで働き、正確に八〇秒で二十三個の部品を組み立てなければならない。

「この仕事は十五歳の少年がしても何の不都合もないだろう」と彼は説明する。「二十年間、彼がこの仕事をするとしよう。彼の認識はこの八十秒のサイクルに限定される。この外では、手仕事の観点からも判断力の観点からも、全くなにも得るものはないだろう。彼は永遠に十五歳の子供にとどまり、人格的成長は不可能だろう」。

「愛される」車よ、お前は人生そのものほど高くつく！

ラインは、二班で毎日、七六〇箱作らなければならない。速く速く。もし、停止があれば、労働時間の延長だ。「間違いを起こすと、ラインは止まる。止まれば、延長する。遅れないため、仲間に迷惑をかけないためだけに、全力を集中せざるを得ないようになるのはこうしてだ」。

このすべてが残業込みで月七万五〇〇〇円（一二四五フラン）のためだ。

トヨタで少年達が言っているように「アメリカ並みに働いて、日本並みに支払われる」。

こうしてトヨタは、四万五〇〇〇人の本工しかいないのにルノーの二倍の自動車を作る。これには、フランスでも我々が知り始めているシステムのように、数多くの季節工、臨時工をつけ加えなければならない。さらに低賃金でトヨタの労働市場を奪い合う多数の下請企業の二〇万の労働者を忘れてはならない。

そしてトヨタで起こっていることは、ホンダ、ヤマハ、ダットサン、三菱等でも同じだ。

トヨタ、我が愛

この地域に永住する本工のためにはトヨタによって組織された一種の住宅貯蓄計画がある。

「僕の仕事場の仲間の大部分はそれに加わっている」と鎌田は述べる。

長期の融資制度があって、それだと二五年間五・五％利子率で一〇〇〇万円借りられる。四〇〇〇人の労働者がこうして自分の家を建てた。彼らは退職後の生活にいたるまで、手も足も資本家の鎖につながれているのに気づく。彼らの全人生がトヨタ資本の掌中にある。

鎌田慧は、農村や離島から来た四〇〇〇人の若い仲間と共に、柵をめぐらされた寮の一つに住んでいる。四人部屋、寮食、小うるさい守衛……朝から晩まで、〈外部世界〉（トヨタの用語）のとは違ったトヨタの寮、トヨタの食事、トヨタの余暇、トヨタの新聞、トヨタのカレンダー。そして買物はトヨタ生協。

渡辺さん、ハイここにいます

フランスの経営者が言うには、

「アー、組合が政治をしなければなあ！」これは「アー、組合が経営者と同じ政治をすればなあ！」そうすれば「責任のある組合」になるのに。トヨタみたいな。

「昼休みに職制が、渡辺候補後援会への参加の案内を配った。企業（とその下請け）の全員が参加の署名を求められている。組合の前委員長渡辺のポスターが、会社の掲示板にかかっている」。

自動車労連の方は、「衆院選で渡辺候補を支持」というやや特殊な示唆をする。

こうした条件の中で、職制がタイムレコーダーのそばへ呼びつけて渡辺候補への署名を頼んだら、一労働者が拒否できるものだろうか。そしてトヨタの会社が出したスローガンの一つが「良い品、良い考え」とくるから驚く。

安全第一

いや、これはブラック・ユーモアではなく、トヨタのスローガンなのだ。事故が多いので、三カ月間就業前（そう、前だ！）の一〇分間、「安全講義」テストの暗記をすることが決められた！　しかし、食堂はそのために開くわけではないのでより速く喰うのが必要だった。鎌田の言う「ライン並みの食事の速度」もまた高められたのだ！

或る晩、班長がラインの新しいスピードアップを告げる。もっと速く、同じ生産を七八秒でやること。「初めて、こうした命令が来た頃には、不満が一般的であったが、不満を抱いても何もできないので、結局、命令が達成されることになった。班長達は等しく、命令が上から来る以上何もできないことを態度で示している」。

そして次のような結果になる。

トヨタの新聞は、休日についての労働協約を実行にうつしたおかげで、生産の新記録が達成されたと報じている。税抜きの純利益が一二〇〇億円。そして誇らかに、この結果が報ぜられた日、組立ての各作業に割り当てられた時間が、さらに二秒間短縮されることを労働者達は知らされる。同じ生産を、今や、七十六秒で！　ところで、トヨタでは安全はバカらしいものなのか？　いや違う。川村は台座がアースしている古い機械の上で感電死した。これは彼にとって「不運の日」のせいだとされた。それで、労働者のバイオリズムを、十二支の占いのように計算するために、各人の生年月日が、注意深くノートされた。

この事故以来、「不運」のありうる日をマークするために、各労働者は、各々のバイオリズムの日付つきのバッジを身につけるようになる……これは機械を近代化するより安くつく！

名高い日本の奇跡

だが何故こうした例を続けるか。或る人達はアルコールだけが慰めであるのがわかる。彼らの一人が言うには二日で約二リットル。事故は増える。そしてそれはトヨタ新聞以外のところで語られている。指を切断した班長が「弁明をした」ので、給料を受けられる……退役軍人は「単なる労働力」としてではなく、若者を訓練する指導者と見なされ、職制や養成工の教師への昇進が早い……。

鎌田を読み、開くと、すべてが明らかになる（より正確には、すべてが暗くなる）。名高い「日本経済の奇跡」とは、企業に基礎を持ち、したがって体制に統合されるしかない組合機関と、直接にアメリカからとり入れられ、そして数世代にわたって階層支配に服従させられた民衆に課せられた労働の組織とをもって最大限度まで推し進められた搾取の結果でしかないのだ。

最も進んだ自由主義

だから、もしあなたが、純粋状態での資本主義、裸の資本主義、最も進んだ自由主義とされるもの、一言で言えば、闘うのを止めると我々に起こってくるものを知りたければ、『自動車絶望工場』を読みなさい。

しかし、「我々は違う。日本人じゃないから」と言ってはならない。経営者が週休二日を拒否する理由として押し立てているものを知っているか。「愛される我が車を全世界に送り出す必要がある」と。

バールやジスカール、セイラックや会社が我々に何を宣言しているか。「可能なかぎり外国へ輸出するためには切りつめる必要がある」と。

もし、私が我が「フランス最良の経済家」の論理をよく理解しているとしたら、我が国を救う唯一の方策は、日本人が七六秒で生産するものを七五秒で生産し平均月給を一五〇〇フランに戻すことだ。

体制を変えなければ！

さて、そうとしたならトンネルの出口は？

ジルベール・デクレルク

第一八一号　一九七九・七・五

七　崔君の強制送還阻止（一）

昨七八年七月、一在日朝鮮人青年が、韓国へ強制送還される日が迫ったので救援してほしいという弁護士の記者会見の記事が出た。読んでみると、彼は、僕の町の高校の十年後輩にあたるし、親兄弟も町に住んでいる。問題は一年以上も前から起こっていることだから、朝鮮総連系が動いていて、僕らのサークル（労働者市民救援会という担当弁護士もいる附属組織もある）には、きっとそのせいで支援の呼びかけがないのだろうと思った。が、その晩になって、サークルの仲間から連絡電話があり、サークルの旧メンバーに当人の同級生が何人かいて、とにかく動けるし、動くべきだということになった。送還船が入港するまで一週間くらいしか時間がないので、翌日緊急集会を開いてやれるだけやることにした。

この崔君の一件については、新聞に何度か続報が出たし、『朝日ジャーナル』が扱ったので、知っている人が多いと思うが、概略は次のとおり。

明治大学法学部を卒業した崔君はロンドン大学への留学を志したが、在日朝鮮人の海外渡航は法務省がほとんど認めていないため、日本人の友人の戸籍を使ってパスポートを作り、出国した。向こうでは、バイトをしながら英語学校へ通って、ロンドン大学の大学院修士課程への入学までこぎつけたが、妹の結婚式に出るため帰国したところ、旅券法出入国管理令違反で逮捕された。執行猶予つきの一審判決に服したが、拘置所を出てすぐに大村収容所へ入れられ強制送還ときめられた。彼の両親は大正年間に日本へ来ており、朝鮮には身寄りはない。日本で生まれ育ち、日本の学校を出ているので朝鮮語は話せない。韓国籍ではないが本籍地が南にあるから韓国へ送れると当局は言う。朝鮮籍の者が韓国へ送られればどんな拷問にあうか分からないと、彼は自殺まで考えているという。

緊急集会は、サークルの定例会をやっている書店で開かれた。久しぶりの拡大集会の感じで、メンバー以外に旧メンバー、崔君の同級生、同窓生らが二十数名来た。送還取消しと大村からの釈放を求めて訴訟中の名古屋地裁と法務省への嘆願署名運動を始めることにした。日数がないので重点的に、地域社会の代表的人物に絞ることにし、市長、市議、県議、区長、居住区民、出身学校教職員、地域職能団体の長、ＰＴＡの長などを対象にして手分けした。僕は、医師会長、歯科医師会長、薬剤師会長、出身高校ＰＴＡ会長、同窓会長の署名を割りふられた。保守系の市長の署名を取りやすくするために必要な自民党のＫ県議（タカ派的）の署名を先に取る必要があるが、これは、常に敵対関係にあって直接では、とても無理であるので、青年会議所の理事長をしている高校時代の友人に依頼した。この友人は夜討ち朝駆けで努力してくれた。署名趣意書の文言が国法を犯したことへの反省が不十分として拒否されたため、必要最低限の線にまで書き直して出なおし、ようやくのことで署名を取って、市長室で待っている仲間にとどけてくれた。三日目に僕は分担した仕事が終わったし、予定した署名がほとんど順調に取れていたので、これで地裁の判決はまず大丈夫と安心して、海へ行った。当直医依頼の関係で、二カ月も前からやりくりしてひねりだした夏の休暇はどうしても失いたくなかった。

僕が室戸岬の陽光と潮風を満喫していたこの後の四日間が、全くドラマティックだったことを帰ってから知らされた。

地裁の裁判長は、法務省上がりで、国の出した決定を覆したことはないという人であったらしく、署名簿などに目を通した形跡もなく、送還を認める判決を下した。

みんなビックリ仰天した。あと三日くらいしか送還船入港まで余裕はなくなっていた。

ここで大活躍してくれたのがN君という町の地方紙の記者だった。彼は、サークルの最初からのメンバーで僕の高校以来の盟友だが、二年前サークルの組織論をめぐって大口論を三カ月ばかり僕とやったあげく、脱会、絶交状をつきつけて来た人物だ。しかし一年くらい前より誤解は解けて、月に二、三回は一緒に飲めるようにはなっている。（が勿論バカだ、タワケだの口論は一回おきに定常的サイクルで起こっている）。署名を送るだけでは不安だから国会議員も動かすことを発議して自民党、公明党、社会党の国会議員への協力要請をあらゆるコネクションを使って行なった。マスコミについても『朝日』の東京版には出ていないので、名古屋の出版社風媒社社長稲垣氏を通じて働きかけてもらい、東京の朝日の記者が精力的に動いてくれることにもなった。公明党の国会議員には町の公明党の長老市議を通じてと稲垣氏を通じて上層部へ直接と二重三重、上下タテヨコと要請が交錯することになった。社会党にも同様、自民党にも同様だった。サークルの市議小林君が崔君の同級生と一緒に法務省へ嘆願に上京した日に、これらの効果が現れた。朝、担当課長に会った時は剣もほろろ、ニベもない返答だったのが、その後、あちこちから、ジャンジャン電話が課長のところへ入り、「せめて社会党国会議員だけでも一本化してくれないとたまらんよ」という風になった。自民党のN国会議員の秘書からの「ウチの先生の顔をつぶすなよ」と、いささかドスのきいた申し入れも効果があったにちがいない。そんな風の多方面からの要請の集中で、午後には課長の態度が変わり、自費で他国に出国する約束をすれば韓国への送還は取り消すとなった。

一方、同じ日に、サークルのY君は法律実務にくわしいので、弁護士の資料調べの手伝いで名古屋へ出て判例調べと、コピー等の作業にあたった。県立大の田中宏助教授が、弁護士の高裁判事との打ち合せの補佐にあたった。(地裁判決と同時に高裁への送還停止の仮処分申請が出されてあった)。担当判事自身がかつて行なった判例まで調べあげて論拠に使うという、田中助教授の徹底的な補佐の仕事がきわめて貴重な意義を持ったと思われる。同日、法務省の態度変更より遅れたが送還停止の仮処分が出た。この判事が署名簿に目を通してくれたことは、判決理由より明らかに読みとれた。(地域社会の人々との良好な関係を本人が持っていると認められるという一句によって)。

僕が海から帰った日には、みんなは署名してくれた人々への経過報告とお礼状にとりかかっていた。僕らのサークル・豊田市政研究会は、いま解体の危機に瀕していると自他共に認めているような状況にある。しかし一在日朝鮮人青年の救援にあたって僕らがなしえたことは、十数年間の活動が作って来たサークルの人脈の存在という要素を抜きにしては考えられない。

救援活動の目的と性格から、僕らは、市政研というサークルの名を一切使わなかった。崔君の高校の同級生に依頼されて、同窓の先輩として後輩を助けたいという立場だけで通した。それでよかったと思うが、僕は同窓だからやったのではない。あくまで、サークルという中間的媒介項を通じて普遍的理念に自らをつなげてゆこうという姿勢からやったことだ。

この原稿は豊田市政研究会の会員である、鈴村鋼二が、丸山眞男先生を囲む「60の会」の雑誌（東大ロゴスの会）一〇号に、「市政研近況」と題して、寄稿したものからの転載であり、三回にわたって連載する予定です。（『月刊市政研』編集部）

八　崔君の強制送還阻止（二）

第一八二号　一九七九・八・五

これ（前号）で一応終わりだけど、余談めいた断片を少し書き加えてみる。

その後、崔君がロンドンの英語学校で知り合ったフィアンセのスイス娘が町に来て、みんなが集まった時、フランス語でタイプされた文書の説明を求められた。彼女が崔君と結婚するに当たって、元の国籍、すなわちスイス国籍を保持しつづけることを確認する駐英スイス大使館への宣明書だった。その中に相手すなわち崔君の国籍記入欄があって、そこには無国籍とあった。

記入上の指示には、現在無国籍の者は、国籍を失う前の国籍を附記せよとあったが、日本とも朝鮮とも記入されていなかった。これは何だと思って、いろいろ議論してゆくと、次のようなことが分かった。在日朝鮮人には、韓国籍を持つ人と朝鮮籍（北朝鮮）を持つ人がいると思っていたのは間違いだったのだ。韓国籍という国籍は存在しても、朝鮮籍という国籍は存在しないのだ。サンフランシスコ条約で日本が占領下の体制を終結した時点で、一方的に在日朝鮮人の日本国籍を剥奪してしまった。これを在日朝鮮人は総連系も民団系も、共に諸権利の一方的剥奪として抗議行動を起こすどころか、「解放」と思って歓迎したようだ。勿論、革新政党も問題にしなかった。僕はその頃中学生で、日共の機関紙アカハタの配布事務を町の総連の事務所を借りてやっていたから日常的接触の思い出からもそうだった。その後、韓国籍を取得した者以外の在日朝鮮人は、主観的に、自分達は朝鮮籍だと思っているだけで、朝鮮人民民主主義共和国は、当の人々を自国民として認めてはいない。北の共和国の国籍を認めてほしいと北の在外公館に行った人も相手にされないという事例もある。北へ帰還した人にしか国籍は認められていないのだ。したがって無国籍であって、無国籍者として、すべての国家から扱われるほかない。北は何故、外国に居住して北の国籍を取得したいという朝鮮人に国籍を与えて保護しないのか。僕の推測では、スターリン主義的鎖国政策のためだと思う。北に住む青年達には外国留学の自由はない。崔君のような青年に国籍を与えたら国内にいる青年にしめしがつかなくなるからだろう。

町の自民党のK県議へ署名を依頼に行った時の話。「朝鮮籍などでがんばっているから、こういうことになってしまうのだ。家族を説得して、当人が韓国籍を取得するのを受け入れさせ、居留民団の幹部を保証人にして交渉すれば、韓国送りは止められるだろう」。それで同級生達が当人の母親を説得に行ったが、母親は頑として聞き入れなかった。
町の自民党のH市議は市長が署名した直後「県警の話だとスパイ容疑もあるというのに、軽率なことをしてくれたな」と言ったそうだ。当人が帰国の際、旅費が安いというだけで無用心にも、アエロ・フロート、シベリア鉄道を使ったからだろう。大村への収容、早手廻しの韓国送還決定、当人への韓国大使館員の執拗な説得工作などを考えると、KCIAと日本当局の連動がありはしないかという邪推も起こってくる。

公明党の長老市議の話。「以前に、似たようなことで頼まれて工作してやった時は、うまく行き、送還されずに大村から釈放された。二〇〇〇万かかったが、君たちは、そのくらいの用意があるか」。これは人情が厚く金で動ける人が法務大臣をやっていた時の話だろう。

総連系の人からの話。「大体こういう時は、この町の自民党のU国会議員に頼んで解決して来たが、今は死んでしまっていないから困る」。勿論、政治献金なしでの話とは思われない。

共産党のT市議にサークルの小林市議が署名を頼んだ時。「趣旨はよく分かるし協力すべきと思うが、君（トロツキスト的ということか？）から頼まれて、僕の一存で署名するのはちょっと。とにかく話はなかったことにしておいてくれれば、そのうちに市委員会の方を通じてやれるようにしますよ……」。結局、党官僚機構の動きは遅いので、全政党のうち共産党議員の署名だけ間に合わなかったという話。

九　崔君の強制送還阻止（三）

第一八四号　一九七九・一〇・五

この頃、風媒社では、大村に収容されて強制送還に脅やかされている父と、その子供たちの書簡集『パパをかえして！』の校正が進んでいる時期で、崔牧師による「あとがき」に崔君の事件を書き加えるというので、稲垣氏が意見を聞かせてくれと、その校正刷を見せてくれた（この牧師は、NHKが、朝鮮人の名を朝鮮音で読まず、日本音で読むのがいけないと訴訟を起こした人である）。その「あとがき」に次のような一節があった。

「人間性破壊の帰化促進」

「大村収容所、入管による強制退去の脅えから完全に解放される途は、現在の法制上では〝日本人に化ける〟帰化である。つまり朝鮮人であることを捨て、立派な大和民族になること、戦前の皇国臣民になることである。日本国籍を帰化によって取得した人々は、たとえ八年以上の刑を受けたとしても、強制退去を免除される。このため若い二世三世が〝新日本人〟となるために帰化申請をしている。二世三世が帰化するために朝鮮人のもつ民族性を捨て、いかに日本人らしく、日本人であるかのようにふるまい、朝鮮人であることに恥じらいを感じるようになっていくか――このことが人間性破壊でなくて何であろう。……

私はこの帰化した朝鮮人の姿の中に破壊された人間像を見ると同時に、他方、差別、抑圧にみちた日本社会の断面を見る……」。

これを読んだ僕は、怒りでカッカときたので、すぐ風媒社の社長に電話を入れて、崔牧師への批判をガンガンやった。社長は、僕の説をほぼ納得してくれて崔牧師に書き直しを要請した。その後書き直しではなく次のような一節が書き加えられた。

「私は、いま、帰化に対する反対意見を述べたが、『国籍獲得』については積極的な運動をすすめている。『帰化』と『国籍獲得』とは本質的に違うものであるということについて、ここで説明を加えておく必要があるだろう……（サンフランシスコ条約後、在日朝鮮人は一方的に日本国籍を剥奪されたことを述べたあと）しかし、国籍は個人と地域共同体との深いきずなを法的に表現したものであり、在日韓国人、朝鮮人は日本の植民地政策がきっかけで日本に長期間在留することになったもので、すでに納税などの義務を果たしており、実体として朝鮮民族の一員であるとともに地域共同体の一員であり、それゆえ、日本国籍保有者である。それを一片の通達で剥奪するのは、人道上、国際法上許されるべきことではない。……『追放』か『皇民化』かという皇民化政策の基礎づくりを国籍を奪うことによって推しすすめたのである。京都地裁および福岡地裁で現在行われている『日本国籍確認』訴訟は、この問題を告発している。在日韓国人、朝鮮人が、日本国籍を取得するには現在の法制では日本国籍法によって帰化申請を出し、許可が必要である。……　選別および皇民化政策の延長線上にある現行の帰化には私は反対である。帰化は〝日本人〟（大和民族）になることであり、そのことによって朝鮮民族の言語、文化、生活様式までの喪失を求めている。……いま新たに国籍を獲得するというのではなく、当然持っているはずの日本国籍が奪われたために在日韓国人、朝鮮人の人権が侵されているという現実認識にたち、これを認めさせようということにすぎないのである。……私は大和民族、朝鮮民族、アイヌ民族、琉球民族がお互いの民族性を尊重し民族間の平等を法的に保障するものとしての日本国籍を考えている。……」。

偏狭な民族主義、帰化と国籍取得は違うという脆弁の他にあるのは、ただサンフランシスコ条約による一方的国籍剥奪を取り消して、それ以前の植民地化、併合以来の日本国籍を存続させるならよいが、現行法による帰化申請と許可による国籍の新たな取得はいけないという点だけだ。

まず在日朝鮮人が、帰化申請の上日本国籍を取得するのに対して、大仰な民族主義的偏見に満ちた誹謗を加えるのはやめよ。そんなことは個人の自由というものだ。次に、日本国籍を取得した人々が、朝鮮の言語、文化、生活様式を保持しつづけようが、喪失しようが、それも個人の自由、勝手のことであって、人間性破壊だなどと脅かすのはやめよ。近代個人主義、近代市民精神が何たるかが分かってないから、そうした阿呆らしいことが言えるのだ。（註　同書の編集子によると、大村収容所に収監されていた朴氏の韓国強制送還が目前に迫っていたので訂正できず、急いで刊行せざるを得なかったという。同書は韓国でも翻訳出版され、朴氏は家族のもとに帰ってきた。）

一〇　崔君の強制送還阻止（四）

（承前）次に植民地化、併合以来の日本国籍の存続がよいなら、韓国籍を取得した人々には、韓国籍を離脱させるというのか、二重国籍を認めよというのか。離脱させるのもおせっかいなことだし、二重国籍を認めるのはイヤだ。朴独裁ファッショ国家の国籍保持者が日本国籍も持って、日本の議会制デモクラシー（あえて言うが何が「皇国皇民」だ。現在の日本は戦前の天皇制とは違った体制にあるのだ）に口出しされるのはマッピラだ。

僕の結論的意見は次のとおり。

(1)在日朝鮮人は、日本国籍を取得しようとする同胞への誹謗をやめよ。

(2)日本政府はかつて日本国籍を有していた在日朝鮮人とその子弟の帰化申請に対して、一切の選別をやめ無条件的に帰化を認めよ。フランスはアルジェリア人に対し、フランス国籍にとどまるか、アルジェリア国籍に移るかを自由に選択させた。サンフランシスコ条約の時点でもかくあるべきであった。しかし一方的剥奪を日本政府が行なった時、総連も民団も、北鮮国家も、南鮮国家も抗議行動は起こさなかった。

(2)の帰化条件の絶対的緩和への運動が起こしにくいのは、これら二団体と二国家が、そうした問題提起に無反応か、悪くすれば敵対的であることによる。それは、四者が共に、反近代的反個人主義的民族主義を共有しているためだ。勿論、その背後に、日本帝国主義とその支配を許容した日本民衆による長年月の朝鮮人への抑圧に起因する在日朝鮮人一世世代の重い屈折した情念が存在する。略奪と強姦によって結婚させられた女が抱くような情念だろうか。僕には分からないが、分からない情念があることを否定しようとは思わない。しかし僕には「原罪意識」はない。分かったふりと「原罪意識」で、問題に向かう風潮は、かつて大学紛争時にどうしようもない自己肯定の徒輩が「自己否定」を声高に叫びつつ、解決すべき、解決しうる問題をも反主知主義の過剰情動の内に遺棄したのと同様の結果しか生まないだろう。

パリ大学都市のメトロの横にはトマス・ペインの彫像があって、台座には「世界の市民」と書かれている。僕には、ペインのコスモポリタニズムや、ローザ・ルクセンブルクのインターナショナリズムが今こそ必要と思われるのだ。

僕は民族的文化の根が、どこに所属しようと、どこからどこへ移植されようと、どの根を断ち切ろうと、それは個人の自由な選択にまかされるべきだという点で、価値的コスモポリタニズムをとる。しかし、いずれかの国家的所属をきめることによってインターナショナルな世界の変革の部分責任を担うべきだとする点では政治的インターナショナリズムをとる。簡単に言ってしまえば、在日朝鮮人は、北鮮に帰化して、北鮮のスターリニスト体制と闘うか、韓国に帰国して朴ファッショ体制と闘うか、朝鮮以外の国に亡命者として居住しつつ、両者に対して闘うか、日本国籍を取得して、日本社会の変革のために闘うかのいずれかを選ぶべきであって、無国籍のままいずれの闘争にも参加しないのは、世界公民の視点からはナマクラ者としか映らない、ということだ。

崔君は、スイス娘との結婚によって、スイス居住を認められ出国することになった。その送別会が町の料理屋で開かれた。勿論会費は、ワリカンだし、これまでの僕らの活動費は、各自一万円カンパでまかなってきた。二千万どころか、弁護士への謝礼以外の汚ない工作費は全然使わずにすんだ。すっきりしていいはずが、どうもすっきりしないのはこの期待はずれの早々とした出国だ。

崔君は、放火や強盗の破れん恥罪で、大村収容、強制送還の危機に立たされたのではなく、海外留学という青年としての当然の志を日本政府の不当な渡航制限方針が阻んだためだった。だから在日朝鮮人の諸権利を拡大しうるような判例を引き出すためにも、国会の委員会での野党議員の活動によって、政府の方針変更を引き出すためにも、何らかの結果が出るまで大村でがんばってほしかった。高裁の仮処分によって韓国への強制送還はとにかく停止されたのだから。「正直言って、がっかりしたよ」と僕は言ってみた。弁護士も田中助教授も稲垣氏も同じ思いだった。崔君としてはKCIAによって不法に拉致されるのではないかという心理的不安を言うばかりだった。「だが、それは、現実的な明白にして客観的な危険ではなかった」という僕の批判に彼は沈黙した。しかし結局、もともと崔君がミリタントではないことを承知で、とにかく惚れた女のところへ一刻も早く行ければ、それで結構と言い合って始めたことだから、文句をつける筋合いではないけどねということになった。崔君は、「みなさんへのお礼として、ヨーロッパ旅行に来られたら、いつでもガイドとしてお役に立とうと思います」と言ったが、そんなもの僕には十年先か二十年先のことだから期待もしないけど、丸善などは円高の差益還元を全然やらず暴利をむさぼっていて、腹が立つので利用する気がしないから、注文する本を実費で送ってくれるように頼んでおいた。

＊　＊

この正月、スイスの崔君から絵ハガキが来た。その書き出しは「DEAR 鈴村君」であった。DEAR Mr. SUZUMURA ならよい。英国風で通すなら Mr.、スイス風なら、たぶん MONSIEUR であろう。たった二回しか会ってない、高校の十年先輩の知人に「君」づけで対するのは日本の作法でもない。朝鮮の作法は、儒教の伝統だから、もっとむずかしいだろう。それとも四十男の僕が気むずかしすぎるのだろうか。

この原稿は豊田市政研究会の会員である、鈴村鋼二が、丸山先生を囲む「'60の会」の雑誌（東大ロゴスの会、「'60の会」）一〇号に、「市政研近況」と題して、寄稿したものからの転載であり、四回にわたって連載しました。（『月刊市政研』編集部）

第二〇三号　一九八一・五・五

一一　思政クラブの倫理感覚

――赤信号みんなで渡れば……

半年も前の金大中氏救出運動の頃の文書を見ていたら次のようなものが見つかった。金大中氏救出豊田市民の会準備会宛、市議会事務局気付、思政クラブ議員団々長より。

「……『金大中氏救出豊田市民の会結成にあたって』の御通知につきまして、私ども思政クラブ議員団では、各市の状況や国の対応につきまして、種々検討を加えましたところ、地方議会議員として、国際的問題について参画しかねるとの結論に達し、総会にて、統一見解として、決定させていただきました。つきましては、別紙のとおり、豊田市議会思政クラブ議員団の名簿を添え、ご連絡方々ご報告を致します」。

市民の会準備会は、思政クラブという議員クラブ宛に「結成にあたって」の呼びかけを出したのではなかった。党派、会派の区別なしに、個々の市会議員宛に、個別に出したのだ。問題の性格が、人道と良心の問題であるがために、あくまで個人としての参加、個人としての決断を求めたのであった。

この返事が、そうした呼びかけに対する条理を尽くし礼節をわきまえた返事になっているであろうか。「……各市の状況や国の対応につきまして、種々検討を加えましたところ……」とあっても、どのような内容の討論がなされたのか一言半句も伝えていない。何が一体「種々検討」だ。「地方議会議員として、国際的問題について参画しかねるとの結論に達し」というのは、地方議員は、どんな国際的問題にも参画すべきでない、してはならないという意味か、金大中氏救出のような問題にかかぎっていけないという意味か、これではサッパリ分からない。前者の意なら、その一般的根拠は何か、後者の意なら、その問題の特殊性からくる根拠は何か。一行の説明もない。誰もそんなことを頼んでもいないのに「……総会にて、統一見解として、決定させていただきました」そうだ。個人としての良心に立って、個人としての知的誠実さを貫いて思索し、その上での個人としての決断を下すことを求められているのに、そうした個的責任性を全部回避し返事と呼ぶに値しない無内容な文書を回答する神経。さらにこの運動の市民的展開を阻止ブロックする言動を思政クラブの一部がとったが、それは反対運動というかたちでの一種の「参画」ではないのか。矛盾とは思わないのか。最後に「添え」られていた名簿はどういうシロモノであったか。タイプ印刷の市議会議員名簿がマジックで消して思政クラブ名簿とあり、以下、野党市議八名が同様マジックで消してあった。少数は抹消すれば済む。

これが、この町の医療、教育、文化に営々半生の努力を尽くしてきた尊敬すべき長老達からなる呼びかけ人への思政クラブの返事であったことを忘れないようにしよう。

第二〇四号　一九八一・六・五

一二　『希望《エスポワール》』の勝利

昔、石川淳は、左翼というのは、目のキリッとした若い者であった、と書いたことがある。戦前の話だ。

六〇年安保闘争から、せいぜい大学闘争の頃まででこんなことは終わった。左翼であることは、流行らなくなった。頭の冷めた若者は、何か、技術的なこと、スッキリ結果が出ることの方へ行き、心の暖かい若者は、自分から楽しむ方へ行ってしまった。

日本人の大半が中産階級であると思うようになってからは、左翼は、流行らなくなった。いまや、左翼であることは、中年男の懐かしのメロディーみたいなものになっちゃったらしい。

僕は、小学、中学、高校と、ずっと一種のスターリン主義の信奉者だった。浪人した年に「スターリン批判」とハンガリー事件があって、自分で長い間間違っていたことに気づいた。何故、いかにして、どこを間違ったかを探求することが、以後四半世紀の僕のテーマでありつづけている。そして、その過程で出会った一番恐しい本は、ソルジェニーツインの『収容所群島』であった。あのレーニンが、大間違いをやってしまった。かかる悲惨、かかる非道を結果するのなら、ロシア革命はなかった方がよかった。起こすべきでなかった、と。

「人間の顔をした社会主義」を創ろうとしたチェコへの軍事介入、中国のプロレタリア文化大革命の惨事、カンボジアの大虐殺……すべてが、社会民主主義から生まれながら、自らを分派し、共産党を形成したレーニンとその後継者がこうむった歴史の歪力の帰結ではなかったか。その歪力はアジア的なものと言ってよい。

「現実に存在する社会主義」がアジア的世界に初発し、展開したことの悲劇である。二十世紀の社会主義の実験は失敗であった。確かに。

しかし、その実験は、実験の前提条件を満たしていただろうか。否。レーニン自身がそれを知っていた。

レーニンもトロツキーも、ヨーロッパ革命の勝利と結合しなければ、ロシア革命は社会主義と似て非なるものに変質することを自覚していた。

実験の前提条件とは何か。それは、ブルジョワ革命による確とした自由と人権の思想、政治的民主主義の成熟と高い生産力水準である。

いま、これから、そうした条件を満たした実験が始まるのだ。ミッテランは、その勝利をフランス史の中で、人民戦線、ナチからの解放に次ぐものだといった。しかし僕はさらに遡って、パリ・コミューン、フランス革命を付け加えたい。これから始まる実験には、マルクス、エンゲルスの社会民主主義から、その現代型としてのグラムシの思想、リップ争議後の労働者自主管理と、ポーランドの「連帯」運動の源流としてのアナルコ・サンジカリズム、現代型レーニン主義としてのネオ・トロツキズム、さらには社会工学の思考が開かれた対話の場を共有して参加するはずである。ミッテランを一貫して支持した週刊誌『ヌーヴェル・オプセルヴァトゥール』の主筆シャン・ダニエルは、その自伝の一節で「なるようにしてなったもの、あるがままのもの、自然なるものをあきらめて容認するのが右翼であり、あえて、それを正そうとするのが左翼である」と書いた。

ミッテランの若く有能な党内ライバルであるロカールは、投票日直前の民衆への呼びかけで、フランスの社会主義実現のために、強固な意志と、忍耐と、努力を要請し、さらに「私達がフランス人に要請するは、ただ単に、五月一〇日の投票だけでなく五月一一日以降における参加である」と呼びかけている。

ミッテランは、自らの勝利を「希望の勝利である」と言った。希望は現実ではない。この醜い現実を、人間的希望をもって、知的行動的努力を積み重ねて、希望の方向へあえて変えていこうとする人間達の勝利だ、と言ったのだ。

追記

資本主義的帝国主義が一六世紀以降アジア的世界の植民地化と支配で、許すべからざる非道な所業を積み重ねてきたこと。アジア的世界の解放と自立のためにロシア革命が不可欠かつ決定的な要因であったこと、今もありつづけていることは、忘れてはならないが。

第二〇五号　一九八一・七・五

一三　初心忘るべからず　―文部省教科書検定課長藤村君へ―

先日、『朝日新聞』の一面トップに、高校社会科教科書検定で、憲法前文の一部削除が調査官から指示された記事を見てガク然とし、さらに記事の終わりで君の、「時代が変われば基準も変わる」旨の談話を見てアッと驚いた。

二十何年前、駒場寮の社会科学研究会の部屋へ入った時、君は先輩の寮生だった。お互いかなり貧しかったから、一日五百円の町内会のドブ掃除などのバイトにも出た。原水禁のデモにも一緒に行った。トーマス・マンがどうのこうのという君の朴訥な東北弁が耳に甦る。君自身も時代と共に変わったのか。

原水禁運動も安保闘争も間違いだったのか。あの頃では正しくて、今は間違っているのか。あの頃でも間違いで、今は反省しているのか。そんな問題ではなくて、一官僚としては何も言えないと言うのか。そうかもしれない。しかし、教科書は時の権力に左右されてはならないものである以上、職を賭してもなすべきことがあるはずだと思う。

僕は、あの頃の運動は、正しかったし、今もというより、今こそあの頃以上に、平和憲法擁護運動を再建しなければならないと思う。

アメリカが大量報復＝核抑止戦略から柔軟対応＝限定核戦争戦略に転じてから、「核の傘」は無意味となる。この「戦域」をアメリカの戦略家は、Theatreと言う。数百のヒロシマがヨーロッパに再現する事態をTheatreとは、何というブラック・ユーモアであることか。ソ連のSS—20配備に対抗してのアメリカのパーシングⅡの西ヨーロッパへの配備を眼前にして、（ベルギー、オランダ、イギリス、西独に）草の根民衆的反対行動が生まれてきている。

レーガン政権の空前の大軍拡計画を見ていると、人類絶滅戦が、その果てに来ないと思う方が度を越したオプティミズムだと思われてくる。対話を欠いたままで、一方のソ連もそれ独自の産軍複合体が、同様のことを自己増殖的に進めている。そして彼らは共に、相互を「悪魔」だと思いながら、対決は、本土外でやろうと了解し合っている。日本とヨーロッパの置かれた状況は、米ソの世界戦略からは全く同等なのだ。いま西ヨーロッパで再生しつつある思想は、ユニラテラリズムと言い、一方的核武装放棄である。そこから、東西を含めた非核地帯を作り、それを拡大し、さらに全般的軍縮へ向かおうとする。かかるユニラテラリズムの極限的理念型の先取りが、戦争放棄、戦力不保持の我が平和憲法ではないか。人類が生き残るための現実的な選択は、この憲法の理想主義に賭ける道である。

確かにこれはレーガンやブッシュ、岸や鈴木善幸氏の道ではない。僕らと共にあるのはアインシュタインやラッセルやサルトルである。第二次大戦の無数の死者達への鎮魂をこめて判定した初心を忘れず、傷だらけの平和憲法の回復に努めようではないか。

追記①　非核武装平和国家日本が不法に占領された場合は、ポーランドのように国民総抵抗＝レジスタンスで対応する。その方が戦争よりはるかに強い勇気と根性の持続を必要とするが、敵味方の死者は、はるかに少ないだろう。

追記②　日本国憲法前文にいう「……日本国民は、恒久の平和を念願し、人間相互の関係を支配する崇高な理想を深く自覚するのであって、平和を愛する諸国民の公正と信義に信頼して、われらの安全と生存を保持しようと決意した。われらは、平和を維持し、専制と隷従、圧迫と偏狭を地上から永遠に除去しようと努めている国際社会において、名誉ある地位を占めたいと思う。われらは、全世界の国民が、ひとしく恐怖と欠乏から免れ、平和のうちに生存する権利を確認する」。

同第九条⑴日本国民は、正義と秩序を基調とする国際平和を誠実に希求し、国権の発動たる戦争と、武力による威嚇又は武力の行使は、国際紛争を解決する手段としては、永久にこれを放棄する。⑵前項の目的を達するため、陸海空軍その他の戦力は、これを保持しない。国の交戦権は、これを認めない。

追記③

ブレジンスキー（カーター前大統領特別補佐官）　この再検討は、あげてわが国の国防上の対応能力を高めることを目ざしている。すなわち深刻な危機を背にして交渉する能力、大統領が先制的に抵抗不能の重圧下に追い込まれるという状況を回避する能力、および合衆国が屈服するかケイレン的かつ終末的な核の応酬戦を行なうかの選択肢しか残されていないということを回避する能力を高めることである。

問　あなたは合衆国が「限定」核戦争を遂行できるようにしたい、とおっしゃっているのですか。

ブレジンスキー　私が言いたいことは合衆国が有効な抑止力を持ち続けるためには、次のような政策を選択しなければならないということだ。つまり、ケイレン的な核の応酬戦か、しからずんば非核限定戦争かという二者択一より、より幅の広い段階的戦略をとりうるようにするということだ。

（New York Sunday Times, 30, March 1980 のインタヴュー記事を、New Left Review No.121 より訳出）

第二〇九号　一九八一・一一・五

一四　血液の確保　―市救急体制の欠陥―

何の異常もなく分娩が進行し、赤ちゃんが出た。次いで胎盤も出た。あとの会陰裂傷の縫合もキレイに、展覧会に出品したくなるほどうまくいった。……でホッとひと息ついた途端に、膣から水道の蛇口をひねったような出血が来る。アッという間に五百グラム、八百グラム、一〇〇〇グラムを越えてしまう。

胎盤剥離面の血管は、子宮収縮によって機械的に閉塞されるわけだが、子宮弛緩が起きると一挙に面としての出血を始める。子宮を双合手で圧迫するとか、収縮剤を直接子宮筋に注射するとかの方法で対処するわけだが、それで出血が止まったとしても、失血量が多ければ産婦は危険だ。

二年程前、三ツ子が生まれた直後に、これが起こった。三〇〇〇グラム近い大出血だった。体重の十三分の一が血液量だから、その半分を越える量が出血したことになる。点滴全開、酸素吸入、子宮筋の収縮剤注射等で対処しながら、岡崎にある血液センターへ電話する。しかし運悪く、係が外出中で、留守番のテープレコーダーが廻っているだけだ。係がいつ帰って聞いてくれるか見当もつかない（通常、係が電話口に出てくれれば、四〇分から一時間くらいで血液を届けてくれるが）。待つゆとりはないので、ウチの事務長が車を走らせ、加茂病院とトヨタ病院へ借りに廻ると、幸い手術予定者のために置いてあった血液が必要な血液型のものだったので入手できた。これを輸血して患者の状態が、みるみる改善されたところで、岡崎から不足分が届いた。

我々産科医は、出血との闘いに神経を磨り減らし、板子一枚下は地獄だとか文字通り薄氷を踏む思いで、突発する出血に対処している。分娩までに貧血を治療し、血液の状態を良くしておいて、一〇〇〇グラムまでの出血なら輸血をしないで済ませるようにしているが、それでも一〇〇〇グラムを越える出血が、月に一度はある。

先に、西山の台地に立派な白亜の市の医療センターが建ち、高度な設備を持って救急体制を整えつつあるのはほんとに喜ばしく力強いことである。当初から町の産婦人科医会は、理事会に対して当センターが血液を常備するよう要請して来たが、「しばらく待つように」という返事であった。その後、既述した大出血のケースの直後、同様のことを小林市議を通じて、理事長たる市長に申し入れたが「理事会を通してくれ」と言われたのみで、理事会の方からの進展は見られない。理事長が発議権のない理事会でもあるまい。何故だろうか。輸血の問題で苦しんだことのない内科医が多数派だからかとヘンな邪推もしたくなる。個々の医療施設が個別に血液を常備したらどうか。そんなことをすれば、血液は次ぎ次ぎに古くなって大量の無駄が起こるし、いくら供血者を募っても不足になる。だからこそ血液センターがあるのだ。ところで岡崎のセンターは、既述のように留守もあるし、時間帯によっては輸送車がトヨタ自工の通勤ラッシュで発生する渋滞にひっかかってしまうこともある。人口三〇万の我が豊田市が、岡崎のセンターに直接に依存することがおかしい。岡崎のセンターの分室とまでいかなくてもよい。血液保存用の冷蔵庫を一つ当市のセンターへ置き、そこへ血液を常備し、期限切れ前に入れ換えておくだけのことだ。極言すれば、白亜の殿堂なぞよりバラックに冷蔵庫一つの方がマシではないだろうか。理事者は一体何をケチッテおるのだろう。ことは市民の命に直結しているのに。

町の産婦人科医会は、再度この問題を理事会に提起するはずだ。もう待っておれないから。今度こそと思って。

〔追記〕ブルジョワジーによるブルジョワジーのための、ブルジョワジーの行政改革によって、ひどい目に遭いそうな市職員組合の方々に、こんな時期に申し上げるのは酷かも知れませんが、人道上の見地からお聞き下さい。

先に述べた保存血の確保は自明の緊急な必要事ですが、さらには新鮮血の入手問題があります。原因不明の産後の大出血に対して、保存輸血後も止血しないため、名大へ転送し、名大でも原因を確定できないまま、寮にいる看護婦を召集して、新鮮血採取をして輸血したら止血したケースがあります。早急の新鮮血輸血を可能ならしめるため、市職員組合の方々の協力が得られないものでしょうか。市民のための血の連帯が賃下げをブッ飛ばすかも知れません。北設楽郡東栄町では、町職員による新鮮血緊急体制ができたそうです。

第二一〇号　一九八一・一二・五

一五　ポーランドの悲劇　―ノーメンクラツーラへの怒り―

一二月一三日、ヤルゼルスキを頂点とする軍部のクーデタによって、自主管理労組「連帯」に属する万を超える労働者、知識人が逮捕され強制収容所へ送られた。

戒厳令によって、すべての市民の自由と権利を抑圧し、労働者のストを軍と警察の暴力で次々とつぶしている。

八〇年八月「連帯」運動の出発点となったグダニスクのレーニン造船所の労働者達が、管理者＝政府当局に要求した項目の中心点は次のものだ。

スト権の保障。言論、表現、出版の自由尊重。労働組合の自由に関し、ポーランドが批准した国際協約の実施。選挙による「あらゆる政治・社会潮流」の代表選出。コマーシャル・ショップおよび保安、警察官僚、党指導者とその家族にのみ与えられている特権廃止、司法権の独立尊重。宗教関係者がマスコミと自由に接触できる権利。経済不振打開のための全国的規模の討論……等々。すべて、市民革命によって生まれた先進諸国の憲法、国際労働運動が、ブルジョワジーから闘い取った権利から見れば、常識に属することばかりである。

全国に波及するストの前で、部分的譲歩と妥協、実行のサボタージュを続けつつ、党と政府は、

「連帯」運動に対して、ノーメンクラツーラ（ソ連、東欧圏の特権階級）の防壁として機能しなくなるまでに変貌、弱体化した官製でない自主独立の労働組合、言論出版の自由（検閲の廃止）、自由選挙をポーランドで容認し、それが制度的に定着すれば、同一の要求が全東欧圏に拡がり、さらにはソ連自体の体制変革即ち、特権階級の廃止と人民の自由と権利の確立につながる。五六年のハンガリー、六八年のチェコへのソ連の軍事介入は、こうしたノーメンクラツーラの危機感から生まれたものとして、同一のコンテクストに置かれる。ソ連政府＝軍部とポーランド軍部間に数カ月前から立てられた策謀によってヤルゼルスキのクーデタは実行された。ポーランド軍によるクーデタは、ソ連自体への国際世論の非難の集中からソ連を救い、クーデタ政権を「ソ連の介入という最悪事態の回避のため」という口実で救うだろう。この筋書きはイギリスと西ドイツの論調を見ると或る程度の効を奏したようだ。しかし、問題の本質は、いささかも変わりはしない。市民社会の既存の諸原則のシニカルな蹂躙の恒常化を自己の存立条件とするノーメンクラツーラには、人間の社会がどうあるべきかの一片の理念も残っていない。自己の特権を守るためには、市民の自由と基本権を抑圧し、反抗する者を強制収容所か精神病院へ隔離し、最終的には直接暴力＝軍事クーデタに依拠する。レーニンの有名な国家論「国家とは支配階級のための暴力装置である」は、彼自身が創設した国家の変質の果てに、その完璧な例証を見るに到った。

ソ連東欧圏のスターリニスト体制を変革し、真に人間的な社会主義を創出してゆく上での世界史的画期をなすかと一年と数カ月間、我々が熱い希望のまなざしを向けていたポーランドの「連帯」運動は、いま圧殺されつつある。強制収容所の中であれ、亡命の異国であれ、祖国の中の地下であれ、続けられていくであろう「連帯」の人々の苦しい今後のレジスタンスに、我々はいかにして連帯できるであろうか。

スターリニスト官僚＝ノーメンクラツーラは、レーガンや全斗煥やラテン・アメリカの独裁者達と同じく全世界人民の共通の敵である。

追　記

①ソ連軍部＝政府とポーランド軍部との共謀性について。八〇年一二月、モスクワ軍区での講演で、ウスチノフ元帥は「ポーランド統一労働者党が文民の手中にある限りは、諸事件の流れを転回する手段はないだろう」と語った。これは軍の介入についての一年も前からの予告と受けとってよい。さらに外交的用件もないのにグロムイコは何度もワルシャワに滞在し、クリコフ元帥と共にヤルゼルスキとの密談をくりかえした。クリコフ元帥はクーデタ前後を通じてワルシャワに滞在していた。クーデタ直後にソ連政府は支持声明を出した。

②「連帯」が「行き過ぎをやってしまった」という説について。ヤルゼルスキ側近のポーランド軍将官が、クーデタ後、亡命地で語った新聞報道によれば、クーデタの一年も前にヤルゼルスキは「連帯を力で粉砕してやる」と言っていた。これは時期的に見ても八一年九月の連帯大会での「自主管理化」要求や、東欧圏の労働者への呼びかけ以前である。要求内容の高度化、急進化は、ポーランド党＝政府当局による合意事項の実施のサボタージュによって強められた社会的不満の鬱積がポーランドの社会的経済的問題のより構造化された全体的解決の模索へと「連帯」の

多数を衝き動かしたためだ。カニアは党の組織的、路線的改革でこれに応えようとしたが、ソ連と党内タカ派がこれを許さなかった。カニアを継いだヤルゼルスキは、合意を反故にし、サボタージュと挑発を続けクーデタの口実としての社会経済危機の深化を待った。「連帯」が八〇年グダニスクで出発した当初から、いかに慎重に「行き過ぎる」ことを自制してきたかは、ワレサの発言の一貫性から明白だが、社会自衛委員会（KOR）の一指導者の次の言葉からも読みとれる。「政府に力の行使を余儀なくさせるような要求、あるいは政府を誤解させるような要求は避けるべきである。プラハのソ連介入のきっかけとなったのは検閲の廃止だった。政府に対して出口だけは残しておいてやらなければまずい」。「連帯」は「行き過ぎた」のではない。政府によって「行き過ぎるのを強いられた」のだ。あるいは、行き過ぎなくても、ヤルゼルスキは「力で粉砕」したのだ。チリのクーデタで、アジェンデ政権が倒された時、二万もの労働者市民を虐殺した軍部クーデタ政権は何と言ったか「この国を経済的社会的危機から救うためだ」と。しかしその当の危機と混乱は、軍部を権力の座につかしめたブルジョワ支配階級自体が醸成深化させたものだった。ヤルゼルスキとソ連＝ポーランドのノーメンクラツーラは、危機を深化醸成させてタイミングを見計らっていたのだ。

③「党の変貌」について。「連帯」運動が高揚して以来、党は百万の党員を失い、三分の一になったといわれる。「連帯」支持者が党内から続出し、党自体の改革なしには党自体を維持できなくなっていた。チェコでは党改革が先行し、党が変貌したためにソ連軍が介入した。ポーランドでは、ソ連軍の代行をポーランド軍が行なったにすぎない。クーデタ後、党内で無力化してい

た保守的タカ派が続々と復活している。文民の党では駄目だというウスチノフの言葉には一理も二理もある。文民の党員は民衆の声に耳をかたむけることがあるから、ノーメンクラツーラの危機が迫った時には役に立たない。

④追放について。すでに逮捕とは別に、五千人が職場から追放されたという。チェコでそうであったように、社会の全分野から「連帯」を支持した、指導的知識人が追放されてゆくであろう。著名、有能な研究者が道路工夫として生きねばならないだろう。そして彼らの子弟には、能力があっても高等教育の門が閉ざされるであろう。「連帯」運動を根絶するあらゆる措置が講ぜられるであろう。

参照

F・フェイト『スターリン時代の東欧』、『スターリン以後の東欧』（岩波現代叢書）

藤村信『ポーランド　―未来への実験』（岩波書店）

ベルナール・ゲッタ『ポーランドの夏』（新評論）

"Le Nouvel Observateur"（特に K. S. Karol の論文）、および "Le Monde"

「連帯」の生みの親と称される「社会自衛委員会」の理論家クーロンの訳書『ポーランド共産党への公開状』（柘植書房）にあたれなかったことを悔やむ。

第二二七・二二八号　一九八二・八・五

一六　談話室「夏の思い出㈠　久米島」

大学の時の恩師の夫妻に誘われて沖縄の海へ行ってきました。万障繰り合わせ、二週間先までの分娩予定者を計画分娩で全員無事済ませて出発しました。小学生の男児二人は女房の里へ行かせて、二人だけの新婚旅行のような気分で飛行機に乗りました。離着陸時に、女房は僕の手を堅く握りしめます。僕も同様に堅く堅く握り返します。とても怖いのでそうするのですが、女房と一緒なら、何が起こっても平気だぞとも思っているのです。

那覇から西へ三〇分乗りついで、久米島という所へ着きました。ホテルまでのバスからの風景はサトウキビ畑です。山の方を見ると、あちこちに赤土の地肌がむき出しています。これはマズカッタかなと思っているうちに、入江の橋から下を見ると、案の定、赤土で濁っています。

ホテルへ着いて、先生への挨拶もそこそこに海へ入りました。海は澄んでとても暖かでしたが、ビーチですので行けども行けども海底は浅くのっぺりした砂ばかり。夕方六時頃に海から上がって、ホテルの立派なレストランで夕食。島の焼酎はうまいが、魚は北海道産のタラ。食事を終わって立ち上がると、女房がフラッと失神してしまいました。ボーイが駆けつけて担荷を持ってきて、医者を呼びましょうと言ったけど、「僕は医者だから心配いらん」と脈をみました。要するに睡眠不足とビールのせいです。それから僕と先生は、浜辺の椅子でビールを飲みながら話をしました。ほんの数日前に岩波文庫から『林達夫評論集』が出て、先生がその編集解説を書いたのでその話です。それから僕は、パウル・フェイエルアーベントのカール・ポッパー批判についての感想を話しました。それから先生は最近出したピーター・ゲイの『自由の科学』の翻訳のこと……etc.。寝る前に「僕はこんな立派なホテルに泊まるのは生まれて初めてです」と言ったら、先生の奥さんが「私達だって二回目くらいよ」と言いました。

翌朝、沖の海の中州へ船でツアー。船着場は埋め立て、築堤でまたまた赤土。一面に濁っています。接近する台風の余波でズブ濡れになって中州へ着きましたが、リーフの内側のため波は静か、澄んだ美しい所です。波が高くなるため、予定を縮めて昼頃退散。帰るとホテルの前のビーチは波のため濁っているので、僕と先生は水色に見える海岸の方へ浜伝いに歩いたけれど、着いてみればやはり濁っていました。あきらめきれなくて、タクシーの運転手に聞いて島の南西の浜に連れて行ってもらいました。この東からの風浪をうけないこの浜は、波静かに澄んで点在する岩場周辺に熱帯魚が群れていました。この広い静かな浜には僕達しかいませんでした。夕方まで泳いでいると、東の空に虹が出ました。「そうだ、神は僕らを愛でている」と思って、虹をバックに何枚も写真を撮りました（僕は無神論の唯物論者ですが、時々いい時だけ神が出てきます）。そして、ファインダーからややたるみの出た女房の下腹を見ながら、「あれから二十年。やっぱり僕は惚れているなあ」と思ったのでした。その日の夜、台風はますます接近し、明日は絶望的となりました。

翌日は朝からきのうの浜へ行きました。しかし風がやや南に寄ったため、リーフを越えて波が入り、きのうあれほど静かに澄んでいた海は白濁し、何も見えません。ただ白っぽい空無の世界です。浜に上がると烈しい日射しが痛いほどです。こんな苦役拷問のヤケクソでこの日は終わりました。翌日は帰途の予定日だが台風で欠航。暗雲が走るが雨は降りません。風は南々東。ロビーの案内で聞いても何も分からないので、タクシーを頼んで海岸を廻ってもらいました。やっと三カ所目で波静かな潮溜りの磯を見つけました。さっそく潜る。磯のサンゴは赤土を被って灰色に死滅しているが、魚は一杯いました。僕らは夢中で魚を追いました。海へビも見ました。

そして日暮れ時、暗雲の下、荒涼たるこの潮溜りの外洋への出口に、僕はついに、燦然たる生きたサンゴの林と色とりどりの魚群を見つけ歓声をあげて、女房と先生達を呼びました。

補註　久米島のパイナップルは国際競争力が落ち、全島で桑畑への転換土地改良事業が進行中。流出する赤土は、沿岸のサンゴを死滅させている。サンゴ再生には五百年を要するといわれる。

技術的ミスか国庫補助金の少なさかは知らない。「この数年間で沿岸は駄目になった」とタクシーの運転手は言っていた。

第二一九号　一九八二・九・五

一七　談話室「夏の思い出(二)　新島」

豊田市寺部の渡辺君の奥さんの在所が新島で、去年のお祭りの時、上等のクサヤをいただき感激して、お盆の同行をお願いしました。十二号台風が南海で停滞しているのが気になりましたが、思いきって出発しました。朝六時に電車に乗って、熱海に近づく頃には、雨雲が厚くなりましたが、僕の運は強く、昼一時過ぎ船が新島へ着く頃には、快晴になっていました。この日は夕方まで本村の前の浜で泳ぎました。砂浜で波も穏やかで子供達は大喜びですが、僕は磯の方がよいのです。渡辺君の奥さんの家は一杯でしたので、近くの民宿に泊めてもらって、夕食後に訪れてクサヤと島の焼酎を御馳走になりました。クサヤというのは島の名物で、魚の臓物を樽漬にして発酵させた中へ、アジやトビウオを浸して、味をつけて干した干物です。一種強烈な発酵臭があって、いわば肥え溜とか女性の恥垢を連想させるほどクサイのです。しかし、味は全くすばらしく、日本食品の傑作というべきで、味に惚れ込むとクサイ臭いまで好ましく感じるようになります。以前パリにいた頃、東京出身者の友人に教えられて以来、僕の大好物です。焼酎も切れ味がよく、クセのない爽やかさです。

渡辺君の岳父は、一見して村のボスと分かる貫禄の人で、話し振りもいかにも頭が切れるという感じでした。二十年前の自衛隊の試射場設置問題の頃のことを聞くと、氏は賛成派の重鎮だったらしい口振りです。僕は、ハッとして「お客に来ている立場だから、怒らせてはいけないぞ」と、いつも好意を抱く相手を論争的に挑発して、怒らせてしまう自分のクセを戒めました。「当時、反対派は、射撃場になると爆音のため豚は仔を生まず、鶏は卵を生まなくなると言って頭の固い年寄りを口説いていたが、出来てみると、全くそんなことはなく、今では当時の反対派が養豚、養鶏に精を出しているよ」と苦笑。「自衛隊受け入れのおかげで、昔は荷を担いで山道を辿るしかなかった隣村に、自動車道路が通じたし、船着場の整備も進んで大型船が着けるようになった」と。

村の利益を現在の政治のワクの中でリアリスティックに追求すれば、確かにその通りだと思いました。しかし、選挙の票数はたかが知れている過疎地に対する棄民政策を続けて来た政府自民党が、平和憲法を蹂躙して軍拡を図り、無条件で与えるべき過疎地への予算を、自衛隊=軍拡の承認との交換条件として操作するのは許せないと思う。一機百億円もする戦闘機購入を控えれば、道路だって、港だって簡単に作れるはずだから。

そんなことを遠慮勝ちにチョッと言ってみましたが、自民党政治が続く限りは、村の正当な権利に基づく利益と憲法の理想との結合は、現実には遠いことも確かで暗然たる思いでした。しかし、村は爆撃演習場の受け入れは全村一致で拒否し、港の高台に「誓いの塔」を建ててその意志を示しています。「誤爆の危険がある以上当然のことです」と渡辺君の岳父は言われました。結局の所、村の人々は賢明な選択をしているのでしょう。

翌朝、前の浜で泳いでいて、浜に流入する下水の処理が不十分と気づきました。人口二千の村にその数倍のヤングが押しかけるため、夏場だけは処理能力の限界を越えてしまうのではないかと思われます。午後からは、渡辺君の車で島の北西の若郷へ連れていってもらいました。ここは集落が小さく、ヤングも少ないため静かで海もはるかにキレイでした。浜の小石は黒く、海底は真白な砂と赤紫色の海草が縞模様を作っています。波が海底をゆすると白砂が煙のように巻き上がって、すぐにそれが静まると、海草の縞模様が妖しく眼下に拡がるのです。シュノーケルをつけて、波に身をまかせて漂いながら、この夢幻的な反復を眺めていると軽いめまいを感じました。帰りに東海岸の崖の上からサーファーの群れが見られました。

翌朝も快晴で近くの無人島へ渡りました。女子供には無理な磯と言われて僕と渡辺君だけで行きましたが、着いてみると波静かな場所があったので、船頭さんには悪いと思ったけど、頼み込んで彼らも連れてきてもらいました。島の南端の岩場は、古代ローマの円形劇場の形をなして、片隅には海神の祠らしい跡がありました。海の透明度はスゴイほどで、五〜六メートルの深さにある多彩な海草サンゴ類が海面からクッキリ見られました。僕はモリを持たないことを悔みましたが、そのかわり直径二〇センチもあるウニや大型のサザエを沢山とりました。殻を割って生で子供や女房に喰わせてやりました。海の中の美しさを十分に見せてやれたので、僕は大満足でした。

第二二一号　一九八二・一二・五

一八　妊娠中絶が禁止されたら……——優生保護法の改正をめぐって

政府自民党議員の百余名をメンバーとする宗教政治研究会が次期通常国会での優生保護法改正をめざして活発に動き出した。現在は、経済的理由によって中絶ができるが、この「経済」条項を削除し、実質的に中絶を禁止してしまおうとしている。

戦後の日本は、戦前からの婦人解放運動や無産者医療運動の苦闘の延長上に世界に先駆けて中絶の実質的自由化を実現した。その後欧米先進国のすべてが我が国の後を追って中絶の自由化を行なってきた。平和憲法と共に世界に誇りうる我が優生保護法は、いま危機にある。もし法改正が成立したらどうなるか。

妊娠への恐怖心が性的抑圧を強め、男女双方に性的ノイローゼを引き起こす。これは未婚、既婚を問わず、愛し合っているすべてのカップルに起こりうる。妊娠した娘は、学業や職業的訓練のチャンスを失い、自立の可能性を奪われる。望まない結婚を余儀なくされるか未婚の母となる。若者は卑怯な遺棄逃亡を企てるか、若くして家庭の軛に扼される。さらに不幸な結果は堕胎罪による処罰、捨て子、子殺し、娘の自殺の多発だろう。

増加する早婚は、心理的未成熟による離婚を結果して、片親を失った子供達を作り出すか、子沢山の貧困家庭を生み出す。非合法中絶に走る者は、医療条件の不備のために多発する事故の危険にさらされる。子宮穿孔、腹膜炎、不妊、出血死、敗血症性流産等の恐るべき結末。事故は発覚を恐れて手遅れになり、母体死亡率は数十倍にハネ上がるだろう。ニセ医者による施術が闇で行なわれ、その費用はたぶん海外旅行費の倍額まで高騰する。

僕のパリ留学当時（十年前）フランス娘は二〇〇〇フラン（一五万円）を作ってイギリスへ渡った。困らないのはブルジョワだけだ。子女の中絶は優稚な海外旅行で済ませばよい上に、貧乏人の子沢山は、低賃金労働力の安定的確保を意味する。（事実、十年前に同様の改正の動きがあった時、彼らの趣意書に「労働力不足」の一句があった）。

この政府自民党宗政研村上、玉置、森下らは同時に憲法改正、軍備増強、教科書検定強化を声高に叫ぶ一派でもあり、総じて戦後民主主義の成果を民衆から奪いとり、戦前型の国家統制強化をめざす全体主義者である。「胎児の生命を尊重せよ」と「宗教」がかったことを口先で唱えながら、今生きている子供達、娘や若者、妻や夫、実存する人間そのものの希《ねが》いを国家の名の下に平然と蹂躙《じゅうりん》する徒輩である。人が自己の信仰個条を遵守することは自由だが、それを他者に、国家の法として強制する権利はない。

中絶禁止法に反対する女性達の新聞雑誌への投書を読むと、殆どきまって、「確かに中絶は良くないけれど……」、「小さな命を断つことはかわいそうで悲しいけれど……」と書き出している。禁止法を成立させようとする側は自明であるかのごとくカサにかかって、「胎児の生命を尊重せよ」と言う。しかし、これらの考え方、感じ方、主張は全く自明ではなく、大いに疑わしい。

ローマ・クラブやアメリカ政府特別報告は二一世紀への未来予測で、人口爆発、即ち現在の四〇億から七〇億への増加とそれにともなう食糧＝資源危機・地球環境の破滅的悪化を警告している。

妊娠中絶が禁止されたら……

人口抑制は核兵器禁止・軍縮と共に死活の全人類的課題であり義務である。第三世界は、教育・医療のレヴェルが低いために人口抑制の課題の達成がきわめて困難である以上、先進諸国が現在達成している人口静止状態を維持することは、不可欠の義務である。戦後三十年にして日本はこの人口静止を達成したが、それは避妊技術の普及と現行優生保護法による中絶の実質的自由化の成果である。産婦人科臨床医としての実感から言えば、現在、分娩数とほぼ同数の中絶が行われているが、もし中絶が禁止されれば、幾何級数的人口増加が進展して、あっという間に日本の人口は二億を越すだろう。先進資本主義国のすべてが経済危機による失業者の増加にあえぎ、福祉切り捨て策に走り、ロボット化の進行を不安の目で眺めている現在、日本だけが人口倍増を政策としたら、世界は日本をどう見るだろうか。国際的孤立化による経済危機とそれに対応する軍国主義＝全体主義化が必然の帰路である。

したがって、人類的視点に立っても、国民的視点に立っても人口抑制のための中絶は悪であるどころか善であり、道徳的義務ですらある。隣国中国は、人口を一〇億以内に抑えるべく、すでに中絶を国民的義務としており、フランスでは中絶医療費の八割を国庫補助にしている。

次に「小さな命を、太陽を見せずに闇から闇に葬ることはかわいそうだ」という説への反論として、『朝日ジャーナル』に引用された僕の見解を紹介する。

「胎児には、人間が持つ知情意はない。『闇の中にいる』という意識もないし、『太陽が見たい』という意志もない。生きたいという情念や意志もない。ヒトは生まれ、育てられ、この世界を知り、社会的関係に入り、人に愛され、人を愛して人間になってゆくのであって、胎児としてのヒトは人間ではない。この世界と人を愛し、生きたいと思っている人間の死は、かわいそうで悲しい。中南米でのミッシング、レバノンの虐殺、毎年八百万人といわれる第三世界の子供達の栄養失調死を思えば、怒りがこみ上がる。しかし胎児の死をかわいそうと思う人は擬人的心理投射をしているだけだ」。

僕は、不妊症の専門だから、子供のほしい婦人の気持はよく分かる。ほしかった子を流産した婦人の悲しみも分かる。しかしそれは、人間としての患者の悲しみへの同情であって、胎児自体への同情ではあり得ない。知情意のない存在への同情とは前記した擬人化心理投射としての錯覚にすぎないから。

生命自体には価値はない。それは単なる遺伝子複合体にすぎない。一切の価値の源泉は、いま現に生きている人間である。人間だけが、人間の視点に立って、生命体から無機質にわたる全存在の価値づけを行なう。この合理主義的ヒューマニズムが僕の立場である。

本論文はタウン誌『ねーぶる』に掲載されたものに訂正、追記を加えたものである。

Ⅲ　『'60の会』への投稿文

鈴村鋼二は、東京大学一九六〇年度卒業の同期生有志によって作られた「ロゴスの会」の同人誌『'60の会』(丸山眞男氏を「顧問格」に戴く)へ幾編かの論稿を投稿している。ここには、世界情勢を論じ、広範な領域の書物を批評し、市民運動の状況報告から産婦人科医師としてのシリアスな症例報告まで書かれているが、時には自己の日常生活の有様をユーモラスにかつ生々しく描いてもいる。

なお本章では、一九八一年以降のものを収録したが、鈴村はそれ以前から数編を投稿していた。ただしそれらは『月刊市政研』に転載され、本書のⅡの中ですでに読むことができるため、八一年以降の論稿のみを収録する。

これら論稿の中には、自らかかわる市民運動関連の大量のビラなどが「ドキュメント」として収録されている。それらは鈴村が後世へ残そうとした活動の「遺産」であると思い、重複しない範囲ですべて収録した。ただしあまりにも大量であるため、文字のポイントを小さくせざるを得なかったことを了解されたい。(編者)

第一一号　一九八一年

一　僕の町の金大中氏救出署名運動

八〇年春、光州事件に激しい衝撃を受け、苛酷な暴力的抑圧によって再び軍事的独裁体制に引きずり込まれてゆく韓国の民衆への連帯行動をなんとかして生み出さなくてはとイライラした日々を過ごしているうちに夏も終わりかけた頃、ようやく、総評＝社会党系の金大中救出署名用紙がとどいた。総評系の組合の人達と一緒に市政研の仲間と街頭署名に立ったが、これもわずか数日で一次集計のために中断し、二〇〇〇名そこそこの署名数で終わった。町の社会党市議のあいさつが割り当て仕事をやれるだけやったという感じで、どうにも気が済まなかった。

市政研の定例会では、公表するのが恥ずかしく、公表すればマイナス効果しか生まないような署名数では、やらなかった方がマシなわけで、やるならあの一〇倍以上を取らなければ駄目だと反省した。運動のイメージから政党、党派性を切り離すこと、これまでの党派的署名運動とは全く独立のルートを考え出すことが問題だった。非政党的な、知的、社会的権威をシンボリックなかたちで中心に据えることが第一に必要だった。

僕はまず、永井忠夫先生を思いうかべた。この人は、戦前三〇代で隣村の村長を一〇年もやったあと戦後公職追放をうけてからは政治に関係なく生き、二年ほど前、江戸中期のこの地方最大の一拶の指導者飯野八兵衛の伝承を小説化し出版した八〇歳の老人。「金大中救出市民の会」発起人を依頼にゆくと、その場で、「金大中は、言ってみれば、八兵衛のような人だから、援ける運動をやるのは当り前のことだ」と快諾してくれた。次に、父の幼友達で、長く校長会長をやって停年退職後、老境の身辺小説集を最近二冊出版し文学青年の初心を実らせている七四歳の老人を訪ねたが、「いくら君が作家と言論の自由の関連と責任ということで韓国問題に発言せよと言っても、私は左翼の友人が一杯いても、戦前戦後を通じてとにかく、政治には関与しない主義で通して来た以上、加わるわけにはいかん。秋ちゃん（本多秋五氏）だって私のこうした姿勢を認めてつき合ってくれておる。君の言い方は押しつけがましくてくどい。加わらなければ私の文学も駄目だと言うのか」と怒った。僕は、「作品の良し悪しとは関係ないが、市民としては駄目だ」と毒づいて、この敷居は二度とまたがないぞ、オイボレの臆病者、インティミデーションの内化とはこれだと思って帰った。次に名大医学部の大先輩で、町で最初の総合病院の初代院長であった加藤三九郎先生を訪ねた。七九歳。耳が遠いので車椅子のそばに横に並んで大声を出さねばならない。雑誌『世界』や新聞の資料の要所要所を怒鳴るように音読して聴いてもらう。三九郎先生は、日中戦争当時、軍医として大陸各地を転戦した経験を書いた本をくれて、承諾してくれた。ただ韓国系の在日朝鮮人団体の民団の幹部が知人にいて、彼らは朴政権に反対した人々に厳しく対立しており、日本人による金大中救出運動に内政干渉として反発している点を注意するように言われた。僕はその民団幹部と三九郎先生の前で対決してやろうかと考えたが、彼らが現在の韓国政権に関して自由に論ずる立場にないことを思って、手を縛られた相手とボクシングをやるようなことはよすことにした。

町のルーテル教会の牧師で、僕らが高校生の頃の原水禁運動に協力してくれていた緒方一誠先生にはサークルの小林市議が依頼に行き、僕の母の女学校時代の恩師で市の文化財保護委員をしているキリスト者の池田英箭先生には孫にあたるサークルのメンバー雨宮君が依頼し、共に承諾してくれた。池田先生は八一歳。他に真宗の住職、日本キリスト教団牧師、工専の先生と弁護士二人は若い人。

こうして発起人は集まって、といっても高齢の老人方は出席できなかったけれど、「市民の会」結成の呼びかけを行なった。署名運動の内容は「内閣総理大臣鈴木善幸殿、私たちは下記のことを日本政府に要求します。記　民主主義と人道主義の立場に立って、金大中氏救出のために、日本政府として、全力かつ真剣な外交上の努力をすること」。

呼びかけの対象は、市の交通安全運動や「市民の誓い」に参加している全団体の長、市内選出の国会、県会、市会の全議員（ただし政党としてではなく一個人として）とした。しかし、まずいことに、郵送した参加依頼状が配達される直前に、自民党中央が各地県連に対して、「自治体議会による金大中救出要請決議に加わるな」との通達を出したことが新聞に出た。そのために、四〇〇通のうち、一割にもならない数しか返事がなく、名前を出して参加する人は数人で、他は出せないが協力してもよいという内容であった。

さらに一〇月一九日、町の『新三河タイムス』のトップに「加藤三九郎氏（名誉市民）らが結成へ」の記事が出ると、すぐさま緒方牧師に市の与党（自民、民社連合で市会四〇名中三二名からなる）議員団の団長板倉から電話があった。内容は「最近、野党が金大中救出の市会決議を出そうと言いだしたのを、そっちが、あくまで提出するなら靖国公式参拝の要請決議を出すと言って、両方とも引き下げるという風に処理したところなのに、そんな運動を起こされたらまた問題が再燃することになって困る」というものだった。この後、緒方牧師は、ルーテル教会が会合の場所になること、発起人代表になること、連絡センターになることを断わり、もし運動が、政府への署名提出にとどまらず市会への決議要請もする場合は、発起人をやめると言いだした。僕らは、一体どうして与党議員団長が、それほどの圧力をかけられるのか不思議であったが、いろいろ考えてみた結果、教会経営の幼稚園への自治体からの補助金などが一因ではないかと推測した。

市会議員は、社会、公明、共産党の市議の参加が得られることになった。共産党はこれまで市政研との共闘は、一切拒否してきたが、党派としてではなく個人としてということで、参加を納得してくれた。

参加依頼状を出した四〇〇団体の約半数の二〇〇は市内の全自治区長宛であった。このうち約一〇名が協力してもよいと言ってくれたので、うまくゆけば回覧板でやれるのではないかと、はじめは半ば公認みたいに、しまいには、本来、回覧板で回して集めて当然の問題じゃないかと市政研定例会の話が進んだ。市の北部の下古屋の区長、二代にわたって分家から自民党国会議員を出している旧家の本家で酒造家の浦野氏が救出運動の性格に深く立ち入った丁寧な返事をくれていたので、まっさきに当たってみようと僕が出かけた。僕らよりちょっと年長の物静かなインテリで、話は細部までよく聞いてくれたが、名前を連ねて参加するのは「韓国内の情報がつかめないので」と断わられた。僕は、これぞ突破口と思いつめて行ったのでひどくがっかりしたが、駄目でもともと思いながら、「せめて回覧板だけでも回してもらえませんか」と言ってみた。そしたら「積極的に参加はできないが、その程度のことなら。署名するもしないも区民一人一人の自由だからね」という返事だった。僕は飛び上がらんばかりに嬉しくなって、署名用紙を託して帰った。

この前後三、四日間の昼休みと夜間診療後を使って僕は病院の北部一帯の町内を軒並みに歩いて署名を取った。一軒の例外を除いて、不在以外の家は全員署名してくれて、二〇〇近くになった。これを一種のサンプリング調査として考えれば、市民のほぼ全部の支援をうけていると思ってよいわけだ。一軒の例外は返事の感じから在日韓国人の家だろうと思った。気の毒になって突っ込んだ話をひかえた。

次の日曜日からサークルは総出で、市の北部、東部、中心部の区長を廻り出した。下古屋の区ですでに始まっているというのは他の区長にとっても、やりやすいようであった。僕の持参した軒並に同じ町名番地が並んでいるサンプリング的署名簿も説得に効があったと思う。こうして北部一帯のほとんどの区が個別に回覧板を回しはじめる頃、「市民の会」でも手分けして、西部南部の区長廻りをやることになった。

一一月四日に二審の死刑判決が出た頃、おそらく二〇日頃までに署名を集計して提出しなければ遅すぎることになるだろうと予想していた。日数が足りない。人手不足で全区長を廻り切れないかもしれない。しかし、これまで市政研が担当した北部、東部、中心部の区長の応答は予想外によいので廻り切れぬと惜しいと思った。僕らの動きに対抗してか、民社党の国会議員、近藤豊の「新時代の日韓関係と金大中問題」なる金大中及び救出運動をぎこちない口調で誹謗した文章のコピーを参考配布と称して全市議に配布した民社党（トヨタ自工系）市議西村の居住区の区長も回覧板を回してくれる。これまでのところ、どの区長も区長会長から何か言われているとは言わない。不思議なくらいであった。

市政研の小林市議が市議訪中団の一員として出発する日、小牧空港のロビーから電話してきた。「空港までのバスの前の席に、板倉団長と西村市議がいて、板倉が言うには、金大中救出のことで回覧板が回っているらしいが、区長会長には、運動に参加するなと言ってあるのに十分連絡がついていないようだと。西村の方は回覧板のことも知らん様子だ」。板倉の地盤は南部のため僕らが北部から始めて、南部に手をつけていなかったから知るのが遅れたのだろう。あとから聞いてみると、区長会では、運動に参加しないと決めたが、それは「市民の会」からの参加依頼状への処置であって、署名を回覧板でやるかどうかは、その時点では、問題にもなっていない。区長会自体は連絡会議であって、区長会長が、区長に命令する権限はない。自治区は相互に自立的である。自治区を地盤とする市議は、区長に対して弱い場合も多い。

いずれにしても、市議の大部分がこの時期、訪中などで不在で干渉できなかったのは幸運と言うべきである。

返事のよい、やってくれる区長というのは、たいてい旧部落の老人である。この人達は良いことは良い、正しいことは正しい、隣りの部落もやったなら、やるのがあたりまえだろうという態度である。退職校長上りの区長は、やってくれるにしてもへっぴり腰が多い。やるふりしてもやってくれないのもあった。例外もある。「個人としては運動に賛成だが、区長として、回覧板を回すように組長に一律に下ろすわけにはいかぬから、一人一人組長に話して、賛成する組長の組だけ回してやる」と言ってくれ、しかも一〇〇％近く署名が集まった区長だ。大校長の風格がある隣町の教育長を長く務めた人で、「私も若い頃はアカ呼ばわりされたよ」と笑っていた。この人は小林市議の叔父さんで、小林は「俺が行くと叱られるばかりで、話にならんから頼む」と言うので僕らが行ってよかった例。旧部落とトヨタ自工団地からなる区があって、（きわめて遅い時期に回覧板が回り出したところ）旧部落の方は他部落並みに署名が取れていてもトヨタ自工団地の方は、０に近いというケースがあった。トヨタ自工労組は民社党系であるため、署名運動の終わり頃には指令が徹底したと思われる。比較的早い時期に署名簿が回った地区では、トヨタ自工系の団地でも成績がよかったことから、彼らの対応の遅れ、ズレがあったと考えられる。

僕は、書店経営をしている高校の頃からの友人の内藤君と二人で組んで、午後の休み三時間と夕方の診療時間後の二時間を、お産や手術がないかぎり毎日フルに動いた。回覧板の依頼もあったし、署名簿の回収もあった。或る区長は、八〇代の老人と思われたが、夜遅く訪れた僕らを歓待してくれ、金大中の運命を憂えて署名簿を引きうけてくれた。しかし、翌日、区の評議員が、ウンと言わないからと済まなそうに電話をくれた。また或る初老の区長は、「自民党県議が中心になっている日韓親善の会に入っているが、本当に親善につくすのは、金大中氏を援けて、韓国の民主政治の発展に協力することだ」と言って、引きうけてくれたが、僕らが署名簿の回収に行くと、「まことに済まないことだが、私の一存で回覧板を回せばよかったのに、たまたま受けとった翌日区の評議会があったので、当然ＯＫが取れるものと思って、諮ったら、政治問題だからと止められてしまった。

私は、あと一期区長をやれば、市長から表彰されるわけだが、こんなに頼んでも評議員がウンと言ってくれなかった以上、表彰なんかどうでもよい。もう今期かぎりで区長をやめる。済まなかったな」と口惜しそうに言った。僕は、涙がこみあげてきた。区長が区の評議会にかけた所では、どこでも拒否された。

発起人の最年長のキリスト者、池田先生は病気で入院し、孫の雨宮君が連絡センターを引きついでいたが、彼も風邪をこじらせて肺炎になって入院したため、内藤君が引きついだ。

署名の政府への提出を一二月四日まで二週間延期してやや余裕ができたが、それでも廻り切れなかった。

共産党は、松平地区の区長廻りを引きうけたが、その区長会長のところで一発断られると、それで終わったようだ。一人一人の区長を個別に説得して廻る努力をしなかったし、二名の市議を持っている実力の一〇分の一も発揮しなかった。僕ら市政研がハッスルすることには逆にしぼんでしまうのかと思ったが、要するに、党派名が掲げられない運動には、熱が入らないという説がもともとあるそうだ。市政研を脱会したが、小林市議とは市政研クラブという会派を市会で作っている渡久地市議は、居住区に近い西部地区の区長廻りを担当したが、住民数からは許しがたいような署名数しか持ち帰らなかった。彼なりに努力したようだが、回覧板方式の発想そのものに抵抗感を抱いたらしいことが、署名数としての「失敗」の原因と思われる。公明党は磯村市議が、精力的にやってくれたけれど、これも三名の市議を持つ党派としては、不十分であった。

社会党は、冒頭で書いた一名の市議はほとんど何もやらず、ただ全逓の古くからの活動家の深谷さんが、僕らと同じ密度で、行動してくれた。深谷さんは、僕らの定例会にも時々現われて、北海道出身の友人から入手したすばらしいタラの干物を肴に差入れてくれた。

『新三河タイムス』(一二月四日号)は、トップに、

「豊田の良識〝署名二万〟を政府へ　金大中殺させるな　自治区も協力　代表団が上京し陳情」

の見出しで次のように報じた。「加藤病院初代院長の加藤三九郎氏らがつくる金大中氏救出豊田市民の会の代表五人が、四日、金大中氏の生命を救う外交上の緊急措置を政府に要求する約二万人の市民の署名をたずさえ、政府へ陳情のため上京。同会が一日明らかにしたところによると、この日までに同会が直接集めた署名や協力団体から回収した署名の数は一万七〇〇〇余。まだ自治区などの協力団体からの未回収分が相当あるものと見られており、三日夜の最終的な集計では、署名者の数は二万人に近づくものと見られている。署名に協力した最大の勢力は、同市に二〇三団体ある自治区。当初はこのうち一〇〇を越す自治区が「金大中氏救出は人道的な問題であり、たとえ他国の問題についてであっても、人権主義の立場に立つ運動は内政干渉に当らない」との同会の呼びかけに応じて回覧板方式で署名に協力する意向を表明していたが、同市議会の与党議員団が、区長会長を通して「署名協力は好ましくない」との圧力をかけた結果、回覧板で署名簿を回して助命嘆願署名に協力した自治区は二割ほど減って、八〇団体前後になったもようだ。それでも海の向こうの国の一政治家の生命を救うという国際的な運動に四割近くの自治区が何らかの形で協力したことは、前代未聞のことで、土木汚職関連の焼身自殺以来暗い話題ばかり多かった同市で、何とも爽やかな空

気を残すことになった。この助命嘆願運動には、自治区のほか総評、中立系の労働組合、各種の小サークル、野党系の政治勢力が加わった。過去の署名運動をかえりみると、市議会の与党勢力が関係したものや官製の運動を除けば、同市内で集められた署名はどれも七、八〇〇〇止まりで、今回のように二万人近くの市民の協力が得られた例はめずらしい……」。

一二月三日の夜は、遅くまで回収に廻り、三時過ぎまでかかって集計、整理を行なった。二万を越していた。四日、小林市議ら代表が内閣官房長官に手渡すため上京した。

当初の僕の予想は、協力する野党市議八名で、一人平均三〇〇〇票の得票として二万四〇〇〇。問題の性格上、与党市議へ投票した人も署名してくれるから計五万で市の有権者数の三分の一をめざすものであったから、いささか残念だった。運動にかかった経費は、署名してくれた市民が自発的にカンパしてくれた数万円に「市民の会」のメンバーが各一万円ずつ出して片づいた。

僕ら市政研は、この署名運動の成果に立って、市議会に、金大中氏　救出決議を出させたかった。しかし、「市民の会」では、社会党公明党の市議が、与党による「靖国公式参拝要請」決議の対置を受けることを恐れ、また一部は緒方牧師にかかった圧力を気づかい、また他の人には、四倍の圧倒的多数の与党に否決されるのは自明のため、有害無益として反対したので、あきらめざるを得なかった。与党議員団長板倉のかけた圧力は、逆に、彼らが、決議案を否決することは自明でも、その問題が、市民の面前で、彼らの前に逃げようもないかたちで、提出されること自体を恐れていたことを示している。日本の政治は国会から市会にいたるまで、特殊利益、地域エゴイズムで動いている。国会議員、県会議員は国や県の予算を町に分捕らせるために選ばれ、市会議員は、市の予算を、部落、町内に分捕らせるために選ばれている。市民の投票行動、政治参与が、利益問題をめぐっているかぎりは自民党支配（この町では日本全体の状況を先取りして、すでに自民、民社支配）は微動だにしないだろう。利益ではなく、「義」の問題、正義人道の問題が、これまでの市民の政治参与の内部に矛盾、葛藤を引き起こし、自分達が「利益」のために選んだ代表が、自分達が「義」とするものに敵対する姿をはっきりと見据える事態を引き起こさなければ何も変わらないだろう。「市民の会」で市会への決議要請は否決された以上、僕ら市政研のメンバーは手を縛られている。しかし、一二月一二日に会の主催で、韓国民主回復統一促進会議東海事務局長姜春根氏を講師に招き、政府陳情の報告集会を開く場で、動議として市民から問題が提出され、それが市民集会として議決されれば話は別になるはずだ。僕は、それを狙って、会のメンバーでない友人に動議提出を頼んでおいた。しかし、彼は晩酌を過ごして、会場の見当を間違い、雨の中を右往左往した挙句、集会に間に合わなかった。こうして三か月間没頭した運動は、半分の成功と半分の失敗に終わった。

暮れになっても、金大中氏の運命は、はっきりしなかった。ブラウン国防長官の訪韓によって死刑執行だけは避けられるだろうと安心感が強まったが、死刑が無期になったところで、光州で殺された人々、金大中氏を含めて獄中獄外で苛酷に抑圧されている人々、総じて韓国の民衆の運命の暗さは変わらない。運動はしぼむだろう。頃合いを見計らって日本の政府と財界は、ファシスト全斗煥政権の援助に乗り出すだろう。

運動の終盤に入った頃一一月二二日に、僕の病院で分娩直後、急激に進行するＤＩＣ(DISSEMINATED INTRAVASCULAR COAGULATION)が発症し、大学病院に転送したが、ＩＣＵによる治療もむなしく、その妊産婦は死亡した。僕は、産婦人科医として、開業する時、退役するまで、妊産婦の死亡という悲劇には出会わずにいきたいと願った。しかし願いは敗れた。経過報告のコピーを産科ＤＩＣの権威に送って、僕の診断と処置を認める丁寧な返事をもらったが、暗い気持ちは年末になっても変わらなかった。

年賀状を書く気にはとうていならなかった。

何がおめでたいか！

（ここで欠礼を謝します）

「境川流域下水道」代執行強行の日　一九八一・四・一一

第一二号　一九八三年

二　雑感六つばかり

①健康法

以前、アルコール性肝障害に注意するために、ガンマ-GTPの定期検査をすすめたことがあるが、この半年ばかりやってみて、このガンマ-GTP値を正常値に近づける効果ある健康法を見つけたので報告する。

『暮しの手帖』で体育医学関係者が、脈拍一二〇以上が二〇～三〇分続くような駆け足を隔日に行なうと体力保持のために良いだけでなくコレステロール値の正常化にも有効だと書いていたので、昨年の定期検診で心電図上虚血性心疾患の疑いを指摘され肺活量の低下も著しいことが分かった僕は、駆け足を始めた。車で五分ほどで町の矢作川の河原に出て、川沿いに三キロほど駆けるのだ。しかし、お産の入院者があったり、気になる患者があったりすると、なかなか外出しにくく、ついついサボッてしまうので、その代用として、地下から五階まで病院の階段を一〇回上下するのに切り替えた。午前中の外来診察が終わってすぐ始めて、三回目を終わると汗ばんで来るから上半身裸になって続ける。一〇回やるのに二〇分かかる。頭部から胸部にかけて汗まみれになり腹部を伝う汗がバンドの所でパンツまで濡らす。終わってすぐ冷たいシャワーを浴びる。一〇分ほどで脈拍も平静時にもどり、全身が軽くなるような感じがする。狭心症様の胸部の苦痛など全然生じない。この運動を一カ月やってガンマ-GTPを測定したら、飲酒量は減っていないのに正常値上限の六〇に低下していた。これまで一〇〇以下に低下してくれたことがなかったのに。これに気をよくして、健康とか体力保持とかのためでなく、安心して飲むために隔日を毎日にして半年になる。先日、三重の海へ三日ばかり潜りに行き、潜水時間が明らかに延びた実感を持ち、これで肺活量も上昇したに違いないと思う。勿論、素潜りでとったサザエの数と大きさも例年にない成績だった。

僕はゴルフとかテニスはブルジョワ的スポーツとして軽蔑して手を出さないし、たかが駆け足を「ジョギング」と称するのも言語感覚的に異和感を持つ。この階段五〇階分上下法は金もヒマもいらない良い健康法と思う。ただし、半白頭をふり乱し、上半身裸で汗まみれで息を切らせて昇り降りする姿は、時として付添の人達をギョッとさせる点に問題を感じるが、気にしないことにした。

②会社全体主義

労働現場のルポライター鎌田慧の「ロボット化をめぐる問題」と題する講演を町の友人達が企画したが、その宣伝ビラのマイターが足りないというので冬の早朝マイティングに駆り出された。

トヨタ自動車の本社近くの技術部への入り口に三人ばかりで立った。ここは他の工場の一般労働者より技術インテリの比率が高いのでビラの受け取り率がよいはずだと期待していたが、駄目だった。一〇人中二人までも受け取らない。「おはようございます」と言ってさし出すと「お早う」と、しごく礼儀正しいあいさつは返ってくるが、手を出してくれない。ビラをさし出した手のやり場に困ってどうも格好がつかない。何やら、こちらの自尊心みたいなものが傷つくような気もする（少し大げさかな)。イヤなものである。この分では受け取り率一割五分くらいかなとしょげていると、近くに立って見張っている門衛同士が「近頃は、受け取る者が増えたようだ。困るな」と言っているではないか。

僕なんか高校の頃から三〇年来ビラマキをやってきて、マク身のつらさを知っているから、思想的な敵対者のビラだって、気持よく受け取ってポケットにしまう。手も出さずとか、受け取ってもすぐポイと見ている前で捨てるなどという非礼な態度はとったことがない。しかし門衛の手前ということもあろう。

門衛は受け取る者を見張っているだけでなく、僕の方に来て、面が割れていないためか、お前は何者かと言わんばかりのことを聞く。新顔を心得ておく必要があるのか。「このビラの責任者は、僕より十も若い人だよ」と言ってソッポ向いてやる。

講演会の後のコンパで、各地から来た労働者の報告があった。東芝の労働者は、会社と一体化した御用組合を批判して、組合の代議員に立候補した。投票の段になって、誰の名を書くかを職制が覗き込みに来るそうだ。ほとんどの労働者は覗き込みに無抵抗で投票した。一〇〇〇人の工場で数票しか票が取れなかった。その数票を投じたのは、みな、「見るなよ、あっち へ行け」と職制と押しっくらをやって投票した人達だけだったそうだ。似たような話を日産の労働者も報告した。どこでもそんなもんらしい。

ビラの話にしても、ビラというものは受け取って読んでみて、講演会に行かないこともできるし、たとえ行っても講師の考えに対して反対討論をすることもできるわけだ。何故受け取ること、読むこと自体を拒否するのだろう。門衛が「困る」というのは、会社が困り、労働組合が困るということで、そういう「困ること」はやらん方が身のためだということかも知れないし、そんなこと考えるのもイヤだということかも知れない。トヨタの技術部へ入るのは、今時、きっと小さい時から一生懸命勉強をさせられて、たぶんその上で少々利巧で、理工かなんかへ入った連中だろう。それがビラ一枚受け取らないわけだ。

労働者は仕事の腕が良く、勤勉でありさえすればよい。技術者は、設計なりなんなりで仕事の課題をきちんと解決する能力がありさえすればよい。アナキストであろうが、トロツキストであろうが、リベラルであろうが構わない。個人の思想と政治信条は自由で、何を言おうと勝手だ。仕事さえちゃんとやっておれば、残余のことは、仕事の能力に基づく昇進に関係ないというのが自由な社会だと思うのだが。

組合内民主主義で言えば、投票の秘密など、その存立の第一要件ではないだろうか。

トヨタ、日産、東芝など日本を代表する企業の内部の実態が、僕らは、自由社会に住んでいるのではなく、管理社会という言葉すらなにやらお上品に過ぎて、むしろ会社全体主義社会とでも呼ぶべき社会に住んでいることを示していると思われるのだが、これは考え過ぎというものだろうか。課長さん、部長さん。

(『世界』六月号渡辺鋭気「職場八分」参照。これを市議選やつれで厭政気分に陥っていた頃読んで涙がポロポロこぼれた。政治闘争をやめるわけにはいかんぞ、そんなことは許されないぞ。人民の大義はあるぞと思った)。

③没にされた『朝日ジャーナル』への投書

優生保護法改正賛成の浪人君へ（愛知県豊田市・産婦人科医　四五歳　鈴村鋼二）

胎児を「闇から闇へ、太陽を見せずに葬り去ること」は悪だと言う。あたかも自明のことのように言う。なぜ悪なのだろう。

胎児には、人間が持つ知情意はない。「闇の中にいる」という意識もないし、「太陽を見たい」という意志もない。生きたいという情念や意志もない。

ヒトは、生まれ、育てられ、この世界を知り、社会的諸関係に入り、人に愛され、人を愛して人間になってゆくのであって、胎児としてのヒトは人間ではない。この世界と人を愛し、生きたいと思っている人間の死は、可哀想で悲しい。（中南米でのミッシング、レバノンの虐殺、毎年八〇〇万人といわれる第三世界の子供達の栄養失調死を思えば怒りがこみ上がる）。しかし胎児の死を可哀想と思う人は、擬人化的心理投射をしているだけだ。

「あなたの母が中絶していたら、あなたはこの世に存在しないのに中絶を容認するか」と言うが、こうした問い方には親に向かって「頼みもしないのに俺を生んでおいて……」という言いがかりをつけるに等しい錯誤がある。胎児の私は、現在の私ではない。私とは、生きられた経験の総体であり、この世界内の私の社会的諸関係の総体であって、遺伝子複合体よりなる染色体地図にすぎぬ胎児とは次元を異にする存在である。

法改正が強行されたらどうなるか。

妊娠への恐怖心が性的抑圧を強め、男女双方に性的ノイローゼを引き起こす。これは未婚既婚を問わず愛し合っているすべてのカップルに起りうる。妊娠した娘は、学業や職業的訓練のチャンスを奪われ、望まない結婚を余儀なくするか、未婚の母となる。相手の若者は卑怯な遺棄逃亡を企てるか、若くして家庭の軛に扼される。さらに不幸な結果は堕胎罪による処罰、捨て子、子殺し、娘の自殺の多発だろう。増加する早婚は、心理的未成熟による離婚を結果として、片親を失った子供達を作り出すか、子沢山の貧困家庭を生み出す。非合法中絶に走る者は、医療条件の不備によって多発する事故の危険にさらされる。子宮穿孔、腹膜炎、不妊、出血死、敗血症性流産等の恐るべき結末。事故は発覚を恐れて手遅れになり、母体死亡率は数十倍にハネ上がるだろう。ニセ医者による非合法中絶の費用は、おそらく海外旅行費の倍額に近く高騰する。困らないのはブルジョアだけだ。子女の中絶は優雅な海外旅行で済ませばよいうえに、貧乏人の子沢山はブルジョアにとって、低賃金労働力の安定的確保を意味する。(事実、一〇年前の改正の動きの時、彼らの趣意書に「労働力不足」の一句があった)。

母体にとって分娩は、中絶より数十倍も危険であることは我々産科医の常識である。中絶を禁止して、はるかに危険な分娩を強制する権利が誰にあるのだろう。

胎児の生命は、現にいま生きている人間の生活と生命より貴重だと信じる人は、その信仰個条を守って中絶をしないでいればよい。しかし、それを国家の法として、信じない人々にまで強制し、その生活と生命を侵す権利はないはずだ。あえて強行するなら、近代の自由と人権の原理に敵対する宗教的全体主義である。

なお、中絶禁止を主張する団体、個人の政治的危険性（反動主義）については『世界』一二月号藤島宇内論文を一読されたい。

（これは投書してすぐ朝日の広岩君に電話して、『朝日ジャーナル』の方に知人がいたら、僕の投書に注目するよう伝えてくれと言ったら、「知人はいない」というにべもない返事。諦めていたら、コラムの一部に四分の一くらい引用された。なおこの問題に関連してフランスでの中絶自由化への運動を自伝風に書いたジゼール・アリミ『女性が自由を選ぶとき』（青山館）を参照されたい。訳者に少々協力した。訳書を送られて十数カ所の誤訳、訳語不適当を指摘したら、それが全部「自信のない個所」で「テクストも見ずによくも分かったわね」と言われ、「これくらいのことはできるさ、俺様は」と、チョイトよい気分になったことあり）。

④町の反核運動

自民党が圧倒多数を占めて以来、非核三原則の公然とした破棄の危険が強まった。清水幾太郎の「核の選択」を先頭として論理の流れが大きく変わろうとして、以前は「右より」「現実主義」の論者とみなしていた一部の人々も、議論の軸が右へズレすぎてきたためか、抵抗する僕らと同じ、こちら側の戦線に立つかと思われるようになった。八一年の状況が僕らの危機意識を高め、暮れから、反核署名運動の準備を始めた。僕らのサークルの実勢力は弱く、市議選の高揚期で三〇名くらい、平常時は数名である。機関誌『月刊市政研』の発行郵送だけで手一杯というところだ。署名運動は数を集める運動だから、いかに足を棒にして歩いても、目標とする市人口二九万の半分はとれない。

二年前の「金大中救出署名運動」の方式を拡大して展開する以外にない。勿論、金大中の時に名前を出してくれた長老達はＯＫで、それに加えて、戦前・戦中の高級技術官僚で、豊田市名誉市民の陶芸研究家本多静雄氏、徳川家康所縁《ゆか》りの名刹高円院住職石川鏡端氏や、中京大理事長梅村清明氏らのＯＫがとれた。政府及び国連への要請内容は、非核三原則が明確に盛り込まれている中野好夫を代表世話人とする中央組織のものと同じにした。ただし趣意書が読解不能の拙劣な文だったので、それだけはこちらで書き変えた。こうして核軍縮豊田市民の会が発足し、市政研の小林市議を通じて市議会での協力決議を求める工作を始める段になって、偶然というか、「よい」タイミングで、例によって中央からの一律指令により、共産党が「非核都市宣言案」を提案してきた。これに対し圧倒多数の民社＝自民与党ブロックがアレルギーを起こし、起こしはしても拒否も対世論上恰好がつかないし……という状況が発生し、そこへ我が「市民の会」の要請が現われたことになって、彼らも文句なしに飛びついてくれた。市議会は協力決議を全会一致で通した。この不作為の逆説的共闘に対し、共産党に感謝状を出したくなったほどだ。次は区長会へ向けての工作。三谷温泉で開かれた区長会総会の前々日、名誉市民本多氏に、「市長に対して一言お願いします」と頼むと快諾してくれた。この時の話で、氏がレーガンの軍拡を、世界の破滅に導くものとして警戒し、自己の戦中の官僚としての軍への協力を反省しておられることを聞き、僕が調子に乗って、「いわゆる産軍複合体の危険性」を口にしたら、すぐさま氏はいや産ではなく軍に危険があるのだと限定された。財界人の立場もあるかと、僕はあえて反論はしなかった。翌々日の区長会では、全区が反核署名簿を回覧板で回すことに対しての異論が出て、一時は流れるかと思われたところを、同席した市長が、

「市議会決議もあり、関係課員の意欲もある」と言ってとりまとめてくれたらしい。かくして我が町の反核署名は一部を除いて市内のほぼ全区で回覧板として回った。結果は目標の九〇%、市人口の四割一二万に達した。これは『朝日』が愛知版社会面のトップで報じた。

「一部を除いて」の一部とは、トヨタ自動車本社周辺の住宅地、社宅の区で、これらの区長は三谷の区長会の直後、申し合わせて、回覧をさしひかえることにした。彼らのほとんどはトヨタの停年退職者である。世帯数五〇〇〇を越す地域のため、彼らの協力があったら、人口の半数は越えられたと思って残念である。

⑤市議選

四年に一度の市議選が四月に終わると、二十年来五回とも、毎度のことながら、選挙ボケというか、選挙やつれというか、とにかく硬い厚い本が読めず、文章を書くのがおっくうな状態が夏まで続く。前年の一〇月頃から、取り組み、ほぼ半年が選挙だけに集中してつぶれる。この原稿も遅れに遅れてしまった。

僕の票集めは、二十年来、毎回市政研の候補への投票を頼んできた中学以来の旧友、旧師など一〇〇人くらいの固定層から始まる。これが四年に一度の近況報告の挨拶廻りにもなる。通常はこれだけだが、今回は事情が違って、唯一人の社会党現市議で五期以上やって来た人が元郵便局員の新人と交代することになった。現市議の票の半分は地元票で、半分が電話局の組織票であった。このうち地元票は新人へ移動せず、その上新人は、自身の地元票もとれそうになかった。そうなると、我が市政研の候補が依存してきた市職組などの社会党系の票は、根こそぎこの新人に行くにちがいないし、それでなければ社会党は一議席すら失うことになる。その上この新人は、僕らのやってきた金大中救出運動や、反核運動の最も熱心な協力者であり、誠実な活動家であるから落ちてもらっては困る。市政研の小林市議の得票は、前回二八〇〇で最低必要数二五〇〇との間のゆとりは三〇〇に過ぎない。もしこの三〇〇の市職組票を失うと、小林はそれを地元票で補わなければならない。しかし保守的な地元では、市議二期の間に地元のためにも相当働いたはずだが、票の伸びはわずかしか期待できず、とうてい三〇〇の穴埋めはできない。(小林の地元の旧部落に隣接する自治区長から「小林を市政研から退会させれば、区の推薦を取りつけられるが」という交渉があって、僕らは「市政研票が得票の半分を占めているのに、退会すればこれが激減する。その分だけ、あなたの自治区がカバーできるはずがない」と言って、ポスター、宣伝カーから、市政研の名を落とすことで妥協した)。

市政研とその周辺の活動家はいまやみな三五歳以上で、自由で軽い若者の票から切れてしまっている。僕ら四〇代の者の旧友も、職場と地域で役付きになって、ますます動きがとれなくなっている。万やむを得ず、僕は患者から票を集めることにした。反核、憲法擁護、境川流域下水道反対、矢作川浄化等の反公害運動、在日朝鮮人や労組活動家の諸権利の擁護など、これまでの活動を「平和と緑と人権のために」と要約してパンフを作り、診察後に渡し、次回の診察時に支持してもらえるか確認し、さらに投票日前数日間は、チェックしたカルテを机に積み上げて、片端から念押しの電話をかけた。これで四〇〇票の依頼カードを追加して、僕は仲間の中で最高の五〇〇人のカードを作った。実際に投票してくれたのはこの内の何割かは分からないが、僕の電話や選挙後の診察時のお礼に際しての応答からは良い印象をうけている。これに先立ち僕の年賀状は、例年と異なり、選挙にアクセントを置いて、過去一年間の全分娩者ほぼ五〇〇名に送ってあった。

投票二日前集計したカードを検討して、僕らは小林の当選を確信した。町の新聞記者をしている友人も確実の見通しを語った。しかし、市政研を脱会したが、小林と同じ会派で協力している渡久地市議の選対にいる友人から全然確かな票読みができず、渡久地は危ないという報が入り、一方、社会党新人の選対は「落選はどうみても考えられない」と言うので、小林選対の活動家を中心とした数十名が、投票を渡久地にするよう申し合わせた。これで一〇〇や二〇〇は渡久地に廻ると期待された。

結果は小林、渡久地はそれぞれ五〇〇を伸ばしほぼ同数の三三〇〇票を取り、社会党新人深谷氏は、最下位に並んだ共産党二名の当選者に一四票差で次点であった。労組選対の甘さのためであった。僕らが見当違いをやらずに、渡久地に廻した票を深谷氏に廻していたらよかった。革新三派の投票前調整委員会を作っていたらよかったのにと悔まれた。女房と投票所へ出かけ入室して、用紙を受け取った時、僕はチラと「君は深谷さんにしろ」と言おうと思ったのが悪い予感だったのだ。

ところが、自民党の当選者の一人が選挙違反で逮捕され、期限内に議員を辞職したので、七月に社会党の深谷氏の繰り上げ当選がきまった。深谷氏は二度の落選で、政治から足を洗って、好きな骨董の店でも始めようと心をきめていたところと言う。社会党の会派室は仕切りを外されてなくなっているので、小林、渡久地の会派に入ることになった。新会派名を市政研で検討した時、僕は、自由民権クラブ（記者クラブへは、略称不可の申し入れをして）か、民権クラブを提案したが、社会党支部が、どこでもよい、末尾でもよいから社の字を入れてくれと言うので、再検討しているうち、小林が、「平民社」クラブというのを思いついた。たぶんこれが通ると思う。

⑥老人福祉の課題（産婦人科医の見方）

（町のタウン誌『ねーぶる』に「町医者一言メモ」として連載中の一例。この一年、二〇カ所くらいの婦人会で二時間くらいの啓蒙講演をやっているが、その材料の一部でもある。）

八〇歳近い感じのおじいさんが診察室に来た。受付の方で「ここは内科ではなく、婦人科ですよ」というような押し問答があったが、おじいさんは、どうしても婦人科に用があると言う。

足元がやや危ぶまれるが、血色もよい人だ。「どうも、アッチの方がうまくゆかんので来た」と言う。「もう勃たんのじゃないかね」と聞くと「いや、ちゃんと勃つ。女房とはやれとる」……「それなら、うまくいっているわけだね」「ちがう、他の女とうまくいかんでなあ」「どういう女の人？」「長いこと付き合っとるが、近頃、痛がって、したがらん」……というわけで、翌日当人を連れてきてもらった。七〇歳近い上品な感じのおばあさんだ。膣の粘膜が荒れて、綿球でこするだけで血がにじんで来る。分泌液も減少している。要するに年齢のせいでエストロゲンというホルモンの分泌が低下したためだ。このホルモン剤を一本打つと二週間くらいは効くデポー剤の注射をしてあげた。それから月一回注射に来てもらっている。おじいさんとは、うまくいっているそうだ。

こういうはっきりしたケースは稀だが、性交障害を訴えなくても、帯下（おりもの）が気になると言ってくるおばあさんは時々いる。他院に一カ月通って毎日洗浄してもらってもよくならないと内科医に紹介されて来たおばあさんも、先のデポー剤注射一本で解決できた。僕の印象では、案外こうした簡単な治療で、老人の性交障害が解決されることを知らない人が多いような気がする。

性交は、男と女の間の最も重要なコミュニケーションであり、年齢のせいだといって、あきらめる必要のない基本的快楽である。小遣いを渡して老人クラブの温泉旅行へ行かせることよりも、こうした悩みを聞きだして適切な処置があることを教えてあげることの方が大事だと思う。

おじいさんの「性交権?」の回復、おばあさんの性器の機能的若返りは、人間の基本的快楽の享受の達成であり、老人にとっては腹上死こそ最高の安楽死であると考える。

(追記　この一文を読んだ生活相談員が、おばあさんの性交不能のために離婚寸前まで行っているケースを僕に紹介してきた。これは、一年以上の不使用による膣の萎縮と狭窄をともなうシビアな症例であった。これも福祉の重要課題である。そしてここでもエストロゲン剤は、僕自身が信じ難いほどのドラマティックな著効を示して一発で問題を解決した。僕は、大いに書き、語らねばならないとあらためて痛感した)。

三　雑題二、三

①健康法

前回、定期検診で分かった心電図上の異常と肺活量減少に対して階段上下法が有益であったことを書いたが、その後少々修正した点についてふれる。

脈拍一二〇以上が二〇～三〇分持続するのを目ざして階段五〇階上下法（地下から五階まで一〇回往復）を毎日やったが、一年もたつと、脈拍が一二〇で上がらなくなってしまったので、毎日を隔日に変更した上で一〇〇階上下法（二〇回）に切り変えた。こうすると回数半ばを越すと一二〇まで脈拍が増加して、ほぼ二〇分間持続するようになった。しかし、その後二年近く経って、最近では、半分どころか、終わり頃になっても一二〇にならないことが多く、どうしようかと思っている。駆け上りのスピードを上げれば全体の時間が減少するし、一〇〇階の階数を増やせば、エネルギー消耗の度を過すことになるし、おそらく心臓機能が上昇したせいだと思うので、この程度でやってゆけばよいと思っている。心電図上の異常も消え、肺活量も正常値になっている。アルコール性肝障害の指標であるガンマ‐GTPは、正月明けと、六月初めに一三〇くらいまで上昇したが、これも二週間ばかりの節酒（飲酒を土・日に限定）で正常化した。最近医学雑誌『JAMA』で読んだ話だが、二日酔いの予防にパントシンが効くらしいという実験結果が出たようだ。岡山大学の内科の報告によると、パントシンを投与した実験動物群は、非投与群とくらべて、一定量のアルコール摂取後の血中アセトアルデヒド量が有意に低下し、その際血中アルコール濃度には差がないということだ。アルコールは肝臓で代謝される際、最終的に炭酸ガスと水に分解される前に、その中間代謝産物としてアセトアルデヒドに変わり、この蓄積が二日酔いの原因になる。血中アルコール濃度まで低下させたら、何のために飲んでいるのか分からなくなってしまうが、その心配のない点が嬉しい。パントシンというのは、僕ら婦人科医が、いわゆる「つわり」や妊娠中毒症の時に処方する、ありふれた安いビタミンB_6系の薬である。ふつうは三〇ミリグラムの投与だが、高コレステロール血症には一錠二〇〇ミリグラムのものを使うので、これを取りよせて、試してみるつもりである。

余談だが、欧米人はバカにアルコールに強い。夜八時過ぎにパーティーを始めて一二時過ぎまで相当に飲んで、翌朝、こっちはフラフラの二日酔なのに、向こうは平気で朝の九時から手術を始めるという始末。アル中が日本より欧米に多いのは、日本人はアル中になる前に肝臓がやられてしまうのに、向こうは肝臓が強いので、アル中まで行きつくからであろう。この差について或る仮説によると、アルコールを分解する酵素が二種類あって、北方系の欧米人はほとんどその両者を持っているが、日本人や南方系の人種は、半数以上が一種類しか持っていない。それは、北方系の欧米人は、先祖が永い氷河期を経験しているからだという。氷河期には、短い夏に採集した食料を備蓄して一年の大半を過ごし、その間それがアルコール発酵してしまうので、常時アルコールを飲んでいることになる。そこで、遺伝的に二種類のアルコール分解酵素を有する人間は耐えられるが、一種類しかない人間は肝障害を起こしてクタバッテしまい、子孫が残らなかった。子孫を残したのは前者だけだったというわけだ。僕は開業以来今年で一〇年目だが、一日も病気で休んだことがない。つらいのは二日酔だけである。二日酔いでひどい下痢の時など、赤ん坊のおしめをつけて女房のパンツを借りてはいて、診察することもある。たいした酒量でもないのに、ひどい二日酔ばかりやるのはおそらく僕が南方系だからであろう。

②「非核・平和都市宣言」運動の躓《つまず》き

県の被爆者団体からの要請もあって、春先から豊田市の「宣言」を出す準備にかかった。県下では尾張部の二、三に宣言都市があるのみで、三河部で進めて行くうえでのキッカケにするためである。以前の国連軍縮総会へ向けての反核署名が人口の四割一一万に達した成果によって、無理なく事が運ぶだろうと期待されていた。僕らも当然そう思い、まず三、四名の名誉市民の賛同を得て、呼びかけ人になってもらえば、与党の自民＝民社議員団もＯＫしてくれると期待した。前回の反核署名運動の筆頭になってくれた名誉市民本多静雄氏の快諾を得たら、残る名誉市民も、一人を除いて（現職の県公安委員のため）快諾してくれた。この間与党議員団の古参幹部羽根田八束に意向を訊ねると、「いいことじゃないか、名誉市民も賛同なら問題はない」と答え、他の与党三役らに与党からも準備会世話人を出してくれと要請したら、様子を見たうえで協力するから、適当に進められたいという好意的な返事であった。

そこで、前回の反核署名運動の時に呼びかけ人になってもらった市内公共団体、職能団体の長にも前回同様の参加を呼びかけ、十数名の承諾が得られたので、六月七日付地元紙『矢作新報』が一面トップで、「名誉市民三人が呼びかけ。市議会に決議を要請。六月議会に議員提案か」、「同市議会は、三年前、核軍縮豊田市民の会の署名運動を支持する決議を全会一致で採択した経験がある。今回の非核宣言も与野党四会派から全会一致の支持を得て、この六月定例議会で採択されるものと見られる」と書いた。元県公安委員本多静雄。元県会議長倉知桂太郎、元市長佐藤保ら三氏の写真入りであった。

豊田市非核・平和都市宣言の実現を求める決議（案）

世界の恒久平和は人類共通の願いである。しかしながら、世界各地での武力紛争は絶えず軍備の拡張も続いている。核兵器も増強され高度化されている。

今年は、世界で初めて核兵器が広島、長崎で使用されて四〇周年を迎える。この惨禍が二度と繰り返されないよう、全世界・全人類に向け核兵器の完全廃絶実現のため行動することを訴え、その実現に向け積極的な役割をはたさなければならない。

このため、我々は豊田市非核・平和都市宣言の早期実現を求めるとともに、核兵器廃絶の先頭に立ち、非核三原則が完全に実施されることを願い、すべての核保有国に対し核兵器の完全廃絶と核軍縮を求める。

右、決議する。

一九八五年　　月　　日

ゴタツキが始まったのは、この記事が出てからである。準備作業は市政研の小林収市議、同会派の社会党市議の深谷茂氏、渡久地市議や市職員組合の角田君や田中君らが進めた。勿論、公明党議員団も前回同様協力していた。

この記事の二・三日後に与党議員団思政クラブの市議四〇名中三二名の幹事会で、「非核と言うのは原子力の平和利用に支障をきたす疑いがあり、本多静雄氏は原子力には賛成のはずだから何かの誤解があるかも分からぬ。野党が一生懸命やるのは何かの政治的意図が隠されているのではないか。名誉市民がこんな政治運動をリードすることがおかしい」という声が出て、とにかく「ストップをかける。署名運動でも始められて、前回みたいに一〇万を越すことになると我々の立場も難しくなるから、区長達には先手を打って我々が賛同していないことをもれなく伝えるべきだ」という意見が大勢を占めたらしい。倉知桂太郎氏には、自民党現県議（タカ派）の倉地年男が「あんなものに、なぜ名を出したか」と詰問したという噂も出た。与党のこうした急変の中心は前議員団長羽根田八束であった。彼は、本多氏とは親戚にあたるので「オレが本多さんに会ってくる」、「運動の呼びかけ人から降りてもらうように説得してくる」とイキまいた。市政研定例会で僕らは深刻になった。当初からの我々の楽観主義がアダとなったのか。金大中救出署名運動のように、新聞発表を最終段階まで抑えて、与党タカ派が察知するのは、大半が済んでしまってからにした方がよかったのか。勿論、僕も小林君も『矢作新報』に記事を出すのにOKしたわけでなく、他の準備会のメンバーが気安くOKしてしまって、記事を見たとき一瞬、早まってくれたなという感じが頭をよぎったことも思い出された。しかし何故、与党幹部の当初の好意的態度が急変したのだろう。先手を打って区長を抑えられれば、いくら一生懸命、炎天下を歩いて署名を頼んでも、二万とは集められないだろう。消耗な夏になるなあと嘆息した。しかし、本多静雄さんが翻意するとは、とうてい思えなかった。そもそも問題が原子力平和利用阻止とは、全く無関係であることは承知のうえのはずである。氏は、京大電気科出身の元逓信官僚で戦時中には技術院次長だった（編者註＝トップは宮家か旧華族であった）。勿論、原子力平和利用論者であるが、羽根田ごときが説得できるものか。前回の反核署名運動の時には、市長への協力要請を頼みに行った時、戦時中の軍への協力の反省の上に立って、現在進行しているレーガン派の軍拡路線を阻止しなければ世界は破滅の危機に立つことを真摯に語っておられた。市長への要請も快諾し、その結果を僕に電話してくれた。僕は絶対大丈夫と思った。となると、他の二名の名誉市民も、保守派ではあるが、生臭い現実政治から身を引いて久しく、仙人みたいな人達だから、良いことは良いと言って反核の姿勢を貫くだろう。その時これらの町の長老達に泥をかぶせるような拒否を与党はできるだろうか。しかしまだ不安はあった。金大中救出運動を妨害したことのある与党の元議員団長の板倉も、あちこち電話して動いているという。彼は常に自民党中央の意向を問い合わせて動くらしい。ヘンなことはまだある。市職組の田中君が、トヨタ労組の副委員長に運動への協力を要請したら、「名誉市民の人達の呼びかける運動なら署名を職場に流してあげてもよい」という話であったのが、その後、会いに行っても、どうも居留守を使われているような感じがあるという。トヨタ労組は民社だから、何か民社党中央からの指示があったのだろうか。みんな沈鬱な気分になった。やっぱりこの夏は消耗なことになるかも知れぬ。クタクタになって署名を集めても、絶対多数の与党が姿勢を変えなければ徒労に終わるわけだ。それにしても早急に僕が本多さんに会いに行って経過を報告してくることになった。一五日土曜日に電話すると、先刻御承知という感じで、「羽根田が来て、名誉市民をダシに使って運動をするのはけしからんとか、非核じゃ原子力平和利用の妨げになるとか見当違いを言っていたが、私の反核は変わらないから気にせんでいい。どんどん進めてくれればよい。報告に来る必要もない」と言われた。ほっとして、すぐ小林君にその旨伝え、内藤君のところへ一杯飲みに出かけた。とにかく、これでひと安心であった。しかし、次の週に入って知ったことだが、与党思政クラブは、羽根田が本多氏を訪ねた翌日に、先の幹事会の見解そのままの「統一見解」なるものを発表し、六月議会での非核都市宣言は事前に拒否されたことになった。

「豊田市非核・平和都市宣言の実現を求める要望署名」に関する統一見解

私共、思政クラブ議員団としては、今般、市内において展開されている表記の件について、次のような観点から賛同できない立場を取ることとする。

署名文書の表題で「非核」を使用し、原子核の全ての利用に反対しているにもかかわらず、論旨では、核兵器に代表される軍事利用の面のみをとらえアピールし、あたかも、このような軍事利用のみの反対が「非核」であるかの錯覚を第三者に与え、原子力発電所に代表される平和利用の面は無視している。平和利用の面での環境問題は、課題として残ることになるが、この平和利用面の説明がない「非核」は、経済立国あるいは科学立国として、世界経済の中で生活せざるをえない、現在の日本の立場を積極的に理解しようとしない、表面上だけの企てであると思慮するものである。

なお、「非核」の中の軍事利用面については、我々、思政クラブ議員団としても、平和の観点から積極的に賛同するものである。具体的には、昭和五七年三月市議会定例会において、決議として可決した「核兵器の全面撤廃に関する決議」で明らかである。

したがって、「非核・平和都市宣言」の内、「非核」の部分については、核利用の二面性から、平和利用の面について、更に調査研究する必要があると判断し、現時点では「非核」に対し賛同できない。また、「平和」の部分については、暴力反対など市民生活の基となることであるから積極的に賛同するものであるが、この部分については、形を異にしてはいるが、すでに、昭和五三年三月一日に制定された「豊田市民の誓い」で十分にその役割を果たしていると理解しているので、「平和都市宣言」として、あえて取り上げる必要はない。よって、全体として、最初にも記述してあるが、「豊田市非核・平和都市宣言」については不明確な点があるので、賛同できない。

昭和六〇年六月

豊田市議会

思政クラブ議員団

理不尽な話を与党から聞かされて、こんな作文をやらされた市会事務局は同情に値するかも知れない。

与党があくまで「非核・平和都市宣言」の非核にこだわるなら、しかたないので用語を変えて、「核兵器廃絶都市宣言」として、改めて要望書を市会議長に提出することにし、次の経過報告を出した。

昭和六〇年六月一七日

非核宣言都市をめざす豊田市民の会
呼びかけ人各位

市民の会事務局
木戸　大
中沢志摩治
角田重和
豊田市西町二―一九
豊田市職員会館内
電話　三二―六五六〇

豊田市核兵器廃絶都市宣言の実現を求める要望書の提出について（お詫びとお願い）

前略　過日は当市民の会の呼びかけ人への御就任をお願いしましたところ、御快諾下さいまして誠にありがとうございました。

お蔭をもちまして、本日までに市内の各組織、各種団体を代表される一四名の皆様から賛同署名をいただくことが出来ました。（賛同署名は組織の機関決定によるものではなく、あくまでも個人の資格でいただきました。）

なお、この間、呼びかけ人各位に対して、市民の会のあり方や署名の内容につきまして様々な問い合わせ等があり、不快な思いも持たれたと存じますが、これはひとえに私共の不手際によるものであり、深くお詫び申し上げます。

さて、私共は賛同署名を携えて、豊田市議会での満場一致での決議を求めて働きかけて参りましたが、議会内で「非核という言葉は原子力の平和利用まで否定するものではないか」という議論がされたと聞き及んでおります。私共は平和を論じる際の「非核」という言葉は当然のことながら、核兵器・核戦争の廃絶を求めるための表現であって、それ以外の意味はもたないものと考えておりましたので、この種の御批判にはただおどろいた次第です。

しかしながら、各方面の誤解を解くためにも、この際『非核・平和都市』の用語を『核兵器廃絶都市』と改めて、過日お届けしました文書と同文の要望書を、近々、市議会議長に提出する予定でおりますので、御理解を賜りますようお願い申し上げます。

なお、中には「非核三原則が国是となっている我が国において、地方自治体がわざわざ宣言をする必要はないではないか」という議論もあろうかと存じますが、私共としましては、核戦争三分前といわれているような今日の国際情勢下においては、全国の自治体、いや世界の自治体がこのような宣言をする意義は少なくないと考えております。

また、私共はこの宣言を楯にとって、豊田市当局に無理難題を強いるような意図は毛頭なく、豊田市という自治体行政の事情の許す範囲内で、核兵器・核戦争廃絶のための世論形成に市当局が参与されることを望んでいることを、念のため申し添えます。

以上、取りいそぎ、これまで御迷惑をおかけしましたことへのお詫びと、これまでの経過に対する御理解のお願いと致します。

敬具

昨日の、市政研定例会では、一体、なぜ羽根田与党前団長の姿勢が急変したかが話題になった。板倉元団長の自民党中央指向（イデオロギー性）は、ある動きをさせたかも知れないが、彼は地元選挙基盤が弱く、他地域の候補の地盤を蚕喰して票を集めるので、人望がなく、与党の幹事会の大勢を動かす力はないから、やはり羽根田の動きが決定したと思われる。羽根田は、昔はヤクザ、今は右翼とのつながりが強いといわれている。学園闘争の頃、高専の学生が町でデモをやり、ハネ上がりの一部が日の丸を焼いたことがあった。その直後、デモに付き添っていた渡久地市議を市庁舎内に訪れて、脅迫的言辞を弄した右翼団体があったが、これも羽根田が呼び寄せたことを後年になって当人が語っている。右翼団体が副業に不動産業をやり、その便宜を彼が図ってやるといった財政的つながりもあるといわれる。転向後の清水幾太郎が「日本よ国家たれ！―核の選択」などと言っているように、右翼イデオロギーにとっては反核平和運動はカンにさわることらしい。

『矢作新報』のトップ記事で、非核都市宣言の全会一致の成立の見込み記事を読んだ右翼から、羽根田への要請があったのではないだろうか。もともとは、名誉市民がかつぎ出されてやっていることなら、通してやっていいじゃないかという口ぶりだったのだから、右翼に頼まれて、これをつぶすとは言えない。そこで標題の用語「非核」にこだわって見せたのだ。与党の現団長は、パチンコ屋の経営者で、およそ非イデオロギー的庶民派である。当選回数の割には与党内で長く冷や飯を喰わされ、ようやく団長にしてもらったところだから、おそらく内心ではヘンなことにコダワルナーと思いながらも、前任者の強固な主張には抵抗できなかったと思われる。それにしても三二名もの与党議員の中にたったの一人も、「それは、いかにもコジツケで理不尽だ」と言ってくれる人がいなかったのも不思議である。小林君の見方はこうだ。ふた昔も前なら、一匹狼というか見識居士というか、とにかく自立性の強い議員もいたかも知れないが、選挙地盤の組織化、肥大化（必要得票数の上昇）の進行と、議会内会派の組織性強化にともなって、そうした個的な自立性が失われた。議会内会派内の役職を名誉ある地位と心得る風潮が生まれ、それにありつける順番からはずされ、遠ざけられるようなことは避けたいと思っているらしい。勿論こんなことは与党（自民＝民社）議員に限ったことだが、僕らから見ると、議員は、全員平等で、対等かつ自立し、他に追従せず、正義のためには孤立を恐れず、研究熱心で、一貫性のある議論をすることが職分であると思う。例えば宇都宮徳馬みたいな人は、総理大臣（石橋湛山を例外として）よりはるかに尊敬に値すると思えるのだが、結局、皆選挙の時に得になるか、名誉欲の満足に役立つか、経済的利益につながるかといった狭い卑小な関心の枠にとらわれているため、およそ損得とは無縁な一般的理念にかかわって一生懸命になるのが、彼らにはきわめて理解しにくいことらしい。僕らの背後に何か隠された意図があると疑われるのも閉口な話で、隠すもなにも、ただただ、平和憲法を守って、日本と世界の平和に何ほどか寄与してゆきたいだけなのだ。名誉市民をかつぎ出したのも、この平和への意志が、イデオロギー的、党派的問題のレヴェルをはるかに越えたものであることを市民の前に、絶対多数の与党の前に示したかったためである。名誉市民の方々、七〇代、八〇代の御老人たちこそ、戦禍の悲痛な経験を持つことによって若輩の現役市議達よりもはるかに深く、平和と平和への責任の問題を考えおられるはずである。与党の中には、「祭り上げられておさまっておればよいのに、我々の領分に、年甲斐もなく口出しをして」と言わんばかりの口吻をもらす者もいたという。なんたる傲慢不遜だろう。

ところで、これからの見通しはどうか。

（ここまでが六月末で、編集担当の高木君に電話して、締切りを少し待ってくれるよう頼んだ。とにかく六月議会では提出もできずに抑えられたので、その後の交渉の見通しが出るまで一週間はかかる）。

各派交渉会で、我が市民クラブ代表の社会党深谷議員が与党三役に当たったところ、今回の「非核平和都市宣言」案は断ったが、九月議会に向けて、「非核平和」なる用語のみを、「核廃絶」に変えて提起すれば、それを全く新しい提案として前向きに検討するから、あまりワイワイやるなという風の感触だったという。この変化は、一つは名誉市民の意志の固いこと、いま一つには、同様の広島市の宣言の成立、尾張部で二、三の市の宣言が成立し、名古屋市の宣言成立の見込みが高いことなどの新聞報道の影響を彼らがうけたこと、さらには、一旦は一蹴して、右翼へのメンツを立てたこと、などから来ていると思われる。

したがって、六月末に予想された、ヘトヘト、汗みどろの署名運動は手控えて静観して待つことになってホッとしている。そんなことが市民運動、平和運動と言えるか、バカらしいと言われるであろう。ごもっとも。僕らみんなも全くバカらしいと思っている。もし、もしも、与党にダマされたかたちで、九月議会で蹴られたら、その時は一年がかりで署名運動を積み上げる仕事を始めるしかない。

ところで数日前の新聞は、我が国の防衛費GNP一パーセント枠取りはずしへの中曽根首相の意志を報じたが、これに対して六〇年安保闘争並みの反対運動を引き起こして阻止することができるだろうか。この問題は戦後史の一つの節目になるほど重大なのに、僕らは、それよりはるか以前の、屋上屋を架す類の「非核都市宣言」で躓いている。（七月末記）

③最近の読書

『みすず』の春頃の号で石堂清倫が「ゾルゲ問題」について小文を書いていて、ゾルゲがフランクフルト社会研究所の創設に関与していたこと、ゾルゲの敬愛した上司、赤軍情報部長ベルジン将軍（スペイン内戦時の司令官グリシンと同一人物）がスターリンの大粛清で殺されていることから、仮にゾルゲが日本での任務完了後うまくソ連に脱出できても同じように粛清されただろうこと、を読み、他の書評で木下順二が「ゾルゲ伝」の白眉と書いていたので、プランゲの『ゾルゲ・東京を狙え』上下（原書房）を読んだ。その中で、ゾルゲのドイツの対ソ攻撃の時期についての情報がスターリンによって無視されてしまう所は、印象深かった。何故、あらゆる方面から一致して通告されたあの攻撃の情報をスターリンは無視したのか。

これとは別に埴谷・吉本論争の一部が『海燕』に載った分を読んで、とくに勉強になることはなかったけど、ヨーロッパの反核反戦運動のいつもぶつかる壁が、スターリン体制による、西欧に与えたトラウマの大きさにかかわるという以前からの思いをあらためて強くした。それでN・トルストイの『スターリン—その謀略の内幕』（読売新聞）を読んだ。これは、先の対ソ攻撃警告の黙殺についての説得力ある仮説を提出しているばかりでなく、大戦初期のバルト三国、ポーランド等のソ連占領地での冷酷無惨な弾圧を詳細に描き出した点で、ソルジェニーツィン『収容所群島』を補完する意義が高い。著者ニコライはレフ・トルストイの子孫にあたる僕らと同世代の歴史家。

これに続いて読んだのは、一〇年以上前、僕のパリ滞在時『群島』が出版されたのと時を同じくして、イギリスで出されたR・コンクェストの研究である。日本に帰る頃には訳書が出ると思っていたらその通りになった。入手して積読のままにしていたが、ようやく『スターリンの恐怖政治』上下（三一書房）を読んだ。これはR・メドヴェジェフの『共産主義とは何か』上下（三一書房）と並ぶ圧巻で、後者の部分的再読をしながら読み上げた。この二著と『群島』をスターリン問題の三大名著というが、その通りだと思った。僕は、ソルジェニーツインとも、トルストイとも、コンクエストともイデオロギーを異にし、彼らの著書の中でのロマン・ロランや、ハロルド・ラスキやジャン・ポール・サルトルらへの批判的言及を苦い思いで聞きながらも、そうした言及を背後で支えている、彼らが発見し、再現してみせた膨大詳細な事実の前には頭を下げざるを得なくなっている。

そんな思いをかみしめている時、東大社会学科の高橋徹先生が大学院生を連れて、「市政研」読者層の意識調査に来られた。今度が三度目で集計と分析評価の報告の段階だった。夜の一時頃、それが一応終わって雑談に入った時、僕は前記の諸著をまとめて読んでみると、五六年のハンガリー事件の前後、一九歳の頃衝撃的な感動をもって読んだ丸山先生の「スターリン批判の批判」（『世界』）も間違いを含んでいると思うと言ったら、高橋先生は途端に語調を荒げて、自分の恩師をそういう風に言うのはいけないとお叱りになった。それに反発して少々のやり取りがあった時、僕は自分のノド元まで「清水幾太郎批判を正面から書くことの知的責任を放棄している言い訳にはなりませんよ」という言葉が出かかったが、それは飲みこんだ。夜中の二時半頃、予定通り、僕の病室のベッドに泊まってもらおうとすると、こんな議論の後では泊る気にならないと言ってついにタクシーで名古屋へ向かわれた。二人のお弟子さんは残り、彼らと夜が白むまで議論を続けて、翌日はヘトヘトだった。

この文を書くために、丸山先生の論文の読み返しをした。三〇年後の今もその内容が少しも古びず、新しく思考を触発してくれることに驚嘆し、英訳版が出た時〝NEW LEFT REVIEW〟が政治理論の巨匠と賛辞を送ったことが思い出される。

しかし僕は次の個所だけは誤りを含むと思う。

「改めてスターリン性格論を持出す余裕はないが、少なくとも彼があれほど長期にわたって最高の権力を掌握し、またあれほどの歴史的大業を遂行した政治家にしては虚栄心の虜にならず、史上の独裁者と比較しても自己抑制の能力において劣っていなかったことは、色々の証拠から明らかである」（『現代政治の思想と行動』下巻三三四頁　未来社初版本）。

「色々の証拠」は、まさに、この逆のことをますます明らかにしていると思う。

いま読んでいる本は、ウィルフレッド・バーチェット『カンボジア現代史』とフランソワ・ポンショウー『カンボジア0年』（共に連合出版）。クメール・ルージュの恐怖政治については、『ヌーヴェル・オプセルヴァトゥール』でのジャン・ラクーチュールの報告を読んで比較的早い時期から知っていたつもりだが、やはりまとめて読むと凄い。
反核・平和の問題に触発されて読んだこれらの本の次には、『文春』連載時に通読した永井陽之助『現代と戦略』（文春）の再読と、後半は原著で読んであるE．P．トムソン『ゼロ・オプション』（岩波書店）の再読を予定している。共に再読にあたいする。

④早漏とヨガの効用

僕は若い頃、マルクス主義的リゴリストだったので、女の性を金で買うことを許せなかった。ために二五歳で女房と寝るまで童貞だった。きわめて遅い方だったたと思う。彼女と会えるのも月に二、三回と少なかったから、以後長期にわたって早漏に苦しんだ。その頃、二時間二〇〇円の金山橋の宿まで鶴舞の学校から歩いて、路傍に腰を下ろして待ち、向こうに彼女が見えると、ああ俺のセックスに目鼻、手足がついて歩いて来るなあと途端にピンと硬くなった。だから入るとすぐ出してしまうのもしかたがなかった。二時間に三～四回のスタミナがあったが、二回目以後には多少時間が延びる程度であるうえに、どうしても、彼女が潔癖症で、そうした宿に慣れることができなかったので、オルガスムを経験させることはできなかった。僕が卒業し、関係が安定して、そうした宿を使う必要がなくなるまで五年間もそんな風だった。僕が早漏についておふくろに相談したら、おふくろは婦人科医に聞きに行ってくれたが、精神安定剤でも使ったらどうかと教えられた程度であった。

僕がたくさんの本を読んでみて、一番有効だったのは、ヨガの技法を使ったものだ。呼吸調整法の一種と思われるが、次のような基礎訓練を行なう。直立して、ゆっくり息を吸いながら、両腕を前方に挙げてゆき、肩の高さで水平にしてから、両脇まで屈して胸を張る。ここまでで息を吸い切って止める。この間、並行して肛門をゆっくり引き締める。次に呼吸停止を少時続ける。それから両腕をゆっくり伸ばして両脇におろしながら、ゆっくり息を吐いてゆき、肩の力を抜き、肛門をゆるめる。この吸気、呼吸停止、呼気の時間の比は六対四対八である。これを繰り返して、時間比を会得したら、全過程の時間の延長に努める。次にどんな姿勢の時でも両腕の動作を伴わずに、この腹式呼吸法と筋の緊張弛緩が調和して行えるようにする。セックスしていて、射精しそうだなと思ったら、即時これを行なう。これを行えば射精に到るまでのぼりつめてゆく快感の波は、呼吸法への意識集中に妨げられて遠のいてゆき鎮まってしまう。次の波が来たら、同様にすればよい。こうして何時間でも射精を喰い止め、勃起を維持してセックスを続けることが可能である。相手のオルガスムを確認するまで射精を抑制することは、男たる者の義務である。セックスにおいて女は即自的（en soi）であり男は対自的（pour soi）である。

オルガスムの中に溺れ込んで溺れ死ぬのが女であり、溺れ死んでゆく女を観察するのが男である。若者よ、奮励努力せよ。

追記　ヨガ技法の未熟を適量の酒が補ってくれるはずだが、高度な習熟を求める人はヨガ師範内藤和伸氏の指導を受けるとよい。

四　雑題二、三

一、誤診される

一昨年夏の定期検診で、血中アミラーゼがやや高かったので、超音波で膵管の影像を見てもらったら、「慢性膵炎初期の疑いがあるから、晩酌をビール一本くらいにしませんか。進行すると全然飲めなくなりますよ」と言われた。以後週二日禁酒、一人で飲む時は、三合を超えないことをきめ実行してきた。僕は吟醸酒の冷やを愛飲しているので、一升ビンに目盛りをつけて量をはかっている。それ以後、正常値上限の四〇〇前後だったのが昨年九月から五〇〇を超えるようになってしまった。飲んだ翌日の下痢もだんだんひどくなったので、一大決心をして今年三月以後は週二日、土、日しか飲まないことにした。月曜から金曜までは、まるでトンネルをくぐっているような気分で、夕方の診察時間中にメシをかきこんで、七時に終わるとベッドにもぐりこみ読書。一〇時半頃に夜食を作らせ、喰ってすぐ、ベッドで読書。という風にやりくりして過ごした。そのかわり、土、日の酒ははらわたに沁みてうまい。一合くらいで淘然とした。この節制が効いたのか、二カ月半後の五月半ばにはアミラーゼ値四〇〇ガンマ-GTP六〇に下がった。ところが、もう少し安全域まで数値を下げようと続けて頑張っていたのにグラフは反転して、上昇しはじめ、六月末にはまた五〇〇を超えてしまった。これはおかしいと大学の後輩の近くの内科医に話して、アイソアミラーゼ分画を調べると唾液腺型アミラーゼが主であると分かった。ということは、慢性膵炎の疑いは少なく、むしろ肺の腺ガンの疑いを持たなければならないと本にあった。それで胸部X線を撮ってみた。「写真ができたから来てくれ」と言うので、「これはへんだな、何かあるのかな」と行ってみると右肺にある。径七ミリくらいの影がある。一年前に彼に撮ってもらった写真にもやや小さく不鮮明だが、同部位にある。「一年前に疑いを持たなかったのは悪かったけど、この大きさなら早期発見だから」と彼はすまなそうに言った。これが金曜日の昼頃。帰ってすぐ内科書で調べると、この期なら手術で七割くらいは助かるらしい。午後彼が来てくれて、執刀医を誰に頼むか、どこでやるかなど相談。夜は、事務長をやっている薬剤師の弟と、手術入院、休養期間を二カ月とみて、その間、慶応の大学病院で修業中の妹にやらせるか、ただし妹は未熟だから協力態勢を友人の医者にどう頼むか、などの相談を酒を飲みながらやる。電話で友人の医者数人と市政研の仲間に伝える。とにかくこれで今年の夏は海へ潜れなくなったことが残念だが、来年に肺活量の減少で深くは無理でも、二〜三ｍくらいなら大丈夫だろう。運悪く助からない三割の方に入っても、第二次大戦で死んだ若者達のことを思えば長生きした方だから……などと思う。丁度よい機会だから、入院中は、買い込んだままになっている司馬遼の『街道をゆく』三〇巻を読みあげよう。弟や女房は、よく眠れなかったようだが、僕は酒が効いてよく眠れた。

翌土曜日、午前の診察中に、桑名にいる古い友人、高校の一年先輩の川上さんに電話で伝えると、すぐ折り返すように胸部外科専門の知人吉本先生に話してくれ、「とにかく何時になってもよいから、今夜問題の写真を持って来い」と言われた。吉本先生は、彼の所で会って話したことのある名大の大先輩で、膨大な数の症例に当たっていた人だから、とにかくみてもらうつもりだった。昼は婦長らに事態を説明し、僕の入院時の診療態勢について考えてもらった。夕方の診察を終わってすぐ、女房と桑名へ向かって走り、八時過ぎに吉本クリニックに着く。早速X線撮影を行なって見てもらうと、問題の個所には何もない。持参の内科で撮った写真と見くらべていたが、すぐ「これはニップルだね」と言われた。要するに撮影条件が違うために、表層の右の乳頭が写ってしまい、唾液腺型アミラーゼ高値の先入見で、それを肺ガンと見てしまったのだ。翌日、再度内科で乳頭をテープで引っ張り、ズラして撮影し、当の影が移動するのを確かめれば、それで終わりということになった。一日半で終わった肺ガン誤診騒動であった。心配して集まってくれた川上さんの事務所の仲間達と飲み屋へ出かけて大いに飲んだ。酒がうまかった。

ところで、何故アミラーゼ値が高いかについては、検査センターからはマクロ・アミラーゼ血症の疑いとあるだけで、このマクロ・アミラーゼ血症は臨床検査ハンドブックを繰ってみても、アミラーゼが蛋白と結合して大きくなって腎《じん》からの尿中への排泄が十分行われず血中に滞留するもので、特定の疾患との関連は、自己免疫疾患との関連が疑われるのみで何も分かっていないらしい。その後、再度、超音波による膵管の影像を見てもらったが、ほぼ正常の所見であった。以後四カ月、横着して血液検査をサボっている。その上、週二日しか飲まないのは、週二日だけ飲まない方にもどってしまった。これでいいのか、と思う。

二、最近四カ月のシビアな症例

（この項、諸兄は読んでも面白くない。奥さん方に読んでもらいたい。）

開業して一三年たったが、今年の夏以後の四カ月ほど厳しい症例が続発したことはなかった。分娩二〇〇〇〜三〇〇〇例に一回発生のような（というのは年間五〇〇例くらいの当院としては、四〜五年に一回の頻度）事態が、数種類、立て続けに起こった。四〜五年分の緊急事態を四カ月間で経験すると白髪が増える。

八月四日　T・H　二五歳　一回経産（他院）

朝から正常に進行した分娩が夕方七時半に終了（ベビーは前回と同じ二八〇〇g）。子宮下節の内診で内子宮口の高さに小さなくぼみを触知しハッとしたが外出血が特に多くはないのでそのまま経過を見ることにした。その後三〇分で総計九〇〇gの出血を認め、再度内診し先に気づいた三時方向のくぼみが深く、子宮破裂と診断。血液センターへ保存血の依頼。夫を呼んで新鮮血も必要だから母体と同血型の人一〇人を職場関係で探して至急当院まで来てもらうよう話す。大学の医局の先輩尾藤さんを呼ぶ。後輩の浅井さんは海へ出かけるところと言うので、麻酔は名市大の麻酔医に依頼。この間保存血が到着し、交叉試験が完了して輸血を開始するまでの五〇分間に徐々に血圧低下、頻脈の出血性ショックが発症してきた。点滴速度を早め、鼻腔酸素投与で、待つしかない。九時五七分、血圧七〇―四二、脈拍一三〇で、ＯＰ開始。子宮は血液によって膨れあがり、圧迫すると、大量の凝血が膣へ押し流されてゆく。執刀一〇分後、まだ出血部に到達できない。血圧六〇―三〇、脈拍一六〇、麻酔医が異例な昇圧剤の投与を命じている。輸血は二本の経路から全開で落している。さらに数分後子宮全摘術の最終段階で膣壁と子宮頸部正中へメスを入れて、出血部に到達。やはり三時の位の内子宮口近傍で、子宮動脈から子宮に入る比較的太い分枝の断裂であった。これを挟鉗結紮して止血（後腹膜膣、腹腔への出血はなし）。すると直ちに血圧が上昇しはじめた。総出血量三八〇〇g、術後経過良好、原因は、前回分娩又はその前後の子宮内操作による損傷部が今回の分娩に耐えられなかったかと疑われる。

八月三〇日　T・T　二四歳　三胎妊娠

当科で不妊症の治療。排卵誘発剤HMG投与によって妊娠。妊娠初期に三胎であることを超音波装置で確認。妊娠継続か否かを相談してもらったら、三ツ子でもよいと決心された。多胎は早産傾向が強いからと用心していたのだが、あと一日で八カ月に入る日の朝六時に陣痛発来。九時二〇分に子宮口ほぼ全開の状態で入院。止めようがないので、トヨタ病院小児科へ新生児搬送のための医者の派遣を依頼。一〇時四〇分、四三分、四六分と引きつづいて三児を娩出。八九四g、九二八g、六〇二gであった。仮死はなかったが、直ちに挿管して搬送。うち一児は一週間以内に死亡したが、二児は二カ月半後、二五〇〇g以上になって退院。三胎は他に二例の満期産を経験しているが、この場合は、七カ月初めに入院させて、絶対安静を守らせればよかったと悔やまれた。

九月一四日　T・K　二五歳　前回帝王切開（他院）

前回他院で、児頭の下りが悪いからと帝切をうけたが、できれば、切らずに生みたいと希望するので、夜一一時半に陣痛発来で入院した時、骨盤X線写真を撮り計測すると児頭と骨盤との間に一・六cmギリギリのゆとりがあるので経膣分娩を目ざすことにする。時間をかけて、ゆっくり分娩が進行するように努める。翌日午後三時に子宮口全開大、三時四〇分、吸引分娩で娩出、前回帝切創部は子宮内腔の触診上異常なかった。分娩時間一七時間。膣壁裂傷が五時の位と七時の位にでき、後者がやや深かった。これらの縫合を行なった。その後二時間、六時までの総出血量七〇〇gで帰室、夜九時の回診時に膣より大量の凝血が出たためOP室へ移し、膣壁創を調べると七時の位の創部よりの動脈性出血を認め、その部位をZ縫合して止血。一時間半後の一〇時半頃にまた凝血が排出し、血圧がやや低下、脈拍が上昇した。再縫合の創部よりまた血液が湧出し、今回は出血部が見つけにくい。血栓形成、止血、溶解、再出血をくり返しているらしい。点滴を速め、酸素投与を開始。夫に母体と同血型の知人五人を探して呼ぶよう頼み、血液センターへ保存血五本依頼。医局の友人の尾藤さんを応援に頼む。出血している動脈を探し出し、直接に結紮しないといけないので、待つことにする。厚めのガーゼを七時の位の創部へ当て、手で強く圧迫していれば出血が止まるので、片腕が疲れてくると交互に代えて圧迫を続ける。この間、点滴による輸液量が増えるまで血圧は下り、一一時頃には血圧八〇―六〇、脈拍一三〇になる。四本の輸液で血圧が再上昇し、保存血が着き、尾藤さんが着いてようやく夜中の一二時に縫合にとりかかった。圧迫を解いてみると止血している。このまま断裂血管を視認、結紮せずにすますと先刻のくり返しになるとさぐっていると、しばらくして問題の血管が再出血し出して確認できた。これを挟鉗、結紮して終わった。総出血量一八〇〇

g、話には聞いたが、深部の膣壁血管断裂による間欠的大出血の初めての経験だった。こんな目にあうくらいなら、さっさと再帝切をやっておけば、はるかに楽だったとは思うが、こうした膣壁裂傷は、前回帝切の有無とは無関係に偶発するからしかたない。

九月二三日　Y・M　三〇歳

長く不妊症の治療を続けて、やっと妊娠し、喜んでいたのだが、九カ月半ば切迫早産で入院。陣痛抑制が効かず早朝六時頃子宮口全開大。県の新生児コロニーより転送のため、若い女医さんが来て待機してくれる。早産であるのに児頭が意外に大きく、ベテランの看護婦が難行の末に頭部を娩出させる。この時膣会陰側切開創が直腸に及んで肛門より二cmの直腸裂傷が起こった。さらに後続体幹部の娩出にかかるが、肩甲がどうしても抜けない。二〇年前、一度だけこういう経験があるが、それは奇型だった。医局の先輩に電話で相談すると、胎児水腫等の奇型が疑われるから、児の頸部からメスを入れて切胎術で出すしかないと言われる。待機の女医さんには、児は救けられない旨話して帰ってもらい、午後に応援の友人、浅井さんが来るのを待つ。頸部からの切胎術も不成功であった。万やむなく児の頸部を切断、児頭を分離した後、帝王切開を行なって体幹部を分娩させた後、頭部と体幹部を頸部縫合で結合させた。直腸会陰膣壁裂傷の縫合も行なった。児の体重は三九〇〇g、九カ月としては異常な巨大児で、下半身の皮下出血、表皮剥脱があり、内臓奇型が疑われた。その夜、深夜母体に四〇度もの発熱があったが、翌朝より解熱。術後四日目に三八度の熱発のために抗生剤を切り変える。術後六日目に解熱したが、直腸会陰裂傷創が感染により哆開、糞便が膣内に出るのを発見。再縫合を行なう。術後九日目に再縫合創部が再び哆開した。翌一〇日目に友人の尾藤さんを呼んで十分な麻酔の上で、感染創面を徹底的にメスと鋏で切除して再々縫合を行なった。僕は直腸裂傷の縫合の経験を二〇例以上持っているが、すべて裂傷の直後の縫合で、全例そのまま治癒しているため、感染による哆開創の経験がないが、尾藤さんは、何度かの失敗の後に大学へ廻されたケースの治療に何例か当たっているので、その感染創面の徹底的切除が勉強になった。

この三日後、術後一三日目にまた三八度の熱発が始まり、一五日目には三九度に上昇した。これは再々縫合の翌日に抗生剤の切り変えを（耐性菌による感染のために創部哆開が起こったと考えて）行なったためと考えられるので、直ちに熱発を抑えていた元の抗生剤にもどす切り変えを行なった。翌日より解熱し、術後一七日目からは平熱になった。しかし、この頃より内診、膣鏡診上、子宮膣部前唇と前膣円蓋の色調が白色化し、帯下からも子宮内膜炎が疑われた。しかし直腸膣壁裂傷の再々縫合は成功したことは明らかであった。術後第二選択で使った抗生剤は内膜炎にも著効を示し、帯下も改善され子宮膣部の疼痛も消失し、術後一七日目以後一〇日間平熱が続いたので、いよいよ退院だと思っていたら、二七日目に三九度の熱発、悪寒が突発した。これはもう僕の手に負えないと大学へ電話して成田助教授と相談。ベッドの都合上翌々日まで待って連れてゆくことにする。しかし四年ほど前に帝切術後の微熱持続に対する抗生剤大量長期投与中に、全く同様な熱発が起り、製薬会社の学術課に問い合わせて、抗生剤大量投与自体に対する反応もあることを聞いて、全て中止したら解熱したことを思い出した。感染の指標ＣＲＰ値一一に低下し、白血球数も低めであるので、意を決して翌日抗生剤の全面中止を行なった。その夜はやはり三九度の熱発が来たが、次の日には平熱に下がった。やはり抗生剤への反応であった。ところが、この日から抗生剤の副作用として白血球減少症が起こった。これは一週間で回復した。術後三二日目、一〇月二五日に退院。

不妊症の治療後にようやくにして妊娠し、それも産科医が一生に一度経験するかどうかという難産で失い、さらに術後がこじれにこじれた不運なケースであった。この一カ月、僕は、毎晩酒がまずく、毎朝の寝覚めも悪かった。

町の自粛に反発して、家では盛大にやるつもりだった秋祭りも延期した。母体に糖尿病の素因があることが分かったので、今後、その療養に注意し、半年もしたら再度不妊症の治療に取り組むつもりだ。本人もこれまでの治療法で妊娠できたのだからと次を期待して元気になっているのが救いである。

何故今回はじめて、直腸裂傷の一次治癒に失敗したかを考えているうちに、きわめて初歩的な問題点に気付いた。何とかくい止めようとした早産であったために、通常の分娩に際して前もって行なっている高圧浣腸がなされておらず、縫合時直腸に残っていた糞便による創面の汚染を避けられなかったことだ。この点の反省は看護婦達に徹底して伝えた。

一〇月一五日　H・S　二六歳　前回帝切（他院）今回経膣分娩（当院）

八日前に当院で正常分娩、一週間の入院期間中に異常なく退院したが、二日後の早朝大量出血があって入院。

二年前に他院で帝王切開をうけているが、今回は経膣分娩を希望するので予定日から三週間内に入ったところで夕方入院し、メトロイリンテルという、小さな風船を子宮内に挿入して刺激し、緩徐な陣痛を起こさせ翌日午後二時に、子宮口が十分に開大して風船は脱出し、以後児頭の下降も順調で、午後三時二九分に分娩終了。出血量三二〇gで正常であった。前回帝切例の経腟分娩で一番神経を使うのは、子宮の帝切切開創の破裂についてであるので、分娩後細心の注意を払って前回切開創部を触診により確かめるが、異常なかった。その八日後である。

早朝六時半頃、出血量が多いと起こされた。入院後三時間で六八〇gの出血だ。こうした場合ほとんど分娩時に胎盤の一部が子宮壁に付着して遺残し、それが一、二週間後に剥離し始めると起こるものだから、直ちに子宮内部除去術を行なって、子宮収縮剤を投与した。この際さらに四〇〇g出血した。家での出血を考えると一〇〇〇g以上の輸血が必要のため、血液センターへ依頼。九時までに一〇〇〇gの輸血を完了。六時半のHb値九・八が一三・〇に上昇した。しかし通常の胎盤遺残の場合と異なって、処置後も一時間に三〇〇g近い出血が持続する。前回帝切創を触診するが、やはり異常なし。出血の原因が分らない。一〇時頃に血圧七二―四〇、脈拍九八になった。昇圧剤を使って血圧を維持しつつ、夫に新鮮血提供者を集めるよう頼み、転送先を考えた。大学までは間に合わないかも知れない。原因が分からない以上、内科、外科がある所でないといけない。その時、近くの総合病院、加茂病院の婦人科部長に最近代ってきた人が名大のずっと上の先輩で、信頼できることを友人の尾藤さんから聞いたことを思い出してそこしかないと決めた。すぐ電話すると、土曜日の昼に近いけど、まだ外科の人がいるから、すぐ子宮全摘をやってみると引き受けてくれた。しかし、その電話のやりとりでも、前回帝切創部の破裂を疑う様子であった。一一時頃、救急車で転送した。送り出してから頭にひらめいたのは、Placenta Accreta であった。これしか考えられなかった。自分が直接経験した記憶はないが、教科書では読んでいた。

前回帝切時か、何らかの子宮内操作によって子宮内膜の一部が欠損し、そこに着床した胎盤の一部が子宮筋層に侵入して剥離不能になったものだ。全摘しかないし、全摘すれば救えるのだ。午後、摘出子宮の肉眼時所見について先輩梅村部長から電話があって、帝切創には異常なく、やはり Accreta らしいと言われた。氏自身子宮破裂は前任地で数十例経験していても、いつこれにぶつかったかは記憶にないそうだ。

一〇月二九日　A・M　二三歳　一回経産

午前一〇時頃下腹痛を訴えて来院。妊娠反応陽性。外出血なし。右附属器に腫瘤触知、疼痛等より子宮外妊娠と診断。血圧軽度低下、脈拍上昇、点滴、酸素吸入。午後より近くの浅井さんを呼んでOP。

開腹すると腹腔内は新鮮血で充満。血液を吸引除去して出血部を検索。子宮底右側、右卵管起始部に暗紫赤の膨隆と小孔からの出血を認めた。右卵管間質部妊娠破裂である。メスで出血部を円錐形に切除し、縫合止血する。一〇年前に同様なケースに当たったが、その時は、妊娠週数が進んでいて、子宮破裂の程度がひどかったため、子宮全摘を行なったが、今回は保存できた。輸血せず。この部位は妊娠中絶術事故の子宮穿孔に際して、事故ではなく、この部位の子宮外妊娠であったとムンテラに使われることがある。貧血の薬物療法後、一〇日間で退院。

一一月二日　Y・K　三〇歳　二回経産（当院）

数日前、下腹痛で来院。右卵巣腫瘍茎捻転の診断で入院後すぐに疼痛が鎮まったので退院。本人も、僕も、開腹に踏み切るか迷っていたが、また痛くなるとイヤだからと手術することにした。一般状態は全く良好。

開腹すると腹腔内は暗紫色の凝血で充満。外妊である。しかし両側共卵管は正常。（ほとんどの子宮外妊娠は卵管妊娠破裂である）右卵巣に凝血が付着し覆っている。出血はしていない。凝血を腹腔から除去して着床部を検索する。子宮と直腸との間の腹膜（ダグラス窩）に厚く凝血が付着している。綿球で周辺を擦過しても出血してこない。受精卵はまず右卵巣に着床し、そこから脱落して腹腔最下部のダグラス窩に着床し、出血後壊死しつつあると思われる。剥離、凝血除去は、止血し難い再出血を起こすリスクが高いので、右卵巣の部分切除にとどめて閉腹。ダグラス窩へ着床した絨毛組織の壊死の進行をフォロー・アップするため、毎日、早朝尿で、HCG半定量を行なった。HCG値は低下しつづけ、一週間後に安全域に入った。輸血せず薬物療法で貧血を治療した。開腹せず自然放置のままで治癒したはずの子宮外妊娠であったかも知れない。もし、絨毛組織（胎盤）が成長を続け、縫合止血、切除困難なほどの腹膜又は腹腔臓器の面を覆った場合には、重大な事態に陥ったに違いないことを思うと、僕も患者も運がよかったと、胸をなで下した。もしそうした場合だったら、胎盤剥離を行わず放置し、腹腔にドレーンを装置し、胎盤の絨毛組織を壊死させるための抗ガン剤（副作用が強いが）を投与して経過を見るしかなかったはずだ。

一一月四日　W・G　二五歳　一回経産

前日に妊娠初期中絶術を行なった。何らの異常所見もなく帰したが、次の日の朝から下腹痛を訴えて来院。フィリピン人で、タガログ語しか話せないため、夫を通訳にして聞きとる。子宮穿孔等の事故なら前日に発症しているはずだから、子宮附属器管ではないかと考え、一応入院してもらった。

夕方痛みが右上腹部に強くなったと訴えるので、近くの知人の内科医の所へ婦長に連れていってもらった。超音波装置で診察中、急に気分が悪くなり、脳貧血を起こし、血圧が八〇くらいに下ったと電話があった。途端に「外妊だった！」と思った。すぐ輸血用点滴セットを持って行かせ、血管確保をさせた。今晩は、近くの病院にいる医局の友人の浅井さんはパーティの主催者で呼べないし、知人の開業医達も皆そこに呼ばれている。大学へ送るしかないと一番近い保健大の婦人科へ「外妊の緊急手術」を頼むと引きうけてくれた。救急車に来てもらって婦長が点滴ビンの予備を持って同行した。保健大からの電話で、前日の中絶時に、子宮内容物に絨毛組織（胎盤）を確認したかと問い合わせがあった。「内容物の量としては、十分あるように思ったが、確認してないから子宮外妊娠の可能性を否定できない」と答えた。

術後の連絡電話でやはり外妊であったと知らされた。何故前日の中絶時に外妊を疑わなかったか、三名の中絶患者を連続して吸引器で処置したため、子宮内容物がやや少ないなと思ったとしても、吸引ビンの中で混じってしまっているため確認しようがなかったはずだ。子宮外妊娠でも、子宮内膜は増殖するので、初期正常（子宮内）妊娠時の吸引内容量に近いこともある。したがって管を通過する量だけでは絨毛組織又は胎盤の有無は判定できず、内容物を水に浮かべて検索するか、時には顕微鏡で絨毛を観察しなければならない。もし確認できなければ、尿中のホルモンＨＣＧの半定量を行なって、数日間追跡しなければ、外妊は否定できない。

通常は、僕は神経質なくらいこれをやっており、破裂前の外妊を事前に発見したことも数回あるのだが、今回ははじめて見のがしてしまった。何人の中絶患者が連続しても、その都度吸引ビンを内容物確認の上交換しなければならないという、あたりまえのことを思い知らされて、看護婦達に伝えた。これを聞いていた受付嬢が「そんなら大いに割引きしてあげましょうよ」と言ったので、患者には夫が三週間後の給料日に支払いに来た際、保険もないので割引きしてあげた。

一一月一六日　Ｓ・Ｍ　二三歳　一回経産

昼一時に入院。子宮口は四指半（八割方）開大、家で多めの出血があったという。一時五〇分、やはり多めの出血が続き、すぐに膣内に凝血がたまってくるため、辺縁前置胎盤を疑い、人工破膜して児頭の下降を促し、それによって子宮口開大にともなう子宮下部―頸部に接した部位の胎盤の剥離出血を圧迫止血するのを期待した。これは婦長の独自の判断で、僕の指示前になされた緊急処置。

出血量五六〇ｇ、二時に子宮口全開。二時二分、児娩出。胎盤娩出二時八分。子宮収縮良好なるも出血量大。点滴全開。酸素投与。二時一〇分血圧九〇―六〇、二時二一分血圧七〇―三〇、脈拍一二四、総出血量二〇〇〇ｇ、昇圧剤投与、二時三〇分血圧一一〇―六〇に上昇するも、脈拍一二〇。

血液センターへ保存血一〇本依頼。夫に新鮮血提供者手配の依頼。三時血圧一〇〇―四六、脈拍一二〇、保存血到着、交叉試験、三時一五分輸血開始。血圧八〇―四六、脈拍一二〇、三時五八分輸血五本完了。血圧一〇〇―四二、脈拍九六、やや落ちつく。総出血量二六〇〇g。四時五五分輸血一〇本完了。血圧一〇八―六二、脈拍一〇八、夫の同僚達、生血提供に到着。遅い！ 採血。血液型確認検査、交叉試験、六時二三分生血輸血開始。七時四〇分総出血量三三〇〇g、生血三本終了。以後止血。深夜一時採血した六本の生血輸血終了。血圧一二六―八四、脈拍八四で正常。どの時点で子宮全摘に切りかえようか、どの時点で生血輸血を追加しようか、刻々の経過に迷いに迷った。

何度も家族に「子宮を取ってしまおうかと思う」と言い、又何度も「もう少し様子をみてみよう」と言った。頸管妊娠の要素をともなう辺縁前置胎盤の病理が見えていたことと、とにかく保存血の到着が早かったのと、生血提供者が遅ればせながらも確実に集まってくれたのが、摘出に到らずに保存的に経過を見て踏み止まるのを可能にした。

母体の体重六五kgとして、その一三分の一が血液で、五〇〇〇gとすると、その六〇%が失血した。そしてその分を補っているうちに、ようやく止血したのだ。分娩前の一〇〇〇gの出血は前置胎盤早期剥離、胎盤娩出前後の一〇〇〇gの出血とその後長時間にわたる出血持続は頸管妊娠の要素を示唆した。子宮頸管は、子宮体部のように筋層が厚くないため、分娩後の収縮が弱く、胎盤の一部辺縁が、この頸部に着床していると、剥離面からの出血に対する筋収縮による機械的結紮の止血作用が十分に効かない。

もう一つ、何故血液センターからの保存血だけでなく、毎回のように新鮮血（生血）の輸血にこだわるかというと、現在、センターからの保存血は全て、濃厚赤血球液といって、赤血球成分のみで血漿成分にある血液凝固因子を欠いているので、酸素補給という赤血球の機能しか果たさず、大量輸血の場合には、血液凝固という不可欠の止血作用を失っており、失わせるからだ。

（僕が本誌八一年第一一号の稿末尾で書いた、DIC発症とその臓器障害による死亡を回避するためには、生血が絶対的に必要である）。患者はきわめて速やかに回復し、通常通り分娩後一週間の入院で退院した

一一月二五日　K・K　三一歳　一回経産

深夜一時半に一〇カ月二週の妊婦が、腹部緊張で入院。児心拍数は落ち、七〇―八〇の徐脈が続き、母体の腹部は通常の陣痛の場合と異って強い緊張が持続している。妊娠中毒症とか、事故による腹部強打などの胎盤早期剥離の原因もないが、ただ幼児に腹部を蹴られたと言うのみ。それは原因とは考えにくいが、とにかく常位胎盤早期剥離である。「帝王切開しかないか」と思ったが、高圧浣腸後、胎児の低酸素症を改善するために母体への鼻腔酸素投与を開始。間もなく自然破水。羊水混濁あり。軽度の出血をともなう。母体の一般状態は良好。子宮口は三〇％開大。考えなおして「母体の危険が増大しない限り帝王切開は行わない。児は娩出時、重度の障害が残るような仮死であれは、蘇生術は行わない方針を取ろうと思うが、それで良いか」と夫に訊ねると「よい」と言ってくれた。

母体への酸素投与の効果によって児心拍は正常に回復した。母体の血圧、脈拍も軽度の頻脈があるのみで、一般状態良好。弛緩と緊張の交互する陣痛も発来した。おそらく、胎盤剥離が進行を停

止し、酸素投与により母児の条件が好転したのだ。子宮口の開大も児頭の下降も順調に進み、朝六時に児は娩出。直後に胎盤も娩出した。胎盤面のほぼ四分の一に凝血が付着していた。児はアプガールスコア六点の軽度仮死で、簡単な蘇生術で元気に泣き出す。帝王切開をせずに母児ともに救ってよかったと夫と喜ぶ。

何故、即座に帝王切開の準備にとりかかるのを踏み止まったかを、後で考えてみると、最近の外来での新患の既往歴の問診で、前回他院での分娩時、臍帯脱出（胎児娩出前に臍帯が子宮内より脱出し、すぐに元に還納できなければ帝王切開以外に児を救えない）が起り、総合病院へ転送されて帝王切開をうけたが、児は重症の仮死で蘇生術をうけ、重度の障害児になったケースを聞き取ったことが頭にひらめいたのだ。帝王切開をやると、それをムダにしないために、児の仮死の重症度も考えずに、懸命に蘇生に専念する場合が多い。僕には、それは本末転倒のステロタイプと思われる。

一二月一五日　Y・R　二五歳　前回帝切（他院）

妊娠五カ月末、中期中絶を希望して入院。以前本国フィリピンでうけたという帝王切開術の腹壁正中の瘢痕の上縁が臍直下に到っていることから、子宮体部縦切開の古典的帝切であったことを推測させるため、下部横切開と較べて子宮破裂の危険度が高いと用心した。ラミナリア桿挿入とメトロイリンテルの処置を併用したが、子宮筋の過伸展の不安が通常より大きいので、容量を控え目にせざるを得なかった。超音波による測定で、児頭大横径四七ミリであるため、子宮口が三指弱まで開大しないと娩出できないと推定した。

プレグランディンという強力な子宮収縮と頸管拡張作用を有する膣坐薬が開発され、治験段階からこの一〇年間の使用経験では、ラミナリア、メトロイリンテルの併用によれば、入院の翌日か翌々日には、その一錠か二錠の使用で分娩を終了することができている。これが開発される前は、通常四日か五日間、一週間もかかることもあった。

入院翌日、ほとんど進展なく、頸管が非常に長く硬いのを認める。患者は内診操作に対して異常に強い恐怖心を持っていて抑制もなく泣き叫ぶ。ラミナリア桿五本挿入、メトロ三〇〇g圧入。第三日目内子宮口二指ぎりぎり開大。第四日目、内子宮口二指強開大、依然として頸管は長く硬く、展退せず。ラミナリアを除去し、メトロ三五〇gに増量。プレグランディン坐薬挿入（三時間毎に三回）。夜、子宮口二指半開大、夜熱発三八度。抗生剤二剤追加。おそらくはプレグランディンによる副作用だろうが、感染による子宮内膜炎の可能性を否定できない。第五日目進展ほとんどなし。プレグランディンごと三時間四回投与後も進展なし。

三九度の熱発。第六日目、メトロ四〇〇gに増量し、五〇〇gの重量で牽引開始。患者は不安に陥入り、「もう帰る」と泣き叫ぶ。タガログ語が母語で、説得に困惑。僕が大声で叱りつけて、夫がなだめてようやく静まる。分娩室へ移して夫が側で手を握って付き添う。

八時間後、プレグランディン五回投与後、牽引の効果か、内子宮口三指弱に開大。通常、子宮頸部は内子宮口が十分に開大して外子宮口の開大を待つのみの逆円錐状になるのに、そうした変化は見られず、児頭が奥の方でひっかかる危険が大きい。三九度の熱発。抗生剤の追加、増量。子宮内感染さえ起こらなければ、中期妊娠中絶は何日かかってもよい。子宮口が十分に開大して、児が娩出されるのを待てばよい。ところが、強い持続的子宮収縮によって児は死亡し、胎盤血行は途絶し、胎盤が壊死しかかっている場合、母体に投与した抗生剤は、胎盤へ到達せず、それは感染した菌の培養基になってしまう。そこで増殖した菌が子宮血行へ流入して敗血症を起こすと致死的な危険が生ずる。子宮全摘も期を失すれば不能か無効の事態も起こる。

一方、子宮口の開大が十分でない時点で分娩にすれば、児頭を子宮内で破壊して娩出することになり、その際、頭蓋骨片が子宮壁の動脈を切れば、子宮全摘以外に手立てはなくなる。

この時点で、僕は後者のリスクも覚悟して娩出に踏み切った。メトロを抜去し、婦長が三〇分以上かけて児の片足を捕捉して引き、徐々に体幹部、両腕まで娩出した後、穿頭術（頭部にメスを入れ脳実質を流出させて縮小する術）のため僕を呼んだ。ところが、やはり、児頭は内子宮口でひっかかり、後頭部が外子宮口まで下がらず、やむなく頸部を伸展させて上端ぎりぎりでメスを入れたが、十分頭部にとどかず脳の流出は少量、コッヘルで穿孔部の開大と脳の流出を試みているうち頸部の断裂が起こって、あやうく頭部を子宮腔に落とし込んでしまいそうになった。離断された頭蓋底部をコッヘルで把捉し、流産鉗子を奥へ進め、頭皮剥離と頭蓋骨露出が起こらないように頭部をゆるやかに圧挫して脳実質を流出させて縮小し、そろそろと引き出すことに成功した。半年前に、友人の開業医が、同様なケースで、頭部を子宮腔に残し、それを探っているうちに子宮壁を穿孔した上、腹腔に押し出してしまった事故の話を思い浮かべて、冷汗が出た。次いで胎盤を出し、子宮内腔を消毒し、子宮頸部の損傷のないことを確かめて終了した。翌日（今日）午後の熱発はなく、子宮よりの分泌物に異常はない。明日夕刻までこのままならば退院である。事後的に考えれば、熱発は感染によるものではなく、プレグランディンの副作用であったように思われる。であれば、内子宮口の開大をもう一日待って、リスクの大きい操作に踏み切るのを控えるべきであったかも知れない。

患者本人は観光ビザによる入国のため、健康保険はなく、内縁の夫も土木現場労務者で収入は少なく、その上、患者の親族への送金に半分は費やさなければならない事情から、三分の一の支払いのみであとは分割月賦ということになった。プレグランディンは一錠五〇〇〇円もするし、使った抗生剤もかなりの額になるので、「このままになったら合わないなあ」「一種の難民救済奉仕活動かも知れんね」と事務長と話し合ったが、とにかくホッとした。因みに、フィリピンは遅れたカトリック国のため中絶は禁止されている。

今年一年間の分娩数は総計五九七例（内二七例は中期中絶）。帝王切開一一例（内六例は前回帝切の再帝切）。したがって帝王切開率一・九%（各地統計では八・五〜一〇・五%）。前回帝切の経膣分娩成功率五〇%。骨盤位三例（内二例は三つ子と子宮奇形のケースで外回転不能）で〇・五%（各地統計で四〜六%）分娩による児の後遺障害なし。妊娠中毒症の重篤化なし。

帝切率が統計の四分の一〜五分の一ときわめて低いのは、骨盤位率の一〇分の一という低さが一因で、これは、職人芸と言うべき外回転術によって、腹壁上から子宮内の胎児を回転させて、正常の頭位にもってゆく腕が達人（名人？）の域に達しているからだと自惚れている。骨盤位分娩は児に危険が大きいため、初産でほぼ一〇〇%、経産でも五〇%は帝切をうけるからこれだけで三%くらいの帝切率の差ができる。計画分娩の成功率が九五%と高く、ほとんどの分娩が予定日一週間前に終了していることも児の過熟による難産を予防していると思う。しかし、やっぱり第一は、当院の看護婦の分娩経過への判断、処置のレヴェルが、一般の助産婦や産科医のレヴェルをはるかに越えているからだろう。そのお陰で世間並に帝王切開をやれば得られるほぼ一〇〇〇万円の収益を見送って、三〇分で済む帝切による分娩の代わりに、二日も三日も神経を磨り減らす経腟分娩の経過に立ち会うことになる。これは職人としての意地みたいなものだ。中期中絶（妊娠四～六カ月）の数が並の五倍くらい多いと思うが、これも、他院で、悪事をしに来たように「道徳的に」叱られ「医学的に」脅され、廻り廻って来たものに、僕がストップをかけて引き受けるためだと思う。幸いにして開業後三〇〇例近くを無事故、後遺症なしで処置してきた。通常の三カ月までの中絶は、一万例近くを連続して無事故で処置してきた。（医者になって一年目と三年目に子宮穿孔の事故を起こしたが、その後はない）。

患者達が僕に持つイメージは、どうもブッキラボーとか、ツッケンドンとかいうものらしい。女性と対面しても必要最小限のことしか聞き出せず、言えず、三分と会話の間が持てないというのは、確かに産婦人科医としてはミス・キャストなのだろうと思う。

「でもなあ、あなたの知らないところで、肝心かなめのことでは一生懸命、親切にやってるんだよ」と怒鳴ってみたくなるね。

（一九八八・一一・一六）

追記　この項を書き終えてから、丁度一週間後の一二月二三日、尿の妊娠反応陽性で妊娠二カ月として中絶を行なったが、子宮腔内から吸引した内容物が異常に少なく絨毛組織を確認できず、内診上右子宮附属器に腫瘤を触知し圧痛を認め、子宮外妊娠破裂直前と診断し直ちに開腹を行い、右卵管膨大部の破裂が進行中であったケースがあった。発見が早かったので輸血をせずに手術は終了し術後経過は順調で、あと二、三日で退院予定である。

もう一つ、同じ週に、未産婦妊娠六カ月の中期中絶があったが、通常通り入院の翌々日朝胎児娩出に到った。これで今月だけで六例の中期中絶があったことになる。経過は順調で四日目には退院した。

この二例で、一一月四日と一二月一五日の二つのフィリピン女性のケースにつりあいがとれた気分になった。

（一九八八・一二・一六）

三、最近の読書

モシェ・レヴィン『歴史としてのゴルバチョフ』（平凡社）を『朝日ジャーナル』か『世界』の広告で見て、すぐ注文した。レヴィンは『レーニン最後の闘争』（岩波書店）で以前出会って、脱帽の思いで感動した。最晩年のレーニンのぶつかるロシアの文化的後進性の壁が、レーニンの吐息、うめきが、肉声として聞こえてくるように描かれていた。真の歴史家とは、こういう作品が書ける人だと思った。そのイメージで、この著者は初期スターリン時代を直接に体験したアイザック・ドイッチャーや、ロマン・ロスドルスキーらと同世代と思い込んでいた。ところがもっと若く戦中派の世代だった。数年前英国へ留学した政治学者の旧友［ルドルフ・バーロ『社会主義の新たな展望』（岩波書店）の共訳者の一人村山君］が向こうで入手して送ってくれたのに、そのままにしていたネップ以後のソ連国内の経済政策論争史をすぐに読んでおくべきだったと後悔しながら、とにかくこの邦訳の序章を読んだ。やはり、我が意を得たような共感を持った。

昨年の年賀状に原稿だけ書いて、いくらなんでも特殊に過ぎると没にした文章でこんなことを書いた。

「ゴルバチョフ改革は、その深さと広がりにおいて、フルシチョフのそれを、はるかに越えた世界史的事件であり、挫折したレーニンの理念の再興である。凡百のソ連論、コルネリウス・カストリアーディス、エドガール・モラン、ミハイル・ヴォスレンスキー、トニー・クリフ……等々はみんな間違っていた。（冷たい凍った全体主義社会モデル。腐蝕と崩壊の可能性しかない自律的内部改革不能の構造。不能と不動の幾何学的合理主義による論理構成……）若い論者としてのR・バーロを除けば、トロツキー『裏切られた革命』とドイッチャー『未完の革命』のみが正しかったことが、いま、これから実証されていくのを僕らは、目撃しつつある……」。

モシェ・レヴィンは、ドイッチャーの歴史家的肉眼を引き継いでいる。彼は、欧米のソ連研究者の「全体主義」論が、分析と予測の概念用具としていかに不毛であったかを指摘している。同感。そこで僕は、三〇年前に、フルシチョフのスターリン批判に際して書かれた丸山先生の論文「スターリン批判の批判」を再々読してみた。やっぱり、そのこともここで指摘されていた。季節は三〇年してひと廻りした。僕は、走りに走ったあとで、なお、おシャカ様の掌中にあったことを自覚した孫悟空を思い浮かべてみた。

竹内芳郎『意味への渇き―宗教表象の記号学的考察』（筑摩書房）をこれから読むつもり。

竹内氏のものは、学生の頃サルトル論を読んでから、ずっと続けて読んでいる。この一〇年間では『国家と文明』（岩波書店）、『文化の理論のために』（岩波書店）、『言語・その解体と創造』（筑摩書房）、『マルクス主義の運命』（第三文明社）、『具体的経験の哲学』（岩波書店）すべて教えられること多く、未知の分野のことでも、氏の批判的解説はきわめて明晰で、強い説得力をもっている。氏が一貫した問題意識で、思想と理論上の模索を持続しているので、他の理論的営為の理解と摂取と批判が、手ごたえのある、実体感のあるものとなっていて、それがそのまま、僕ら読者にとっての分かりやすさにつながっている。

論説に実体感を欠く評論家の横行と言えば、山口昌男とそのエピゴーネンとか、吉本隆明のエピゴーネンとか、西部邁とかいろいろ浮かぶ。読むだけ時間のロスだから読まないが、東大教養学部の教官人事騒動の時、僕は『朝日ジャーナル』で物理学者の教官の杉本大一郎氏と小出昭一郎氏が書いたものを読んで、論旨の全部に全くその通りと同感した。見田宗介氏とか折原浩氏とかのものはスッキリしたものではなかったが、西部が退職したのは結構であった。ついでに佐藤も退職すればもっとよかった。

（これは何も事後的に言うのでなく、あの一年も二年も前に、市政研の雑談の時、「西部みたいに、学問をやらず、エドマンド・バークか、オルテガ・イ・ガセットの焼き直しの念仏をとなえて評論をやっている人は、山寺へでも引っ込んだ方がよい」としゃべった記憶がある）。

H・J・アイゼンク『精神分析に別れを告げよう』（批評社）

原題　*The decline and fall of The Freudian Empire*

精神分析というものは、フロイトにしてもラカンにしても、どうもニセ科学のうさんくささがある。それが文学批評とか人間論の分野で、確かな根拠として使われるのはどうかと思う。学でも科学でもなく、文学的肉眼はそれ自体を第一次的根拠におくべきではないのかなどと思っていたので、待っていた本だ。ところが序章のフロイト批判の方法を論じた部分で、「……ポパーは彼の『偽造可能性』の基準にしたがって科学と似非科学の区別を提案しました……」（一三頁）、「さらに、フロイトの理論を実験によってあるいは観察によって検証すると、その結果は理論を支持しない。つまりテストに落ちることを論じるつもりです。ということは、これらの理論は明らかに偽造可能です。そしてもしこの偽造可能性ということが、科学と似非科学とを区別する本当に適当な基準とするならば、精神分析は偽造可能であり、疑いもなく科学とみなされるでしょう。……」とある。カール・ポパーの科学哲学のキー・ワーズの誤訳だ。false, falsify, falsifiable, ときて、おそらく造語として falsifiability があり、「偽造可能性」ではなく「反証可能性」と訳さなければいけない。ＯＥＤで falsify を引くと、「3. To declare or prove to be false」とあり falsifiable も出ていて、「a. that may be falsified」とある。岩波の『新英和辞典』で falsify を引くと、「②偽造する。③……の誤りであることを立証する、反駁する……」とある。訳者は、この②を採用した。ポパーを知らなくてもコンテクストから③が選べるはずだと思う。訳者は東大医学部の卒業生七、八人のグループで、精神科の医局員だ。キャップらしい人は僕らより一〇年後に卒業した人だ。その人宛出版社気付で誤訳の指摘をした上、ポパー『推測と反駁』（法大出版）の第何章の註記を参照せよと教えてあげた。返事なしで腹立ったからここに書くことになった。

集団で、おそらく研究会で使っていて、その上、キー・ワーズを誤訳するなどちょっと考えられない。他科の僕の同世代以上の人達からは、英、仏文の訳語選定について、医学関係の用語については、時々電話で相談をうける。ヤングは違うのかなあと思う。駒場で一体、何やっていたのか。僕らは学生運動と駒場寮で、他科の連中とつき合って、それが本郷まで続いて耳学問だけでも、あまりトンチンカンはやらないようだったと思う。いまのヤング共は高校時代以来、駒場でも本郷でもタコツボにこもっておる証拠だ。その学生達のタコツボこもりぶりが、先ほどの教養学部人事騒動のアホらしさと相関するのではなかろうか。おかげでポパー『推測と反駁』の再読、ひろい読みができてよかった。

ポパーとの出会いは、丸山先生がたぶん「E・H・ノーマンの思い出」かなにかで、ノーマンにすすめられた本として *The open society and its enemies* にふれていて、四年生の春、六〇年安保闘争の頃、神田で探していたら、独語版と英語版が見つかって、後者にした。崇文荘で買った。読売新聞図書課の印が押してあるプリンストン大学出版部一九五〇年版。これはフランツ・ノイマンの『ビヒモス』に次いで読み通した第二番目の原書で、すぐそのあと、*Poverty of Historicisms* を読んだ。この二著からうけた痛打は、いまも続いている。ドイッチャーが「悔い改めざるマルクス主義者」と自認するのにならえば僕は「悔い改めざるトロツキスト」であるが、しかもカール・ポパーを愛読するトロツキストである。

ガレット・ハーディン『サバイバル・ストラテジー』(思索社)、河合雅雄『森林がサルを生んだ

『原罪の自然誌』(平凡社)、デズモンド・モリス『裸のサル』(河出書房新社)などの生態学や動物行動学の本が面白かった。

小冊子だが、杉山光信『モラリストの政治参加―レイモン・アロンと現代フランス知識人』（中公新書）、西永良成『サルトルの晩年』（同）、伊藤光彦『謀略の伝記―政治家ウェーナーの肖像』（同）もよかった。

大西巨人『神聖喜劇』（文春文庫）も久しぶりに長編小説の面白さに没入できた。評論では渡邊一民『林達夫とその時代』がよかった。ロットマン『セーヌ左岸』（みすず）も書きとめておこう。

（一九八八・一二・二六）

第一五号　一九九四年

五　雑題二、三

カレンダーの（締切日）四月三〇日に青丸をつけ、いまは、一種の失語症だから、しかたない、パスしようかと、いささかのやましさを感じながら、日を送っていたが、高木君あての近況報告の手紙のつもりなら、断片を書きつらねることもできそうだと思いなおした。

①県・市議選と市政研の終わり

昨年四月の県議選で、市政研の小林収市議を最終的には社会党公認候補として立て、当選させた。豊田市、東加茂郡の四名区だが、これまでは、トヨタの民社一、自民三がずっと長く続いていた所である。東加茂郡（足助町）をまとめて出ていた松井県議が前年から重病にかかり、後任者をきめる余裕もなく死亡したこと、豊田市北部、土建業界を地盤とする倉知県議が、県警の捜査資料（女子高校生のコンパニオン・アルバイトの事件）を容疑者に流したスキャンダルによる打撃をうけていたことなどの有利な条件があって「運よく」当選できた。しかし、僕は「運がよい」ことが起こっても確率的には当然だと思う。一九五〇年代半ば、高校生の頃から町の政治活動を三〇年、四〇年とやってきたのだから。社会党がこの区で県議席を回復したのは、ほぼ四〇年ぶりである。トヨタの会社全体主義支配と自民党の農村型ボス支配の野合が、都市型社会化の進行によってゆらいできたのかも知れない。

一九八九年の秋に県議選への小林擁立をきめた時、後任の市議選をどう組み立てるかが問題になった。社会党の深谷市議は持病の心臓疾患が悪化し、再起不能の状態だったので、市会から公明党の四名を除くと野党議員はいなくなってしまう。

社会党の後任市議選考は、難行をつづけた。この間、中学生の丸刈り強制を廃止する運動をやっていた三〇代の女性グループから、社会党、市政研の推薦で出る人がきまったが、たった一人の野党として、小林・深谷市議の役を引き継いで、与党のイジメをはね返してやってゆくのは無理と思われた。市政研としても、小林の後継候補が見つからず苦労した。

九〇年秋、ようやく、これでいこうと市政研できめ、当人も社長の了解があればやるという地方紙記者A君（高校の後輩で旧メンバー）の擁立の了解をとりつけに、僕が一番古い友人だからと社長（渡久地元市議らと同じ高校時代からの旧友）に交渉に行った。深夜一対一で酒も入って話した点がまずかったが、彼は「オレの新聞社をつぶす気か」と激怒し、あきらめて帰ろうとする僕に飛びかかって暴行した。僕がすぐさま家人を大声で呼ぼうとしたので、彼も我に帰って中止したため、アッパーカット一発と頭にコブ三ツくらいで済んだ。帰りの運転中右耳から何か流れ出るので、まずいことになった、脳外科へ直行かと思いながら車を止めて街灯の下で耳に指を入れてみたらぶっかけられたビールのしずくだった。（九月二七日、僕の五三歳の誕生日の出来事）。昔は良いヤツだったが、おそらく脳動脈硬化症でも進行して人格水準が低下したのだろう。この旧友とは、渡久地につぐ絶縁だ。市政研のメンバーには経過を細かく説明し、選挙が終わるまで、この件を聞いてもいないことにした。

　この頃には、社会党が単独で一人当選させることは、深谷さんの得票から考えても無理だし、市政研も、小林君の地元票が新人には移転しないうえ、すでに女性グループの候補へ移転する票もあるので単独では無理と考えられた。社会党と市政研で一本化し、一名当選を目ざすしかなかった。ここで小林君の学生運動仲間で市政研の旧メンバーで、市職組の専従を名大卒業後ずっと続け、労働運動に熱心なT君しかないとなった。彼は社会党員でもあるので一本化には無理がない。しかし、本人が「自分は政治家なんかになりたくない、労働運動だけが生きがいだ」と言うし、所属の市職組幹部間に人気より反発が強いという難点があって、きめようがなかった。

　選挙まで半年もない一〇月の終わり頃になって困った困ったと、もうタイムリミットを越してしまうぞと思っていた頃、桃山学院大教授の旧友村山君が遊びに来た。そこへ岩田道子さんが偶然やって来た。岩田さんは僕より四歳上の名大哲学科出の先輩になる。トヨタの部長をやっていた夫を十数年前に亡くして、塾をやって女手一つで二人の息子を医者にしたコワイ張り切りオバサンだ。県の婦人相談員として、最下層の苦境に陥った婦人達に、これは婦人科医、これは精神科医、これは弁護士に、これは行政の福祉部局にと助言と問題解決の助力を与えつづけて来た。僕自身も依頼された件がたくさんある。僕がアンリ・ルフェーブルを初めて読んだのは本田喜代治訳『弁証法的唯物論』で、その本田先生の教室の出身であることで話がはずむ。この一年前に小林後援会の席上、後継候補として、僕はこの岩田さんを推したことがある。その時点では、新人へ移転可能な小林票と渡久地派の票を合わせれば一名の当選は可能と思われた時期だ。しかし、その後の経過で渡久地元市議は、女性グループの候補を全面的に支援することになったので、岩田さんのことは断念していた。しかし、今度の組み合わせは社会党と市政研の一本化であり、それに乗ってくれれば岩田さん再浮上の可能性ありだ。村山君も僕の説に合わせてくれて、深夜まで岩田さんを口説いた。落選した場合は、選挙費用は僕が肩代りするとも言った。

たった一人の野党の新人市議として、狼の群の中で活動してゆくためには、行政的実務経験と、膨大な必要文献を手早く見つけ、手早く読みこなし、表現する知的作業能力が不可欠である。僕は「これから勉強させてもらいます」と言うマドンナ候補は大嫌いだ。経験、能力、意志の面で彼女以上の適任者は見当たらなかつた。このすぐ後の市政研定例会で全員の賛同が得られ、社会党支部長に僕と内藤君が申し入れに行った。願ってもないことだとOKがとれた。このあと、地元の実情を知らない国会議員が二名は立てられるだのと言ってみたり、市職組専従のT君が奇妙な動きをしてひっくり返りそうになったりのゴタゴタが一・二週間あったが、この頃の僕は「いまこそ夜討ち朝駆け」と相棒の内藤君と言い合ってカレンダーがゴテゴテになるほど働いた。

小林後援会はほぼ真二つに割れた。市政研メンバーと近い合理主義的傾向の強い人達は岩田選対に、情動的傾向の強い人達は女性グループ候補の選対についた。小林君は両方に乗って県議選を戦うことになった。

岩田さん個人と僕との緊張も高まった。市政研系選対の人達との初顔合わせは、僕の別荘でやったのだが、彼女は、「社会党と市政研を利用して、私の福祉活動を……」という言い方をしてくれる。僕はカッとなって、「拙劣だ――、レトリックとしても最悪の拙劣さだ」と指さして立ち上がったりした。その後、彼女と会った時「僕は、たぶんこの選挙期間に、あなたから絶交宣言をされると思うけど、そうなっても約束は守るし、あなたの選挙運動は全力投入で続ける。あなたのために選挙をやっているのじゃないから。人民大衆のために、その大義のために、cause du peuple 遠くにいる他者のためにだよ」と言った。勿論シラフでなく飲んだ時だけど。

昨年次のような賀状を書いた。

新年の御挨拶を申し上げます。

今年は、三十数年間続けてきた市民運動サークル「市政研」にとって画期的なクギリとなります。四期の市会議員の仕事＝水と緑と人権と平和のための仕事を、市域を超えて拡げるために、小林収君（三十年来の同志で名大の後輩）が県議選に社会党の推薦を受けて立候補します。矢作川最上流の上矢作町にダムやゴルフ場ができれば、下流域全体の水質汚染をひきおこします。これは県会で闘い、対案を立てるべきです。そのために、北部の金権主義自民党県議のスキャンダル事件も、国政選挙での社会党支持層の拡大も、絶好のチャンスです。この小林収君の後継者として市議会で活躍してもらうべき人物も見つかりました。名大の先輩（一九五六年哲学科卒）で、県婦人相談員として十数年間、「婦人の護民官」として福祉行政の最前線で働いて来られた岩田道子女史です。僕は産婦人科医として、子供の生めない不幸な女性達の中期中絶、育てられない女性のもらい子さがしの仕事で女史と知り合ってから、よくもここまで辛抱強く面倒が見られるものだと頭が下がりっぱなしです。

その学識経験はいますぐ福祉大学の教授になってもらいたいくらいです。今年の三月の県議選、四月の市議選を、小林収君と岩田道子女史のために全力投入で闘います。なお、岩田道子女史は、社会党公認の唯一人の市会議員候補です。

例年の年賀状は五〇〇通くらいだが、この時は二〇〇〇通にした。ということは、過去一年間の分娩患者だけでなく数年間にさかのぼって出したことになる。外来受付のカルテ棚の全通院患者と前からの選挙カードの計三〇〇〇名に各四回の電話をした。四月に入ってせっぱつまってきた頃は、昼一二時に外来が終わってメシ喰ってすぐ診察室の電話にとりつき、夕方四時から七時までの外来診察が終わるとまた、そのまま九時までぶっつづけでダイヤルを回していた。この頃社会党の深谷市議が心臓病の悪化で亡くなり、町の社会党の創立者とも言うべき伊藤好道氏の未亡人の伊藤よし子さんも亡くなったけど、僕は時間が惜しくて葬式に出なかった。小林の選挙事務所も終わった日に遅く顔を出しただけ。社会党の岩田選対との連絡は内藤君に頼んだ。四月七日の県議選の結果は、民社四万、市内南部の自民四万、北部の例のスキャンダルのある倉知県議三万、小林二万弱だった。次点は共産党で三〇〇〇。せめて三万とって倉知県議を越すと次が楽だが、そうはならなかった。四月二一日の市議選の日は、昼、投票をしてすぐ、桑名の川上さんの所に遊びに行き、深夜帰り道で内藤君に電話して最下位で当選したことを知った。三三〇〇あたりが最低必要票で、三五〇〇は下らないと思っていたが三二〇〇弱であった。次点との開きは五〇〇近くあった。女性グループの候補は一四〇〇だった。市会の野党から共産党は消え、岩田さんのほかは、公明党四名だけで与党は、自民＝民社ブロックである。この与党ブロックが、知的、モラル的にどの程度のレヴェルのものかは、その後、議会での岩田さんの質問内容の議事録からの削除要求で分かる。それは、中学での性教育の積極的取り組みを求める中で、東南アジア諸国のエイズ問題の深刻化にふれた箇所である。彼らはそれを外国人に対する非礼、侮辱だと言うのだ。タイ国政府自体が危機感をもって世界に訴え、ＷＨＯが公表し、各種マスコミが報道している事実を挙げたことを指してである。議会の自殺に等しいことを圧倒多数の数をたのんで要求してくるのである。さっそく愚にもつかぬイジメが始まったわけだ。

小林君も岩田さんも社会党に入党し、党活動で忙しくなる。

ほぼ三〇年続いた豊田市政研究会は『月刊市政研』の発行を停止、週一回の定例会もやめた。事実上終わった。メンバーの一人Ｈ君が、選挙期間中社会党の支部会議に出席を続け、選挙後入党した。一年たって彼の発議で、今年四月から月一回会合を持つことになった。

今年の賀状。

新年の御挨拶を申し上げます。

昨年四月には、同志小林収君を県会へ、同志岩田道子女史を市会へ当選させて下さってありがとうございます。一昨年秋より両氏の選挙の準備活動に入り、半年間は夜討ち、朝駆け、あとの半年《とし》ゃ寝て暮らすつもりで頑張った甲斐がありました。四月末以来解放されて、猛烈なペースで読書に励み、良い調子だったのが、六月に入っておふくろが大病し、病状の一喜一憂でヘトヘトになり、夏の終わり、ようやく退院となってホッとした途端、高一の頃から最も影響を受けた四歳上の先輩神谷さんが入れ代わるように入院し、九月に亡くなってしまいました。一〇月半ば、中学の頃からの先輩川上さんと妻と三人で八ヶ岳へ登りました。諏訪側から吹く突風に吹き飛ばされそうになりながら、硫黄岳、横岳を縦走し、赤岳山頂に一泊し、真夜中になって雲が切れ、凍てつく寒気の中で満天の星を見ました。近頃は、神谷さんのくれたカーボンロッドの釣り竿を持って、時々寒バエ釣りに行きます。先日は三時間で一二〇匹釣りました。

②神谷長さんの死

この神谷長（ツネと読む）さんは、町の高校の四年先輩で、一九五三年、僕等が高一の時、全学連が護憲帰郷運動を展開した夏休みに、我々を組織して、挙母（豊田市へ変更前の市名でコロモと読む）平和を守る会を作った。大河内一男先生の弟子で東大の兵藤釗《つとむ》さんも、彼と一緒に行動していたけど、都学連の仕事が忙しくあまり帰郷しなかった。しかし長さんは病弱ということもあって、しばしば帰って来たので強い影響をうけた。アンドレ・マルローやルイ・アラゴンなどの一九三〇年代以後のフランスの左翼作家、戦後日本の、安吾、太宰、織田作などの無頼派、『舞踏会の手帖』などの古いフランス映画など、みんな彼から教えられて、読んだり、見たりした。彼は法政の学生だったので、石母田正の著作なども教えてくれた。五六年のハンガリー事件以後の思想的模索は、新しい論文を読むたびに電話や手紙で知らせ合って続けられた。六〇年安保の僕らの帰郷運動も、すでに父親の会社に勤めていた彼と一緒にやった。

六〇年一二月、町の運動を続けてやってゆこうときめて名大医学部に入ることを相談したのも長さんの家だった。挙母平和を守る会を豊田市政研究会に切りかえ、渡久地の最初の選挙を闘ったのも長さんと一緒だった。その後の一〇年間の市政研の活動を共にしてきた。僕が七四年に二年間の留学を終えてパリから帰ってきた時、長さんが市政研をやめたと聞いて、「どうしてだ」と問うと、「四〇歳になったので、モノを書くのに専念したい」とこたえた。きっと職場での位置とかトヨタとの関連の問題もあったと思うけど中心は、「書きたい」事にあったにちがいない。

（先日、風媒社の稲垣さん―長さんと法政の同期―が「家へ行ったら四百字詰で三〇〇〇枚くらいになる草稿を見つけたから読む」と言っていた。遺稿集が出せるかも知れない）。

二〇年間の同志であった。それ以後は、古いなつかしい先輩としてつきあった。論争はなく、よく話を聞いてくれた。彼の方からの話は、釣りと映画評だけだった。ずっとそれだけだった。体調が悪いことが多いようで気むずかしく、年に数回しか会おうとしなかった。肝硬変のために、酒は一〇年前から断っていた。食道静脈瘤破裂が起こって、トヨタ病院内科へ入院した時、CTで肝ガンが発見された。奥さんから知らされて、主治医の説明をうけに行った。内科としては、肝ガン病巣への動脈を閉塞させて保存的に対処する方針で、一年間はもつという。僕は、名大同期の第二外科講師に相談した。病巣摘出をやれば三年はもつという。本人は病名も治療も細かいことは知りたくないと言っているので、食道静脈瘤のバイパス手術だとだけ言って、名大第二外科へ移し、手術してもらった。

それから三年たって、昨夏、腹水のため入院した。長さんが神経をとがらせるといけないと思って、僕は見舞うのをなるべくひかえ、妻に三日ごとくらいに行ってもらった。九一年九月一三日、妻が見舞って、数時間後に亡くなった。僕は夜明け頃、一人で深酒をして号泣した。葬式の弔辞は稲垣さんがやってくれた。

「駒場で開かれた研究会で出会って以来……」と稲垣さんは、帰郷運動の準備集会のことをぼかして伝えながら語り出した。長さんが、平和、人権、環境を守ることに熱心だったこと、文学や映画に、鋭い感受性を持っていたこと、寅さんの映画を愛したことを、社葬の場で語りうるギリギリまで、語ってくれた。僕も、古い市政研の仲間達も、みんな泣いた。若い頃からの自分をよく知ってくれている人を失うのは、自分自身が不確かになってゆくような思いを引き起こす。

③宇沢弘文「天安門の悲劇」に関して

この前の「'60の会」は八九年の天安門事件の直後で、その年の暮れにはベルリンの壁の崩壊があった。僕がこの文章のはじめに「失語症」と言ったのは、この頃から始まった思想的困難からくる。今年の年賀状で高田君などは、「君の現代ソ連論が聞きたいものだ」などと脅かしてくる。天安門事件の直後の『世界』の論文で、宇沢弘文氏は、社会主義的中央計画経済が経済計算上不可能であり、市民的自由と両立し得ないと批判したミーゼス＝ハイエクにふれ、さらにこれに応えたランゲ＝ラーナーの市場社会主義論の難点を挙げ、さらにレオニード・ハーヴィッチ（この人は僕には初耳）が、インセンティヴ・コンパティビリティの条件をみたすような経済計画を作成することは論理的に不可能であることを証明したと書いている。『豊かな社会の貧しさ』（岩波）所収。（ついでに言うと、このインセンティヴ・コンパティビリティという重要概念が、教養部レヴェルの副読本『命題コレクション経済学』（筑摩書房）では、本文中も索引もコンパラビリティと誤植されている」。

これはショックだった。五〇歳を越えて、これから近代経済学の勉強を始めなければいかんのかと、頭がクラクラした。

前号でも少し書いたけど、僕は、カール・ポパーによるマルクス主義の歴史哲学に対する科学哲学的批判の洗礼は六〇年に、すでにうけている。

次に二〇年前パリ時代に、断片的に、コンラート・ローレンツの動物行動学による人間の限界設定＝人間論への照射の影響もうけた。この頃僕が信じていたボーヴォワール流の、男と女の違いは、性器の解剖学的構造の違いのみで、他は社会的に作られたものだという説は、ホルモンの作用による胎児脳の性差についての生理学的研究によって、反論され始めていた。

僕は、K・ポパー、K・ローレンツ、F・ハイエクという、一九二〇年代にウィーンで青少年時代を送り、四〇年代に主著を書いていた三人に、とっくの昔に切られていたのかなという気分に陥った。〝NEW LEFT REVIEW〟は、三、四年程前に、市場社会主義論をとり上げたが、僕は読まなかった。読まなかったのは悪いが、論争が継続されている節はない。『思想』や『世界』は一回もとり上げなかった。どうしたことか。編集者と、その周辺にいる学者達に、知的怠惰の責はないのか。テメエを棚に上げて、八ツ当たりするのはいけないと思いながらも口惜しい。

自分のアリバイだけを言いつのっているようでカッコわるいが、パリ時代に、シテ・ウニヴェルシテールで一緒だった長部重康君（全共闘世代よりちょっと上で、東大西洋史から経済学部大学院出、当時三〇歳代の前半、講談社刊の近著『権謀術数のヨーロッパ』は面白い）に、「どうしてソ連経済は、うまくいってないと思うか。レオンチェフの産業連関分析にしても、リニア・プログラミングにしてもゴスプランから出ているのだから近代経済学的な社会工学的手法は蓄積されているはずなのに」と聞いた。彼は、「そうした経済技術的社会工学的問題ではなくて、スターリン主義による労働者民主主義の圧殺に問題は集約される」とアッサリ答えた。「そうかなあ、そうなら、トロツキスト的解は有効性をもちうるのだが、そうかなあ」と僕は思った。それから二〇年して、前回東京での「'60の会」のあと、電車で居眠りし、長部君のアパートへ着いたのは深夜三時だったが、フリードマンやハイエクは、もはや常識（そりゃ専門家だから！）という話を聞いた。

名大に中川コンパというのがある。中川久定先生は、いま京大仏文科教授だが、僕が名大に入った時、フランスから帰ったばかりの二九歳の講師だった。一〇年間の名大教師時代の教え子グループが年一回はコンパをやる。ベルリンの壁直後のコンパで、僕は先に書いたようなことを言ったら、河合塾の名物講師（僕らより一〇歳下の全共闘世代）の牧野剛君が、「経済学なんかやっても無駄じゃないか、やはり労働者民主主義の問題と思う」と言った。しかし、彼のトーンは、二年後の昨年のコンパではずいぶん変わっていた。彼は、鎌田慧氏との共著『国境を越えて』のため東欧の学校を廻ってきた直後で、その本に関連して、よいことを言った。それは知的誠実ということだ（インテレクチュアル・オネスティー）。僕は、これが自分にとって一番大事なことで、それは、いまこそ必要だと思う。

桃山学院大学の村山君に教えてもらって、『ハイエク全集』全一〇巻を取り寄せた。それが着いた日の夕刊でハイエクの死亡記事を見た。K・ローレンツは、一、二年前に死亡したことを『みすず』で読んだ気がする。K・ポパーは一、二年前にバルセロナで「ヨーロッパ賞」を受けた記事を見て、まだ生存かと嬉しかった。ハイエクの一冊本の論集『市場・知識・自由』（ミネルヴァ書房）はすでに読んで見当はついている。この論集担当の編集者後藤さんは、いま名大出版会にいて、コンパの仲間である。訳者田中真晴教授の解説は、距離を置いた行きとどいたもので、ハイエクのLSE教授への就任にラスキやトーニーが反対したことも書いてある。チリのアジェンデ政権を、軍部がクーデターによって圧殺した時、フリードマンのシカゴ学派が、軍事独裁政権の経済政策立案に起用された。それがひっかかって、フリードマンを読まなかったのだが、ハイエクにとってはエネルギー資源問題も、私的資本の競争がこれまで解決し、今後も解決するだろうという楽観論であるらしい。「効率」のよい資本主義は、その利潤原理によって「効率」と共に、構造的に発生させる社会的弱者（それは公理に対する系のような論理必然的帰結だ）や自己の責任に起因しない不運の社会的救済の問題を避ける傾向を持つらしい（南北問題も環境問題も射程に入っていない）。

日本ではリベラル左派は少数派で、石橋湛山か、長谷川如是閑か丸山先生くらいしか頭に浮かばない。リベラル右派はウジャウジャいて、彼らが人権、福祉、市民的自由の擁護のために対権力の論陣を張ったためしはない。会社全体主義の風土に生活し、それに抵抗してきて、彼らが助けになったためしはない。僕のヤツラに対する根深い不信は変わらない。そこが晩年のサルトルに協力したレイモン・アロンやフランソワ・モーリヤックのいたフランスと違う日本の浅ましさだ。

しかし、これから苦行として『ハイエク全集』全一〇巻の第三巻から読み始める。（思想史的部分は、I・バーリンを読んであるから見当をつけるのは楽なものだが）。大きく呼吸して、それから……。そのために岩波の『経済学辞典』新版を入手し、サミュエルソン『経済学』も注文した。

④日々の生活

淋しい話や悲しい話や、うっとうしい話ばかり書いてきたので切り変えたい。

朝九時一五分頃、最初の患者が来ると、受付から電話で起こされる。第二の電話が三〇分頃来て、起き上がる。小便だけで、外来へ出て、一〇人くらいのたまった患者を片づけると一〇時。このひとくぎりを済ませて、五階の自室へ上ってきて、大便して、ヒゲそって、ピースを三分の一吸って下へ行く。あと、四〇人くらい済ませて一二時。昼メシ喰って、二浪中の長男の英・数・理をみてやる。夕方四時から外来へ行って七時まで三〇人くらいをみる。時々上がってきて、長男に分からないことのヒントを与える。この間、飲まない日の夕食は、病院給食の一部をお茶漬でつめこむ。夜七時からは高三の次男の英・数・理を一〇時までみる。ときにはチビチビ飲む。そのあと、夜中の二時半頃まで本を読んで眠る。深夜に分娩で起こされることがあるので、あたり本だらけの学生下宿みたいな部屋で妻とは別に一人で寝る。だから、週に二、三回、妻のベッドへ行くといい匂いだなと、いつも新鮮な感動を覚える。しかし、そこでは眠らず、かならず自分のベッドへもどる。（そういえば、徳永直「妻よ眠れ」の載った『アカハタ』を配達していたのが僕の少年期だ）。週二回は、昼メシ前に、地下から、五階まで、二〇往復の駆け上がり、駆け下りをやる。四〇分くらいかけ、脈拍一二〇が三〇分は続くようにしている。週二、三日の禁酒の日は空腹を避け、かならず早めに夜食をとる。こういう時の読書は、ケン・フォレット『大聖堂』(新潮文庫) のようなものに限る。

昨年四月までの選挙運動中、極めて鄭重に患者に対したので(いつもは、内診台で診断治療の全部の説明を済ますのが通例だったのを、いちいちデスクのそばに座ってもらって説明し、ついでに選挙のお願いをした)、その後しばらく、選挙が終わったからといって手のひらを返すようなことはできず、鄭重な態度を続けたことの効果か、外来も分娩も二割増え、平均一日の外来数八〇、月間分娩五〇、中絶八〇、開腹手術五くらいになった。子供の勉強をみるのは、そのために読書量が激減して、一、二年で五〇冊も未読本がたまったのが残念だが、そんなに苦痛ではない。医大へ入ってもらいたいが、もし入れないでもニセ高卒ではなく、ちゃんとそのレヴェルをクリアさせることにイミがあるから。

僕らの高校時代には、ヴェクトルや行列は数学カリキュラムになかったので、旺文社の渡辺次男先生の参考書で勉強していたらそこに解の間違いを発見した。『すいすい理解　代数・幾何』(六一頁の練習8)。そのことを手紙で渡辺先生に書いたら、しばらくして、高齢のため入院していて返事が遅れたが、僕の解の通りでよいと認めるお手紙をいただき、革製の本のしおりを送って下さって感動した。先生は参考書のコラムで、デカルトとエンゲルスが好きだと書かれていて、それも僕の性に合った。診療の合間に、患者が途絶えた時とか、禁酒の夜などに、数学や物理をやってると、時間のたつのを忘れるくらい面白い。いまや、どの大学の入試問題でも解ける。先日は、東大と名大の難問を一日半かけてついに解いた。しかし僕がクイズみたいに楽しんでも、子供ができなければしょうがないが。

日曜日などは、近くの山中を、一二歳の柴犬チロを連れて歩き、夜は、川上さんに作ってもらった親父の在所の花本というところの山小屋風の別荘で、両親や、時には友人達と晩メシを喰う。

この三月二二日には、日曜日の午前中の外来を終えてから鈴鹿山脈の武平峠まで車で行き、午後三時にそこから、川上さんや若い大工さんと鎌ケ岳へ登った。ここの標高は、後にふれるネビソ岳と同じでたいしたことないけど、東に伊勢湾が見下ろせ、海抜の高さが直に感じられて気分がいい。風化の進んだヤセ尾根で、西側には滋賀県の山なみが見られる。僕の週二回の階段上下運動は、標高差三〇〇メートルの登山に匹敵し、そのためか、最近は法政大学時代山登りで鍛えた川上さんに対して、いい線で対抗している。この夜は、鈴鹿山脈北端の多度山系西端に位置する、僕らの共用別荘アジール（僕の命名で、川上さんの設計、玄々化学社々員福祉施設）で登山の疲れと汗を温泉で流して宿泊。山頂近くの緑はまだ、新芽で淡かった。

祝日の四月二九日は、足助から三〇分奥に入った大多賀峠に車を置いて、高校の同級生内藤君とチロと五〇分かけて標高一一四〇メートルのネビソ岳へ登った。春霞で恵那山や南アルプスは見えなかった。下って県の「いこいの村愛知」で入浴料二〇〇円払い、段戸山の暮色を眺めて汗を流し、帰りは伊勢神峠のドライブ・インでビールと酒をちょっと飲む。

五月四日も休日。またまた、川上さんと僕と妻と妹の全員五〇代の四人で、午後三時、鈴鹿山脈北部の石榑峠から急峻な道を這うように竜ケ岳へ登った。山頂はなだらかに拡がる熊笹原で、西からの烈風が吹いていた。快晴で、東に木曾三川、南に伊勢湾、西に琵琶湖が望まれた。登る途中で、下山してくる人にあとどのくらいかかるかと聞いたら一時間半だと答えたが、一時間で登った。僕の白髪頭を見て、中高年と見くびったのだろう。夜は、アジールで、新進画家石垣定哉君（近く講談社から画集が出る）やチェリストの林峰男さんらと飲んだ。彼らは四〇代だから、僕の世代論では許容できるが、そこに今年、京大へ入ったヤングがいたので、酒が三合ばかり入ったところで、なんとか挑発してやろうと自説を開陳しだした。モノ心ついた時は、すでに高度成長後で、思春期を受験戦争と管理教育にさらされた世代は一世代全部バカばかり、僕の直接見聞した範囲では、ヤングは、その男親よりは、例外なしに知的、人格的に数段劣るという説だ。日本の高度成長とその直接的反映としての教育反動化は、文明論的に、おそらく世界のどの国よりも、彼らを劣化させた……。ところが、怒りもしないし、反論もしない。そこへ父親が、弁護論をやり出す。僕は「こうした時に、明治の父親は息子の弁護に口を出しただろうか」と父親の役割劣化を言った。彼自身は、宮内庁御用達、吉兆買入れのショウガ作り日本一の篤農家だ。見かねたホスト役の川上さんが、僕に「五月末の唐松岳―五竜登山に連れて行ってやらんぞ」と怒鳴った。僕は「それとこれとは違う。俺は文明論的探究のために挑発しておるので、言論の自由は君だけでなく全員にある」と言い返した。この夜は、早帰りして（一二時頃）途中名古屋で、昔、駒場時代に渋谷の恋文横丁で喰ったのとソックリのタンメンを喰った（金山橋と矢場町の中間の東側で長崎チャンポンの看板がある店）。川上さんのオドシについては、この歳になると、山登りの相棒は、そうは見つからんからとタカをくくっている。

⑤最近の読書

この一～二年の本で、吉田民人『自己組織性の情報科学』（新曜社）、『情報と自己組織性の理論』、『主体性と所有構造の理論』（東大出版）は注目すべきものと思う。三番目の本はこれから読むけど、ほぼ半分は、発表時に読んだ論文だ。吉田先生は中川先生の京大時代の友人で、会わせてもらったことも二、三度あり、「T・パーソンズ教授への提言」など初期の論文も抜き刷りでもらった。河上肇の論敵だった高田保馬以後、理論社会学の分野で、最も重要な仕事をした人だと思う。日本の総合雑誌の編集者がバカだから、これまでは、偶然に断片的にしか読めなかったけれど、さすが東大出版会は立派で、まとめてくれてみんなが助かる（総合雑誌ばかりか、『思想』の編集部だって林達夫より後は、みなバカだったのじゃないか。『世界』も、もちろんのこと）。

松下圭一『政策型思考と政治』（東大出版会）も名著だ。僕は、駒場時代、ロクな授業もゼミもないので、川上さんを通じて、法政の松下ゼミに参加させてもらっていた。「大衆社会論」の時代だ。それから一五年たった頃、小林の市議選に関して、小林、渡久地と共に、新婚の先生をティヤック前のアパートに訪ねた時、帰りぎわに「社会主義はもう駄目だよ」と言われたことが、頭に刻みついている（今から二〇年前のことか？）。とにかく、この本は奇妙で引用文なし、参考文献目録も註も全然ない。しかし、内容は分かりやすく、しかもきわめて高度だ（例えば、日本でのM・ウェーバー受容の意味と限界があっさりと指摘されていて、それがいちいちもっともで、政策科学的に書かれていても、先生の思想史的力量の全部が、投入されていて説得的だ）。僕は日本中の大小の自治体の読解力ある職員全部の必読教科書だと思う。名大同期の医者の旧友弓削君は僕がこの本を教えたら、郷里で名瀬市職員との読書会に使っている。先の中川コンパで中川先生が、京大は学者のオリジナリティを育てるが、東大はつぶすと言われたとき、その反論として、松下先生のこの労作を挙げた。そしたら東大出でも、東大から法政へ出たからじゃないかと言われた。それは、そうともそうでないとも言えようが、戦後東大法学部系のやった仕事と京大の仕事をくらべてみろと言いたい。京大は大部分体制寄りだ。人文学の分野でもそうだ。上山春平さんの変わりようはどうだ。天皇制肯定論を、プラトンやアリストテレスを援用してやっているざまだ。特攻回天乗り組みで、パース研究から出発したこの人にしてそうだ。今西錦司にしてもサル学は立派でも、「進化論」は科学のポステュレートに反している。何故こうなるか。それは、旧制高校時代の頭のヤグイ頃に、西田哲学にイカレタからではないか。今の人文京都学派は、みんないい歳になると西田哲学へのアタヴィズムをやっている。さすが吉田先生は例外だ。(それに松尾尊兊さんも)。それは、おそらく反証可能性のある分野だからだ。言いっぱなしで通る分野では、いつまでたっても西田哲学まがいや、ポスト・モダン何とかが頭のヤグイ、ヤング連中を相手にして続くだろう。近々『朝日ジャーナル』が廃刊する。ヤングに合わせて編集を変えた頃から違和感があったから未練はないが、3Kきらいと言われるヤングに合わせてなんになるか。キタナク、キツク、キケンな仕事こそ、大事な仕事じゃないのか。職業でも、勉学でも同じことだ。だから僕は、ヤングが嫌いだ。最近大学の医局の連中に聞くと、産婦人科入局者はゼロに近く激減したそうだ。そういえば、僕の仕事は分娩だから、ウンコやオシッコ(これは無菌でキレイ)をふき、血液(これは毒に近く、肝炎ウイルスや、エイズがいる可能性がある)を浴び、夜中に起こされ、出かけていても、ポケットベルで電波的拘束をうける日夜である。

森嶋通夫さんのこの数年間の本はみんな読んでいる。すべて面白い。『朝日ジャーナル』最近号(四月二四日号と五月一日号)の、マルクスの私生児隠しに見られる人格的低劣を論じた前半はくだらない話だが、後半はよい。森嶋さんの文章を読むたびに、内容、文体共に、これは、ザッハリヒカイトだと思う。そして、こんな風にザッハリヒにいかなければいかんと思う。この人も西田哲学へのアタヴィズムのない稀有の京大出だなと思う。その代わり、都留重人や宇野弘蔵に、いまさらながらのイチャモンをつけているのは、歳とったゴリラのドラミングみたいだと思う。やってもいいけど、そんなことはどうでもいい。肝心なのは認識の前進だけだから。森嶋さんのもっと前の評論的でない学問的な著作を入手して読まなければならない。それから伊東光晴、宇沢弘文は先にふれた。こうやってみると、一種強迫観念みたいに、近経左派に接近というか、みっともないが、すがりつきそうになっていると思う。

昨年のソ連邦のクーデター的解体によって、前号でも書いたように、僕のトロツキスト的希望は最終的にそれ自体の「幻想的」なチャンスも失われたように思う。いまの僕は、難破し漂流する「確信犯的」トロツキストだ。ドイッチャーが生きていたら何と言うかと思うけど、二〇年以上前に死んだ。サルトルは、それより少し長生きしたが、不可解なアナキストに回帰して死んだ。“*Poverty of theory*”でアルテュセールを批判し、コラコフスキに問いかけたE．P．トムスンは何も言っていない。エルネスト・マンデルの“*Beyond Perestroika*”も有効なプログラムを提示し得ていない。

佐々木力という東大教養学部の科学史の教官が、全共闘世代としては、めずらしくインテレクテュアル・オネスティーを感じさせる評論活動をやっている。この人の書評に教えられて、湯川順夫編『東欧左翼は語る』（柘植書房）を読んだ。ハヴェル大統領来日講演を読めば、彼の知的誠実性は疑いようがないが、チェコでは国立放送局総裁に唯一人トロツキストがいることを知った。

先に書いた亡くなった先輩神谷長さんが、三〇代の頃の僕を指して「コーチャンは、頭はコミュニストで、胃袋は自民党で、ペニスはファシストだ」と言ったことが思い出される。それなら、今からはいい女と寝て、うまいものを喰って、うまい酒を飲めば、それでよいのか。僕は、やっぱり、いわゆる true believer（信者型類型）らしいから、（勿論、その本格派の高木君とはケタ違いに違って俗であるが）難破船を離れずに漂流を続けるしかないだろう。

『世界』（六月号）で仏誌『エスプリ』編集者と、コルネリウス・カストリアディスとの対話（原題は「西欧の荒廃」）があった。やはり面白い。パリにいた頃から読み出して、帰ってからも目につくものは読んできたEX・トロツキストだ。訳者江口幹解説をみると、ずいぶん邦訳が出ていることを知った。*"L'Institution imaginaire de la société"* の後半三分の一を、彼のギリシャ語源らしいキイ概念が掴めず投げ出したままにしているので、明晰な訳文であったらよいがなあと思う。この対話の末尾を引用する。「歴史の中には、当面なしうることは、ゆっくりした長い準備作業でしかないという、そんな時期があります。われわれが社会の短い眠りの段階にいるのか、それとも歴史的退化の長い時代に入りつつあるのか、誰も知ることはできません。しかし私は性急ではありません。」

一九九二・五・二五

（八方池山荘でまる一日待って、悪天候のため唐松岳から五竜登頂を断念して帰った日）

追記

① カストリアディスの出発点は、アンゲロプロスの映画『旅芸人の記録』の時代イメージと重なる。

② 八月中旬、唐松—不帰—白馬鑓—白馬の縦走を、妻と川上さん父子の四人でやった。快晴で、顔がボロボロになって一皮むけた。この縦走中妙高、八ヶ岳、富士山、南アルプス、穂高、立山、能登半島までぐるりと全部見えた。これで、五月の撤退の無念が晴れたので、一〇月の山行は変更して、啄木、賢治の故郷と遠野への旅に切り替えた。中学時代から一緒に賢治を愛読した旧友の獣医野々山君、猿投山の山麓で果樹園をやりながら、『農民文学』に作品を発表している森さん、それに川上さんとの四人組。

③ 最近、論集 *"After the Fall— The Failure of Communism and the Future of Socialism"*(Verso) を入手した。序文で、編者のロビン・ブラックバーンは、各論者の論点要約をやっている。その中で自身の論文 *"Fin de Siècle: Socialism after Crash"* について、次のように書いている。「私自身の論文は、バクーニンとカウツキー、トロツキーとハイエク、チェ・ゲバラとゴルバチョフを結びつけている隠れた対話を跡付けながら、左翼のカギとなる綱領的諸観念を考察している。ハーバーマス、エルソン、ゴルツと同じく、その結論は次のようだ。即ち、左翼は、社会的分裂を推進し、忘れっぽく貪欲な消費至上主義を刺激する市場の性向に対して強く抵抗しつつも、市場が体現する自己決定の複雑な諸構造を注目尊重しなければならない」。ほぼ一〇〇の注記の内、二〇近くでハイエクに言及しており、また一九三〇年代の論争史の再検討、市場社会主義モデルの探求は

継続されており、多くの論者が欧米の大学から出ていることを知った。
④　桃山学院大学の村山君から今日手紙が来て、この前会った時には「ハイエクとその関連についての議論が中途半端に終わったのが気がかりです」と言って、パレートの *"Mind and Society"* も読むべきだと書いているので、読むものがどんどん増えるばかりだ。ハイエク全集は半分の五巻まで読了したが、その後シュムペーター『経済分析の歴史』（岩波書店）が届くとこれも結構長大だ。（一九九二・一〇・七）
⑤　この項の初めの「県・市議選と市政研の終わり」で、小林君の後継候補の交渉時に激昂して僕を殴った『矢作新報』社社長の新見君は、三年後の九三年七月に手紙をくれた。「もう和解したい。お前を殴って悪かった。お前も酒を飲んでは、すかんことを言うな。近々、といっても忙しいが、早く謝罪に行く。その時は酒を飲ませてくれ。井伏鱒二は死ぬし、知り合いは、みんな元気がない。寂しくなってきた」。
　僕も井伏さんが死んでがっかりした。その記事の出た翌々日くらいに香嵐渓へハエ釣りに行ったとき、釣ったハエを川へ帰してやったが、「山椒魚はたずねた。『お前は今どういうことをかんがえているようなのだろうか？』相手は極めて遠慮がちに答えた。『今でもべつにお前のことをおこってはいないんだ。』……」というくだりを思い起こして、この蛙みたいな心境だと返事した。このことを『一閃の光』（筑摩書房）を贈ってくださった本多秋五先生への礼状に書いたら、「貴下の和解成立の話は最上の吉報でした。これから共通の目的に対しては、いつでもわだかまりなく、大声で話し合えるようにして下さい」と喜んでくださった（この「山椒魚」の最後のパラグラフ

は、新潮社版の井伏自選全集では削除されているが、井伏さんは間違ったことをしたと思う)。
⑥ 昨年九月には、英紙『ガーディアン』、『インデペンデント』、『タイムズ』などが各一ページを埋めたE.P.トムソンの訃報を読んだ。これらのコピーを送ってくれた村山君とも話したが、どうして彼の大著の邦訳が出ないのか不思議に思う。近藤和彦氏らに期待する。早くみんなと丸山先生の話を聞きたいと思いながら。(一九九四・一・一九)

六　豊田市巨大サッカー場問題

第一六号　一九九七年

時系列的には中途からになるけど、僕の印刷された文書から始める。

『本多秋五全集』第一四巻月報「秋五さんと父と僕」より

「つい最近、林健太郎は、戦後思想の代表的な現われとして、これまた丸山眞男の『復初の説』をとり上げて、『千年王国』の思想だと嘲笑した。それを読んで私はひと事とは思えず、おおよ、おれは『千年王国論者だ！と心に叫んだ』」（本多秋五　戦後文学史論）。

僕は思わずトンと机をたたいた。

八月一五日を二、三日過ぎた日曜日、奥三河の寒狭川でのハエ釣りの帰途、段戸山麓の三都橋で当直看護婦に「変わりないかな」と電話した。伝えられたのは東大の同級生からの電話で丸山先生の死。とうとうきたかと怒りに近い悲しみを感じながら、カナカナの音に満ちた暗い杉木立の道を走った。その後、林一派の末裔どもが「丸山の近代主義が言々」と騒ぐのを見るたび、「チガウのだ、丸山先生の『近代』にはマックス・ウエーバー的なイデアル・ティプスとしての方法論的な面とルネサンス・ユマニストからマルクスに至る僕らが志向すべきイデーとしての面との二重性があるのが分からんのか！」とイラだったが、僕は秋五さんのこの一節でスッとした。

僕の祖父銀十郎が、紺屋職人として、豊明（名古屋市東南の農村部）あたりから花本（挙母町＝現在の豊田市）へ来たのは、明治の終わり頃。父光義は秋五さんの一つ上の兄義雄さんと小学同級で一緒に立川文庫を愛読した。染色工業の発展につれ紺屋だけでは暮らしにくくなり、本多家の小作百姓になった。父は、秋五さんが東大に入った頃、田んぼで再会したのがキッカケになって進学の決心をした。祖母カナはタバコを断って願かけをした。学業が得手でない父は、苦学してあちこち中学をめぐった後、明治薬専に入り、「丘を越えて」という歌がはやっていた左翼運動の壊滅期に、秋五さんの影響で左翼になった。アルバイトでは秋五さんの次兄静雄さんのお世話になった。本多家は、プロレタリア文学が描く地主とは違って良い地主だった。二〇代の終わり頃やっと薬専を出た父は、賀川豊彦や『第二貧乏物語』を愛読する母と結婚して、多治見の薬屋に勤めるが、陶工労働運動関係の人々とカフェに出入りして仕事熱心でなかったらしく、店主は、母に「あんななまけ者の左翼くずれは、見込みがないから別れた方がよい」と忠告した。母はその決心をして半田の実家へ帰ったが、僕が腹に居ることが分かって復縁した。僕がカスガイになったわけだが、長男なのに、かの「鋼鉄の人」の二代目という名をつけられてしまった（海や空にちなむ名とはえらい違いだし、一九三七年は粛清の真最中だったのだ）。二年後挙母町へ帰って薬局を開いた父は、第二次大戦が始まると、ロイターとかUPの外電記事に目をこらし、欧州地図に東部戦線の状況を色鉛筆で記入して、会う人ごとに「ドイツは負ける」と言いふらしたので反戦薬局と言われるようになった。この頃秋五さんはレゴの原形のような玩具を僕にくれた。父は敗戦を待っていたように共産党の旗を上げた。僕はアカの子として育ち、中学・高校を通じてアカハタ配布集金を担当した。秋五さんは著書の全部を父に贈ってくれるので、ずっと後になって、記念碑的宣言『芸術・歴史・人間』を読んだ時、あの頃の父とはずいぶん知的位相が違っていたのだなあと気づいた。その後スターリン批判があり、ハンガリー事件があり二十歳の僕はトロツキストに共感した。町では市議会の一部の策謀によって市名変更が強行され、憤慨した市民は秋五さんの長兄鋼治さんを市長選に立て、僕らも協力したが二度とも負けた。以後四〇年近く、僕らの市民運動は負け続けている。会社全体主義という前近代的現代という近代市民精神の不在に負け続けている。

今、市の年間予算に近い一〇〇〇億円もの税金を喰う六万人規模のサッカー場が作られようとしているが、これを阻止するメドが立たない。秋五先生よ、僕は町に帰り住んで長くやってきて、危うくハイマート・ロースになりかけているのです。

「『戦後』の時代がきて……あわただしい乱雲の間にふたたび遠くに青い空をチラリと垣間見た気がした。それも『戦後』が終わって見失われた。……コケの一心とも、千年王国思想ともいわばいえ、青い空はたとえ視界から消え去っても、その残像は眼底にあるのである」(同前)。

本多秋五先生から学びつづけるもの、それは僕らにとって第一義的徳目知的誠実の軌跡である。

一九九六・一一・二六

今年の年頭の挨拶状

新年の御挨拶を申し上げます。

「今、市の年間予算に近い一〇〇〇億円もの税金を喰う六万人規模のサッカー場が作られようとしているが、これを阻止するメドがたたない。秋五先生よ、僕は町に帰り住んで、長くやってきて、危うくハイマート・ロースになりかけているのです」、と悲鳴に近い文を『本多秋五全集』第一四巻月報に書き送った翌日、僕らは、堀尾賢（前市体育協会会長）、小林収（県議）、岩田道子（元市議）さん達を中心に「巨大サッカー場を考える会」を結成し、日本サッカー協会に、愛知県（豊田市）をワールドカップ開催地に選ばないよう要望することに決めた。暮れの二五日にこの要望が実現し、巨大サッカー場計画を白紙撤回させる道が大きく開かれようとしています。丸まる一カ月、最悪の風邪に苦しみながらヘトヘトで努力した甲斐がありました。勿論ハエ釣りどころではなかった。寅さんが死に、その直後、丸山先生が死ぬツライ夏でしたが、秋には室堂―剣岳―別山―浄土山を三泊四日でやりました。

正月は白馬岳、木曽福島でスキーのパラレル・モドキの改善に努めます。

九四年九月、市議会の最大会派思政クラブは「大規模球技場建設に向けての提言」を出した。当時、四〇名の市議の内、僕らが小林収県議の後継者として社会党へ入党してもらって当選させた岩田道子氏と公明党の四人を除く他は、全員、自民＝民社ブロックからなるこの会派であった。

一〇月、市体育協会、連合愛知豊田分会、商工会議所から、サッカー場建設を要望する二五万人署名が市に提出された。二月議会はW杯誘致費二億三五〇〇万円支出可決。

九五年一月、市はサッカースタジアム基本計画案を作る。

地元紙『矢作新報』九五年一月一日号

市選出の県議最古参の倉知氏（自民党）のインタビュー

―名古屋市は、サッカーのワールドカップ誘致を断念したですね。

倉知県議　正式には二月です。名古屋市は日本サッカー協会へ二億五〇〇〇万円供託しているが、これを取り下げます。

―愛知県は、一県で万国博覧会とワールドカップの二つは無理、という姿勢ですか。

倉知県議　そうです。ワールドカップは或る一日で終わってしまう。施設整備に巨額の予算は投じられません。土木部の職員がそう言っている。それに、ワールドカップは韓国に取られるかも知れない。この夏、サッカー世界連盟の副のポストは韓国にとられましたね。うまくいっても、韓国と日本の両方の会場で開催ではないですか。

―一二月二二日の『朝日新聞』によると、加藤市長が、名古屋が返上したことを豊田が引き受ける、というようなコメントを出していますね。

倉知県議　やれるんですかねえ。六万人規模のサッカー場をつくるには、一〇〇〇億円はかかりますよ。名古屋の試算だと、建物だけで四〇〇億円かかる。土地、駐車場、アクセス道路、サブグラウンド等々の整備費を入れたら、一〇〇〇億円できますか。毎年の維持経費も億単位でしょう。慎重でなければいけない。うわついたことは駄目ですよ。

―サッカー場のプラス面は。

倉知県議　サッカー場がおカネを生みますか。経済効果はないでしょう。試合は一年に三〇日位しかやれない。あとはペンペン草を取って、芝生養生をしているだけでしょう。

―サッカー場建設用地の買収は出来ますか。

倉知県議　すぐ隣りで豊田東高校移転用地の買収を五年もやっているが、まだ買えない。どうなんでしょう。市民がサッカーをやれるなら、みんな真剣になるが、プロサッカーは興行でしょう。興行師のやることですよ。

同号記者座談

二五万人署名は人気投票

新見記者　一二月議会の磯谷理財部長の答弁によると、

①美術館（平成五～七年）　一二四億円
②豊田大橋（平成四～一〇年）　九〇億円
③図書館ビル（平成四～一〇年）　二一七億円
④下水道（昭和五六～平成二四年）　一三八〇億円

―だそうだから、本当の巨大プロジェクトです。

弘津　下水道と並ぶ大事業なんですね。

稲垣　豊田市は仲々議論の起きにくい町だから、今回のようにインタビューしては。

野村　「建設費一〇〇〇億円」には、異論もあるのでは……

新見　サッカー場の建設費だけで、名古屋市の試算によると四〇〇億円かかる。これに用地買収費、練習用のサブグラウンド、駐車場、アクセス道路の建設費、様々な交通対策費などの直接間接経費を加えると、少なくとも、一〇〇〇億円はかかる―というのが、倉知県議の概算なんです。

野村　その中には、交通対策のようにサッカー場には関係なく、豊田市が近い将来やらなければならない事業も含まれている。二五万人署名を集めた三団体は、そういう事業をサッカー場建設に合わせて促進しよう、と言っている。いろいろ議論をぶっつけてみなければ…。

弘津　三三万人の都市で二五万人が署名するのは、異常じゃないですか。

雨宮　そういう投書や電話が来ています。

稲垣　二重三重に署名した人もいるし、家族の名前を全部書いてしまった人もいるようです。市外の人も五万人余署名していますね。

新見　サッカー場があった方がよいか問うてみた、人気投票のようなものですね。財政のことも合わせて判断してもらったら、全く違う数字が出て来るのでは……。一〇〇〇億円というと、市民一人三〇万円、一戸一〇〇万円ですよ。それだけかけてサッカー場をつくるといったら、反応はどうか。

同紙二月、市体育協会前会長堀尾氏インタビュー

豊田サッカー場問答　まず総合体育館建設急げ

豊田市体育協会前会長　堀尾　賢

―豊田市が大規模サッカー場を建設することに絶対反対だそうですが…。

堀尾　そうです。反対ですよ。どこへ行っても、そう言っています。

―なぜですか。

堀尾　六万人規模のサッカー場というのはプロのサッカーチームが一年に何回かゲームをするところでしょう。豊田市のスポーツ愛好家の皆さんが望んでいるのは、そんなものじゃない。バレーボール、バスケットボール、体操、武道などのできる総合体育館ですよ。室内プールもほしい。これからは地域スポーツ、地域福祉の時代で、中学の部活が地域に来る。もっと多目的広場も必要になる。

―市議会は、プロのサッカー場も、市民のためのスポーツ施設も、両方つくるんだと言っていますね。

堀尾　何を言っているんですか。いまの経済事情では出来ないですよ。優先順位があるんです。市民がスポーツをする施設をまずつくらなければ、プロスポーツの観戦施設を、いま何百億円もかけてつくるのは無茶です。加藤市長も、昨春に三団体から陳情を受けた時点で、市のスポーツ振興審議会にはかって、それから判断すべきだったんです。その手続きを省略してしまった。ルール無視ですよ。

―市議会は、大規模サッカー場建設に賛成ですね。

堀尾　何がいま必要かをしっかり確かめてからにしてほしい。高橋地区には四人の市会議員が居るんだから、地元の区長さんの意向を伺ってから賛否の判断をすべきですね。先に議会で決めておいて、それを地元に押しつけるようなことが、いまどき通用しますか。大規模サッカー場というものは、もともと地元にはメリットのないものだから、先に内緒できめておき、あとで押しつけるようなことになるんですよ。地元の自治区も、他都市の前例を良く調査研究しないと、とんでもないことになりますね。

―堀尾さんは敗戦直後から、トヨタ自動車内のスポーツ団体の育ての親として活躍され、市体育協会でも理事、常任理事、副会長、会長を歴任された人ですね。

堀尾　はい、スポーツ人生でした。

―トヨタ自動車では次長ポスト、労組では書記長・副委員長を勤め、トヨタ系市会議員もやられたわけですが、「トヨタが豊田市に大規模サッカー場をつくらせている」という風評をどう思われますか。

堀尾　あり得ませんね。トヨタは、挙母から豊田への市名変更、佐藤市長（トヨタ社員）の擁立以降は、地域感情を非常に大切にして来た。市と地元が一丸となって援助を頼めば別でしょうが、それ以外に、トヨタはそういう動きはしませんよ。

『矢作新報』は九月一日、中京大社会学部の協力のもとで多段階無作為抽出法による一〇〇〇人の有権者の世論調査結果を発表した。

調査結果の要旨

①質問七「豊田市のサッカー場建設計画をご存じですか」に対し、「よく知っている」「少しは知っている」と答えた人は、回答者七〇五人の七七・六％（五四七人）に及び、この問題への市民の関心の高さが分かった。

②質問一七「総合的に判断して、豊田市がサッカー場を建設することに賛成ですか、反対ですか」に対し「賛成」二〇・四％、「反対」四〇・三％、「どちらとも言えない」三六・六％、無回答二・七％だった。

③右の質問一七に「どちらとも言えない」と答えた「判断保留二五八人」について、この人たちの〝心情〟を調査した。質問一四「サッカー場建設予定地は、都心と住宅地域の間にある農地です。

この土地の利用法で何が一番よいと思いますか」、に対し、「サッカー場」と答えた人は、この保留二五八人のうち四・三％（一一人）にすぎなかった。「病院・福祉関係施設」「災害時の避難場所を兼ねた自然公園」を望む回答が圧倒的に多かった。また「税金の使い方としてサッカー場建設がよいか、他のものがよいか」（要旨）と問うた質問一五に対しても、「サッカー場」と答えたのは、保留二五八人の一・二％（三人）だけだった。

こうした動向から判断すると、質問一七の「どちらとも言えない」三六・六％は、かなり「反対」色の濃厚な「保留」と見てよさそうだ。

④質問一七へのサッカー場賛成、反対の回答は、すべての年齢階層で、「反対」が「賛成」を上回った。若い層ほど「賛成」の多い傾向が認められたが、最若年層の「二〇～二九歳」でも「賛成」は二九・二％にとどまり、「反対」三四・五％「保留」三三・九％に届かなかった。

⑤支持政党別のサッカー場建設への賛否でも、次の通り、すべて「反対」が「賛成」を上回った。

⑥職業別、男女別、合併前の地区別サッカー場建設への賛否調査でも、すべてのケースで、「反対」が「賛成」を大きく上回った。

⑦質問一一「豊田市のサッカー場計画は、市民の意向を十分に反映していると思いますか」に対し、「そう思う」は七・一％しかなかった。「そう思わない」四八・九％「どちらとも言えない」三八・九％。

⑧以上七点から、豊田市民の世論の大勢は「サッカー場建設反対」で、「反対」は市民の各階層共通の声であると判断してよいと思われる。

三団体二五万人署名「署名した」一一％

質問一八「参考のためお聞きします。去年、豊田市体育協会　豊田商工会議所、連合愛知豊田地域協議会の三団体が、市に大規模球技場（サッカー場）の建設を求める署名運動を行いました。あなたはこれに署名しましたか」

・署名した　一一・一％
・署名してない　八四・五％
・無回答　四・四％

同紙九月二二日『矢作ウィークリー』（抜粋）

さて、この九月市議会一般質問で、三団体の「二五万人署名」と当社の「世論調査」の評価を問う質問があった。前者の「二五万人署名」には「市民の声を反映していると受け止めている」と答える一方で、後者の「世論調査」に対しては「アンケート実施の目的、時期、状況の違いに基づく市民の判断、市民の声として判断している」という意味不明の答弁をした。担当課の作文を担当部長が読み上げたものであろう。

架空の世論から離れて真実に対面し、そこから市民参加型の市政を模索しようという政治姿勢は、まだ見られない。しかし、この難関をいつか市当局は通らなければならない。（新見）

九六年三月

先に挙げた二五万人署名運動を行なった三団体に青年会議所が加わって、次の趣意書により、サッカー場推進協議会を結成した。

推進協議会　趣意書（案）

豊田市は、都市経営指針としての「豊田市二一世紀未来計画」に定める将来都市像である「産業文化交流都市」の実現のための先駆的な事業として、新中央公園・大規模球技場を位置づけ、事業化にあたっては、市民参加と英知を結集し、二一世紀未来型都市づくりの起爆剤として推進することとしています。

これまでの豊田市の地域・都市づくりの担い手となってきた　製造業・「産業技術集積」を生かし、世界に情報を発信するマザーカントリーとしての豊田市は、クルマのまちに、さらに新たな都市の魅力づけとして大規模球技場［(仮) 豊田市スタジアム］の整備を推進しています。

二一世紀未来都市づくりをめざし、市制五〇周年事業として位置づけた大規模球技場は、スポーツ文化交流など生活文化に根ざした交流の高まりを促すと同時に、「新しいスポーツ文化」、「人づくり」、「まちづくり」の創造と協調を図る起爆剤となるものです。

広域の都心づくりの一環として、かつ、市制五〇周年事業としての新中央公園・大規模球技場整備は、二一世紀未来型都市づくりの交流拠点施設として地域・都市における新しいコミュニティ形成と活性化をめざし、幼児から高齢者にとっての新しいアミューズメント空間であると共に、次の世代を担う子供たちに国際的な試合など本物のすばらしさを体験する「夢と感動の劇場空間」（球技スポーツの殿堂）としての意義を持つものです。

この新中央公園・大規模球技場の整備を市民、企業、行政との協働により、促進し、かつ広域の都心づくりを促進して都心の活性化を図り、市民の生活文化のゆとりある展開として多くの産業、文化の交流活動やイベント等の複合利用増進を図ってスポーツ・レクリエーション活動の場としていくため、そして球技場を生かして、より豊かなまちづくりを実現するため「推進協議会」の設立をするものであります。

豊田市巨大サッカー場建設に反対する！

巨大サッカー場建設反対集会に集まった人々。

自動車の上にしっかりと看板をかかげ町中を走った。

町の商店の前面には横断幕が掲げられた

商店の前に貼られたポスター

「サッカー場反対」のプラカードをもつ市政研会員の元県議・市議をつとめた小林収氏

〈忙中閑あり〉

毎年夏には仲間たちと山や海に出かけた。上高地にて、鈴村夫妻。

毎年、初夏のウグイの季節になると胸がさわぐ。午前中の診察が終わったあとの3時間、近くの矢作川へと急ぎ、ハエ釣りに熱中する。多い時には1日で（2時間半で）162匹釣った記録もある。早速、焼いて食べるが、こたえられない。もちろん患者さんの夕食の膳にものせ、共に喜びを分かち合う。

産婦人科 鈴村病院開院

1976年3月

鈴村夫妻と長男・正太、次男・健太。

鈴村と孫の航太と遼太。

平成八年三月　日

設立発起人
（財）豊田市体育協会会長小畑口伸
連合愛知豊田地域協議会議長青木伸浩
豊田商工会議所会頭小島鐐次郎
（社）豊田青年会議所理事長鈴木秀和

これに参加した四〇団体にはスポーツ団体の他、農協、区長会、PTA連絡協議会、市文化協会、鉄工会、商店街連合会、等々からロータリー、ライオンズの全部と、豊田加茂医師会まで入っていた。

僕は医師会長に対して次のように書いた（全員参加の班昼食会での提案があれば文書を出すよう通知があったので）。

前略

豊田市が巨大サッカー場を建設することを支持推進する諸団体の中に当医師会が参加していることを知りました。

①「スポーツを見物すること」は、人間の健康と無関係です。
②「一人一人が自分で適切なスポーツをすること」は健康に有意義です。

私達医師はこの②については公的論議にかかわるべきですが、①については、医学的に無意味でどうでもよいことだから無関係です。

さらに言えば、推進団体に名を連ねることは、世論を惑わし建設予定地区地権者に無用の圧力を加え、市民の四〇％を超える建設反対者の反感を買うだけで、当医師会に何のメリットもありません。ギルド的性格を持つ当医師会は、推進団体から離れるべきだと思います。

（他に多くの論点がありますが、私は、同封の『矢作新報』のコラム「やはぎウィークリー」の筆者と同見解ですので御参照下さい）。

理事会で推進団体への参加をきめられたと思いますが、班会議で当問題につき討論を行なった上、医師会会員の投票によって理事会決定の追認か、再考の上の離脱かを決めて下さい。

一九九六・六・二四

挙母班　鈴村鋼二

豊田加茂医師会長様

僕は三役に呼ばれて、異例なことだから取り下げてほしいと言われたが「いや提案する」と言うと、「定款上、決議は総会でしかできないから、意見発表だけになるが」と言われた。僕は前記、倉知県議と（電話で了解確認の上で）堀尾前体協会長の見解を朗読し、『矢作新報』の世論調査を援用して、二、三〇分しゃべった。予定地近くの整形外科医が、「交通渋滞で患者も来られなくなる」と賛成討論をしてくれた。他に前から打ち合わせてあった名大の大先輩久保田先生が「同感だ」と言ってくれた。

『中日新聞』六月二七日投書（抜粋）

大サッカー場豊田に必要？

小笠原輝美　学生　二一歳（愛知県豊田市）

「サッカー場が夢を与える」と言うのならば、広場もなく道路などの危険な場所でサッカーをする子どもたちのこの現状こそ、どうにかしてやるべきではないか。この解決策が、数百億円の大規模球技場の建設ではないはずである。

私は一豊田市民として、この計画について考え、発言していくつもりだ。そのために「大規模球技場を考えよまいの会」（現在会員私一人）をつくった。この問題、そして、住みよいまちづくりについて、市民自身が考え、行動することが必要だと思うからである。関心ある方はぜひご参加ねがいたい。

八月九日『矢作新報』へ岩田道子氏の寄稿（抜粋）

豊田市豊栄町五―一二―三

岩田道子（前市議）

以下、私の責任において、当時の市議会の内部事情も挙げながら、市議会がこの問題とどのようにかかわってきたのかを記述したい。

平成六年六月議会で、私は「市制五〇周年事業特別委員会」に所属した。委員長は杉浦栄、副委員長は太田之朗、委員は板倉猛、篠田忠信、倉橋澄雄、林信吾、石川隆之、光岡保之各市議。私を加え、一〇名の構成だった。この委員会結成の席で市内三団体（商工会議所、体育協会、連合愛知）から出されていた「本格的サッカー専用スタジアムの建設について」という要望書を、市制五〇周年の記念事業と位置づけて研究課題としてほしいと、市当局からの要請があったのである。かねてから五〇周年記念事業としては、メモリアルホール（多目的ドーム）が想定され、その方向で動いていたのであるが、急遽、大型球技場へと変貌することになった。サッカー場というのはまさに降ってわいたような話であった。私たち委員（少なくとも私）にとって、大規模サッカー場についての知識は皆無に近い状態だった。

委員会は八月一日、名古屋銀行サッカー部部長の吉田氏を講師として招き「サッカー場の現状と将来について」と題した講演会を開催し、勉強した。私は委員の一人として、サッカー場建設、運営に関する手に入る限りの情報を集め学習していたが、知識を得れば得るほど「これは大変なことだ」と思いはじめていた。

その年の九月議会では、トヨタ系議員の中村紘和氏が与党議員団・思政クラブを代表して、強くサッカー場建設へのアピールをした。

一〇月、私たち委員会は清水市の改築中のスタジアム、鹿島スタジアム、東京国立競技場を視察した。私は六万人規模のサッカー場というのは想像を遥かに上まわるものであることを実感した。清水市の職員からは、サッカー場にはサッカーというイメージ効果はあるものの、経済的にメリットはほとんど期待できない、という説明を受けた。おりからの円高、平成不況の中にあって、自動車産業をとりまく経済的環境は非常に厳しいものがあり、市が好況時に構想した種々の巨大事業をかかえているという現実を考えたとき、あらたに一〇〇〇億円規模のサッカー場を建設することは分不相応であるという結論を、私なりに持つに至った。

私は委員会欠席ミスを謝罪した上で、「一〇人の委員から視察報告がすでに出ているはずだ」「委員会として議会に提出する中間報告書にはサッカー場建設への賛成、反対の両論を併記してほしい」と申し出た。

驚いたことに、杉浦委員長は「岩田さん、サッカー場問題をそんなに真剣に考えることはないよ。来年には僕たちは議員ではないかも知れないのだから」と、放言したのである。このような無責任な発言ができる人と同列に居る自分が悲しかった。今思い出しても腹わたが煮えくり返る思いである。

その後、当然のごとく、委員会は「大規模球技場建設を市制五〇周年記念事業と位置づけ、建設することが望ましい」と中間報告を出した。その中間報告が各委員宅にファックスで発信されて来たが、そこにはご丁寧に下線つきで、「この内容は秘密扱いとしていただき、外部に漏れることのないよう十分注意していただきたい」と、杉浦委員長名で注意書きがついていた。正規の委員会報告を、なぜ秘密文書扱いにするのか。感覚が狂っていると思った。市民の反対を押し切ってサッカー場を建設しようとするから、このように市民の知る権利を踏みにじる結果になるのだろう。

平成六年一二月議会で、この委員会中間報告は議会の意思として確認され、市長を勇気づけたことはいうまでもない。不思議なことに、トヨタ系議員は質問の方向を変え、サッカー場のサの字も口に出さなかった。トヨタの中で何か起こったのか。

明けて平成七年一月一〇日、市長は私たち（あるいは私のみか）議員に対して、何のことわりもなくワールドカップ開催予定地として手を挙げてしまった。愛知県も、名古屋市も名乗り出なかったというのに……。議員全員協議会でその報告を受けたのは、三日も後のことだった。

豊田市議会には言論の自由はない

その後、委員会として「最終報告」案をまとめるという席で、私は「中間報告」の時と同様の反対意見を述べた。採決は九対一で建設推進とされた。委員会が終わり廊下に出たところでA議員から、「岩田さんのいう通りだ」と言われた。その言葉は委員会の席上で言ってほしかった。またB議員は電話で「古参の板倉さんが、岩田さんの発言をことごとく封じた。自分は巨大サッカー場よりも猿投の運動公園を充実する方がいいと思っている」と意見を寄せてくれた。他の委員の腹の内はわからないが、思政クラブに属している限り、言論の自由はないということだけは理解できた。

この委員会の結論が市議会の意思とされ、三月議会ではワールドカップ誘致費の二億三五〇〇万円の支出が可決された。予算に反対したのは私一人であった。公債費比率が上がり、財政調整基金が取り崩されていくのを目のあたりにして、歯ぎしりをする思いであった。

私の知る心ある議員諸氏、これを機に、本音で語ってほしい。「サッカー場は市長の命取りになる」などと冷やかに見ているのは、卑怯ではないか。また、四年間私を支えてくれた有能な市職員の皆さん、保身にのみに走るなかれ。勇気を出して意見を述べてほしい。多少昇進は遅れても、諸君は決してクビにはならないのだから。

私たち市民は、好むと好まざるにかかわらず、この町の住人である。巨額な税金の投入されるサッカー場建設については、市に情報公開を迫ろうではないか。貴重で小さな矢作川の扇状地が、民族の大移動のような観客の往来に踏みにじられて良いものか。単に地権者のみの問題ではない。中央公園構想は白紙に戻して、市民全員参加の形でその土地利用を考えるべきではないか。市民の意思を代弁しない議員や、各種団体役員にまかせておけない。ましてや市長は、このような大事業に軽々に踏み出すべきではなかった。途中から引き返す勇気を持ってほしい。

私は先回の選挙に敗れたとき、私を支持してくださった二七〇〇人の有権者の方々に申し訳なく思うと同時に、これで人間として蘇ることが出来ると思った。四年間の孤独な戦いは終わった。

九月から一〇月にかけての同紙読者
『矢作新報』九六年九月六日（抜粋）

岩田道子さんの投稿文に寄せて

倉知里奈・豊田市越戸町　豊田北高校二年

岩田さんの投稿文を読んで心の底から感動しました。そして怒りました。無責任な議員の発言、ただひたすら保身につとめ、昇進のために長いものに巻かれている議員、職員たち。そんな人たちのために私の両親は税金を納めているのかと思うと、情けなく腹立たしいばかりです。岩田さんの実名の投稿の勇気ある行動に深く感動しました。私が思っていたそのままのことを活字で読み、涙が出てきました。こんな人がまだいるのだと思いました。「市長は途中で引き返す勇気を持ってほしい」。以前両親との会話に出てきた言葉そのままでした。

『矢作新報』九六年一〇月四日（抜粋）

サッカー場建設徹底的な検討を

久保田甲司・開業医　豊田市柿本町

理不尽な限りだと、先ず私は言う。「あれもやる。これもやった。今度はこれをやりたい」。やりたい放題が思いのままに通るから不思議だ。市首脳の発想というか、欲望は、どうかなっている。病んでいる。狂ってしまった。

「公の立場」というものを全くの話、忘れている。逸脱してしまっている。ひどい話だ。思想の中心点に、きちんと捉えておかなくてはならない「市民」という肝心要が、すっ飛んで消えてしまっている。霧散してしまっている。

サッカー場建設のいきさつにからんで、私は書いている。

「市民」「市民の生活に利益をもたらすために」「市民の生活環境をよくする―少なくとも壊さないために」。あらゆる計画は、こういう視点から、徹底的な検討を受けなくてはならない。

サッカー場は形の見える論議を（抜粋）　小坂井利生・建設業五六歳　豊田市丸根町

私が反対する最大理由は、財政的裏付けがない事だ。他の政策との優先順位をどうするかは、結果責任を何一つ取れない市長や市会議員が決定するのではなく、責任を取らされる市民の手にゆだねるべきだ。

市政において、新しい事業の費用を捻出するには、他の政策費を削るか増税するか借金するか、または行政改革による経費節減しかないが、経費節減はたかがしれている。私事だが、相続税を二〇年の延納にしたら、約二倍の金額を払うことになった。今、市民が抱えている一〇〇〇億の借金は、二〇〇〇億円以上払わなければならず、後世代の市民に非常に多くの負担を強いることになる。

同『やはぎウィークリー』　原発住民投票の衝撃波

新潟県巻町で去る八月四日の日曜日、東北電力の巻原子力発電所の建設の賛否をめぐって、全国初の住民投票が行なわれた。政府・電力会社・賛成派団体と反対派団体の間で総力戦が展開され、成り行きが注目されていたが、開票結果は、

反対　一二四七八（六一％）

賛成　七九〇四（三九％）

だった。

投票率は八八・二九％の高率だった。政府・電力業界の原発政策に、人口三万人の巻町が「ノー」をつきつけたことになる。九州電力の串間（宮崎県）、四国電力の窪川（高知県）、中部電力の芦浜（三重県）の各地も、住民投票条例をもっており、いずれ原発計画は住民の賛否投票にさらされることになりそうだ。新潟県巻町発の衝撃波は、国内一二カ所の原発建設予定地全体を襲うことになるかも知れない。

政府は国策である原発計画に地方が住民投票で反旗をひるがえすことに対して、強い懸念を示し、「住民投票には法的な拘束力がない」ことを盛んに強調している。しかし、巻町の住民投票条例は、投票結果の遵守義務を町長に課しているようだから、巻町の原発計画が凍結状態に追い込まれることは間違いない。

当日夜、テレビの解説を聞いていると、「巻町の住民投票の結果は、衰弱した間接民主主義＝代議制民主主義への一つの回答であろう」「住民投票が近代の行きづまりを打開するであろうと予感できる」という趣旨の発言があった。巻町の挑戦は十分な機能を果たしていない国会、県議会、市町村議会の間接民主主義に大きな反省を迫った――という指摘である。朝日、中日の各新聞も、そういう社説をかかげた。

その意味では、巻町発の衝撃波は原発候補地にだけ向かうわけではない。全国どこの自治体を襲っても不思議はないだろう。

本号三面に、元豊田市議の岩田道子さんから、サッカー場建設を決めた市議会特別委員会の内幕を明らかにする寄稿をいただいた。

岩田さんの寄稿と巻町住民投票の新聞報道を重ね読みしながら、巻町の町議会が町民の声を反映するような議論をしていたら、住民投票自体がなかったであろうと思った。巻町議会の間接民主主義も、住民投票という直接民主主義で補強しなければ機能しない程度に、衰弱し堕落していたのであろう。

豊田市議会においても、「議会は最高の権威」という言葉が語られる。審議会の存在さえこころよく思わない議員がいるし、議員より先に市民が市政の情報を入手することを極度に嫌う。

「最高の権威」は、各議員が調査研究にはげみ、市民の声をよく聞いて、初めて守られるものであるが、最近は全国的に「権威」だけを欲しがる傾向だ。住民が直接民主主義を発動しなければならないような、危機的状況にあると思う。

繰り返し述べて来たことだが、市民の多数派はサッカー場建設に反対だ。市議会はその事実に目を覆い、勝

手な方向に走っている。巻町の衝撃波は、豊田市を襲うだろうか。（新見）

七月母校豊田西高同窓会総会に頼まれた講演で、前半は、更年期婦人のホルモン代償療法を話し、後半は、先の医師会昼食会と同じサッカー場問題を、熱をこめて話した。最前列で倉知会長が、うなずきながら聞いていた。問題の張本人の現体協会長で同期の小幡君は反論、質問にも立たなかった。（鈴村）

一一月『矢作新報』計画決定の内幕を語る

この「手記」は、今夏書かれ、元豊田市議岩田道子氏に送られたものである。岩田氏は「私の呼びかけ（本紙八月九日号掲載）に答えて市の幹部が書いてくれたものであり、公表してさしつかえないと思った」と判断し、最近本紙に掲載依頼して来られた。内容は、手記筆者の推理も加え、サッカー場建設計画の決定過程を描いたものだ。市内部では広く語られていることだが、一般には目新しい内容である。（新見）

手記全文

前略　八月九日の『矢作新報』を読みました。私も岩田さんと同感です。サッカー場は市民に必要なものではないどころか、大変なお荷物になってしまうと思います。

では、どうしてこんなおかしな事がどんどん進んで行ってしまうのでしょうか。それは変な表現ですが動機が不純だからだと思います。不純な動機を隠すため、すべてを早く既成事実としてしまうよう、計画的に仕組んで、市民のためにどうなのか、このまちに必要なのかといった視点での検討にさらされないように、事を進めようとしているのです。目的、必要性、効果、費用などが普通に検討されるなら、こんなデタラメな事業が進むわけがありません。

さらに残念なことは、岩田さんも書いておられるところですが、見かけの形式だけは、例えば、市民からの要求署名、議会での委員会審議、市長の意思表明など、整えられていることです。これが、計画的に事を運んでいる証拠なのですが、そんな仕掛けを知らないふりをして、市長も議会も筋書き通りの役割分担に従い、動いていることが許せません。

新見さんが、巻町の住民投票に関して書いているように、間接民主主義、すなわち議会制民主主義は、今その存在を問われています。しかしこのまちでは、「議会制民主主義」は、すでに機能していません。そこにあるのは「形式制民主主義」とでもいうもので、意識的に仕組んで見かけの形式だけを整え、「議会制民主主義」を骨抜きにしているのですから罪は深いといえます。こうした中では、反対の意見は、議論の前に押しつぶされます。岩田さんは、この経験をお持ちのこととおもいます。反対意見を持ってこのまちで生きて行くには、目をつむり、口を閉ざすしかないのではないかと、ついつい考えてしまい、悶々としてしまうのです。

では「不純な動機」とは何でしょうか。ズバリ言うなら一つは、トヨタがグランパスエイトのために大きなグラウンドが欲しかったこと。もう一つは、三選に対するトヨタの支持を取付けたかった市長の思惑。ギブ・アンド・テイクの取引が成立したのです。

グランパスのホーム・グラウンドは、瑞穂ですが、収容能力が小さく、チーム経営面では、当時、芳しい成績が上がっていませんでした。大きな競技場が欲しい。グランパスの西垣代表から働きかけが始まりました。トヨタが動いたのです。サッカー場の構想は、地域担当重役だった渡辺取締役を筆頭に、中村市議、杉浦市議、市役所の松村現サッカー場計画担当部長、商工会議所の永田勇夫氏らが集まって水面下で進められました。市長も承知のことです。

岩田さんは、平成五年一二月議会の中村議員の一般質問を覚えてお見えになりますか。市長の財政運営を心配し、美術館や豊田大橋などで増大が著しくなってきた起債の抑制をし、健全財政を目指すべきではないかとの質問をされました。その人が、経済環境がさらに深刻さを増していた数カ月後にサッカー場推進の中心的役割を果たすようになったことからも、会社の意向があったことが伺えます。

市長は、三選を果たすためにこの計画にのりました。しかし、あまりにも唐突な計画であり、市長から持ち出すきっかけがありません。そこで考えられたのが署名です。市民が望んでいるとの「形」を整え、それに市長が応えた形にしようとしたのです。署名を集めた団体は、ご承知のように、すべてトヨタの指示が徹底できる団体があたりました。二五万人署名をよりどころにすれば、議会も市民も異は唱えられないとの計算からです。

『矢作新報』のアンケートがこの署名に疑問を投げかけるまでは、ですが、問題点を議論の対象にしないように、一生懸命避けているようなものです。六万人収容の施設をと言っても、本当に六万人もの人を短時間にさばく交通計画があるかと問えば机上の空論ばかり。電車で三万人との計画にしても、今の豊田市駅と新豊田駅を合わせた一日の利用客は、せいぜい二万人程度が現実の姿。これにプラス三万人をどうして処理するのでしょうか。また二万七〇〇〇人の自動車利用者は、シャトルバスでと言っても、肝心の国道二四八号線が四車線になる見とおしがつかないのが現実。この他にも問題、課題が一杯。とてもとても六万人の人を処理することは不可能です。この他にも岩田さんが指摘されていた経済効果の問題、施設利用、維持管理、施設運営の問題等何一つ詰まっていません。

しかし、そんなことはおかまいなし。市長はワールドカップの会場に立候補しました。大規模サッカー場に対するもう一つの大きな「錦の御旗」がどうしても欲しかったのです。国際的イベントを開くのだからとの理由づけを手に入れるため、立候補資格のない市が、二億三〇〇〇万余を積んで県に頼み込んだのです。

あれもこれも、実に不思議なことばかりですが、現在の議会では、外山議員のほか誰一人こうした点を問おうとはしません。「すべて納得だ」としたら、議員としての資質をうたがいたくなります。そうではないでしょう。おそらくトヨタに対する遠慮なのでしょう。このまちでトヨタに逆らったらどうなるかソロバンをはじいているのでしょう。

「会社員」と「市民」は別

市政において、一番大切な事は、そのことが市民にとって必要か否かだと思います。「形」が整っていれば良いのではありません。組織の都合で方針を決め、組織の力で抑えつけてしまっては、市民は育ちません。会社員と市民は別なのです。まちに関することについては、市民が自分の頭で考え、判断することが大切なのです。このままサッカー場が進んでしまったら必ず市民が後悔します。形だけで事足れりとするのではなく、市民の多くが納得する議論をした後に計画を決定しても遅くはありません。施設は、ワールドカップのためのものではなく、グランパスのためのものでもなく、市民のためのものであるからです。

土地買収に入り、いつの間にか設計が、あの黒川紀章に決まり「もうダメか」と思っていましたが、岩田さんのように、勇気を持って発言する人が見えたことに、意を強くしました。一人でも多くの人が自分の意見を明らかにすることが今必要だと思います。

（鈴村記）期待をしています。今後とも頑張って下さい。

この間、小林収県議が、巨大サッカー場建設阻止のための運動母体の会長依頼の交渉を堀尾前体協会長に対して試みた。一旦は断られたが、同氏の奥さんの叱咤もあって、引き受けてもらえた。ことが持ち上がって二年もイラついていたのだ。W杯候補地決定が一カ月先にひかえているぎりぎりの一一月下旬だった。マスコミとの連絡が一番大事だから、高木君、内藤君、風媒社の稲垣さんら友人をたどって努力した。ＦＡＸで各社に資料を送りとどけた。結成大会準備会に記者が来てくれ、テレビ、新聞で取り上げてくれた。

一二月一五日、二〇〇名近く集まった結成大会は、中日、朝日、毎日など全国紙、ＮＨＫ、民放が報道してくれた。記念講演は、物理学者のくせに財政論をやり出し、最近では、ル・モンド・ディプロマティクなどで外国の研究者からも注目され紹介される仕事をしている河宮信郎君（中京大学教授）に頼んだ。彼は、僕が駒場寮社研から本郷へ移る追い出しコンパの時に新入生で、スレチガッタ旧友（『必然の選択』海鳴社は名著だ）。

結成大会宣言

本日の「巨大サッカー場問題を考える会」の結成大会に参集した私たちは、現在豊田市が推進しようとしている巨大サッカー場建設に対し、町づくりのあり方を考えるとき、以下の諸点において、大いなる疑問を禁じ得ません。

その第一は、建設方針の決定がいかにも唐突で、非民主的であったことです。

市当局の決定理由は、市内の有力団体等が行なった要望署名運動に一五万人が署名したことのようですが、その署名が、市民は観客となるだけの巨大サッカー場の建設を要望したものかは、はなはだ疑問です。それ以前の問題として、大組織を誇る団体による署名の数で市政の重要事項が決められるとすれば、少数者の発言や存在を軽視している点で、一種のファッショではないかと思います。この町が普通の町ではなく、企業城下町といわれるが故に、その思いは余計に深刻であります。

第二は、建設されるサッカー場の巨大性の問題です。

市の計画では六万人収容のサッカー場を建設するとされています。わが国に現存するサッカー場で同規模のものは、七万人収容の国立競技場（東京）があるだけです。豊田市に東京の向こうを張るだけの集客力があるのでしょうか。もし、巨大施設に閑古鳥が鳴くようであれば、維持管理費が年間数億から一〇億円台の赤字になることは必定です。

また、逆に、六万人のサポーターが殺到したばあいに、それを円滑に処理できるだけの交通アクセス機能があるのでしょうか。観光シーズンに極端な交通渋滞に悩む足助町の香嵐渓が呼び込む観光客数は、最大日で三万人と言われます。それに倍するサポーターが、一挙に押し寄せるのです。サッカー場周辺の集落にとっては、普通の日常生活が不可能になることは想像に難くありません。全く豊田市にとっては身分不相応な施設であると言わざるを得ません。

第三は、財政問題、特に、こどもや孫に借金のツケを回すことになりはしないかという問題です。

豊田市は、昨年年頭に総事業費二八二億円という試算を出し、現在まで変更された気配はありません。ところが、現在進行している用地買収の土地価格では、買収費だけで当初予定の三倍になります。おそらく付帯工事まで含めれば、総事業費は一〇〇〇億円台になるでしょう。いくら国県の補助金が得られたとしても、その国県の金も結局私たちのふところから出るものです。また、起債という借金をすれば、そのツケは私たちのこどもや孫に回されることになります。高齢社会の到来と地方分権の進行で、地方自治体の福祉や医療に対する責務がますます高まる中で、私たちはこのような財政運営に黙っていることは断じてできません。

最後は、予定地周辺の土地利用の問題です。

予定地の千石町一帯は優良な農用地です。歴史的には、矢作川の洪水の遊水池的機能をもっていたために開発から除外されてきた地区ですが、そうであるが故に、いまでは都心近くに唯一残された都市計画上貴重な地区でもあります。したがって、この地区の土地利用は、慎重な上にも慎重な議論を重ねて、長期的な展望をもって、市民全体の共通の財産となるような施設計画が立てられるべきです。現在の市当局のように、「とにかく一七ヘクタールの土地にサッカー場だけできれば他のことは後回し」という姿勢は、私たちだけでなく、地権者や周辺住民の理解も得られないものです。

以上のような理由で、私たちは、豊田市の巨大サッカー場建設計画をこのまま容認することはできません。

私たちは、この計画の問題性について市民的な議論を巻き起こし、今後できるかぎりの手段を講じて、豊田市当局に対して、建設の中止を含む計画の抜本的な見直しを求めていく決意です。

以上、「巨大サッカー場問題を考える会」結成大会の名において宣言します。

一九九六年一二月一五日

「巨大サッカー場問題を考える会」結成大会

参加者一同

日本サッカー協会への要望書（抜粋）

3、開催地の決定には、市民のいわゆるサッカー熱が尺度にされるべきであること。

—中部圏では愛知県（豊田市）よりも静岡県が適地である。

豊田市周辺の自治体からは、「なぜ豊田市でサッカーなの？」という声が聞かれます。それは、この地方で「サッカーの町」と言えば刈谷市であることが、周知の事実であるからです。確かに名古屋グランパスの母体はトヨタ自動車のサッカーチームでしたが、豊田市との関係はただそれだけのことで、名古屋グランパスはやはり名古屋市のチームです。こどもサッカークラブの育成も、関係者の主観的熱意にもかかわらず、客観的にはまだ緒についたばかりです。愛知県全体としてもそうですが、豊田市においてはなおさら、市民の関心は、まだまだサッカーよりも野球にあるのです。

それに比べると、静岡県下の各自治体のサッカー熱のものすごさは、私たちにも伝わってきています。一〇〜二〇年かけて市民と行政が協力し合って、市民の中のサッカー人口（サポーターも含めて）を着実に増加させて、その結果として、ワールドカップを招致するという、まさに正道を静岡県は歩んでいます。

「サッカーといえば静岡県」という認識は、残念ながら、ほとんどの愛知県民・豊田市民がもっているのです。もし、貴協会が、こうした民意（民度と言ってもよいかもしれません）を考慮せず、静岡県に比して愛知県（豊田市）を選んだとすれば、「サッカー協会は、市民のサッカー熱よりも自治体の経済力を尺度とした」という誹《そし》りを受けることは免れないでしょう。

スポーツは金に左右されてはならず、ただスポーツを愛する者の熱意に従うべきであるという、スポーツ精神の原点に立脚した判断を期待して止みません。

以上述べましたように、愛知県（豊田市）のワールドカップ開催地への立候補は、豊田市が何の準備もないまま唐突に立候補してしまったものであり、そのために、その後の豊田市の行政は、六万人収容の巨大サッカー場建設の理由づけのために右往左往し、都市計画も土地利用計画も、さらには財政計画にも、混乱を招いています。

報道によれば、貴協会の判断によって、来る二五日にも一〇の国内開催地が決定されるとのことです。どうか、私たちの要望の趣旨を真摯に検討の上、ご高配をいただき、愛知県（豊田市）を開催地の選択から除外して下さいますよう、お願いする次第であります。　以上

同結成大会一同

（鈴村記）これは会員の吉田武昭君が、英訳してＦＩＦＡへも送った。よいタイミングで朝日の「窓」欄がとり上げてくれた。

一九九六・一二・二一　朝日夕刊「窓」論説委員室から

サッカー場熱

日韓で共催するサッカーの二〇〇二年ワールドカップ（W杯）に向け、会場候補地の一つ、愛知県豊田市で、思わぬところから反対の声が上がった。

「子供たちがサッカーを楽しむ広場も乏しいのに、めったに使う機会のない六万人収容ものサッカー場を、なんでつくらなければならないのか」。

そういうのは、市体育協会の前会長堀尾賢さん（七五）だ。現在も体協顧問。かつては、この市に本拠を置くトヨタ自動車の労組役員で、市議も務めた。国内会場は二五日に、候補地一五カ所が一〇カ所に絞られる予定だ。それを目前に、堀尾さんに共感する市民が集まって運動を旗揚げした。

この車のまちは、高度成長期に全国から若い人を集めた。だが、そうした従業員たちも次第に高齢化している。堀尾さんは、自動車産業で長年働いた体験から、こんな危機感も抱く。

「老人ホームやホームヘルパーを増やしてゆかねばならない時に、市財政に余裕はない」。市によると、サッカー場の事業費は、用地代を別にして二五〇億円。二〇〇一年に迎える市制五〇周年の記念事業として、一九九八年に着工される。

推進する側の内部から出た批判に、市は苦い思いのようで、担当者も「コメントできかねる」と漏らす。痛いところを突かれたのではないか。

会場候補地に名乗りを上げている全国各地のサッカー場計画でも、事業費の多くは税金や借金である。

W杯のためだけに建設するわけではなかろう。しかし、それにしても、福祉や教育など、他の施策とのバランスを欠くことはないだろうか。

W杯に夢を見るのはいいが、政府や自治体の財政赤字が声高にいわれる中で、サッカー熱ならぬ、「サッカー場熱」はどこか変だ。（斉）

（鈴村記）一二月二五日、愛知県＝豊田市はW杯に落選した。決定が遅れたので、記者クラブでの声明の時間には夕方の外来診療があるためつきあえなかった。ヤッタゾという電話をあちこちから受けた。

結成大会で決め、市へ出した公開質問状への回答は、W杯落選の翌二六日に来たので、市が落選を予想だにせずに、書いたものだ。

公開質問状への豊田市の回答に対するコメント

私たちが、本会の結成大会の決定にしたがって、一二月一六日に提出した公開質問状に対する豊田市当局からの回答が、去る二六日寄せられました。

しかし、この回答は、残念ながら、私たちの質問にまともに答えた内容には、全くなっていません。

この回答からは、豊田市が六万人規模の巨大サッカー場を計画した政策の決定過程も、それに伴う資金計画も、また、六万人の集客に対処する交通アクセスの方法も、何ら窺い知ることができません。

この回答の最大の特徴は、資金計画、維持管理費、採算性などの問題については、具体的な数値を全く示さないでおきながら、経済波及効果についてだけは、生産誘発額や雇用効果などの具体的な数値を明らかにしていることです。回答の構成の上からも、全く矛盾に満ちたものと言わざるを得ません。

ところで、この経済波及効果に関する回答について市当局が算出根拠にしているのは、平成二年度の愛知県産業連関表だけです。平成二年度と言えば、まだバブル景気の余韻が残っており、愛知県でも豊田市でも税収入がピークであった年のはずです。それに対して今日では、もはやバブル景気の再来はあり得ないことが常識になっており、何よりも、公共事業の景気刺激効果自体が疑われています。この時点で、平成二年度の産業連関表を持ち出すことは、何ら説得力があるものではありません。

私たちは、豊田市がワールドカップの開催地として選定されなかった今日においては、市制五〇周年事業としてこの町に何がふさわしいかを、白紙の立場に戻って冷静に検討すべきであると考えます。私たちには、六万人規模の巨大サッカー場建設がふさわしいとはとても考えられません。

したがって、市当局が巨大サッカー場の建設に固執する限り、公開質問状で提示した問題点の一つ一つについて、市当局と真摯な議論を継続し、市民のみなさんに判断材料を提供しつつ、建設の中止を含む計画の抜本的な見直しを求めていく覚悟です。

市当局が、この議論に真剣かつ積極的に参加されることを望んで止みません。

巨大サッカー場問題を考える会
会長　堀　尾　賢

（鈴村記）九七年一月一八日『中日新聞』は一面トップで「豊田市スタジアム規模縮小を検討、サッカーW杯招致失敗で巨額負担、市民反発受け」の見出しの記事を出した。次いで毎日、朝日が、記者署名入りで落選をとり上げげた。

毎日新聞　一九九七年（平成九年）一月二一日　火曜日（抜粋）

W杯サッカー・豊田会場〝落選〟　財政考えれば「よかった」

豊田支局　長沢英次

私は小学五年生から大学卒業までサッカーを続けた経験があり、あらゆるスポーツの中でサッカーが一番面白いと思っている。W杯が、どんなに世界の注目を集めるイベントかも知っているつもりだ。だが、W杯招致に伴い、全国のあちこちに巨費を投じて大スタジアムを造ろうという各自治体の「にわかサッカー熱」には疑問を感じていた。

疑問点の多いスタジアム計画

豊田市が建設を計画している「豊田市スタジアム」（仮称）は、六万二三〇〇人収容という途方もない大きさだ。市は本体建設費を二五〇億円前後と見込んでいる。これだけでも大変な額だが、建設に反対する市民団体「巨大サッカー場問題を考える会」は、「もっと金額が膨らむ」とみる。候補地の一つだった広島市は、競技場の屋根の設備などにかかる一五〇億～一七〇億円の負担が財政的に難しい、と改修を断念したために会場から外れた。同会は「屋根だけでそんなにかかるのに、二五〇億円でできるのか」と疑問を示す。

スタジアム建設後の利用計画も、はなはだ心もとない。市は「トヨタカップやJリーグの試合を誘致し、コンサートなどのイベントも開いて年間60日の利用を図る」としているが、六万人のスタジアムを埋めるほどの試合やイベントを確実に誘致できる保証はない。建設費や維持管理費に見合う運営ができるのか。税金を使って建設するのに「造ったけど使いこなせませんでした」では済まない。

市はスタジアム建設を市制五〇周年（二〇〇一年）と位置づけ、「W杯にかかわらず建設する」と言い続けてきた。だが、名古屋市の立候補断念を受けた形でW杯会場に名乗りを上げ、急ピッチでスタジアム建設計画を進めた経緯からも、W杯を大きな目標にしていたことは明らか。逆に言えば、W杯が来ないなら、大規模なスタジアムを慌てて造る必要はなくなる。私が「よかった」と言うのは、市の将来の財政を考え、計画を見直す機会ができてよかったという意味だ。今後、市議会などで見直し論議が出てくると予想されるが、この際、計画をいったん白紙に戻すよう訴えたい。

一九九七年一月二二日『朝日新聞』

取材余話

豊田市スタジアム見直しを

大規模球技場計画は、唯一の地域新聞の市民アンケートで、反対が賛成の二倍もあった。民意が見えぬ、として「三年に一度の市民意識調査の年だから市民に考えを聴いては」との議員の一般質問にも市は「ノー」だったことを、昨年四月の本欄に書いた。

もともと市制五〇周年事業に乗った計画。「落選」したことでW杯までに完成を、との足かせが取れた。一度決めた政策決定を覆すのは勇気がいるが、だれのための事業かをいうなら、いま一度市民から聴いてじっくり考える機会にしてもいいのではないか。サッカーの盛んな四日市市は、市制百周年記念事業でミニサッカー、ソフトボール、テニスなどの多目的スポーツ施設「四日市ドーム」を建設中だ。市民参加の「懇話会」を経て、大学生を含む一〇〇人の市民から成る「推進市民会議」での提言をもとに、決定されたという。（豊田支局・森山敏男）

九七年二月三日『朝日新聞』三河版

大看板立て阻止運動息長く

サッカー場問題「考える会」が集会

二〇〇二年サッカーワールドカップ（W杯）の開催会場から漏れた「豊田市スタジアム」の建設予定地に、「巨大サッカー場問題を考える会」の大看板が立ち、二日、約一〇〇人が参加して看板設置集会を開いた。集会では計画の白紙撤回と、市が話し合いのテーブルにつくことを求める決議をした。同会では看板とスローガンを活用して息長い運動を目指す。

「巨大サッカー場はいらない」「子供たちに借金を残すな！」、をスローガンとする看板を設置しました。看板は長さ一二m、高さは地上から約三・四m。看板の立つ豊田市千石町二丁目の土地の地主で、集会に参加した司法書士山田道雄さん（五〇）は「多目的な施設ならいいが、分不相応な計画で町の起爆剤にもならない。市長は『夢と感動』をいうが、文化は心を耕すことで、大きな建物をつくることではない」と話した。

一方、加藤正一市長は開催地に「落選」した昨年一二月二五日から「議会と相談して決めたい」との考えを変えておらず、現状では六万人規模の球技専用競技場の計画のままだ。当の議会は、意見集約を始めたばかり。議会内にも白紙撤回、縮小を巡ってさまざまな意見があるといわれ、結論を一本化するには時間がかかりそうな情勢だ。三月末には基本計画が出来上がる。

豊田市当局にプロサッカー場建設計画の白紙撤回と話し合いのテーブルに着くことを求める決議

本日、「巨大サッカー場問題を考える会」の呼びかけに応じて、建設予定地とされている千石町に参集した私たちは、私たちの意思表示を明確にするための共同作業の一つとして、「巨大サッカー場はいらない！　子供たちに借金を残すな！」をスローガンとする看板を設置しました。このスローガンは、豊田市長がサッカー場建設を正当化するために唱えている「子供たちに夢と感動を！」に真っ向から対置されるべきものであります。

私たちは、ワールドカップ開催の可能性がなくなったいまこそ、市制五〇周年記念事業として何がふさわしいかを原点に立ち戻って考え、広範な市民が参加した、十分に時間をかけた議論を経て、政策決定がされるべきであると考えます。そのためにはまず、「初めにプロ専用サッカー場の建設ありき」の発想が白紙撤回されねばなりません。

私たちは、豊田市当局が、直ちにプロ専用サッカー場建設計画を白紙撤回し、去る一月二四日の「考える会」

の申し入れに応じて、市制五〇周年記念事業のあり方をテーマにした話し合いのテーブルに着くことを、強く求めます。
あわせて、豊田市議会が、「考える会」の公開質問状に対して、議会の意思決定過程の情報開示を拒否したことに抗議するとともに、議会としての本来の機能を一刻も早く回復し、この問題について、議員個々人の考えが市民の目に赤裸々になるような議論を、真摯かつ慎重に積み重ねて、市民世論を真に反映した意思決定をすることを求めます。
以上、本日の集会の名において、決議します。
一九九七年二月二日
「巨大サッカー場問題を考える会」看板設置集会
参加者一同

（鈴村記）この頃はNHK経済部がW杯落選自治体の動向を特集する番組を作っていた時期で、僕らの事務局会議にまでカメラを持ち込んだ。看板もくっきり放映してくれただけでなく、市財政の説明グラフでは、過去一〇年間で負債が一〇〇億円から八〇〇億円にまで上りつづけ、法人税収はバブルの頂点で三〇〇億円であったのが一〇〇億円まで現在は下がってしまっていることを逆V字型で示してくれた。

市長への申し入れ書（抜粋）
一九九七年一月二四日

豊田市長　加藤正一殿

申し入れ書

市長はさる一二月二五日の記者会見で「いろいろな意見を持つ市民と対話していきたい」と言われました。今こそ、それを実行される時です。私たち「考える会」は行政サイドとの話し合いを切望しています。「市制五〇周年記念事業」をテーマに、マスコミに公開した上での公正な話し合いの場を早急に設定していただきたく、ここに「巨大サッカー場問題を考える会」の名において申し入れをいたします。

付　日時場所につきましては行政サイドの意向を優先したいと考えています。

「巨大サッカー場問題を考える会」

会長　堀尾　賢

一九九七年二月一七日

サッカー場建設推進団体代表者各位

冠省

昨年一二月二五日、豊田市がW杯の選にもれたことにより、当初のサッカー場建設計画を抜本的に見直していかなければならない情勢であることはマスコミ等が報じている通りです。

推進団体の皆さまは現状をどのように理解しておられるでしょうか。私ども「考える会」はW杯が来なくなった現在、「市制五〇周年記念事業」と、「サッカー場建設」とは切り離すべきであると考えています。W杯を想定していた時ですら、市民の多くはプロ専用サッカー場の建設には批判的でした。ましてや、W杯がなくなった現在、市民はプロ専用サッカー場が市制五〇周年記念事業としてふさわしいものであるとは考えていません。

貴会がサッカー場建設推進団体に加盟された時点と現在では事態は大きく変わっています。貴会が推進団体になられた時にも当然理事会などで組織決定がなされた上での加盟であったかと思いますが、事情が大きく変化した今日、貴会会員が市制五〇周年記念事業に真に何を欲しているか、千石町の公園予定地に何が一番ふさわしいか、というテーマを内部で真剣に議論していただけないでしょうか。その結果によっては、貴会がサッカー場建設推進団体から脱退していただくということも可能ではないかと思います。

私ども「考える会」は、貴会が貴会に所属する全ての会員による話し合いの場を持たれることを望んでやみません。その上で組織決定をしていただければ幸甚です。

「五〇周年事業」は市民が主役です。市民に喜ばれるものを市民が提言して作っていこうではありませんか。

「考える会」は皆さまの良識ある判断を信じています。

参考までに「サッカー場」に関する資料を同封しました。是非ご一読下さいましてご検討下さいますようお願いいたします。

事務局　鈴村　鋼二
岩田　道子

一九九七年三月一三日

会報　No.2

〈巨大サッカー場問題を考える会〉

暖かい日ざしに春の到来を感ずる候となりました。会員のみなさまにはお元気でお過ごしでしょうか。

会報No.1でお知らせしましたように、去る二月二日サッカー場建設予定地に「巨大サッカー場は要らない。子供たちに借金を残すな」というタイトルの大看板を建てました。多数の市民のご参加をいただき、その場で集会宣言を採択しました。

昨今のマスコミの報道によりますと、市当局は本市がW杯会場にはずれたにもかかわらず、「市制五〇周年記念事業」として「プロ専用サッカー場」を、四万人規模で建設しようとしています。市はその実施設計にあたっては「市議会」および「サッカー場建設推進四〇団体」の意向を尊重したいと言っています。

私ども「考える会」が入手した情報によりますと、「市議会」や「四〇団体」の内部で、市制五〇周年記念事業については種々な案が検討され始めているようです。今こそ私たち「考える会」も積極的に議論に参加していくべき時だと思われます。

私たち「考える会」は結成以来、市当局に対して再三再四にわたり「話し合いの場」を設定してほしいという旨の申し入れをしてきましたが、ことごとく無視されて来ました。今となっては「考える会」主催の討論集会を開催せざるを得ません。この討論集会の結果は必ずや市当局に対して大きい影響力を持つものと考えられます。

三月議会ではサッカー場の実施計画は見送られたものの、近いうちに市当局の方向が決定されることは間違いありません。私たち市民が声をあげる最後のチャンスです。

「考える会」の会員はもちろんのこと、この問題に関心を持つ市民、及び関係機関の方々のご参加ご発言を期待しています。

討論集会
と　き　三月二三日（日曜日）午後六時
ところ　産業文化センター　四階大会議室

（付）

二月二日以後の経過報告は同封の書類をご参照下さい。
サッカー場建設推進四〇団体の一覧表も同封します。各種団体に所属する市民の皆さま一人一人の意思の表明が大切です。おまかせ行政からの脱却は私たち市民の自覚と行動あるのみです。思ったことが口に出せる民主的な豊田市をつくろうではありませんか！

成功させよう　討論集会

「巨大サッカー場問題を考える会」
会　長　堀尾　賢
副会長　小林　収
事務局　鈴村鋼二
〃　岩田道子

（鈴村記）この間、公開質問状と市側の回答は我が会の内藤和伸君が、項目ごとに対照の形にしたものを作り、コメントを付けて、二三〇名の全区長に、二〇名の区長会役員には、さらに数枚のコピー資料を付して配布した。僕自身は役員の半数を回り、不在の場合はあとで電話で説明した。一、二名の反発をうけたのみで、他は僕らの運動、要求への共感を示した。

一月、加茂議員が、サッカー場建設批判の議会質問の原稿の大幅な書きなおしを要求されたため、所属会派思政クラブを退会しようとしたところ、除名処分をうけた。この思政クラブの姿勢はマスコミ各社から、議会の自由な討論を圧迫するものとして批判された。さらに三月議会では林議員が、会派によるサッカー場問題についての一般質問原稿の修正要求を拒否して、思政クラブを脱会した。

林議員の一般質問（抜粋）

人口一一〇万人の広島市の平岡市長が「W杯の為に一五〇億円もの市民の税金は使えない」と決断されたことは衆知の通りです。このことをどう評価されていますか。お教えください。

青森市は落選したことにより、スタジアム建設中止の論議がなされていると聞きます。サッカーブームが去り、Jリーグのサッカー観客数は昨年より一試合あたり平均約三〇〇〇人減少したとの報告もあることから、青森市ではサッカースタジアムは、建設費が巨額なのに競技日数が少なく投資効率が悪い、よって経営が心配であると結論づけたようですが、いかがでしょうか。お聞かせください。

白紙撤回はとうてい無理でしょうが、仮称豊田スタジアムに、広島、青森両市の意見も活かしてくださいますことを、お願いいたします。

仮称豊田スタジアム、即ちサッカー場は、生産設備ではありません。私は人間社会が続く限り、ものを創る産業が人を産み、社会を育て、雇用を促進し、国の繁栄をもたらす主役であろうと確信しております。

非生産的な娯楽施設は、しょせんバブルに咲いた花にすぎないのではないでしょうか。

もう一度ゆっくり市民と共に考えを巡らせ、世界を眺め、豊田市の足下を確かめながら、二一世紀未来計画を土台に仮称豊田スタジアムの形と大きさを考えようではありませんか。

（鈴村記）当初から反対意思を表明していた外山議員（共産党から自民党に移った人）にこの二名が加わって三七対三になった（公明党の四人は思政クラブと協調するから）。

小林県議と堀尾会長は連名で『矢作新報』四月一一日号に、「市制五〇周年記念に総合体育館建設を」と「対

案」を発表した。（抜粋）

「大規模球技場」建設問題は、市議会思政クラブの意見集約や推進団体の要望書で知る限り、「サッカーの国際試合が可能で市民が気軽に利用できて、文化イベントや大型の展示会ができるもの」という、極めて曖昧なコンセプトのままで、政策決定が模索されているように思われます。しかし、市役所内外のどこで、誰が、どのような価値基準と情報をもとに、政策立案の作業をしているのかは、全く窺い知ることができません。

私たち「巨大サッカー場問題を考える会」では、このような政策決定過程においてこそ、市当局との対話が必要であると考え、意見交換を求めてきました。それは一方的に相手を論難するものではなく、お互いにこの町のあるべき将来像を開陳しあい、そのためにはどのような施策や施設が必要あるいは可能かを、公開を前提に、率直に話し合うことを求めるものでした。そうすれば、市議会の各位をはじめとして広範な市民に、より正確な判断材料を提供できると考えたからです。

しかし、市当局は「市内部の考え方が煮詰まっていない」ことを理由に、今日まで話し合いに応じてくれません。私たちは「考えが煮詰まっていない」段階で意見交換をすることこそが、真の情報公開であり、民主的な政策決定のあり方だと考えています。

現時点での「考える会」の最大公約数的な意見は、ワールドカップという大前提がなくなった今こそ、プロのサッカー場という概念にこだわらずに、二〇〇一年の市制五〇周年記念事業として何がふさわしいかを、広範な市民公募の委員を含んだ「市制五〇周年記念事業審議会」的なものを設置して、少なくとも一年ぐらいの審議を重ねて結論を出すべきであるというところにありますが、具体的な対案となると、必ずしもまだ意見が一致しているわけではありません。

私たちの提案は、大規模スタジアム建設用に買収した用地に市制五〇周年記念事業として、屋内スポーツ施設を集約した総合体育館の建設をしてはどうか、というものです。具体的な施設概要は、①ホール型アリーナ

（観覧席付き競技場ホール）、②市民体育館、③武道場、④温水プール、⑤アーチェリー場からなります。

基本的なコンセプトとしては、市民が日常的に親しんでいるすべての屋内スポーツが可能なような施設にしようというもので、加えて、障害者スポーツに配慮した施設計画が立てられるべきであると考えます。

建設費は、レインボーホールの実績から物価換算をすると、土地造成費を別にして、一三〇～一五〇億円程度と想定されます。一万人規模の集客施設ですから、一七ｈａの内に適正な駐車場の設置も可能です。

自治体が建設する公共施設は、二種類に大別できます。つまり、市民が専ら利用するための施設と、市外の人々を呼び込むための施設とに。従来は、公共施設と言えばほとんど前者でしたが「町起こし、村起こし」が声高に叫ばれるようになって以降、後者の公共施設を手掛ける自治体が出てきました。しかし、財政運営の観点から、この両者にはキチンとした概念区別がされねばなりません。

前者のばあいには、その施設を利用する市民の受益者負担の多寡が問題になるだけで、基本的には公金を投入することについての市民的合意が成立しています。ところが、後者のばあいには、その自治体の名を揚げたり、税収を増やすための、いわば先行投資の意味を持っていますから、その事業の是非については、その投資が果たして回収できるかという、企業的観点からの判断が厳密にされねばなりません。そして、このような事業は、各地の観光業績がそうであるように、あくまでも主役は市場原理に身を置く民間企業であって、自治体が関わるとしても、条件整備のお手伝いに止めるべきです。このように、自治体がやるべきことと民間がやるべきことを峻別することが、いま求められている行財政改革の方向ではないでしょうか。

大規模球技場建設を推進しようとしている人々への、私の最大の疑問は、何のために、大規模球技場を造ろうとされているのかが、一向に伝わってこないことにあります。端的に言って、サッカーを中心とするスポーツ振興のためなのか、名古屋ドームに匹敵する一大イベント広場の創出のためなのか、どちらなのでしょうか。

サッカーを中心とするスポーツ振興であるとすれば、真に必要なのは、養生が厄介な天然芝コートの大規模球技場ではなく、市民が気軽に使えるスポーツ空間を、市内各地にもっともっと作ることではないでしょうか。もし、一大イベント広場の創出だとしたら、それは市民のための施設ではなく、市外から人を呼び込むための施設ですから、興行的な採算性が合うか否かが、徹底的に検討されねばなりません。

常識的に考えて、この町の人口集積や交通アクセスなどの条件からすれば、年数回程度の特殊な行事は別として、名古屋市を向こうに回しての興行が成功するとは思われませんし、そもそも企業的能力こそが問われる分野については、自治体は禁欲的であるべきです。

因みに、大規模サッカー場の維持管理については、W杯の開催地となった県・市においても苦慮しているようです。私は七万人規模の横浜市を視察し、五万人規模の静岡県、いずれも四万三〇〇〇人規模の札幌市、大分県、新潟県の担当者にそれぞれ電話取材をしてみましたが、一様に、「W杯後の使い方が問題だ」と語っていました。W杯後には総合陸上競技場に改装するところが多く、なかには、屋根をつけて文化イベントの誘致を考えているところもありました。特に財政規模について付言すれば、これらの県・市の予算規模は最も少ない大分県でも六五〇〇億円を越えています。本市のそれは一二〇〇億円に過ぎませんから、「国際試合が可能な大規模球技場」の建設は、財政的にも無謀のようにおもわれてならないのです。

加藤正一豊田市長は、大規模スタジアム建設の意義の一つとして、従来から「子供たちに夢と感動を与えること」を挙げています。さらに、加藤市長は、「美術館は学校の美術室の延長であり、大規模スタジアムは学校のグラウンドの延長だから、どちらも教育施設である。だから、施設の採算性を考慮する必要はない」という趣旨の発言を、本会議でもしています。そして、子供たちに一流のコンサートを聴かせたり、本物の美術品を見せたりした成果を自賛しています。

加藤市長の施策は、子供たちに一方的に与える施策に片寄り過ぎています。もし、与えるとするならば、美術館にしても大規模スタジアムにしても、そのためにした市の借金は、子供たちが納税者になったとき共同して返済してもらうことになることを、併せて説明すべきです。そうすれば、子供たちにも社会の仕組みが少しは分かり、公共性を育てることになると思います。

物事がもっているマイナス面を明らかにせず、「夢と感動」だけを与えたように振る舞うことは、かえって、いまの世代の人間としての責任を果たすことにならないと考えざるを得ないのです。

（おわり）

（鈴村記）四月二二日付で、市議会の平成八年度「球技場を生かした街づくり市議会特別委員会調査研究結果報告書」が出た。内容は一年前のサッカー場推進協議会のものではなかった。ほんの一頁のうちに、「球技場を起爆剤として街づくり」、「起爆剤として本事業を位置付け」、「子供達に夢と感動を与える施設」、「街づくりの起爆剤としての役割」、「二一世紀豊田市づくりの起爆剤として大いに活用」、「二一世紀を担う子供たちへの資産づくりとしての意義」、などの文句が並べてあるだけで、調査も研究もない。例えば調査結果①本事業のコンセプトのⅣをそのまま引用する。「豊田市スタジアムは起爆剤としての役割を発揮することにより、二一世紀豊田市の〝活力づくり〟の具現化（社会的効果、集客効果、都市基盤整備促進効果、経済波及効果）が図られ、豊田市のイメージアップ、ポテンシャルアップに着実に貢献することになる」そうだ。それで「日本サッカー協会関係者のコメントでは国内一流ゲームを開催するには専用球技場の場合で最低四万人以上、国際一流ゲームの開催は五万人近い規模が必要」なので「提言①施設規模は四万人～五万人とする」となってしまったのです。なお「多目的活用策　ｉ　簡易開閉式屋根設置による球技場の多目的利用については、構造、土地利用、建設コスト、天然芝であることによる使用上の制約等を総合的に検討した結果、採用を断念した。　ⅱ　芝を保護した上で、ピッチ部分及びスタンド下の多目的活用については今後検討を深める」とあるのは、プロ興行専用と結論づけたわけだ。

　昨年末にW杯落選で、じっとしていた市長は、市議会の三七対三の絶対優勢をバックにして、三年前の当初計画通りに、「制度的には合法的に」動き出せるわけだ。一応市民世論に配慮した形をとるために、例の四〇団体の一部に対して、説明会、ヒヤリングを始めた。最初のものが、五月の第二週から始まったので、僕は大急ぎで、内藤和伸君に資料コピーを作ってもらって、下町地区、都心整備開発推進協議会（区長と商店街発展会役員）の二〇名に配布した。出席した知人にきくと、僕がキチンとした批判的討論を期待していた二、三人は欠席してしまったらしいが、パラパラと疑問が出されたようだ。「孫子の代まで借金が残るという巷の噂をどう思う」に対して、市は「トヨタ自動車の景気が上向きだから心配ない」とか、「サッカー観客は、町に金を落とさないで、終わるとすぐ帰ってしまうそうだが」に対して、市は「なんとか方策を立てる」とか、いいかげんの返答をしていたらしい。区長会役員会のヒヤリングを、僕が資料配布で立ち寄った人に聞くと、全く同じで、その上「多目的利用」などと、特別委員会が「断念した」ことまで市長は言っているらしい。どこまでもゴマカシで通すつもりか。ある役員は「これまで一遍も相談なしで、きまったことの通達だけか」と市長に言ったそうだ。この一連のヒヤリングの中で、僕らの「巨大サッカー場問題を考える会」もようやく明日、市助役ら数名と会える。これまで半年間数回、市長との話し合いを要求してきたが駄目だった。今回も市長は出て来ない。当初は、新聞記者も入れない非公開でならばと言っていたのに対して、それでは無意味だと異議を申し立ててようやく、記者を入れるのを認めた。他の団体にはすべて非公開のままだ。これから、会の対論テーマについての打ち合わせ会に、小林君の事務所へ行く。

一九九七・五・一七

市との対話を終えて夕方の回診をしていたら、患者が「今、先生がテレビに出たとこよ」と言った。翌日全国紙各社が三河版で報じた。

『朝日新聞』（朝刊）九七・五・二〇

市に意識調査要望　慎重派市民団体　豊田スタジアムで

二〇〇一年の市制五〇周年事業として「豊田市スタジアム」（仮称）の建設を計画する豊田市は一九日、市役所内で建設に慎重な市民団体「巨大サッカー場問題を考える会」と話し合いを持った。考える会は、スタジアム建設に関する市民意識調査の実施を要望した。

話し合いは、市側から二人の助役と担当部署の中央公園推進室長ら三人の計五人、考える会からは一〇人が出席した。

考える会は、市民意識調査の実施を要望したほか、市の財政的な裏付けや採算性の調査が不十分と指摘。

市側は、サッカー二〇〇二年ワールド杯の国内会場の選定から漏れたことで規模の見直しが必要となり、内部調査を中断していたと説明した。四万―五万人と幅を持たせた現在の数字を確定してから、再度調査すると答えた。

考える会は、この回答に納得せず、独自に調査することにし、調査が済みしだい、改めてこうした話し合いの場を設けることを市側に求めた。市側は即答を避けた。

市は、スタジアム建設に関して市民の声を聞くとして、今月中旬から市内の各種団体から意見聴取している。全体で十数団体を予定しており、考える会は八団体目。


（鈴村記）この市との対話の冒頭で、僕は、九五年九月の『矢作新報』の世論調査を分析するとプロ用巨大サッカー場は賛成者二〇％に対して反対者七五％であること、さらに九六年七月に市が行なった市民意識調査（二〜三年毎）ではプロ用のサッカー場自体を問うてはいないものの、今後、施策、整備、充実を市民が期待するもの一八項目の重要度得点順位では、第一六位の最下位に近い項目（観光・リクリエーション施設の整備）に該当すること、上位は、福祉、保健、下水道整備、防災、公共交通機関の充実等の項目が占めていることを強調し、市が計画決定前に、市民意識調査を行なうよう要求した。内藤和伸君は、市が行なうというフィージビリティ調査を第三者機関に委嘱すべきことを主張し、吉田君は、年間入場者数の設定の恣意性を指摘し、県産業連関表への代入数値を問題にした。小林県議は、「考える会」は対抗フィージビリティ調査をシンクタンクに委嘱し、市の行なうものを監視するとしめくくった。

「考える会」水曜定例会では、小林県議が、居住自治区（予定地北部隣接地区）の寺部で後援会の人々の賛同が得られたので、アンケート調査を有権者に対して行なうことを報告した。市が予定地で買い上げた土地（九〇％）にコスモスの種をまくこと、全区長二三〇名に対するアンケートをやることなどをきめた。

一九九七・五・二二

追　記

1．前回の衆議院選挙で、トヨタ労組出身の新進党の伊藤が、自民党に圧勝し、浦野は比例惜敗率で入ることもできなかった。自民党は初めて国会の議席を失い、市議会ではトヨタ系新進党と思政クラブで一体化していても、内部の対立感情は強まっている。しかし、二名の離脱者を出したのみで、会派の分裂は起こらない。トヨタの会社＝労組の圧倒的な力の幻想は強固に彼らを縛りつけている。伊藤議員の中央での筆頭秘書といわれる亘某（僕らの二〇年くらい後輩になる人らしい）と地元秘書が、町の新進系と自民系の中間にいるような人々少数と会食した際、亘某は「トヨタは、サッカー場などに全く関心はない。グランパスの練習場は三好で十分だ。市の計画はオカシイ。市長が面子にこだわっているだけで、市民の七割は反対している」と言ったそうだ。今さらほとんど意図的リークのようなやり方でこんな話をするのはなぜか。伊藤議員は小沢の側近だから、二年後の市長選でも浦野前議員ら自民党を敗退させて、市長まで、トヨタ＝新進党で独占するよう示唆されていたのかも知れない。

新進党の伊藤、亘某らは、サッカー場推進の二五万人署名を主導したトヨタ労組の出身のくせに、組合や市長に方向転換の働きかけは何もしないまま、同じくこれだけの反対市民世論を前にして何も市長に働きかけない浦野系自民党にイラダチを持つ市民にリップ・サービスだけで浸透しようとしていかのようだ。どっちも厚顔な無責任野郎ばかりだ。

2．鈴村から医師会理事への申し入れ

中村会長代行及び理事会へのお願い

日頃、我々医師会員と市民のために、貴重な時間をさいて、仕事をして下さっていることに対して、理事会の皆さんに感謝しています。

昨年六月の班会議の際には、やや孤立感にとらわれて、ピエロとでも、ドン・キホーテとでもいわばいえと、いささかいいつのり過ぎたのを、車寅次郎のように、日々、反省しております。病気療養中の加藤会長に対しても、お孫さんが当院で生まれたこともあり、親近感こそあれ、反感は毛頭ありません。僕の短兵急の論理至上主義的気質がついつい挑発的表現を言辞に帯させたかも知れないと反省しております。

一昨日、事務局に当医師会の定款をとりに行き、精読した上、小林県会議員の解説もうけました。それでよく分かったことは、今日は唯々、理事の皆さんに理解していただき、ひたすら、お願いを申し上げるしかないことです。

僕の論理構成は次のようです。

①昨年春三月から六月までの時点では、加藤会長が、「大規模球技場推進協議会」へ参加の意を表明し、理事会がそれを承認したことは、定款上の問題とするべきではないこと。

事実六月の班会議での僕の意見表明に対して、会長は回答の中で、「巨大サッカー場推進」ではなく「多目的のスポーツ・イヴェントの交流の広場」と理解して参加をOKしたといわれました。過去二年間の『矢作新報』を精読していれば違ったろうと思いますが、「趣意書」だけでは、そのように理解され、それが定款の目的条項（第3、第4条）に抵触しないと考えられてもしかたないです。

②ところが、その後、市と推進協議会は、六万人規模のプロ用サッカー場として「球戯場」を特化し、ワールドカップ立候補の方向に走り出し、同候補地として落選してからも、なお、四万人規模のサッカー場に固執しようとしています。

事態の状況的推移は、参加当初と異なって、当医師会が、推進協議会にとどまりうる、定款上許容できる範囲を超えてしまいました。

因みに、僕が一員である「巨大サッカー場問題を考える会」会長、前市体育協会会長堀尾賢さんは、「市民の多数が要望しているのは、プロ用、見物用ではなく、自分達自身が、そこでスポーツができる多種、多様な体育館複合体である」といっています。この当医師会の定款の目的条項に適合しうる案と、現在の市と推進協議会の目ざすものは、財政的にも、空間的にも二律背反関係に立ちます。

③したがって、状況の変化に強いられて、当医師会は、定款の目的条項に反するにいたった推進協議会から離脱せざるをえなくなったのではないでしょうか。会長及び理事会が当初から間違ったわけではないのです。

④僕が一月二九日から三〇日にかけて、僕の所属する挙母班の会員に対して行なった電話アンケ

ートの結果は、一四名中一二名が、この件に関して、僕と同意見でした（ただし三浦悠基彦先生は高齢のため通じませんでした）。また所属する産婦人科部会の全員が僕と同意見でした。（A会員にのみですが）。

問題の性格上、地域差、部会差はないと考えられるので、全医師会員の八割か九割が同意であろうと推測します。

理事会は、このような会員の意向と乖離しない方針をとっていただきたいと思います。

⑤理事会にお願い致します。

推進協議会に席を置くことは、現時点では、定款上無理と考えられるので、退会することを通告して下さい。

一九九七・二・一

挙母班　鈴村鋼二

加茂医師会　定款（抜粋）

第3条　本会は、医道の高揚、並びに医学及び医術の発達普及並びに公衆衛生の向上を図り、もって社会福祉の増進に寄与することを目的とする。

申し入れ書を全理事二〇名に送って三週間後の二月二三日、僕の提案が議論される時に採決権はないにしても議論には参加できると思いこんで早めに行ったが、ロビーで三〇分も待たされて呼び入れられ、円卓の会長代行席の真正面に席を与えられた。一緒に来るはずの久保田先生は、患者があって遅刻の連絡があった。欠席裁判の被告が判決だけ申し渡されるような空気の中で、代行が「先生の申し入れは受け入れられません」と言った。僕はカッとなって「何対何の採決だったのか」と聞くと「全会一致です」と言われた。「理由は」と聞くと「たとえ興行用サッカー場といえども、市民の一部は見物に行く、行けば、その一部の人々は自分でもスポーツをするようになる。そのスポーツが、その人にとって適切なもので健康の増進に成功する人々も一部に出てくる。したがって地域保健に役立つから定款に違反しないことになる」と答えた。僕は「そんな風が吹けば桶屋がもうかる式のエセ論理がよく言えるなあ」と怒鳴った。そんなやりとり数分で代行は「閉会」を言い理事達は退席して行った。しばらくして来た久保田先生に状況を伝えると「巨大プロ用サッカー場がある町は、ない町より罹患率が低いというような疫学上のデータでもあるのかねえ」と憤慨した。

その上、この文の医師会月報の会員投稿欄への掲載も拒否された。よりどころにされたのは、昨年六月の昼食会での僕の発言の直後（泥縄式に）、七月二四日制定の医報編集要綱第３条の４「委員が不適当と認めたもの」だそうだ。

昨夜ホテルの料理店であった産婦人科部会で、この話をして、僕は「トヨタの下請けや勤め人でもなく、市から仕事をもらう工事屋でもない僕ら開業医は正論を市当局へぶっつけても喰うに困らないじゃないか、どうしても理事会の態度が分からん」とみんなに聞くと、異口同音「先生の話は正論だが、理事達は、市との共同事業のことや補助金のことが心配になるのだろう」と言う。

「サッカー場にとりつかれているのは、市長の他は、市の企画室の黒川紀章信者だけだから、そんなこと心配せんでもいいのになあ。協力は協力、批判は批判で、サバサバやれんところが日本人の世界だ。僕自身はそれがイヤで、近頃、ますます、自分が在日日本人だと思えてくるよ」と言い残して、「サッカー場の仕事で忙しいから」と先に退席した。

区長会役員会も、都心開発整備推進協議会もどこも全部、この医師会理事会と同じだ。全部、補助金に引っかかって市に正面からモノが言えない。目先の自分の取り分だけが気にかかって、補助金のおおもとのパイ自体の巨大な浪費を批判しない。それは国に対する自治体も同じだ。自分達の支払った税金の分捕りっこをし、浪費を続け、負債でパイをふくらませ、元利合計の返済のツケは次の世代に廻している。

3.「考える会」毎週定例会のメンバーは、旧市政研の毎月定例会の三倍で世代も二〇代から四〇代が多数になった。みんな、新聞にこの問題で投書をしたり、結成大会で発言した人達だ。先に引用した文章の筆者の他には、若い頃北米での農業労働の経験をもつ少年野球の指導者高山さん、トヨタをやめて市議に立候補し、現在自治区副区長をやっている若い岡田さんとか、パソコンネットのホームページをやっている若い人、行政書士の人とかユニークな人が多い。見通しがきびしい割には、いい空気の会だと思う。ラディカル・デモクラシー＝根元からの民主主義という言葉が思い浮かぶが、それより、もっと普遍性、客観性をもった規定にぶつかった。二月一一日、名古屋。高木君の呼びかけで集まった「丸山眞男集読書会」で高田君が「開国」（第八巻）について報告したレジュメの中の、四七頁の註記のコピーを見た時、「これだ！」と言葉が心に沁み込んできた。勿論再読だけど忘れていたのだから高田君に脱帽。

『丸山眞男集』（第八巻）より

たとえば、最近バルビュ（Zevedei Barbu）が、*Democracy and Dictatorship: Their Psychology and Patterns of Life*, 1956 において、民主主義の精神的枠組《フレーム・オヴ・マインド》として抽出している諸契機なども、さきの二人の「開いた社会」の定式化と実質的にきわめて類似している。問題は言葉ではなくて、それがさし示す事態の一般的傾向性なのである。彼等の意味するところを詳説するかわりに、大体の方向《オリエンテーション》づけの理解を容易にするための便宜として、バルビュの「民主主義」についての要約をさらに要約しておく。

一、変化の感覚―個人及び社会生活が普段の変形と再適応《リアジャストメント》の状態にあるという感情をメンバーが等しく抱いており、これによって自分の社会を開かれた構造（open structure）としてとらえる。

二、そうした変化が一人一人の活動と相互作用の直接の結果であるという確信、したがって自分が社会の創造者であるという信念が一般的である。公的集会の習慣と、決定への参加にたいする関心とがこれと関連する。協力はあらゆる社会に存在するが、ここでは異なった社会集団間の自主的協力が問題なのである。

三、権力と権威の不安定性と相対性の意識―権力の委譲ではなくて委託の思考。したがってたとえ民主的手続きによっても権力の委譲は民主的ではない。

四、外的権威にかわる内的理性の権威―これによってめまぐるしい変化を秩序づける永遠な価値への信念が生まれる。基本的人権はそうした普遍的価値に裏づけられ、統一は既成の所与ではなくて、あくまで多様性を通じての統一である。

4．この僕の活動報告も、いよいよ終わり近くなった。ややナツメロ調の導入になるが、お許し下さい。六〇年安保闘争の高揚する直前の頃、僕は、本郷追分の寮で、フランツ・ボルケナウ『封建的世界像から近代的世界像へ』（I・II　みすず書房）を読んでいた。水田洋先生の訳序に導かれて出会ったボルケナウは僕を引きつけて（本書三頁註(2)）、Fischer Bucherei から出ていた Karl Marx Auswahl の Einleitung *"Praxis und Utopie"* を読んだ。

福田歓一先生と卒業式の後、運動場で会った時、「政治学史」の答案でこれを使ったせいか、「君の答案が、とても面白かったよ」と言われたのを思い出す。そう言えば、先日、高木君が、岩波ホールでやっていたケン・ローチ監督『大地と自由』のシナリオをくれたので、名古屋今池シネマテークに来た時に、九〇歳のおやじと九二歳の元活弁弁士の水野栄三郎さんを連れて行き、初めから終わりまで恥ずかしいくらい涙が止まらなかった。六〇年安保の頃に読んだジョージ・オーウェルの *Homage to Catalonia* やその後に出た、ボルケナウの『スペインの戦場』（鈴木隆訳・三一新書、僕の妹の鏡子が訳に協力した）を思い出した。水田先生が、ホッブス、スミスの研究者として国際的水準の仕事をされていることは知っていたが、名大は医学部だけ鶴舞に孤立しているので、お会いする機会はなかった。市政研運動の初期の医学部学生時代、ビラの校正で通って、お世話になった名古屋の印刷所の岡田孝一さん（『中野重治―その革命と風土』の著者）たちが発行する同人誌『象』は、巻頭評論を水田先生が書いている。度々、誤記、誤植を発見するほど、僕は精読しているが、九七年春の二七号は、棒線だらけでまっ黒にしてしまった。この運動の中で起こってくる思想的問題意識、世の丸山眞男批判への怒りが重なって、「僕は何も言わんでもよい。水田先生が充分に言ってくれている」と思って、以下岡田さんの許しを得て、水田洋先生特別寄稿に近い勝手な引用をさせてもらいます。

論理の衰弱

水田　洋

前号に掲載された「アセスメントの論理」は、はじめ『地域開発』という雑誌に書いたもので、行政主導の開発に対する市民運動の問題を考えたのだが、この問題にはふたつの構成要素があって、ひとつはもちろん民主主義における権力と市民の関係であり、もうひとつは、民主主義における多数と少数、というよりもむしろ、ひとかたまりになった多数者とひとりひとりの少数者の関係である。後者をこのようにいいかえたのは、多数派も内部をみれば、ひとりひとりの意見はちがっているかもしれないが、多数派としての決定権をにぎったかぎりでは、同質の集団なのであり、これに対して少数派は、ひとりひとりの不同意の表明であって、反対理由はひとりひとりちがっていても、さしつかえないのだからである。民主主義とはひとりひとりが自分の意見、自分の立場をもつことだといえば、あたりまえだといわれるかもしれない。しかし、それはひとりでも反対することだといったら、どうだろうか（反対意見そのものの意味については、前号でのべたから、くりかえさない）。多数派のかたまりのなかに没入しているよりも、少数派のひとりでいるほうが、個人は自分であることができるのだ。このように個人であることにこだわるのは、人にかぎらずすべてのものについて、個を基準に考えるのが、近代思想の基本姿勢であり、民主主義も例外ではないからだ。

「大塚、丸山の死で、戦後近代派の思想は文字通り幕を降ろしました」という年賀状が、弟子からきて、苦笑させられた。ふたりが死んだことは、否定しようもない。しかし、「戦後」という限定をはずした近代派の思想は、まだ幕は完全にあがってさえいない。あるいは舞台にでようとしたら、外圧で幕をおろされたか、幕をあける力が息切れしたかであろう。(中略)

家族、地域社会、職場、国家、こういうものはすべて名目であって、実在ではなく、実在するのは個人だけだというのが、近代思想の核心である。この点については、つぎのふたつの例を説明してから、あらためてのべよう。

日本共産党の戦争責任論にしても、戦争の協力者ではなく反対者であったことをみとめたうえでのことなのだから、むきになって否定する必要はないはずだ。歴史的事実について「もしこうだったら」という仮定を挿入して考えるのは、観念の遊戯にすぎないが、だからといって、すべての歴史的過程がその当時オルタナティヴのない必然であったと考えては、一切の責任がきえてしまうだろう。治安維持法によって身動きできない状態にあったから、戦争責任はないという意見に対しては、治安維持法そのものも、それへの対応も、厳密な意味で不可抗力であったかどうか、問いなおすことができる。社会のことがらのなかには、絶対的な不可抗力というものはありえず、のこされた可能性の範囲で(それがいくらちいさくても)人間の責任が存在する。

例証の第三は、佐藤誠三郎の「地震・雷・火事・親父」のうちで、絶対的不可抗力があるのは、地震だけである。ただし、いまの問題は丸山眞男論ではなく、佐藤の丸山批判にみられる思考方法のふたつの特徴である。第一の特徴は論理衰弱症候群ともいうべきもので、日本社会についての丸山の理論的分析を、事実に全面的に一致しないから誇張でありバランスを失しているとしてしりぞけるのだが、理論が現実とべったり一致したら理論の機能はなくなるし、理論そのものが消滅するだろう。すこしながい引用になるが、娯楽番組としてお読みねがいたい。第二の特徴は、現実べったりが、当然ながら権力＝体制べったりになっているということである。（中略）
以上で娯楽番組はおわり、第四で実在するのは個体だけという、本論にもどる。第四は、佐藤がこの論文で二度も丸山の「アナキズムへの憧れ」、「アナキズムへの親近感」を指摘していることである。佐藤にとっては大発見なのかもしれないが、これはあたりまえのことで、なにをいまさら、という感じである。なぜなら、近代的な個人の独立自由をおしすすめていけば、集権的国家権力の否定つまりアナーキーに到達せざるをえないからである。アナルコスというギリシヤ語は、首長がいないこと、したがって中央集権政府がないことを意味するが、英語になったアナーキーには、無政府と無秩序のふたつの状態をあらわす。ところがアナキズムという思想には、無秩序という意味はない。アナキズムは国家権力を否定するけれども、無秩序を目ざしたアナキストはいないのである。佐藤は政治学者らしくもなく、アナキズムの意味を完全にとりちがえている。
近代民主主義の原点は、自由平等な各個人の自己保存権＝生存権であり、そういう個々人が、権力による規制なしに平和的共存ができるというのが、もっとも素朴なアナキズムである。このばあい、各個人が独立に自給自足の生活をいとなむと考えるほど素朴なアナキストはいないから、諸個人間の交渉と秩序が当然視野にはいり、その規模がひろがるにつれてアナキストの夢はやぶれ全員参加の直接民主制から、代議民主制へと、権力の自立（政治における人間疎外）が進行する。自分たちの手からはなれていく自己管理権をとりもどし、政治における疎外から自己を回復しようというこころみは、代議制権力に対する人民の側からの、さまざまなコントロールとしておこなわれる。リコール権、人民発議権、議員任期制などがそれであるが、こうしたチェックは、代議制民主主義を直接民主制に、したがってアナキズムに、できるだけ近づけるための装置なのである。

じつをいえば、だれも直接民主制が実現できるとはおもっていないし、アナキズムが人間の社会生活の組織原理として無力であることは、だれも知っているのだ。それにもかかわらず、巨大社会の疎外状況のなかで、人間がそれぞれ自分であろうとすれば、この原点にたちもどって、そこから社会をくみかえていく（くみかえる努力をする）しかなく、しかも代議制権力はたえず自立化していくから、市民的コントロールの運動もくりかえさなければならない。現代の民主主義は（きわめて小規模の集団のばあいをのぞけば）代議制でしかありえないが、それは直接民主制あるいはアナキズムへの不断の回帰運動をふくむ代議制であり、その意味では一種の永久革命なのである。

民主主義をこうした運動として理解できないことも、佐藤の特徴のひとつであり、そのために、たとえばトマス・ペインの「政府が悪くて民衆がよいということを前提にしないあらゆる政治形態は不正である」ということばを、丸山が肯定したのに対して、民衆といってもさまざまであるとか、民衆がいいという判断をだれがするのかとか、このことばは「自由民主主義が制度として成立する以前の議論だ〔したがって現代にあてはまらない〕」とか、「ペインが悪くて佐藤がいい」みたいな反論しかできない。ペインのことばは、現代的にいいかえれば自立化した政治権力に対する民衆の自己回復運動をふくむ政治形態ということであり、それは佐藤のいう「自由民主主義」には、あてはまらないのだろうか（自由民主主義とは自由民主党主義のことだとすれば、話はべつである）。ペインのことばには、このほかにふたつの意味が含まれていて、いずれも民衆がいいかわるいかを問う必要がない。それは、第一に、前号（「アセスメントの論理」）でのべたように、すべての提案には反対が必要だということであり、第二に、民衆運動は政治的被害者の救済要求であって、政治権力が被害者になることはない、ということである。ここでも、権力の側に身をおくと視野狭窄におちいることが、例証される。

この佐藤論文をとりあげて、「優れた追悼評論の域を超えて、『戦後民主主義』批判として示唆に富んでいる」と言ったのは、山崎正和（『朝日新聞』論壇時評、九六・一一・二八）である。かれもまた丸山のペイン論をひきあいにだして、「佐藤氏の公平で綿密な分析は、丸山氏ほどの知性でさえも、民主政治についてはここまで情緒的になれることを教えてくれる」と、双手をあげての賛意表明なのだが、「情緒的」というのは、ふつうに考えられるように「理論的でない」ということではなく、「現実的でない」ということなのだ。現実べったりの立場からすれば、理論も運動も、したがってペインもそれを引用する丸山も、情緒的に見えるのは当然だろう。山崎の結論は「つくづくラディカリズムや純粋主義は、民主主義とはなじまない概念であることを思うのである」ということである。だがそういう民主主義とはいったい、なんなのだろうか。

現実べったりの態度を、佐藤は次のように表明していた。「個人として当時の政府の戦争政策にいかに反対であろうと、いったん戦争が始まったら『国民としての義務の限り』では戦争に協力するというのは、まさに健全なナショナリズムではないか。……ある国の国民であるということは、その国と運命をともにするということであり、したがって政府のやったことに否応なく連帯責任を負わざるをえないということを意味するのである」。なるほど、連帯責任をおわざるをえないと考えるから、かれらは戦争犯罪を抹殺しようと努力するのだった。

だが、「ある国の国民である」ということは、どういうことなのだろうか。もういちど、近代思想の源流にかえって考えてみよう。

この議論の出発点は、民主主義社会の構成要素は自主独立の個人だということであった。それは、「天は人の上に人をつくらず、人の下に人をつくらず」という人間平等論だけではなく、およそ人間として実在するのは、個々人以外ではありえず、それらをまとめてくるような名称は、人類であれ、国民であれ、たんなる名称、名目にすぎないということであった。民主主義社会自体も名目であるからこそ、それを構成する個々人から出発しなければならないのである。したがって、ある人間集団の行為について、その構成員が責任をおうのは、かれが自覚的にコミットしたかぎりにおいてであり、その程度に応じてであって、無条件的包括的な共同正犯関係はなりたちえないのだ。

この考えかたは、人間だけでなくすべての存在について、ヨーロッパ中世のキリスト教神学を支えたスコラ哲学のなかから出てきたものであって、唯名論とよばれる。その形成過程の紆余曲折をたどる余裕はないが、できあがったものはキリスト教神学にとっては、鬼子であり、異端の危険思想であった。なぜなら、この考えかたによれば、人類とかキリスト教徒（その普遍的集合体としてのキリスト教会）とかいうものは、名称にすぎなくなり、ひいては神自身でさえ、各個人がそれぞれの心のなかに信仰の対象としてもっている神観念のほかに、宇宙に偏在するものとしては名称以外には有り得なくなるからである。とくに、一五―六世紀の地理的諸発見によって、キリスト教の神を知らない多数の人間の存在が確認されると、従来の集合体がじつは個別的な存在をはなれた名称にすぎなかったことがあきらかになった。

なお全文を読みたい人は次に連絡のこと

〒四六六　名古屋市昭和区長戸町4120

FAX　052（841）1597　送料共一〇〇〇円

5．先に書いた、市が買収した建設予定地にコスモスの種を播くというのは、松下圭一先生や西尾君らも知っている田村さんという吉田君の早稲田時代の同級生のアイデアだが、今日の午後、前市議の岩田道子さんからの電話がおかしかった。

岩田さんは、播種の準備役として、市緑化センターへ相談に行った。顔見知りの係りの人に面積を聞かれ一〇町歩くらいの予定と言うと、ハテと首をひねって「十日ばかり前、市の公園課の人も、そんなことを言って来たが…」と言った。昨夜、市に感づかれんように、「夜陰にまぎれて」でもやろう。きれいに咲いたコスモスの原をブルドーザーが踏みつぶしてゆくのはテレビになる効果があると言い合っていたが、そんなら、市の公園課に、僕らが、ヴォランティアとして協力申し込みをするべきかとも思う。しかし、岩田さんが言うように、市職員のささやかな抵抗のアイデアが、偶然、僕らのものと合致したのだとしたら、そんなことをすれば、市長につぶされるかも知れない。やはり種は、僕らが買って、僕らが播かねばならないだろう。公園課と重なっても、花がふえるだけで、無駄にはならないだろう。ということ。

一九九七・五・二三

6．六月七日、「考える会」は予定地の田んぼ（畑は、雑草が伸びすぎて無理）にコスモスの種を播いた。北側隣りの北高の女生徒大勢が手伝ってくれた。

7．北部隣接地寺部町の有権者アンケート結果、配布数七四五枚、回収枚数六六五枚（回収率八九%）六月一六日集計

サッカー場反対七一%、賛成九%

市制五〇周年事業として予定地に希望する施設として、病院福祉施設四五%、総合体育館一九%、自然公園一七%、現状のまま六%、サッカー場四%

8．パソコンネットのホームページに来た意見。六月九日挙母ＢＢＳに投稿御意見（五）のうち、賛成・反対の意思表示がないもの、中立的なものなど。

Ｍ・Ｓさん（豊田市民）

トヨタの社員の柴田です。スタジアムについての意見をトヨタの社員として発言するのは慎重にならざるをえませんが、私が社内で感じたままを個人的意見として言います。現在、トヨタは地球環境の保全、ゴミや資源のリサイクルについて本気で　取組んでいることは、社内での取組みやテレビ番組「素敵な宇宙船地球号」のスポンサーとなり、社会への環境保全広報活動で実感しています。そのトヨタが瀬戸の国際博覧会や豊田市の巨大スタジアムに本気で取組んでいるとは全然感じられません。

昨年、社内にスタジアム建設推進の署名用紙が各職場（組単位）で配布されました。私は組長として趣旨を説明し、署名用紙を休憩所におきましたが誰も署名しませんでした。しかたなく、私だけが家族の名前を一緒に書いて提出しました。隣の組長は誰も書かなかった（自分も）ので破って捨てたそうです。他の職場も似たような事でしたが、上からお叱りを受けたという話はありません。確かに、トヨタがバックアップするらしいという話は聞いたことがありますが、トヨタ自動車の豊田章一郎会長が経団連会長という立場上、スタジアム建設推進に同調せざるをえないと思います。いずれにせよ、トヨタは新交通システムを開発するでしょうが、スタジアムのような使用頻度の低い場所へのアクセスは環境問題から賛成できません。病院や学校等をアクセスの場所にするでしょう。私はトヨタ自動車労働組合の評議員でもあります。労働組合はどういう立場か感じたことを言います。はっきり言えば「ほんね」と「たてまえ」があります。五月にカバハウス（組合会館）で税に付いてのシンポジュウムがあり、全評議員を前にして有名な学者三名が地方の公共事業でいかに地方交付税が無駄使いされ、そのため国債の累積赤字が膨らみ続け、もうこれ以上赤字国債を発行すれば日本が滅びるとはっきり言いました。その二日後、同じカバハウスで生活総点検研修会が開かれ、最初にNHKが放送した番組のビデオを見せられました。内容は地方でムダな公共施設に国の補助金が使われ、日本人一人あたり二〇〇万円の借金になっている。その施設は有効に使われることもなく、維持管理費が地方の財政を圧迫しているというものでした。そのビデオを見たことも知らずに途中から豊田市の某市会議員が入室し市議会報告後スタジアム建設賛成の話をしたため、最後までその件で追求され、悲惨な目にあいました。現在にいたるまで組合がスタジアムや国際博覧会に本気で取組んでいるという感じは全然ありません。でもカバハウスにはEXPOのポスターは貼ってあります。（たてまえ）。さて、私はサッカーが好きでグランパスのファンです。スタジアムが出来、Jリーグの試合があれば見に行くでしょう。しかし税金の事、財政構造改革推進派の伊藤英成代議士を支持している事を考えるとスタジアム建設に賛成か反対か、まだ結論を出していません。しかし市会議員、県会議員となると責任ある態度を示すべきです。もし、スタジアムを作るとしたら、そのスタジアムの入り口付近に建設に賛成した議員の名前を刻んだ石碑を建てるべきです。後年、「やっぱり作ってよかった。豊田市の誇りだ。○○議員のおかげです」と讃えられるか、「こんな税金の無駄使いをした大バカ議員」と末代までの恥さらしになるか、それは各議員さんの責任で決めてください。石碑がダメなら大豊田ビルヂングの中にバーチャル石碑を建てていただけませんか。屋上で結構です。

一九九七・六・二五

この投稿へのコメント
《石碑絶対建てます。二一五万人署名を最後まで信じていた、大変義理堅い三七人の議員と市長の名前も、ということで》

『豊田加茂医報』（三九）第二八二号　一九九七年八月三一日

会員からの投稿
豊田市巨大サッカー場問題について

（Epigram）
「家族、地域社会、職場、国家、こういうものすべては名目であって、実在ではなく、実在するのは個人だけだというのが近代思想の核心である。水田洋（名大名誉教授）」

七月八日昼食会での、僕の発言の直後に、ある先生は、「きわめて不快である。こんな話は早くやめよう」と言った。心外である。あの場で議論されている問題の性格は、真偽、善悪、合理不合理といった、認識的、倫理的、論理的なものであって、快、不快といった私的情動の表白を求めるものではない。しかも、僕が問題を引き起こし、当医師会を問題に引きずり込んでいるかのような倒錯をしているフシがある。当医師会定款第3条（目的条項）第4条（限定的事業条項）に反して、プロ専用巨大サッカー場建設推進団体に、ウッカリ参加してしまったのは、役員理事会である。この定款違反を正し、問題からぬけだすよう僕は発言したのである。推進団体から退会すれば、問題は終わりで、僕は何も言う必要はないのだが、あくまで退会しないと役員が言うから、この問題にかかわりつづけるかぎりにおいて、市行政当局及び、市民に対しての責任が持続し、責任上とるべき行動（市当局に対して、市民意識調査を行い、その結果を尊重するよう要求すること）があることを指摘したのみである。所属集団が、その性格上規定された目的と事業から逸脱したときには、それを批判し、論議し、常軌に復せしめるよう努力するのは成員の義務である。

一年前の昼食会での僕の発言に対する加藤会長の回答は、論点がすれ違っていたことは、以後の経過が証明した。あくまで数万人収容規模の巨大プロ用サッカー場が問題であったことは、市議会特別委員会報告が「日本サッカー協会関係者のコメント」のみを根拠として規模決定をしたこと、それを受けた市当局の「素案」が、他のいかなる根拠も提示し得ていないことが示す通りである。

次に、二月、僕が理事会に提出した文書の一部を引用する。

「②ところが、その後、市と推進協議会は、六万人規模のプロ用サッカー場として『球技場』を特化し、Wカップ立候補の方向に走り出し、同候補地として落選してからも、なお、四万人規模サッカー場に固執しようとしています。事態の状況的推移は、参加当初と異なって、当医師会が、推進協議会にとどまりうる定款上許容できる範囲を超えてしまいました。……④僕が一月二九日から三〇日にかけて僕の所属する挙母班の会員に対して行なった電話アンケートの結果は、一四名中一二名が、この件に関して、僕と同意見でした。(ただし三浦悠基彦先生は高齢のため通じませんでした)また所属する産婦人科部会の全員が僕と同意見でした。(A会員にのみですが)。

問題の性格上、地域差、部会差はないと考えられるので、全医師会員の八~九割が僕と同意見であろうと推測します。理事会はこのような会員の意向と乖離しない方針をとっていただきたいと思います。⑤理事会にお願い致します。推進協議会に席を置くことは、現時点では、定款上無理と考えられるので、退会することを通告して下さい」。

これに対する中村会長代行の回答は、理事会での討論に僕を参加させず、ロビーで僕を待たせた挙げ句「全会一致で否決」だった。理由はと問うと、「たとえ興行用サッカー場といえども、市民の一部は見物に行く、行けばその一部の人々は自分でもスポーツするようになる。そのスポーツが、その人にとって適切なもので健康の増進に成功する人々も一部に出てくる。したがって地域保健に役立つから定款に違反しないことになる」と答えた。

これを称して、僕は「風が吹けば桶屋がもうかる」式のエセ論理と言う。独立試行の乗法の確率計算によって実質的効用の期待値を算出したらどうか。プロ用巨大サッカー場を所有する自治体住民の罹患率が、それがない所より低いかなどというバカげた調査研究を公衆衛生学教室がやるはずもないからデータは皆無のはずである。(一方、ドイツでは、市民農園が、老人医療費を低下させたというデータを出している)。「すべての組織は官僚的寡頭支配への傾向を持つから、直接民主主義の回復への絶えざる努力が必要だ」ということが分からないのか。

九五年一月一日号の『矢作新報』、市選出県議最古参の倉知氏(自民党)のインタヴュー発言。「六万人規模のサッカー場をつくるには一〇〇〇億はかかりますよ。名古屋の試算だと、建物だけで四〇〇億かかる。土地、駐車場、アクセス道路等々の整備費を入れたら一〇〇〇億できますか。毎年の維持費も億単位でしょう。慎重でなければいけない。うわついたことは駄目ですよ。サッカー場がお金を生みますか。経済効果はないでしょう。試合は一年に三〇日位しかやれない。あとはペンペン草を取って芝生の養生をしているだけでしょう。…………プロサッカーは興行でしょう。興行師のやることですよ」。倉知氏は現在もこの見解を変えていない。規模が四万五〇〇〇人に変更されても、市の起債の元利合計を含めて、国や県の補助があっても所詮、市民の税金が、総計一〇〇〇億円(市の年間予算に近い)無駄遣いされることに変わりない。推進協議会の小幡会長が二カ月ばかり前、市当局に提出した推進要望署名はたったの一四〇〇名だった。二五万人が、どうして一〇〇分の一に収縮したかを示す現場報告がある。九七年六月九日、挙母BBSホームページ投稿より、「トヨタの社員です。……昨年社内にスタジアム建設推進の署名用紙が各職場(組単位)で配布されました。私は組長として趣旨を説明し、署名用紙を休憩室に置きましたが、誰も署名しませんでした。しかたなく私だけが家族の名前を一緒に書いて提出しました。隣の組長は誰も(自分も)書かなかったので破って捨てたそうです。他の職場も似たような事でしたが、上からお叱りを受けたという話はありません……」。

昼食会で僕が配った棒グラフ資料は、九六年七月、三〇〇〇名の有権者を抽出して市が行なった市民意識調査です。プロ用サッカー場に該当する項目は全一八項目中第一三位か第一六の一部に当たり、重要度総得点の三%に満たないことを示しています。医療、福祉、下水道などの生活環境整備、防災、公共交通機関の充実などが圧倒的に上位を占めています。

予定地北部隣接地寺部町の全有権者アンケート結果。配布数七四五枚、回収率八九%、六月一六日集計。サッカー場反対七一%、賛成九%。市制五〇周年事業として予定地にサッカー場を希望するもの四%。

九七年七月二三日集計の全区長二二五名へのアンケート結果(回収率三八%)サッカー場反対七八%、賛成二一%、一区長が無記名で寄せた意見「区長会理事会に市が説明したというが、今の理事で本当の区民の声を言える者は一人もおらん。全区長に市の『素案』を説明したら八〇%が反対すると思う。豊田市は他の町と違って、下の声が上に通じない市である。まずこれを改めるべきだ。今のままなら議会はなくてもよい。僕らも反対の声を大にしたいが、立場上できない。(助成金をもらっているため、市議が圧力をかける)」。

医師会は、自治体に対して、最も自立性の高い組織だ。補助金、助成金の分捕りっこに目がくらんで、大元のパイの無駄使いに目をつむるのではなく、民主精神と合理精神を貫いて、市民的正義を、昂然と主張すべきである。

一九九七・七・二七

追記　七月一〇日の昼食会で、河合義雄先生が提案した全医師会員へのアンケート調査に、加藤会長は、肯定的回答をしたが、ことは急ぐのでサッカー場問題に限ってでも早急に実施し発表して下さい。

Ⅳ　同人誌『象』への投稿文

鈴村鋼二は、二〇〇四年から名古屋を拠点とする同人誌『象』（水田洋名古屋大学名誉教授編集）の同人となり、第五〇号（二〇〇四年）、第五二号（二〇〇五年夏）、第五五号（二〇〇六年夏）、第五八号（二〇〇七年夏）の四回にわたり投稿した。

なおここでも鈴村は膨大な市民運動関連の「ドキュメント」を収集掲載するほか、自分の共感する著者たちの文章も大量に引用している。これは、自らが推奨する著者の文章を要約紹介することより、「生の文章」を読者に読んでほしいという熱望から行なったものであろう。しかし我々は、ここでもそれらの文章やドキュメントの分量と論稿全体のバランスを考慮し、文字を縮小して収録せざるを得なかったことをお断りする。（編者）

第五〇号　二〇〇四年

一　『象』第一〇号以後の感想その他

前置きの言い訳

一カ月ほど前、水田洋先生の署名入りの手紙がきて、五〇号記念号だから、何か書けと言われた。いっぺんにユーウツな気分に落ち込んだ。読むことと、アルコールを入れてからしゃべることは好きだけど、書くこととアルコール抜きでしゃべることは大嫌い、いやでしょうがないので。でも絶対に断れないのは分かり切っている。

第一に、藤森節子さんから『老パルチザンのあしあと―岡田孝一の記録』を送られて以後、二カ月も、礼状も出さずにいたことに気がとがめていた。岡田さんの本を、まとめて読み返してから、一度、自宅へ訪ねるべきだと、二年来、思っているから、そのままにして悪かった。岡田さんが亡くなって二カ月もたってから、風媒社の稲垣喜代志さんの電話で知らされて、「道なかばにして……早すぎる……」と絶句したままだから。

（一）岡田孝一さんのこと

六〇年安保闘争を東大四年生で経験し、大学院は社研の石田雄先生につくことがきまっておったけど、一二月になって、研究者になるより、町に帰って市民運動をやった方が良い、そのためにはクビにならない職業―医者にでもなるかと名大を受けることにした。このときはキツかった。山谷の塾へ通って教え、卒業試験の準備をし、近くの向ヶ丘高校図書室へ通って旺文社の電話帳みたいな入試問題をやり、講義は出席の余裕ないまま、それでも毎日、井伏鱒二の小説一編は読んでから夜明けに寝た。そんな風にして名大医学部に入ってすぐ高校生の頃からの「挙母平和を守る会」の仲間と、トヨタ下請け荒川板金の不当解雇撤回運動「黒川君を守る会」がはじまった。この頃、町の日共は、協力関係にあった僕らのサークルを、反党トロツキスト分子と非難しはじめたので、弁護士やビラの印刷所に困っていたところを渥美の清田和夫さん（杉浦明平さんの初期ルポルタージュ文学の主人公）が、弁護士は桜井紀氏、印刷所は稲垣さんが岡田さんと教えてくれた。僕が通学上、担当になって、矢場町の桜井紀宅の玄関をガラリと開けた時に、桜井先生の養女兼秘書、美彌子さんと顔を合わせて一目惚れしてしまった。清田さんは縁結びの神であったわけだ。六一年三月二三日（桜井紀は、早稲田時代、浅沼稲次郎らと建設者同盟の運動をやった古参。みすず『現代史資料』に出ている）。この直後に長戸町の岡田印刷で、ビラの校正などをやりはじめた。岡田さんも、節子さんも、気持ちよく応対してくれ、嬉しかった。以後四〇年の知己。町の仲間が印刷所をはじめるまでは市議選で渡久地政司を当選させてから『月刊市政研』も岡田さんのところで作ってもらっていた。その後しばらく間があって、父の旧友本多秋五を囲む会が、その同年輩者が欠けるにしたがって、僕の友人が加われるようになって、岡田夫妻にも来てもらえるようになった。だから秋五さんが亡くなるまで年一回は会っていたことになる。『象』第一〇号（九一年夏）よりしかないが、ということは、秋五さんの会にその頃から岡田さんが来たのかな。「雑談」も「梨の花通信」もまとまってはない。きっと整理せぬまま地下倉庫に『思想』なんかにまじって入れちゃったのかもしれない。

僕は一九三七年生まれだから岡田さんの一〇歳下だ。それで、同じ年頃に、彼は旧制中学の終わり頃、僕は、中三か高一の頃に『歌のわかれ』を読んだ。版も同じ新潮社名作集昭和一七年第五刷。父の本棚にあったもの。若き三〇代の終わりか中野重治の写真が見開きにあり、扉に木下杢太郎の一頁余の引用があり、窪川鶴次郎の解説がついている。

自覚できる決定的影響は倫理感覚。

母や父から、祖父母から、そして幼少期のまわりの人々から、影響をうけて形成されるもの（生のimprinting的経験）。教説として、コード徳目として頭に入るものとはちょっと違った、幼少と成人の中間の時期に、無自覚的経験と倫理命題的認識との間にある感覚的了解として、感受性の形成として強い影響をうけた。『歌のわかれ』の受けとめは、岡田さんと僕は同じだと思う。たとえば、『近代文学』派との中野の論争文を、中野に分が無いぞと思いながら、レトリックにイカれてるわけじゃないけど、心情的には分かる……ような共感の基ができてしまう。「心情的」と言うよりもっと別の適切な表現があるはずだが。

松尾尊兊『中野重治訪問記』（岩波書店）
中野さんの声を最後に聞いたのは、一九七九年三月下旬、ロンドンに出発する前日でした。出国のごあいさつのあと、「『甲乙丙丁』は、第二の『歌のわかれ』ではないですか。『佐野の無礼は許せるが、佐野の無礼をおまえが許すことは許せぬぞ』を連想しますが」と申しますと、「そういう読み方もあるかね」と、満更でもないといった声が返ってきました。

僕は『甲乙丙丁』を出た直後に読んだが、耐えがたい思いで、もう二度と読むものか、クソッと言いながら読んだ。こんなものが党内闘争と言えるか、前近代的家族内のもめごとじゃないのか、党も悪けりゃ、中野も中野。腹立たしい小説であった。確かに、日共の精神が日本的「前近代」そのものであって「前衛」どころか、「後衛」にすらなってないことを内側から表現した。しかし、中野自身が、スターリン主義的心性の枠内で闘っていたわけで、フランクフルト学派も、ドイッチャーも、トロツキーもマンデルも、勿論サルトルも読まないでやっとったんだ。独語ができたし、石堂清倫みたいな四高以来の旧友もいたのに。岡田孝一『中野重治・自由散策』に六四年一一月名古屋の「中野・神山を激励する会」記録が末尾にある。（中野の党除名直後）

発言者C（学生）　現在の日本共産党がその悪い状態にあるというのは先程の先生のお話でもわかるのですが、それをもっとさかのぼってみて、安保闘争の時に日本共産党がとった態度そして、安保闘争の後で学生運動の指導者たちにとった態度について、現在よくないということから遡及的に考えるのでなくて、あの時のとった態度もよくなかったと、そういう風に中野先生は判断することが出来るかどうか、そのことを聞きたい。ぼく自身は、安保闘争の時は共産党はまだまだよいとそう考えていたのですが、その時に学生のやられかた、国会の前での演説なんか聞いていても、これじゃ駄目だと思った。で、それよりもっと前にさかのぼって勉強してみれば、あの時だけでなくいかんというのはまだ出てくる。六全協の前にしても。国際共産主義運動にしたって、トロツキーをどうしたか、という問題が出てきちゃう、今から、中野先生は現在の共産主義運動はよくないと判断されることからもっていって、安保闘争の時の共産党のとった態度にいくつかの誤りがあったと判断されることが出来るかどうか、その安保闘争の時に、中野さんはどうされたか、また、今はどう思っているかどうか、そういうようなことを聞きたい。

中野　私は安保闘争の経過の中で党にはいくつかの誤りがあったとこう思う……具体的にいわなければならないと思うけど、安保闘争のああいう大きな闘争について当時の党が大きな貢献をしたことも認められると思う。両方の点がある。それから、学生運動については私はよく知りませんが、ああいう学生運動の発展に対して、当時の党はそういった方面がとった態度にはやはりいろいろミスがあったと思う。それから、学生たちの方にもまた随分おかしなこともあったと思う。しかし、それはおかしなことがあっても、逸脱があっても、それは若い人々としては、こういうことは見逃していいことではないけれど、終局的に政治的に指導するのは共産党の責任にあるのだから、そういう点で共産党に随分まずい点があったと思う。例えば、樺美智子さんの死の問題ですね、ああいう関係の問題がどう取り扱われたということを一つだけとってもわかる。それは、あなたのいうように国際共産主義運動におけるトロツキーの評価のように、さかのぼる点もあるでしょう、そこまで私には手は及ばないけれども。だから、問題としては、そもそも、日本共産党はこの創立以来、誤りをもって来たのだと、こう言わなければならん点もないことはない、と思う。それは文化運動の歴史にもそういわねばならん点もあり、もう一度、再検討して十分に規定しなければならん点があると思いますが、それは、今からさかのぼって、さかのぼれば当然論理的にそうなるじゃないかという面もあるけれども、事実問題として昔からそういうことはある。それはこの際、党をたて直していくのにつけて、時間がかかってもどうしても再検討し、再規定していかねばならん問題だとこう思っています。ただ、それを全部歴史の面までやってしまってからでなければ、日本の共産主義運動の真の再建というものにはとりかかれない、というものではない。現実の問題として今これを―現実に共産主義運動の真の再建というものを、すすめればすすめる程、それと平行して、過去にさかのぼりつつ歴史の再検討ということをやっていかねばならん、それは非常に人手も足りないし、資料も分散していたり、散逸したりした面もあるけれど、それはある部分は古い経験者が死んでしまうともうわからなくなってしまうという点もありますから、今のうちにとりかからないといかん、少なくとも、とりかかる準備にとりかからにゃならん、こんな風に考えています。

この学生Cが僕だった。中野の回答の第五行目「しかし」以後が、彼のスターリン主義を証拠だてる。もっとある。これは七二年のこと。

石堂清倫『わが友中野重治』（平凡社）

階級闘争の嶮難《けんのん》な隘路を通過する時代にあっては、異常な努力が必要であり、暴力―強制は客観的に与えられた条件であった。現代がまだそうした条件のもとにあるなら、プロレタリアート独裁は維持しなければならない。しかし第二次世界大戦後の激変した関係のもとでは、階級闘争はいわば平坦な大道を大衆的に通行させる情勢のもとで進行する。たとえはげしい対立はあっても非暴力的移行のために、同意の形成が闘争の主内容になったのであるから、プロレタリアート独裁は指導概念でなくなっている。レーニンが「日和見主義」の暗喩で表現しようと試みた新しい歴史時代にあっては、古い独裁範疇を固執するのは保守的退行であろう。

しかし一九二一年のレーニン的転換を了解した人びとが、すべてこのように分別して行動したかどうかには問題があった。私たちも今から思えば、正しく反応したといえないことがある。中野の言説にも、一九二一年以前のレーニンのいわば古い立場の擁護があった。一九六八年の「プラハの春」のときはどうであったか。チェコの共産主義者たちが開始した共産主義の民主的革新運動を、ソ連はじめワルシャワ条約国の軍隊が戦車で蹂躙した。ある者はもちろんそれに反対した。しかし中野は苦渋の思いで支持している。このとき戦車でまもられた旧共産主義体制は、一九八九年に「自動的」に崩壊した。人びとは三十年さきのことさえわからなかった。つまり、過去から現在を規定していたのであって、未来から現在を判断する力がなかったということができる。一九二一年のレーニン的転換はスターリン支配のもとで停頓し、それどころか逆転させられていた。

二一年のレーニンは「急進攻撃」が実体のない革命的大言壮語に堕することを警告し、ゆっくりした漸進的「包囲」作戦こそ革命の当面の一環であることを告げたのであったが、われわれはやっと五十年後に実際に「わかった」のである。重病のレーニンは「わかった」ことを理論として精錬する時間がなかった。一日に五分間の口授が許されるだけでもはや知的作業は医師から禁ぜられる状態のなかで、まだ「わかっていない」指導者群、とりわけスターリンと闘わざるをえなかった。そのときレーニンと同盟したのは、ボリシェヴィキとしては新参のトロツキーただ一人であった。

モッシェ・レヴィンの『レーニンの最後の闘争』はその間の経過をまとめたもので、それに使った資料は中野が五八年に読んだ「レーニンの遺書」、一日五分の口述記録である。六九年に中野はレヴィンを読んでいるが、最後の闘争におけるトロツキーの役割には気づいていないのである。七二年にこんなことを言ってきた。「トロツキーはレーニンをいかにゆがめたか……このゆがめをドイッチャーがいかに隠したか」を論文にまとめてもらいたいというのである。これは中野一人の偏見でなく、私たちは大体この程度の偏見におかされていた。ドイッチャーのトロツキー伝三部作が日本でも評判になると、それがおかしいというくらいである。

中野は私にトロツキーやドイッチャーを批判するように求めたが、七二年の私はロイ・メドヴェーデフの翻訳（邦訳名『共産主義とは何か』）に没頭していてトロツキーどころではなかった。

ドイッチャーのトロツキー伝は私たちの目をひらく力をもっていた。それまでの私たちのトロツキーにかんする知識は偏見だけであった。あの三部作に欠陥があるとすれば、それは著者がトロツキーを擁護するためレーニンとトロツキーの一体性を強調するあまり、長期にわたる二人の不和と対立をなるべく小さく描こうとしたところにあるように見える。ロシア社会民主労働党第二回大会いらい、この二人は事ごとに論争してきた観さえある。長年の論敵が十月革命以後協力にうつり、別して「レーニン最後の闘争」段階では無二の同盟者になったことこそ重要である。ドイッチャーは「レーニンの遺書」をあまり利用できず、その点ではレヴィンがすぐれているが、そのレヴィンさえ、コミンテルン四回大会でのレーニンとトロツキーの理論的、政治的合致について書いていないのである。つまりこの問題にはこれから展開されるべき契機がふくまれているからであろう。

『最後の闘争』は派閥争いとちがい、根本的には二つの時代の対立が背景となっている。この背景はレーニンとトロツキーをさえ置き去りにするほど迅速に変化しているが、それは別の問題としよう。

レーニンが闘っているスターリンを中野はどう見ていたか。彼はグルジア民族問題におけるスターリンがレーニンから「行政者的熱中」を責められているのにたいし、その非難を是認しつつもスターリンに「一抹の同情」を抱いている（「一九二二年末の『覚え書』について」）。スターリンが仲間うちではレーニンを「民族自由主義者」とくさしていたことを（ブルエの『トロツキー伝』）中野が知ったら変わったかもしれないが、スターリンに「一抹同情」する心情は否定できない。よく問題にされる「農業的芸術的レーニンのスタイル」と「近代的工業的電気溶接的スターリンのスタイル」の対置は、わが国のスターリン崇拝の頂点の時期のものであることを割引しても、やはりおかしい。レーニンを現代人とすればスターリンは先代人であり、腕力で新時代をねじ伏せようとする非情さに内心畏怖を感じていたらしくも思われる。中野にかぎらず親ソ的といわれる人びとに共通する感情でもあろう。どのように欠陥や誤謬を背負っているにせよソ連は現実に社会主義の国である。いつの日にかそれに頼ることもあろう。自国の革命運動が気の遠くなるほどおくれていればいるほど、現実に力をもっている運動に何とはなしに順応してゆく体質がはたらいていると思われる。しかし、である、私たちがマルクスやレーニンに思いをよせたのは、そうした順応主義から精神的に自立するためではなかったか。

石堂さんのこれを読んだ時、正直な人だ、知的誠実を第一義としてきた人だと感動した。まだある。『20世紀の意味』（平凡社）

中野重治は、一九三四年五月二十六日に、日本プロレタリア文化聯盟事件の控訴法廷で、「日本共産党員たることを認め、共産主義運動から身を退くことを約束」し（『中野重治全集』別巻年譜）、執行猶予で出獄している。

中野はこの「転向」について次のように述べている。

僕が革命の党を裏切りそれにたいする人民の信頼を裏切ったという事実は未来にわたって消えないのである。それだから僕は、あるいは僕らは、作家としての新生の道を第一義的生活と制作とより以外のところにはおけないのである。もし僕らが、みずから呼んだ降伏の恥の社会的個人的要因の錯綜を文学的綜合のなかへ肉づけすることで、文学作品として打ちだした自己批判をとおして日本の革命運動の伝統の革命的批判に加われたならば、僕らは、そのときも過去は過去としてあるのではあるが、その消えぬ痣を頬に浮かべたまま人間および作家として第一義の道を進めるのである。

これについてなおつけ加えるべきことがある。中野は一九三二年四月四日に逮捕されたが、党の組織関係については一貫して陳述しなかった。控訴法廷ではじめて自分が党員として文化聯盟フラクションに所属していたことを述べたのである。ところが、そのことは彼よりさきに逮捕されたフラクションの責任者生江健次が警察で自白している。警察調書がないためその時日はわからないが、四月中であったと推定される。三三年九月二十一日の生江の第八回訊問調書では、改めて中野が党員であることを確認している（『運動史研究』一九七九年二月刊、第三巻二〇六頁）。

生江は共産党の最高幹部の松村（本名飯塚盈延）の直接の指示によって行動していたが、この松村は思想検事戸沢重雄直属のスパイであり、党の人事も政策も要所はすべて当局が詳知していたこともつけ加えておく必要がある。中野のいう党への「人民の信頼」も、一部にはまだ残っていたかもしれないが、松村によって計画され実行された「銀行ギャング事件」で党への信頼が地に墜ちていたことを、どこまで法廷段階の中野が知っていたか疑問である。松村は一貫して目的のために手段をえらばず、大金の拐帯やいろいろさまざまな反社会的事件をくわだて、共産党が冒険主義者の集団であるかのような印象をひろめることができたのである。

中野が裏切りの赦しを乞う党は、もはや理念のうちにしかなかったのが実情である。それは理念というよりは物神と呼ぶべきものであるかもしれない。すでに献身にあたいする党でなくなっている事実を、あからさまに承認することをためらわなければならなかったのは何故であるか。

中野が、「降伏の恥」を招いた「要因」を「社会的個人的」としていることにはふかい意味があろう。悪しき伝統を含めた社会的要因を追求することを避け、もっぱら自己自身のうちにそれを認めたのは、当時としては一つの弱みであろう。転向は個人の心性に起因するという通念への遠慮もあろう。しかし、

「革命運動の伝統の革命的批判」とは具体的に何であるのか。そこには積極的な主張があるはずである。中野はそれを自己の能力を発揮できる文学の場に求めた。そしてそれを実践してきた。彼の生涯の文筆活動に匹敵する文化的、あるいは理論的な仕事をなしとげた人はすくない。しかも「転向」の「痣」はいまなお消えていないとされることも事実である。

日本の「転向」の特殊性

どんな反体制運動参加者のなかにも途中で脱落するもの、ときには裏切るものも出てくる。それは日本に限らない。フランス革命のなかのフーシェや、ロシアのマリノフスキーみたいな人間の出現はまぬかれないことですらある。だが、日本の「転向」はそれとは違っている。戦前に治安維持法違反事件で検挙されたものは三万人をこえる。そしてその大半のものは運動を持続することができなかった。一つには、運動に参加すれば、しばらくのうちに必ず逮捕されてしまうという不可思議な現象があった。反体制運動が抑圧されるのは日本に限らない。しかし参加者のほとんど全部が体制側の監視下にあり、いつ、どの部分を検挙するかというイニシアティヴが政府当局に握られている例はめずらしい。三〇年代になると共産党指導部に当局のスパイが潜りこむことが容易になり、松村の場合は別としても、中央委員の半数がスパイであった時期さえある。それは組織論上の未経験というよりも、政治的欠陥というべきものである。スパイ狩りや査問の話をきくことが多いが、組織自体に抜け穴があった。運動内での共同生活がないため、その人物がどんな思想を抱いているか、その時の行動がどんなであるかを確かめようがなく、たとえ異分子であっても怪しまれることなく入りこむことができた。それは極端な非合法体制の結果であった。非合法主義が、かえってスパイの潜入に好都合であったと思われる。

最大の問題は共産党の活動方針そのものに伏在していた。秘教的な組織形態とならんで、党の戦略なり戦術なりが、無上の権威をもって君臨していた。それが現実の運動におけるながい経験をつうじて点検されたことがなく、現実の階級関係のなかで適用の可能性があるか否かも問われたことがない。何回かの全党員の根こそぎ検挙をつうじてわかったことは、共産党の考えが、一般国民にたいしてまったく浸透性をもたず、国民の支持を受けるに至っていないことである。犠牲は累加するが、国民は無関心である。

正面攻撃が困難であるなら、迂回作戦を考えるのが普通である。目標に的中させるためには射撃時に銃口を下げなければならないことがある。このような常識的対応なしに、コミンテルンも共産党指導部も、必敗の戦術を漫然と五年も十年もくり返すだけであった。党員は片っぱしから逮捕されたが、目標には一歩も近づくことができない。逆に攻撃部隊の兵員は減少するばかりである。国民は、いまやその息子や娘を共産主義運動にさし出すことを拒否していたのである。

私は、日露戦争の旅順要塞戦のことを思いだした。私の生まれた石川県は、旅順攻城戦で莫大な死者を出したところである。日本人のまだ知らないベトンで固めた難攻不落のロシア要塞に、日本兵士は白兵戦を敢行した。半年そこらで四万七千人の死傷者を出した。しかしそれは予定のことであり、兵士の生命など「鴻毛よりも軽し」(「軍人勅諭」)であった。

共産党はそれとおなじことをやったようなものである。陸軍は一年内に重砲をもちだしてやっと攻略に成功したが、共産党は一九二七年テーゼから三五年の党消滅にいたるまで同一の自殺戦術をくり返した。党員は逮捕された瞬間に党から見捨てられる。日本陸軍よりももっと能力を欠いていた。コミンテルンにたいしては忠誠を尽したつもりであろうが、党は消滅した。

そこで共産主義運動は個々の共産主義者の判断によって遂行される外はなくなった。ただ、党は現実には組織を形式上維持するのがなしうる唯一のことであって、拡大し、深化する侵略戦争にたいする反対運動を国民のあいだに組織する力はなかった。したがって機関紙を配布する以上の力は、個々の党員にもなかった。その党員が逮捕されると、ほとんどすべてのものが、党活動をやめることを誓う外に選択はなかった。それは不可能事を不可能と言っただけである。ところがそれは「変節」であり「降伏」であると当局によって宣伝された。「転向」とは共産主義者の志気をくじくため、当局が案出した官庁用語である。代替策をもたない共産主義者は、この宣伝に対抗する力をもたなかった。それが「転向」なのである。転向者が責められるべきだとすれば、自殺戦術を放棄したことについてではない。彼は代替戦術をとらなかったことにたいして責任があった。つまり、事は個人の心性にかかわる道徳の問題ではなく、反体制の、とくに反戦の連帯行動を可能にする道を示さなかった政治の問題であった。

中国革命における「反共啓事」

日中戦争の発端となった蘆溝橋事件の前年に、日本軍は華北一帯を第二の満州国として占領する準備行動を開始し、中国民衆のあいだに巨大な抗日闘争がまき起こった。当時華北の白色地帯の指導者であった劉少奇は、抗日運動を組織する中堅幹部の不足を痛感し、在獄の同志を取り戻す計画をたてた。当時中国共産党員が国民党政権によって特別の監獄に多数収容されていた。北京では草嵐子監獄がそれであった。蔣介石政府は一方で苛烈な弾圧を強行し、他方では逮捕した共産主義者を懐柔する方策を考案した。共産党員が、悔悟し政治運動を放棄することを約するならば放免してもよいという制度をつくった。それには自発的に「反共啓事」に登録し、署名捺印する方式が定められていた。劉少奇は在獄の同志たちにこの「反共啓事」制度を利用することをうながした。しかし同志たちはすでに何年も非転向で戦っていたのであり、この方式をあやぶみ、容易に応じなかった。そこで劉は張聞天総書記の正式の承認をとりつけ、北方局の柯慶施組織部長をつうじて、次のような手紙を獄中の同志にとどけた。

「新しい政治情勢と任務の必要にもとづき、また諸君が長期の闘争の試練をうけていることを考慮し、党は、諸君ができるだけはやく党活動ができるようにするため、諸君が、敵の規定する出獄手続を実行してよろしいだけでなく実行しなければならないと認める。このようにすることは、党の最大の利益に合致する。諸君がこれまで敵の『反共啓事』に捺印しないことを堅持したのはまったく正しかった。しかし、諸君の当時の闘争は、なお小さなサークル、小さな範囲内での闘争であり、今や諸君がもっと広い範囲で闘争することが要求される。……これは特定の条件のもとでなされた決定である。党が現在諸君にたいし、政治上および組織上完全に責任を負い、政治上一律に、自首した裏切者とは認めず、組織上差別しないことを保証する。諸君は中央を信じなければならない。もし諸君がこの通知を受けた後も実行しないならば、諸君は厳重な錯誤をおかすことになろう」。

ここで一九三六年八月から三七年二月までに九回にわたり六十一名が出獄してきた。そのうち十三名は第七回党大会代議員に選ばれている。日本でもよく知られた薄一波（経済工作指導者）、楊献珍（マルクス・レーニン主義研究所長）、劉瀾涛のような人をはじめ、すぐれた活動をしている。

以上は『劉少奇在白区』（中共党史出版社、一九九二年刊）「営救六十一人出獄」（営救―方法を講じて救出すること）の項の一部である。この本には白色区域における幹部政策として「隠蔽精子、長期埋伏、積蓄力量、以待時機」のこと、また大衆活動における基本原則としての、「有理、有利、有節」が劉によって説かれたことを述べている。有理とは、多くの人民が正義に合している、理にかなっていると思うことが行動を起こすときの第一の条件だということである。日本のように、国民の多くが天皇崇拝の精神をもっているとき、天皇制打倒などといえば、合理的でなく孤立するだけであろう。有利とは、行動は具体的な力関係からして大衆にとって有利な条件のもとで行われるべきだということである。有節とは、行動を適当な程度で行なうこと、すなわち行動における節度を重視することであるという。これに比べると、わが国の運動は大衆の現実の状態とのかかわりなしに、しかも大衆の意識改造をはかる努力を怠り、前衛だけで冒険主義的に行動したのかと反省される。中野は中国革命のなかで「反共啓事」が利用されたことなど夢にも知らなかったであろう。しかし彼のいう「革命運動の伝統の革命的批判」は当然これに合致することになろう。

日本に劉少奇が生まれることはありえないか。絶対にないとはいえない。かなりの共産党員が計画的に「転向」して、そのうえ闘争をつづけることが不可能ではなかったのである。その一例として、「本音の会」が出版した『種子島から来た男』の著者原全五がある。彼は、逮捕されても何かと手管を弄し「転向」を装って釈放をかちとり、帰ってすぐ活動をつづけている。それも二回もそのようにすることができた。個人の責任でなしに集団の知恵としてそれが実行できなかったのは、コミンテルンや共産党を「無謬」としたため、戦術の根本的改定ができなかったからにすぎない。「日本の革命運動の伝統の革命的批判」はそれを可能にすることができたであろう。

補注　「転向」再論の来歴

中野重治が「転向」のゆえに宮本顕治からいいように引きまわされるのは見ておられない、その不当を論じてもらいたい、と佐多稲子が私に求めてから久しい。彼女と中野と私のあいだには昔から或る関係があって、私は彼女の訴えのいくつかを中野にとりつぐようになっていた。そのうち書くつもりでいるうちに、彼女は亡くなった。やっと決心して、私は告別式に一文をとどけた。それがこの「再論」である。

わが国の共産主義運動には、他に例のない現象があり、参加者がほとんどすべて逮捕されたのに、逮捕された瞬間に党が見捨てるのである。戦争で捕虜になった者が見捨てられるのに酷似した不文律である。おかしいと感じても誰もそれを論じなかったのである。

この第三章は、鶴見俊輔、鈴木正、いいだもも共著『転向再論』を触発した。

渦の中にあって、渦の性格を見とおすことはむずかしい。その仕事を見事に果たされた石堂清倫氏に、敬意を送る。

この本は、石堂氏の仕事に啓発されて、うまれた。

石堂さんの長寿を祝い、この一冊をささげる。

二〇〇一年一月九日

いいだもも
鈴木　正
鶴見　俊輔

岡田さんの論にもどる。『中野重治　その革命と風土』（武蔵野書房）第一章（消えぬ痣への考察）の（二）『村の家』にみる転向の問題

大体においてわたしは、中野重治の小説をはじめて知ったのが、太平洋戦争末期の中学生のころに読んだ『歌のわかれ』であったことが、いまになっても影響を残しているのかもしれないが、若くして芥川龍之介に嘱望され、室生犀星の門に出入するみずみずしい感受性と社会的正義感につらぬかれた抒情の詩人である一方、プロレタリア文学運動の輝かしい担い手として活躍した時期の覇気にみちた詩、小

説、評論などにも、他に類をみない特質を認めるのであるが、しかしどちらかと言えばわたしは、中野のいわゆる転向という時期以後に書かれた多くのエッセイ、評論と、前記の五部作を含めて、『汽車の罐焚き』『歌のわかれ』『空想家とシナリオ』に至る作品のなかにあっては、かつての才気煥発な発想が内部に沈潜することで、さらに鋭い洞察力が加わり、いぶし銀の如くに光沢を放つ印象を感じとってきた。あきらかにこの時期を境にして、中野の文学の質的転換がなされたと思われるとき、『村の家』に代表されるこれらの作品を、ただ政治的理由において、文学の上からも転向小説と呼んであやしまないこれまでの評価に、なにかなじまない思いをもちつづけてきた。

こうしたわたしの多分に文学的な好みにかかわるものでもあった漠然たる思いに対し、明確な論理的根拠をもって考える端緒をあたえてくれたものに、吉本隆明の「転向論」(『現代批評』一号・一九五八年十一月)と、この吉本の論旨を根底におき、これへの批判を通して独自の中野重治論を展開した丸山静の「中野重治おぼえ書」(『パルチザン通信』七号・一九六四年七月)があることを、はじめにことわっておかなくてはならない。なかでも『村の家』に限って言えば、わたしの考えの根幹はほとんど丸山静の意見に負うところが多いし、当然のこととして論点も重なってくる。いま『村の家』の作品内容を検討しようとするとき、わたしには丸山静の前記論文を避けて通ることはできないのである。このことを明らかにし、戦後の文学運動を共にした過程で、わたしをつねに叱咤、多くの示唆と批判をあたえてくれた先行者である丸山静に謝意を表し、同じような論旨のもとで考えを進めることの諒解を求めておきたいと思う。

吉本隆明の「転向論」の場合は、直接に文学論としての『村の家』批評を目的としたものではなく、社会科学の分野にまたがる思想論として、転向の問題を論究するに際し、吉本は中野重治の転向の姿勢に、画期的な意義を認めることとの根拠として、エッセイの「『文学者に就て』について」と共に、この『村の家』を例証とするのである。吉本によれば、

〈わたしの欲求からは、転向とはなにを意味するかは、明瞭である。それは、日本の近代社会の構造を、総体のヴィジョンとしてつかまえそこなったために、インテリゲンチャの間におこった思考変換をさしている。したがって、日本の社会の劣悪な条件にたいする思想的な妥協、屈服、屈折のほかに優性遺伝の総体である伝統にたいする思想無関心と屈服は、もちろん転向問題のたいせつな核心の一つとなってくる。〉と規定し、その観点に立てば、〈社会的危機にたった場合、民族と階級とをいたちごっこさせねばならなくなる佐野、鍋山の転向と、原則論理を空転させて、思想自体を現実的な動向によってテストし、深化しようとしない小林、宮本などの「非転向」的な転向とは、日本的転向を類型づける同じ株からでた二つの指標である。わたしは、佐野、鍋山的な転向を、日本的な封建制の優性に屈したものとみたいし、小林、宮本の「非転向」的転向を日本的モデルニスムスの指標として、いわば、日本の封建的劣性との対決を回避したもの〉であるとしている。そしてこの場合に中野重治においてのみ、日本封建制の錯綜した土壌との対決に踏み出ており、〈わたしは、中野の転向（思想的変換）を、佐野、鍋山の転向や小林（多）、宮本、蔵原の「非転向」よりも、はるかに優位におきたいとかんがえる。中野が、その転向によってかい間見せた思考変換の方法は、それ以前に近代日本のインテリゲンチャが、決してみせることのなかった新たな方法に外ならなかった。〉と結論づけるのである。

その論拠となる具体的表現として、『村の家』における父親孫蔵と勉次との対決をあげ、〈平凡な庶民たる父親孫蔵は、このとき日本封建制の土壌と化して、現実認識の厳しかるべきことを息子勉次にたしなめる。勉次のこころには、このとき日本封建制の優性遺伝の強靭さと沈痛さにたいする新たな認識がよぎったはずである〉〈「お父っあんは、そういう文筆なんぞは捨てるべきじゃと思うんじゃ」という孫蔵に対して、「よく分りますが、やはり書いて行きたいと思います。」とこたえることによって、勉次があらためて認識しなければならなかった封建的優性との対決に、立ちあがってゆくことが暗示されている〉としている。

わたしは吉本隆明のこの転向概念の分析とその論点に、全く新しい目を開かされたものであるが、これを文学論として読みとるとき、果たして父親孫蔵が〈ごく平凡な庶民として設定〉されているか、あるいは孫蔵を平凡な庶民ととらえることができるのかといった点については、すでに何人かの中野重治論を書いた批評家が疑問を投げかけている。丸山静の前記の論文も、このことを基軸として吉本説を批判している。丸山によればこの『村の家』という小説のなかで、庶民といえる人間が登場するとすれば〈人さえ見ればからかっていく若々しい色男〉の田口であるとか、孫蔵の妻クマなどがふさわしいのではないか、なかでもクマこそが〈ごく平凡な庶民〉の代表的な女ではないだろうかと言っている。もちろん吉本にしたところで、父親の孫蔵を庶民的人間像の典型としているわけではないし、また孫蔵の言葉は、一般の社会風潮のなかにおける民衆の封建的道徳〈それは天皇制から家族制度に至るまでの一貫性をもつ〉にしばられた倫理感を見事に代弁しており、〈日本封建制の優性遺伝の強靭さと沈痛さ〉をもつ言葉を語らせるには、やはり村のなかでの知識層であり、人々から畏敬される存在の孫蔵をもってくる必然性はあるので、このことで吉本の転向概念の分析が誤まっているというつもりはない。しかし庶民というもののとらえ方をこのように考え直してくるとこの小説で、勉次が対決するのは、そこに父親の生活、信条、思想を含めた全存在がこめられているとしても、直接には語られた言葉に対してであり、むしろ自己の存在理由など考える余裕もないところで苛酷な生活を送らざるを得ない底辺の〈ごく平凡な庶民〉とは無関係のところでの対決である。

先の引用においても判るように、父親の孫蔵が勉次と話し合おうとするとき、母親のクマに、「おまえ、どっか出てきないのれ」と命じ、「わたしアいて悪いんかいね」と必死な声で聞くクマに対して、ひと言でへこますような憎さげな調子で「悪いさかいちょっと出てきないというんじゃ。」と言う情景が書かれている。当時の家族制度下における家長の立場、無意識のうちに浸透している男尊女卑の考え方が、実に的確に表現されていると思う。勉次が真に向き合わなければならないとすれば、この母親クマの如き存在ではなかったかと丸山静も論じており、わたしもそれに同感である。丸山は〈おそらく彼はそのとき、共産主義者として、はるかに困難な事態においこまれ、みずからの抱懐する共産主義思想そのものを、母親クマのごとき、日本の「ごく平凡な庶民」、大衆との関係において、根本的に再検討することを余儀なくされたはずである。〉としていることで、吉本説の批判から、『村の家』批判へと筆を進め、吉本の高く評価する中野の転向そのものについても、疑義を呈しているのである。

さらにわたしが気になったことの一つに、吉本は『村の家』の作中主人公である勉次と、中野重治をイコールで結び、父親孫蔵と向いあった勉次の転向の姿勢、意義を重点において論じているけれど、わたしが吉本と同じような考えに立ちながらも微妙なところでの違いを感じるのは、わたしはこの場合「村の家」に書かれている主人公としてではなく、むしろこの小説を書いた作家としての中野重治の姿勢に重きをおくのである。自己の転向と正面から向きあったところで、はじめてとらえ得た中野の問題意識にこそ、中野の転向を、転向一般のなかに解消し得ない最大の理由があると感じとるのである。

「村の家」という小説の書かれた結果について、その意義を論じた吉本隆明の意見の、傑出した独創性は十分に認められるが、吉本の論が文学としての作品批評を目的としていないこともあって、この小説を書くに至った中野の心理的屈折を含む論理の過程にまでは言及されていない。中野重治はこの小説のなかで、積極的にしろ消極的にしろ、自己の転向の自己弁護にわたるようなことは一切していない。たとえ彼等が進めてきた政治運動、文学運動が未熟であって、さまざまな欠陥を内包していることがあっても、自らの意志で運動に加わった人間が、その運動から離脱することはどういうことであるのか。権力者の強制的圧迫があり、それに屈伏したということがあったにしても、それは第一に自らの弱さが責められてしかるべきであろう。しかしそれまでにも自己の内部で批判として感じとられてきた運動の弱点が、転向を契機としてはっきりとみえてきたこともあり得ることであるし、それを明らかにして書いておくことが運動に有効に作用する条件ともなり得ることなのでもある。けれども一方では、それが自己の転向への弁解となってははね返ってくることも大いにあり得るわけで、そういった危険なバランスの上に、作者である中野重治は立っていたのである。このとき中野は自覚した知識階層の思想的運動として進められてきた要素の濃い運動と自己とのかかわりを、封建制のなかでがんじがらめになって生きている民衆、特に農民の生活基盤、感情と向き合うことによってとらえ直し、それを自己の転向後の生き方として考えようとしたのであろう。ここに『村の家』の特質をみるのであるから、前述のように、勉次という知識人に対置するに本来ならば村のなかの指導者層としての存在である父親の孫蔵よりも、さらに底辺の小作農民や、世間的常識から一歩もふみ出せない母親のクマの如き人物をおくべきではないかとする意見は当然に出てくる。勉次はこれまで運動においても、また転向後のことにおいても、あえて苦難の途を選ぶにしろ、その反対にしろ、まだ自らの意志によって自己の生活を選択し得る余地はのこっている。自分ではなんとも運命をかえて行くだけの知識もなく、条件もなく、それらは経済的余裕のないことと結びついていることであって、今日働かねば明日は生きて行けないという生活に置かれている多くの民衆、そういう生き方を客観的に考えることすらできないでいる民衆の存在を、表面的な理解としてでなく、その深部において本質的に対置することが、はじめて勉次のこれからの生き方を模索する苦悩をきわだたせることになるのである。そういう民衆の存在が意識的には対置されていない。

これは『村の家』だけでなく、中野の他の小説においても共通して言えることであるが、ここのところが中野の文学上の方法における私小説性の限界ということも言えるのではないだろうか。中野の小説における私小説性というものが、単なる私小説的発想とは全く異質のものであり、ときとしては中野でなくては表現し得ないすぐれた独自性を発揮し、私的体験と社会的普遍性の見事な融合をみせることにもなるのだが、そこのところでさらにもう一歩踏み込んだ、本来の意味での小説的構成を求める気持もまた強いのである。自己の体験を軸にしつつも、それを客観化し、抽象化することによって、事柄の本質を一層明確にし、普遍的にする表現の方法をかちとることができるのではないか。「村の家」における中野の視点はそこのところまでは届いていないとわたしには思えるのである。ここが書けていないと、父親に対して「やはり書いて行きたいと思います。」と答える勉次の姿勢のなかにある、土俵際でたたらをふんで必死にこらえている悲壮な決意が、本当には生きてこないのではないだろうか。

『村の家』を書く前年の一九三四年に執筆し、雑誌『行動』一九三五年二月号に発表した「『文学者に就て』について」のなかで、

〈弱気を出したが最後僕らは、死に別れた小林の生きかえってくることを恐れはじめねばならなくなり、そのことで彼を殺したものを作家として支えねばならなくなるのである。僕が革命の党を裏切りそれにたいする人民の信頼を裏切ったという事実は未来にわたって消えないのである。それだから僕は、あるいは僕らは、作家としての新生の道を第一義的生活と制作とより以外のところにはおけないのである。もし僕らが、みずから呼んだ降伏の恥の社会的個人的要因の錯綜を文学的綜合のなかへ肉づけすることで、文学作品として打ちだした自己批判をとおして日本の革命運動の伝統の革命的批判に加われたならば、僕らは、そのときも過去は過去としてあるのではあるが、その消えぬ痣を頬に浮かべたまま人間および作家として第一義の道を進めるのである〉と書いて、負のイメージとしての転向に、真正面から対することによって、はじめて人間としての第一義の道に生きるところへ転化しうるとした不退転の決意を知って

いる中野の読者にとっては、『村の家』においても、文学者として、知識人の一人として、自己の果たすべき役割のなんであるかを自覚し、その唯一の生きる方策を放棄させようとする外的内的圧迫にあやうく耐えつつ、あくまでも書くという作業のなかで、転向以後の自己を再生させようとする主人公の勉次を理解し、あやしもうとはしないであろう。しかし『村の家』のみを独立した作品として読む場合、表面的には情理をつくして説得する父親の言葉が、封建社会内の既成道徳観に支えられているだけ俗耳に入りやすいのに反し、なんら有効な反論も、あるいは弁解もなし得ないまま、「やはり書いて行きたいと思います。」とつっぱねてしまう勉次の姿勢は、父親の孫蔵が〈言葉に詰ったと見えるほどの侮蔑の調子〉をもったと同様に、読者にも一種の居直りと感じられ、知識人のエゴイズムとうけとられかねないおそれもでてくるのである。そしてこのところで勉次の決意の内側が十分に書かれないで、突き放されているると同様に、言葉に詰ったと見えるほどの侮蔑の調子をもったまま、黙ってしまう父親の側の戸惑いもまた全く書きこまれてはいない。

この父親の側の内面の意識と、そこにつながる母親や農村の倫理的思考が書かれたとすれば、このとき中野重治は（加えて日本の現代文学は）その創造行為と表現形式において、民衆の側の自己主張を代弁する数すくない文学作品をつくり出す契機をつかみ得たかも知れないのである。外からの眼、第三者的な立場で民衆を描くことはあったが、さまざまなしがらみにがんじがらめにされ、しかも自らはなにごとをも主張し得るだけの術をもたない民衆の内部に入りこみ、自らが民衆の一人となって、その立場を表現して行くことが、既成の文壇文学だけでなく、このような文学の方法の達成をめざしたであろうプロレタリア文学の領域においても、極めて弱かったと思われるなかで、中野の視点がせっかく重要な問題をとらえながら、自己弁解となるのを恐れてか、その一歩手前のところで立ちどまってしまったことが、なんとしても惜しまれるのである。なんらかの事前の知識も、前提条件も必要とせず、一つの独立した作品として『村の家』が読まれるための文学上の問題を考えるとすれば、この作品になお検討の余地が多く残されていると言うべきであろう。

＊

『村の家』における転向の問題と、その思想的意義への考察が、作品評価の面にまで及んで、思わず紙数を費やしてしまったが、それでもまだ論じたりないという思いが、わたしのなかに強い。けれどもいまはこれと不可分のことではあるけれども、わたしのもう一つの関心事である「村の家」を書くに至った中野重治の、戦時下における転向の思想的意義と、運動の具体面においての功罪を、中野自身はどのように考え、自己評価をしているのであろうかという点について、論を進めてみたいと思う。吉本隆明は主として思想論の領域で論じていることではあるが、これを日本の共産主義運動の具体に即して考えてみても、極めて重要な問題提起であることに変わりはない。当時の最高指導者の立場にあった佐野学、鍋山貞親のように、獄中において天皇制権力に屈伏し、自己の転向のみならず、両者の共同署名による「共同被告同志に告ぐる書」を公表して、指導下にあった共産主義者の転向に多大の影響をあたえ、その後においても、自己の転向の正当性を証明するために、結果としてますます支配権力の側に身をおくことになった人たちは論外として、権力の側の言語を絶する迫害に、ときとして生命の危険にさらされながらも、自らの思想、信条をまげることなく、獄中一八年におよぶ非妥協のたたかいをつらぬき通した徳田球一、志賀義雄をはじめ、宮本顕治、蔵原惟人という人たちにしても、彼等が共産主義運動の正統をまもり、侵略戦争反対の態度をかえずに獄中でたたかっていることが、獄外にいる同志たちに勇気をあたえ、困難のなかで生きぬく精神的支柱となったであろうことも否定はできないが、それでも一般の大衆の生活からは隔絶されたところで、実際の運動とは全く切りはなされて生きる以外にはなかったのである。自己の節操は見事につらぬき得たし、そこにみる人間の精神の尊厳については、どのように高く評価してもしきれぬ位であるが、現実の政治に働きかけ、社会を変革し、権力を人民の側にかちとろうとする運動の観点に立った場合、その行為がどのように運動に寄与し得たかという厳密な基準をおいて、評価する必要もでてくるであろう。

吉本はこのところで、天皇制に象徴される日本の封建制社会の要因と庶民の側の生活意識の深層に迫ることを可能にしたという中野重治の転向の姿勢を高く評価するのであるが、この負をもって正に転化させたという積極的意義を、中野自身はどう理解していたのであろうか。もちろん中野重治としても、「『文学者に就て』について」以下のエッセイや、小説『村の家』を書くにあたっては、その考えのなかに、ひそかなる自負としてこのことがあったにちがいない。事実、転向後の中野の文学創造上の仕事において、あるときは敢然と、またあるときには、地をはうようにして書きつづけてきた『汽車の罐焚き』『歌のわかれ』『空想家とシナリオ』などの小説、『斎藤茂吉ノート』や、鷗外論の試み、文芸時事的エッセイの多くは、その文学としての質の高さ、成熟度において、大部分が戦争協力に傾いた同時代の文学者の仕事のなかで、一際屹立した存在となっている。

わたしは戦後まもなく解放社から出版された『文学のこと　文学以前のこと』によって、はじめて中野の戦前戦中のエッセイを読み、その「まえがき」に、

〈戦争は日本の近代・現代文学史を中断したということができる。ほぼ一〇年のブランクがそこにできたということが出来る。けれども、他面、歴史には実地には中断がない。絶対的空白というものは絶対ないということも忘れることが出来ぬと思う。中断といわれ空白といわれるもののなかに何があったか、その片隅でどんな仕事が、かすかではあれ営まれていたかを検べるのにこれらの文章、それを並べたことが多少とも役立とうかと思う。つまり私は、そこに絶対的空白を仕立て、それで何かを演繹的に証拠だ

てようと目論む人々に一つの逆の事実を示そうともするのである。〉とあることで、中野の仕事の本質に、目を向けて行った記憶がある。
中野重治が一九四五年八月の、日本の太平洋戦争における敗戦に直面し、その後の運動組織の再建、再出発を模索したとき、これまで述べてきたような戦時中の転向の事実と、転向以後の姿勢やその活動を、どのように自己検証し、その意義なり誤りを正しく確認するという作業を果たし得たのであろうか。いまわたしのなかには、中野に限ったことではないが、中野重治にしてなおかつ、この点を極めて曖昧にしたまま、再び運動へ身を投じていったのではないかとする思いが強い。中野が個として切り開いてきた〈革命運動の伝統の革命的批判〉という命題が、戦後再び昂揚した運動全体の大きな流れのなかで、積極的に生かされるのではなく、埋没してしまったとしか思えないのである。

僕はこの丸山静―岡田の論が吉本の論を批判的に拡張展開していることを認めるが、あの時代的状況下では、ほとんど「ないものねだり」に近い要求だと思う。前記松尾の「訪問記」では『歌のわかれ』の続きは、「発言を許されないはずで書けない」と中野は応えている。

同書末尾
一九九六年の夏に及んで、私はようやく丸岡を訪れ、中野さん夫妻のお骨が土にかえったお墓に詣でた。小公園になった屋敷あとと「太閤ざんまい」を実見しての印象は、中野家は単なる農家でも小地主でもない、小なりとはいえ「土豪」であるということだった。

僕もその頃、〈旧友の〉川上欣宏、野々山紀彦らと真冬に同所を訪れ、同じ印象を持った。孫蔵は庶民のはずがない。本多秋五の父みたいな人だと思う。『梨の花』『むらぎも』などについては、岡田は長い批評を書いていない。それでよい。文句なしになつかしい名作である。また読みたくなる。『中野重治＝その革命と風土』第三章の「治者の文学の見事なる荒廃―江藤淳『昭和の文人』批判」は、その徹底的苛烈さにおいて批判文の傑作だ。全文を転載したいが二五頁になるのでひかえるけど、次の中野孝次発言などは残したい。

『中野重治＝その革命と風土』

座談会に律義につきあって、柄谷行人、中上健次らとの間に、なんとか共通理解の場をつくろうと努めたかにみえる中野孝次が、ついにたまりかねて。

「なに言ってやがんだ、バカ野郎。もっとわかる言葉で話せ。口惜しかったら、外国かぶれの言葉じゃなく、ちゃんと自分の言葉で話してみやがれ」と怒声を発し、座談会を終わっているが、わたしにはこのときの中野孝次の心情に、相当程度の共感をもって同情し、わかるような気がしたのである。

『梨の花通信』で「雨の降る品川駅」に対する曲解的批評を批判した文章は、強烈な印象を与え、僕は丸山眞男読書会で紹介した覚えがある、のにその号が見つからない。

大西巨人『神聖喜劇』も岡田さんに教えられて読んで大感動した。がこの人の他の小説は最近作を含め失敗作と思う、からもう読まない。理屈っぽいところが好きだから、小文集は読んでゆく。

『老パルチザン』所収のものでは「季節の陰影」「冬物語」が五〇年代を思い起こさせ、心が熱くなった。僕は、中学、高校生の頃、地方新聞のアルバイトでよく印刷屋に通って校正をやってたので、職場の空気がよく分かる。

（二）藤森節子さんのこと

元気に書いておられるので、病気のことあまり心配しません。通して読んだのは単行本『秋瑾嘯風』だけ。武田泰淳、魯迅を少しカジッタだけで、何も言えない。『女優 原泉子―中野重治と共に生きて』残部あれば入手したい。貴重な記録と思う。『伊藤信吉著作集』全七巻買ったのは、『象』二七号の節子さんとあとの千早さんの書評のせいだ。

（三）水田洋先生のこと

この文、書かねばいかんと思った第二の理由は、「'60の会」最終号が丸山眞男先生追悼号になってしまった時、僕は「豊田市巨大サッカー場問題」のドキュメンテイションをやっていたので、フラフラとクソ共が書き連ねる丸山批判が頭に来ながら、どうしようもなくイラダッテいた。その時、水田論文「論理の衰弱」（『象』二七号）が目にとまってホッとしたというか、ヤッテクレタ！と救われた。市政研運動の初期の医学部学生時代、ビラの校正で通って、お世話になった名古屋の印刷所の岡田孝一さん（『中野重治＝その革命と風土』の著者）が発行する同人誌『象』は巻頭評論を水田先生が書いている。度々、誤記・誤植を発見するほど、僕は精読しているが、九七年春の二七号は傍線だらけで、まっ黒にしてしまった。この運動のなかで起こってくる思想的問題意識、世の丸山眞男批判への怒りが重なって、「僕は何も言わんでもよい。水田先生が充分に言ってくれている」と思って、以下、岡田さんの許しを得て、「水田洋先生特別寄稿に近い勝手な引用をさせてもらいます」と前置きして、二頁から九頁末尾まで延々と引用させてもらった恩義がある。「'60の会」の面々を思い起こして、ドウダ、文句あるか！という気分になった。その上、直後に、鶴見俊輔が、論壇時評で、この水田論文をとり上げ、丸山批判への反批判として絶賛したから僕は、ますます、「オレの鑑識眼が分かったか！」となってしまった。

僕は水田論文またはエセーに違和感を持ったことがない。共感するか、よい講義を受けている時のように、そうか、なるほどと教えられ愉しいことばかりだ。だから、誤記、誤植に気づくだけだ。それを二、三書く。

『象』二〇号　九四年冬「クリティカルに」出版記念講演

スミスは道徳哲学の教授として、利己心と利己心のぶつかりあいが、心理的には同感のメカニズムと経済的には契約の普及と等価の交換によって、さけられると考えていました。甘いといえば甘いのですが、そのための前提条件としてかれがあげたのが、さまざまな特権の独占です。それは、当時の状況ではアメリカ植民地の独立への支持であり、現代の状況では、自由競争ではなくて独占禁止法だということにもなります。それは社会主義の理想からそれほど遠いものではないでしょう。

この文脈の中の「さまざまな特権の独占です」はどう考えてもヘンだ。「そのための前提条件としてかれ（スミス）があげた」のは「特権の独占」の否定ではないだろうか。

『象』四六号　〇三年夏「文脈ということ」

ところで、このパスカルについて、ブリティッシュ・アカデミーの追悼記事が「かれがじっさいに党員となったかどうかは、論争の余地がある」と書いているのだからおどろく。ノーマンのコミュニズムとおなじである。パスカルの離党声明は、直接にはスターリン批判とハンガリー事件の衝撃によるもので、一九五四年のことである。

「一九五四年」は一九五六年以後でないとオカシイ。

校正を高齢の水田先生一人でやるのは無理である。合評会では何も問題にならなかったのか。フシギ。五六年世代というコトバがあることだ。これはE.P.Thompsonが、"*Poverty of Theory*"で書いたと思う。Perry Andersonではないだろう。なぜかというとアンダーソンの歳が僕より五歳も若いから、五六年の衝撃は受けてないはずだ。〔編者註＝『象』五一号で鈴村はこの点を以下のように訂正している。―Perry Andersonは一九三八年生で、僕の四〇年来の勘違いであることが、同著*In the tracks of Historical Materialism* (Verso) の見開きを見て分かった。彼は「五六年世代」であり、そうしたコトバを発する可能性は十分あり得ると訂正する〕。僕は一八歳だったから、ひどく受けた。大河内一男の弟子で高一の頃からつきあった四年先輩の兵藤釗が、たまたま浪人中の僕の家にいて、ハンガリーへのソ連侵入の夕刊記事を見ながら、顔をひきつらせていたのを覚えている。チェコ事件は、僕自身、衝撃をうけるには、知りすぎていて、年代記憶がさだかでない。世代とはそういうものかも知れない。水田先生も、林達夫や加藤周一みたいに、分かりきった、又は予測していたこととしておったかも知れない。同人の加藤万里は若すぎて知らない、ということか。あともうひとこと。旅行記中、ルカーチの写真入りのがあった。ヘェーと胸をときめかして読んで、ガッカリした。ただルカーチと会っただけで知的に無内容。水田先生にしてはサエナイナーと、感想を田口先生にハガキした。水田論文の一節を次のように使った。

編者註

〔この鈴村による水田洋氏の論稿に対する誤植やその他の指摘に対しては、『象』五〇号末尾「編集のあとで」において水田氏が応答している。

水田氏は冒頭、イラク戦争当時の世界情勢に対するコメントを記した後、『象』創刊五〇号記念に寄せられた読者や同人からのメッセージの紹介と応答を行ない、そのなかで鈴村の指摘に応えて以下のように記した。

「つぎに鈴村鋼二の超長文のメッセージのなかに三つの質問がある。この人は丸山眞男門下の婦人科医で、おそろしい読者である。第一の質問については、ぼくが話しことばを文章にするときに否定をおとしたことがあきらかである。第二も同じくぼくのミスで、一九五四年は五六年でなければならない。ぼくは、一九五六年春、イギリス留学の終了後、ブダペストでルカーチにあって帰国した。ハンガリー事件はその秋である。スターリン批判はそのまえ、ぼくが雪のベルリンにいたときだった。したがってパスカル声明は、五六年末かそれ以後ということになる。三つ目は、ルカーチ死後の書斎訪問記に何かを期待されてもこまるので、答えはない。写真をいれたのは、日本人による記録としてはあれしかないらしいからである。もうひとつ、ルカーチからのおもしろい（いまとなっては）手紙があるのだが、紙面がない」。〕

水田先生あとがきから　九一年『象』一一号　編集後記より

編集のあとで・水田洋

俳人としては意外な、筋の通った議論として。ただし金子兜太について「意外」というのは、海軍主計科短期現役士官で村上一郎と同期の退役日銀マンに対して失礼だから、むしろ、社会主義というものがここまで普及して、誰の独占物でもありえなくなった証拠としてと、いいなおしておく。

金子兜太

一、ソ連も東欧も、（社会主義政権下の資本主義の過程）を踏まないで、いきなり社会化（そして国有化）の段階にはいったことが間違いのもとだったとおもう。資本主義によって築かれた「物的基礎」の上に社会主義があることは自明の理で、これは同時に「個」の成熟（近代化）を得て、倫理的な社会主義の理想が消化されうる基礎ができるということで、物的意識的未熟に対して、いきなり社会主義を持ち込むことが無理だったのだ（そのことから中国の成り行きに注目している）。しかも、スターリン、ブレジネフ路線は、それを（権力強化）で強行しようとし、党と官僚、軍を権力機構として固めてしまったから、「独裁体制」の暗黒をつくってしまった。ゴルバチョフはこの体制をほぐしてゆこうとしたのだが、判断が甘かった。ソ連および東欧共産党は崩壊する必然のもとにあったといえる。

二、したがって「社会主義思想の敗北」などというマスコミ言説は、まったくの間違い。「社会主義思想」はこれからが問題である。これからの課題を負っている思想といえる。何故なら、ソ連、東欧は社会主義への道を性急に短絡的に歩いたから失敗したので、西欧、米、日の資本主義の成熟した物的基礎

（同時に近代自我の成長という基礎）の上に立ってはじめて「社会主義思想」はその真価を示すことができるのだ。

　西欧、米、日の資本主義は弱肉強食のなかから一部特権階層を生み、その（権力）の有り態はソ連、東欧並み、あるいはそれ以上、といっても過言ではない。市民が比較的穏やかなのは、物に恵まれているからである。ことに日本の場合は半封建意識を残存したまま独占体制に入ったため、その権力意識は古く、暴力的なそれの尻に吸いついて甘い汁を吸おうとするものたちの事大主義はまことにいじましいばかりだ。個の確立が不十分だから批評力に乏しい。こんな資本主義（いや、資本主義が望ましい自由と民主をもつことはまずない、といってよい）は是非とも「社会主義思想」によって変革あるいは修正する必要がある。公平と正義のない自由にはデモクラシーはない。

三、その点で、日本共産党常任委員会幹部会声明は「大国主義、覇権主義」との戦いをいいすぎて、これからの具体的展望に欠ける。守りの姿勢では資本主義万能論者をつけあがらせるばかりだ。

四、「エゴイズム」は、しかし、端倪すべからざるものでこれの（権力希求）への心性の生な姿を見失うと、すべてが烏有に帰する。「社会主義思想」にとっても、これがアキレスの腱と知るべし。

（俳人）

（三）千早耿一郎さんのこと

　バックナンバーの見出しを見ていると千早さんの文に丸印がたくさんつけてある。三九号「不戦の誓い」、四一号「中江丑吉」あたりから注目。僕よりかなり年輩の人の感じ。水田先生と同じくらいかな。長編「吉田満論」がよかった。戦記ものなど読む気がなかったのが、鶴見俊輔の文章から、『「戦艦大和」の最期』を読む気になった。六六年矢野和夫氏より譲らると表紙裏にある。一読大感動し、気に入った何節かを朗読しテープに入れた。昭和二七年の創元社版。

僕は今でも『象』二二号(敗戦後五十年特集)の水田論文に引用された矢内原伊作の「挽歌」と、「犬死」説に共感するが、その後の吉田が千早論文で、ていねいに追跡されたのが有難かった。この本の三四頁の有名な臼淵大尉の説、やはりこれはオカシイ。無理がある。

『戦艦大和ノ最期』

「進歩ノナイ者(決シテ勝タナイ　負ケテ目ザメルコトガ最上ノ道ダ
日本ハ進歩トイフコトヲ軽ンジ過ギタ　私的ナ潔癖ヤ徳義ニ　コダワッテ、眞ノ進歩ヲ忘レテヰタ　敗レテ目覺メル、ソレ以外ニドウシテ日本が救ワレルカ　今目覺メズシテイツ救ワレルカ　俺タチハソノ先導ニナルノダ　日本ノ新生ニサキガケテ散ル　マサニ本望ジャナイカ」
彼、臼淵大尉ノ持論ニシテ、マタ連日一次室ニ沸騰セル死生談義ノ、一應ノ結論ナリ　敢ヘテコレニ反駁ヲ加ヘ得ル者ナシ

こんな屁理屈で自己説得をして死なねばならなかった若者達は、可愛想である。

一三二頁「あとがき」末尾

「しかしただ、その時のままの姿を批判をまじえずに扱ったことに対しては、いつの日か、私自身の批判を以てその裏打ちをしなければならない責任を感じている」

千早さんはこの「裏打ち」をたんねんに追ってくれた。

跋文は吉川英治、小林秀雄、林房雄、河上徹太郎、三島由紀夫。テルモピレーがどうのと言ってけつかるが、みんな、他者と自己を欺瞞し通していた連中だ。吉田満が、こんな跋文にかこまれたのが惜しまれる。

『象』四四号、千早さんの「伊藤信吉」論にも深い感銘をうけた。

(五) 田口富久治先生のこと

丸山眞男読書会で年四回お会いして、感想を伝えている。自伝的なもの、現代政治批判など、みな興味深く読んでいる。

『象』四九号の今井弘道「丸山眞男研究序説」批判(一)はよかった。最近号のため引用しないが、九七〜一〇〇頁は傍線だらけにして読んで、援用された権左武志の「画期的な長大論文」(『思想』九九年九月号、一〇月号)を取り出して読み、丸山眞男とカール・シュミットについてはこれ以上の論は不要と感心した。注四と追補もよかった。

松尾『訪問記』

この日は鮫目信三さんも同席で、寿司をご馳走になりながら次の話を聞いた。

金大中事件について、「共産党が帝国主義国家の国家主権をふりかざすのは間違っている。田口富久治の論(田口「論壇時評」(上)『赤旗』一九七三年九月二五日付)はよかった」といわれる。『赤旗』に批判がのった(平山基生「金大中事件における主権と人権」一〇月四日付)、というと「田口にしては珍しくまともなことを書いたと思ったら、そういうことがあったか」。

中野が田口先生の評論時評を「よかった」といっている。三〇年も前の話だが、何だったか聞きたい。金大中事件に関しては、僕らは町で署名運動を、その頃社会党が労組頼りで二〇〇〇しかとれなかったので、区長を説得して回覧板でやって、二万数千名集めた思い出があるので。

(六) 加藤万里さんのこと

『ユリシーズ』の訳本を読んだあと、丸谷才一さんにハガキした。「あなたの訳や評論は全部よいが、小説は『横しぐれ』だけがよい」と。勿論返事はなかった。同じこと。

最近の、イラク問題のエセー。良いと思います。どんどん書いて下さい。気になっているのはそこで(『象』の以前の号で)加藤がふれたNGO問題です。僕は「ペシャワールの会」の募金に応じている。『世界』の中村哲論文も、みんなにすすめている。アフガンでの灌漑(農耕用水路)事業のNHKテレビもビデオにとった。ところが、中村は、天皇夫妻に呼ばれて、事業を説明し、共感してもらえて嬉しいと言った。カツンと来た。マグサイサイ賞ももらい、天皇とも会見したなら、カンパが税法上の控除になるところまで(ユニセフみたいに)やるべきなのにそれをやってない。日本人は、週休二日、祝日加えて年百数十日の全休をとって、平日も八時間労働なのに、僕は、昨年のことを言えば、三日間越前で磯潜りし、五日間志賀高原でスキーをしただけで、あと三五七日は、二四時間拘束で仕事をしていて、所得の四五%は税金で取られている。ペシャワールの会報には、税法上の控除はないことをカンパについてご承知下さいと書いてある。僕は、中村哲はおかしいと思う。ちゃんとユニセフ並みにすれば倍出してもよいが、それをせずに、天皇に会っているなら半額以下へカンパを減じたい。僕のＮＧＯはこれと次です。

（七）フィリピン・トヨタ労組結成の二〇〇名労働者解雇反対記事

毎年一〇〇〇通くらい、選挙の年は三〇〇〇通出す年賀状。

Le 1er Janvier 2004

豊田市若宮町八―一―六　鈴村鋼二・美弥子
（鈴村病院　TEL０５６５―３３―２３５１）

新年のご挨拶を申し上げます。

昨年四月の県議選での同志元県議の小林収の落選ほど口惜しく、腹立たしいことはなかったです。あれほどの県議は人格識見共に、県下にないのに、この町の一万九〇〇〇人以外の市民は落選させた。猛省せよ！　風評によれば、この町から自由民権主義的市民派勢力を一掃するために、トヨタ御用労連が、公明を助けたと聞く。なんたることか！　年末に、フイリピン・トヨタで労組を作ろうとした二〇〇名以上の労働者の首キリに抗議に来た人々に協力して、夕刻、市駅前、翌早朝四時、三好工場でビラをまいた。（フィリピン最高裁勝訴、ＩＬＯ提訴など国際的にこの不当労働行為への批判が高まっているのに、トヨタ労連は、労働者のグローバルな連帯の倫理を無視してソッポを向いているではないか?）

小泉内閣は、軍需─石油資本の代弁者ネオ・コンの始めたイラク戦争に協力しようとしている。これは、日本国憲法、国連憲章に違反するだけでなく、日米安保条約に対する違反でもある。イラクの治安とインフラ整備は、アラブ語が話せるアラブ多国籍軍にまかせて、日本は資金援助をするだけでよい。そうすれば、自衛隊員は死なず、殺さず、日本への好感は維持され、テロ対象にもならない。小泉一派に投票した国民の責任を問いたい。

＊　＊　＊

昨年は、藤田省三先生、東大同期の杉浦克巳君、後輩竹内洋治、産婦人科同業河合義雄さんらが亡くなってつらかった。良かったことは、大洪水後やっと渡合のハエが戻ってきて、一二月だけで八〇〇匹つれた。

医業の方は順調で、分娩数四四〇、帝王切開率三・三％（一五％）（転送先含）、さかご率〇・七％（四─六％）前回帝切例の七割に経膣分娩。（　）内は全国統計。

良かった本。パラスト『金で買えるアメリカ民主主義』（角川書店）、トッド『帝国以後』、『経済幻想』（藤原書店）、井出『ねじ釘の如く』（岩波書店）、藤田『戦後精神の経験』（影書房）、ロイ『帝国を壊すために』（岩波書店）

〇四年六月、フィリピン・トヨタ労組委員長エド・クロベは日本人支援者（全造船労組関東地協、ユニオン・ヨコスカ、神奈川高教組）と共に訪仏した。

報告集の表紙にはフランス紙の見出し、Toyota, Les profits d'une exploitation sans frontière とある。僕はカンパしている Médecins sans frontières を思い出して苦笑いしてしまった。日本語ができるアンドレ神父、若手大学教師ジャン・ポールらがロビー活動の仲介をとった。フランス・トヨタはCGT系。Liberté Hebdo 紙、Le Courrier 誌らがとり上げてくれた。

＊　＊　＊

フィリピン・トヨタ労組（TMPCWA）の闘いの概要　―初めて闘いを知る方のために―

フィリピン最大の自動車会社

従業員約一五〇〇人（工場労働者約九〇〇人）。マニラ近郊にビクータン、サンタロサの二つの工場。社長は日本のトヨタから派遣。一九八八年創業。

組合承認選挙に会社が介入

フィリピン・トヨタ労組（TMPCWA）は、九八年四月に、独立組合として労働雇用省に登録された。二〇〇〇年三月、労働協約を結ぶ労使協議（CBA）を行なう権利を得るために「組合承認選挙」（CE）が行われた。

記名投票の結果、賛成は五〇〇票を超え投票数九四三票の過半数を制した。しかしトヨタは、課長クラスの一〇五票が含まれていないとして異議を申し立て、労使協議を開始しなかった。

組合勝利の長官裁定が出された日に大量解雇

会社側の異議は、労働仲裁官、労働次官いずれの段階でも却下され、二〇〇一年三月一六日、ついに、労働雇用省長官の裁定で組合の勝利が確定した。まさにその日、トヨタは組合員二二七名を解雇（その後二三三名に）、七〇人を停職処分にした。

理由は、労働雇用省の公聴会の山場に、組合員三一七人が参加したが、これが「無断欠勤」にあたるというものだった。

ピケからストへ工場が止まった二週間

組合は、工場前でピケを張り、三月二八日からは、約七〇〇人が解雇撤回を求めてストライキに突入、工場はストップした。トヨタは、スト破りの導入をはかったり、アロヨ大統領に会って、争議が長引くなら投資を引き上げる、と圧力をかけたりした。さらに、トヨタを含む日系一一社が労働雇用省や貿易産業省に、「争議が解決しなければ投資を引き上げる」とねじ込んだと一斉に報道された。労働雇用省長官が仲裁に乗りだしストは停止された。

この時に、組合員による「重大な威圧行為」（にらみつけた、とか大声を出したとか）が行われたとして、後に二六名の組合員が刑事告訴された。

来日闘争、激励団派遣、物販で支援

二〇〇一年四月、組合のエド委員長が初来日、日本の労働者とともに、トヨタ東京本社への抗議と申入れを行なった。以降、日本のトヨタへの抗議、現地激励団の派遣、組合員の生活を支えるための「マルチプロジェクト」立ち上げ、物品販売と、フィリピンと日本の連帯した闘いでトヨタにいどみ続けている。

会社の組合否認・団体交渉拒否について、フィリピンの最高裁が、組合勝利の判決。ＩＬＯ「結社の自由委員会」も勧告を出しているが、それでも会社は、法秩序を無視して、いまだに団体交渉にすら応じていない。

画期的なＩＬＯ「結社の自由委員会」の勧告

ジュネーブからフランスに広がった支援

二〇〇三年一一月、ＩＬＯ（国際労働機関）「結社の自由委員会」は、フィリピン・トヨタ労組の主張を認め、フィリピン・トヨタが「解雇された労働者を再び雇い、刑事責任の請求を中止し団体交渉に応じる」よう、法律改正を含めた措置をとることをフィリピン政府に勧告しました。

フィリピン・トヨタが組合に対して行ってきた行為が、フィリピン政府も批准しているＩＬＯ条約に違反していると判断されたのです。

しかしフィリピン・トヨタは、態度を変えていません。フィリピン政府もまだ動こうとしていません。このことを世界の労働団体に知らせ、政府や会社が勧告に従うよう、組合と支援する会は、スイスのジュネーブで開かれるＩＬＯ総会に参加し要請行動を行なうことを決めました。

最高裁判決、ＩＬＯ「結社の自由委員会」の勧告に従わないフィリピン・トヨタ

フィリピン・トヨタ労組を正式な労組と認めたフィリピン最高裁の判決

フィリピンの労働法では、一般従業員による「組合承認選挙」（ＣＥ）で過半数を獲得すると、一般従業員全体の唯一の交渉権を持つ組合として承認され、労働協約締結のための労使協議（ＣＢＡ）を行なう権利が認められる。

会社は、この選挙の時に、管理職の投票が含まれていないことなどを口実に、組合否認を続けてきたが今年一月、フィリピン最高裁はフィリピン・トヨタ労組が正式な組合であることを認める判決を下した。

会社は、それでも、制度にない異議を申し立て交渉拒否を続けている。

組合の主張を認めーＬＯ「結社の自由委員会」がフィリピン政府に勧告

世界的に事業を展開するトヨタと闘うためには、もっと社会的なアピールが必要と、昨年二月、組合はＩＬＯ（国際労働機関）「結社の自由委員会」に申し立てを行った。「結社の自由委員会」は、組合の主張を認め、フィリピン・トヨタが「解雇された労働者を再び雇い、刑事責任の請求を中止し団体交渉を行なう」ために必要な措置をフィリピン政府がとるよう、昨年一一月、勧告を出したが、会社および政府は、いまだに従っていない。

ＩＬＯ総会・労働者部会への参加　ロビー活動の目的

組合と「支援する会」は、勧告を手にした有利な状況を生かすため、次の目的で、ジュネーブで開かれるＩＬＯ総会に、要請団を派遣することを決めた。

1　ＩＬＯ「結社の自由委員会」の勧告を、フィリピン政府およびフィリピン・トヨタが全く履行していないことを、総会に参加している世界中の労働団体に知らせる。
2　フィリピン政府およびフィリピン・トヨタに対して、勧告を履行することを求めるよう、各労働団体・労組に支援要請を行なう。
3　「結社の自由委員会」事務局を訪問し現状を理解してもらう。
4　ロビー活動を通じて、フィリピン・トヨタ労組支援のネットワークを築く。

ＩＬＯ参加にあたっては、スイス公共サービス労組スイス鉄鋼労組の招聘《しょうへい》を受けた。

トヨタ本社は責任逃れ

日本のトヨタは、この問題に関して「現地で解決してくれ」の一点張りで責任逃れを続けている。そのトヨタの奥田碩会長（元フィリピン・トヨタ社長でもある）は、日本の経営者代表（日本経団連会長）としてＩＬＯ総会に参加した。

＊　＊　＊

二〇〇四・三・四

フィリピン・トヨタ労組を支援する愛知の会（仮称）結成準備会事務局

各労組・団体・個人の皆様へ

フィリピントヨタ労組を支援する愛知の会（仮称）への参加のお願い

日頃のご支援ご協力に感謝いたします。

さて、解雇撤回、組合承認、労使交渉の開始を求めるフィリピントヨタ労組の闘いは重要な局面を迎えています。昨年九月の最高裁における勝利判決につづき、今年三月開催予定のＩＬＯ（国際労働機関）理事会でフィリピントヨタ労組の主張にそった「結論と勧告案」が承認される見通しとなりました。闘いに有利な状況が広がる一方で、窮地に立たされたトヨタによる組合攻撃は一段と激しいものになっています。

こうした情勢の緊迫化を受け、トヨタ資本の本拠地である愛知県における支援体制の強化が求められています。

また、支援グループの中から、今までのトヨタ本社に対する一年に一度の抗議行動だけでは不十分で、事態を変える力にならないという指摘も出されています。

こうしたことから、年間を通して継続した活動を保証できる新たな大衆組織の結成を目指そうということになり、二月八日に開催された準備会で大枠が決まりました。別紙「確認事項」にてご報告するとともに、会の結成（四月下旬を予定）に先立って、会員を募りたいと思います。
今までの愛知の支援活動は大きな労働組合や団体がなく、人も金もない中での手探り状態の活動でした。こうした状態は、フィリピントヨタ労組を支援する愛知の会（仮称）が出来ても、すぐには解消されないでしょう。しかし、愛知県には長年にわたって職場や地域で、トヨタの支配と粘り強く闘ってきた人々がいます。新たな支援団体の結成によって相互の連携と結束が深まり、それぞれの力を有効に発揮する事ができれば、闘いの前進に貢献できると確信します。
表題の件につきましてご理解をいただき、ぜひ会員になっていただきますようお願い申し上げます。

追記　表立って運動できないが、協力したいという方も会員として大歓迎です。必要があって、事前に承諾をいただいた場合を除いて、氏名等の公表はいたしません。入会手続きは、同封のハガキにてお願いいたします。もっと詳しい説明が欲しいという方は、ご一報ください。

連絡先　　豊田市青木町五―一〇―二六　田中九思雄
TEL・FAX 0565-45-5768

フィリピントヨタ労組と共に

フィリピントヨタ労組を支援する会ニュース№6　　二〇〇四年九月一七日
フィリピントヨタ労組を支援する会
横須賀市追浜東町 3-63-901
TEL・FAX 046-869-1415
eメール：protest-toyota @ jca. ape. org

フィリピントヨタ労組、全造船関東地協に加入！
トヨタ自動車に団交開催要求書を提出!!

張社長に組合加入通知書を提出

フィリピントヨタ労組（エド・クベロ委員長）は二〇〇四年九月一六日付で全日本造船機械労働組合関東地方協議会・神奈川地域労働組合（執行委員長石川秀夫）に加入しました。

そして本日、九月一七日にトヨタ自動車はフィリピントヨタ労組やわたしたちの正当な団体交渉要求書も提出しました。トヨタ自動車張富士夫社長殿に加入通知を提出すると同時に、団体交渉開催要求をことごとく「フィリピン現地の問題である」として、不誠実な対応に終始して来ました。

しかし、フィリピントヨタ労組が全造船関東地協に加入したことにより団体交渉に応じなければならなくなりました。トヨタ自動車があくまで団体交渉を拒否する態度を取り続けるならば、不当労働行為で労働委員会に提訴いたします。

団体交渉要求書

フィリピントヨタ労組（ＴＭＰＣＷＡ）が神奈川地域労働組合に加入したことにより、以下の要求を行います。

1　二〇〇一年に行ったフィリピントヨタ労組（ＴＭＰＣＷＡ）組合員二三三名の解雇を直ちに撤回すること。
2　労使間の交渉ルールを確立すること。
3　以上の二点について、二週間以内に団体交渉を行なうこと。
4　団体交渉の出席者は：会社側についてはトヨタ自動車の社長或いはフィリピントヨタ担当重役が出席する

こと。

組合側についてはフィリピントヨタ労組（ＴＭＰＣＷＡ）組合三役と上部団体である全日本造船機械労組関東地方協議会・神奈川地域労働組合の三役。

5　団体交渉開催場所は、トヨタ本社内としフィリピンから出席する場合の交通等関係諸費用は会社が負担すること。

ＩＬＯ総会出席、フランストヨタ労組と交流

フィリピントヨタ労組と支援する会は六月のＩＬＯ総会に出席しトヨタ自動車とフィリピン政府の不当性を訴えました。また、フランストヨタ社の労働組合ＣＧＴ（フランス総同盟）を訪問しフィリピントヨタ労組の闘いの支援を全世界のトヨタ労働者に発信していくことを確認しあいました。

—地元の新聞は—

「労働組合の自由」を認めないトヨタ社　(Simon Petite 記者　Le Courrier 誌　2004.06.22号)

〝フィリピン・トヨタ社はフィリピンの工場にある独立系の労働組合の存在を認めない〟

—解雇された労組代表の証言—

基本的な人権を認めない多国籍企業を告発する素晴らしい人を迎えた。先週、エド・クベロ氏はジュネーブにトヨタの企業行動を告発しに来た。

彼は一九八八年に発足したＴＭＰＣＷＡという労組の委員長である。彼はフィリピンの二つのトヨタ工場で活動する労組を指導したということで、二二七人の仲間と共に二〇〇一年三月一六日に解雇された。

「会社は常に独立系労組の誕生を最初から拒否してきた」とエド・クベロ委員長は言う。その理由は明らかで

ある。非常に辛い流れ作業の労働条件。会社は休暇の取得をほとんど許可しないだけでなく、残業を命令し週末にも労働をさせる。労組は政府に認可されているのに、トヨタ社は二つの工場にある労組を認めようとしない。―と報道しました。

フィリピントヨタ社はサンタ・ロサとビクータンの両工場内でエド・クベロ委員長は観光を楽しんでいるとニセの情報を流したり、フィリピントヨタ労組が計画したエド委員長のＩＬＯ帰国報告会をじゃまする目的で急な残業を命じたりしています。フィリピントヨタ労組と支援する会のＩＬＯ総会への参加はトヨタ自動車とフィリピン政府に対して大きなプレッシャーを生んでいます。

カナダでも組合組織化の動き

カナダ自動車労組（ＣＡＷ）は、オンタリオ州ケンブリッジにあるトヨタ自動車組立工場での組織化活動に備えている。このキャンペーンは、同工場で働く四〇〇〇人の労働者を加入させようとするＣＡＷにとって二回目の試みであり、二〇〇五年まで続くと予想される。

アメリカでは

二〇〇四年四月トヨタのケンタッキー工場（ＴＭＭＫ）で組織化を進めていたＵＡＷ（アメリカ自動車労組）は、工場から離れたホテルを使って、ＵＡＷを支持する署名集めをおこなった。ＵＡＷは、四月末までに従業員の過半数から署名を集めることができたら、ＮＬＲＢ（全国労働関係局）に組合承認選挙の申請をおこなうとしている。署名集めは五月以降も継続して行われている。

＊この後また鈴村稿では「フィリピントヨタ労組を支援する愛知の会」の前掲ビラを転載（編者）

トヨタ自動車は、争議解決のテーブルにつけ！
▼現地任せは、もう通らない！
▼フィリピンから労組委員長が三たび来訪
▼九月二〇日、トヨタ本社申し入れへ

●二三三名の解雇を撤回せよ

豊田市民のみなさま

トヨタ自動車のフィリピン現地子会社を相手に、二三三名の解雇撤回と不当な団体交渉拒否を闘うフィリピントヨタ労組（ＴＭＰＣＷＡ）の争議は、今なお解決を見ないまま続いています。

そして、全国からのフィリピントヨタ労組を支援する仲間の参加を得て、この九月一九日〜二〇日、トヨタ自動車本社（豊田市）における抗議行動と、全面解決を求める申し入れが行われます。

●労使協議は世界の常識

今年の五月末から六月にかけて、ＴＭＰＣＷＡのエド・クベロ委員長と「支援の会」二名が、スイス・ジュネーブでのＩＬＯ（国際労働機関）総会に出向き、果敢にロビー活動を行いました。

その結果、スイスやフランスの労働団体、ＩＬＯマニラ事務所長等の好意的な理解が得られました。又、ＩＭＦ（国際金属労連）本部では、ブライアン書記次長とも面談しＩＭＦへの直接加盟等のアドバイスを受けました。そうなればＩＬＯでの発言・訴えの道が開かれ、争議の実態がますます世界へ広がります。

正当な労働組合との労使協議は、国内はもとより、世界の常識であり、子会社でありながら「別会社」を理由に知らん顔をするトヨタ自動車の態度は許されません。

●利益一兆円企業の醜態

世界に数多くの工場を持つトヨタ自動車にしてみれば、たかがフィリピンの一自動車工場の問題かも知れませんが、世界の目は、年間一兆円以上の利益をあげる世界的企業・トヨタ自動車の子会社での争議であることに注がれています。この醜態をいつまで続けるのでしょうか？ 私たちも一日も早い、全面解決を望んでいます。

●早期全面解決を求める

そうした状況の中で闘われるこの秋の「トヨタ自動車本社行動」は、とりわけ大きな意味をもっています。私たちは、ＴＭＰＣＷＡ・エド・クベロ委員長のトヨタ自動車本社訪問を機に、解決の糸口を引き出したいと思っています。そのためにも、多くの団体、市民のみなさまが私たちの、トヨタ自動車本社行動へのご理解と、支援活動へ参加されることを呼びかけます。

●ＴＭＰＣＷＡ来日行動予定●

九月一四日（火）エド執行委員長、ジュン執行委員来日
一六日（木）ＴＭＰＣＷＡ来日歓迎集会（川崎市）
一七日（金）秋の東京権利総行動決定（トヨタ東京本社、その他）
一八日（土）地協ソフトボール大会参加（川崎市）
一九日（日）豊田市で連帯集会・街頭宣伝活動・連帯交流集会
二〇日（月）トヨタ・工場ビラ配布、本社申し入れ、本社前集会
二一日（火）元気の出る集会（神奈川・県民サポートセンター）
二二日（水）外務省訪問　その他

二三日（木）ＴＭＰＣＷＡ帰国

【発　行】フィリピントヨタ労組を支援する愛知の会
【連絡先】豊田市青木町 5-10-26　（田中気付）Tel. 090 － 1724 － 8881（17 : 30 以降）

（鈴村記）

九月一九日―二〇日のトヨタ本社のある豊田市での行動には、当然、表立てる人の数が限られてくるので、僕も日・祝日の午前中外来診察時間外は全面的に参加せざるをえない。いつも夜中の二時半頃寝る僕としては朝四時半からのビラまきはつらい。関東地方や、名古屋方面からの支援者三十数名も花本の病院保養所には泊まり切れないのでうちの病院の空病床、付添ベッドにも泊まってもらうしかない。妻美彌子さんは、豚汁作りやおにぎり作りに友人のおばあさん等にも頼み込んでいる。

カンパ、二〇〇〇円菓子購入支援などの連絡先
全造船機械労組関東地方協議会
ＦＡＸ０４５―５７５―１９４８

このインターナショナルなプロレタリアートの連帯の仕事を何年か前から、このトヨタの町で、中心になってやってきたのは田中九思雄君だ（注1、注2）。名大理学部出身で、町の小林収元県議、

多治見市長西寺雅也君らと学生運動仲間だ。河合塾の牧野剛君も同じだ。全部の共通履歴は、高校の先生も落されて、塾で食うしかないこと。この世代は、東大出も同じ目にあっている。田中君は豊田市職の専従になって、今や自治労が変質したため、早くやめよと言われるのに抵抗して運動を継続している。

僕自身は、彼らより六〜七年上で、少年時代、レッド・パージの人々を父と共に見ていたから、医者にでもなってやり過しているが、こんな優秀で、正義感の強い人間を排除しているのが、この日本の「自由、民主主義的」社会だ。フィリピンの労働運動でクビになった人々も、ビデオで見たが、仕事の腕がよく、会社から表彰状をもらっている敬虔なカトリックだ。『資本論』は正しいとつくづく思う。

注1　一〇月一四日『朝日』『毎日』『中日』各紙夕刊社会面最下段に、彼が三菱自動車の労働者支援のステッカーを電柱や工場の壁に、七月初め張ったとして、岡崎署に逮捕され黙秘してると記事が出た。バイアグラ密売とか、サラ金勧誘のステッカーは見逃して、平和―労働運動弾圧に警察力をさくのは納税者として許せない。昨日、県警から彼のことを聞きたいと電話があったので、じっくり立川テント村のことを含めてコーギ（＝抗議＝講義）したいからぜひ来て下さいと応えたら、「上の検事さんらがきめることで、私らがコーギを聞いてもどうにもならないので、行きません」と言われた。今日の抗議集会には僕は難産をかかえているので妻（美彌子さん）に行ってもらった。三〇名くらい集まったそうだ。三菱パジェロ買い換えを来年に控えて、ディーラーに消費者として抵抗してやろうと思う。

一〇月一九日記

注2　田中九思雄さんへの不当逮捕に抗議し即時釈放を求める

二〇〇四年一〇月一九日　田中さんを救援する会

一〇月一四日早朝、愛知県警公安三課と岡崎署は、「三菱自動車岡崎工場の閉鎖問題に絡み、同社や労組を批判するポスターを電柱などに張った」として、田中九思雄さんを、岡崎市屋外広告物条例違反と軽犯罪法違反の容疑で逮捕し、関係先六カ所を家宅捜索した。

今回の逮捕・捜索は、三カ月以上も前の七月六日にポスターを張ったとされるもので、しかも県警の公安三課が乗り出し、豊田、名古屋、東京に及ぶ六カ所の家宅捜索をするなど、前例を見ない異常なものである。さらに警察は一〇日間の拘留延長、接見禁止という暴挙に出ている。

これらの警察の行為は、軽犯罪法第4条「濫用の禁止」規定に明らかに違反した暴挙であり、この地方の労働運動、市民運動に対する不当な弾圧と言わざるを得ない。

私たちはこの不当弾圧に断固として抗議し、田中さんの即時釈放を要求するものである。そもそも三菱自動車岡崎工場の閉鎖問題は、リコール問題に端を発した一連の不祥事に明らかなように、経営者側の無責任、無能力による経営の失敗のすべてを、労働者の犠牲を強いることによって回避しようとするものであり、そうした経営者の責任を追及し、経営者に同調している労組を批判することは、労働者として、また組合員としての当然の権利である。

今回の逮捕・捜索は、こうした労働者の権利を抑圧し、それを支援する運動を押さえ込み、一方的に経営者側に加担する行為であることは明らかである。

さらに、不当逮捕された田中さんが、西三河、とりわけ豊田地区で運動の中心を担い、「TMPCWA（フィリピントヨタ労組）を支援する愛知の会」や「西三河労働者のつどい」の代表などを務め、今回の三菱自動車岡崎工場閉鎖問題についても、三菱自動車と関連企業の労働者を冷酷に切り捨てる労使の姿勢に怒りを高めていた活動家であることを考えれば、この不当弾圧の意図は、ますます明らかとなる。

田中さんを含む地域の労働者・市民の実行委員会は、去る九月五日の「がんばれ！三菱労働者岡崎集会」を成功させ、ナショナルセンターの枠を越えて労働者の連帯の力を示すとともに、地域住民とともに闘いの継続を誓い合った。

今回の不当弾圧は、こうした労働者・市民の闘いがさらに発展し、影響が広がるのを恐れた三菱自動車の労使や警察、公安当局の危機感のあらわれである。三菱、権力はこうした闘いが広がり、影響力をもつことを心底から恐れている。だからこそ、運動の中心の一人、田中さんを狙い撃ちして逮捕したものである。

私たちは、今回の不当弾圧に屈することはできない。引き続き三菱自動車の理不尽なリストラ攻撃に対し、労働者と市民の連帯の輪を広げ、闘いをいっそう強めて、反撃を開始すること。それが、今回の不当弾圧に対する、私たちの決意であり、回答である。

改めて、不当弾圧に抗議し、田中さんの即時釈放を要求すると同時に、労働者の皆さんをはじめ各界の皆さんに、田中さんに対する激励と救援活動、警察への抗議と三菱自動車のリストラ攻撃を許さない活動への参加を広く呼びかけるものである。

田中さんを救援する会
参加団体
三菱のリストラを追及する会（幹事団体）
西三河労働者のつどい実行委員会
市政改革とよた市民の会
連絡先０５６５—８０—５３２３

後書き的追記

二日かかって、ここまで書いた。引用が多いのは、僕の要約より、その方が読者のためと思ったから。書くのは二日間でも、読むのは、岡田孝一の本三冊だけでも三度読みした部分が多いし、他も同様だから一週間はつぶした。（印刷代を負担すりゃ文句ないだろう……という心境）。明日、あさってはビラまきがあるから、どうしても今夜で終わる。どれほど書くことが嫌いかというと、毎年年賀ハガキの原稿を友人石崎の挙母印刷企画へ届けるのが一二月二八日最終となっていることでも分かる。読むのは好きで、週三日の禁酒日は、一日一〇時間、飲む日でも五時間は読んでいる。年だから（歯、目、魔羅というそうだが）辞引きを引くため書見器で外書を読んでいるとメガネを三種かえてゆかないと、行がゴチャゴチャしてくる。邦書は手で持って読むから、調節がうまくゆくかわりに、持つ右手第一指と第二指の間にこの半年間シビレ感が出てきた。本は重い。これは、筑摩「世界文学大系」の『ドン・キホーテ』でやられたと思う。（軽症脳梗塞かと心配したが違う）。以下書き残したことの断片。

（1）中野重治は最晩年になってドイッチャー『レーニン伝への序章』（岩波書店）を高く評価した。石堂か、松尾がこれを直接聞いている。（出典見つからず）。

（2）僕が中野をどれほど愛読していたかは、佐多稲子『夏の栞―中野重治をおくる』を泣けてきて読みきれず四分の一くらい未読のまま放置していることが示す。こういうことは杉浦明平『小説渡辺崋山』や吉行淳之介『夕暮まで』でも起こった。

（3）石堂を含めグラムシ派（構造的改良派）への皮肉な知的デタッチメントについては水田先生に全

く（位相は違っても）共感する。
（4）藤森節子さんに。ノーベル賞をもらった高行健『ある男の聖書』（集英社）よりも鄭義『神樹』（『朝日新聞』）の方がはるかによいと思うがどうでしょうか。プロ文革にこのような意識層が多様にあったこと。『ワイルド・スワン』などはその一派にすぎぬことを知った。プロ文革に、その真最中、距離を置けたのはドイッチャーを読んでいたおかげた。（中国派の大物）伊藤武雄が町へきたときの座談会で（唐山大地震の頃）、僕は、中国外務省の代言人みたいな彼を絶句させた思い出がある。このあたりは、明平さんもみんなオンチ（又は知的不正直）だったと思う。
（5）『芸術的抵抗と挫折』から『擬制の終焉』までの吉本隆明は認めるが、以後は認めない。どっかの海で溺れたけど、あのとき、そのまま死んでしまえと思った。
（6）ポスト・モダンという言葉なり思想があった。POST-STALINIAN を読むとき、ポウスト……が正しいと思った僕は、腹が立つ。郵便ポストがあるからしかたないか。堀田善衛が、「サルトル死後、パリには佃煮にするしかない雑魚しかいない」と言ったが同感。その雑魚共がのさばって、ヤングの大切な読書時間、思考時間を徒労に、失わせた一時期があった。（吉本の中後期の連想でこんなことが言いたくなった）。E・P・トムスンは、ペリー・アンダーソンに対して、前記した本で文句を言っている（アルチュセール批判）。僕はトムスンと同見解。アンダーソンも反省はしている（『ポストモダニティの起源』（こぶし書房））。二〇〇〇年一月に出たアラン・ソーカル、ジャン・ブリクモン『「知」の欺瞞』（岩波書店）は、その前に藤永という物理学者が『世界』に予告編を書いていて、僕は待っていた（邦訳が遅れれば原書で読むつもりだった）。高校、予備校、大学教養部の先生は、生徒に、これをすすめなければならない。「デカルト的明晰」の発祥地から。欧米日を席巻した「非明晰主義」の知的犯罪が何故発生したのか。E・H・ノーマン→丸山眞男の示唆で Karl Popper *"The Open Society and its Enemies"*、*"Poverty of Histricism"* を読んだのが六〇年安保闘争前後。ポパーは以後、全部読んでいる。レーニンの『唯物論と経験批判論』は良い本だとポパーが書いているが、これは皮肉ではないよ。マジメに言ってるんだ。僕は高一の頃、レーニンのこの本（文庫本）の（下）が入手できなくて、ナウカからモスクワの外書出版所の英文書をとりよせて（下）部分を読んだ。いま彼の『実在論と科学の目的』を読もうとしている。『「知」の欺瞞』の紹介のついでに言うが、この本の直後に、（コレージュ・ド・フランス哲学教授）ジャック・ブーヴレス『アナロジーの罠─フランス現代思想批判』（新書館）があり名著。これから読む予定はブルーメンベルク『近代の正統性』（法大出版）。あとおすすめの本。アレックス・カリニコス『アゲインスト・ポストモダニズム』（こぶし書房）、『第三の道を越えて』（日本経済新聞）（ギデンス批判）、同 *"An Anti-Capitalist Manifesto"* (Polity)、**Boris Kagarlitsky** *"New Realism New Barbarism"*、*"The Twilight of Globalization"*、*"The Return of Radicalism"* (Pluto Press)、**Daniel Bensaïd** *"Marx l'intempestif"* (Fayard)。これらは早く邦訳されるべきだ。I・ウォーラーステインとP・ブルデューの全部の邦訳もよい（藤原書店）。

『ハイエク全集』が出た時は、一気に一カ月かけて読了した。停年すぎの大学の先生達に言いたい。邦訳が出ても、なくてもよいから、僕らの学生時代、四十何年前に、僕ら左派マルクス・ボーイ共に、「こいつと格闘せよ」となぜ言ってくれなかったのかと。僕はハイエクこそ、格闘すべき、最強のブルジョワ・イデオローグと思う。松下圭一ゼミ、藤田省三ゼミでも、一言もハイエクが出なかったなあということを、法政のゼミ仲間と言い合う（別に水田先生にイヤミで言ってない。ハイエク批判をやってほしいので）。『思想』二〇〇四年九月号を見ていたら、橋本努「分析的マルクス主義と自由主義」があって文献にJ.E.Roemer "*An Anti-Hayekian Manifesto*" New Left Review No.211とあった。

僕は丸山眞男先生の示唆で六一年No.12以来の購読者だ。すぐ読みおとしたなとバックナンバーを探した。ところがNo.210～215までの一年分が欠落している。書棚入れ換えのときかと、看護婦数人に倉庫を点検してもらったが、発見できず。極東書店にバックナンバー六部発注。これで僕の蔵書中、大学図書館が喜ぶものはなくなったかと思っている。ところがすぐあと、N・L・Rからインターネットでどの号も読めるようになったと通信があった。でも、僕はパソコン操作は学ばなかったし、学ぶつもりもないので、読む本体がなければ駄目だ。桃山学院大学教授村山高康君にコピーを頼むしかない心境。

二〇〇四年九月一九日

明日からのビラマキに協力してくれると言っていた、柴田勝雄さん（旧国鉄労組活動家―社会党―社民党員として四十数年来の共闘仲間、岡田孝一さんと同年くらい）が心筋梗塞で亡くなった葬儀日。

追記の追加

僕の賀状は、①市民運動、対社会的発言、②医業実績、③すすめたい良い本の、三部構成で通してきた。この文に②が欠けている。市民的職業人（ただの田舎医者＝職人だが自負はある）の記録を追加する。〔この追加文は、すでに本書二〇三頁から二〇七頁の文と同一であるため削除〕（編者）

〔本稿末尾に鈴村は、以下のような自分の病院の広告を載せている。もちろんこれは同人誌『象』への「財政的支援」の意図もあろうが、自らの医業を少しでも多くの人々に知ってもらい、「安全で誠実」な鈴村病院の存在を周知させたかったこともあろうかと思い、論稿と共に掲載する〕。（編者）

産婦人科　鈴　村　病　院

院長名　鈴村　鋼二

所在地〒四七一―〇〇二六　愛知県豊田市若宮町八―一―六

電話番号　〇五六五―三三―二三五一

ＦＡＸ　〇五六五―三三―二四〇二

特に力を入れている領域・治療法

毎年一〇〇〇通の賀状末尾に医業成績を記していますが、一九九三年より一〇年間は次の通り。年平均分娩数五一七

(1) 帝王切開率二・五、三・三、二・〇、三・八、二・八、四・〇、二・四、二・二。二・〇、二・五％（緊急転送先での帝切を含む。全国統計一二～一五％）

(2) 帝切既往例の経膣分娩率六、七、五、五、五、八、八、九、六割（ジョージタウン大学の初

期成績は超えたわけだが、（全スタッフが三日間の緊張を強いられる）

(3) 骨盤位率〇・七、〇・四、〇・五、〇・二、〇・四、〇・八、〇・六、〇・八。〇・八、〇・九％（全国統計四～六％）骨盤位を治す外回転術による事故は破水二例のみで帝切とメトロで対処。

(4) 初期妊娠中絶は約二万例を過去三〇年間連続無事故で処置。

(5) 中期妊娠中絶は一五年前で年二七例、昨年四八例と年々増加し、七〇〇例に近いが、子宮摘出を要した事故は一例のみ。他院を廻って忌避されて来たケースを全部引きうけるのを産科医の義務と心得ているので、近年はプレグランディン使用量が全国一と言われるようになってしまった。

その他

(1) 新生児疾患は、トヨタ記念病院新生児科が医者付き救急車で何時でも電話後二〇分で迎えに来てくれるので、全面的に依存しています。安心。

(2) 年二～三例はある妊産婦の緊急転送はトヨタ記念病院産科と加茂病院産科。前者の場合、緊急開腹決定から救急車による転送、執刀までが三〇分。共に名大ジッツでスタッフに信頼でき安心。名大への転送不要。

(3) 頻尿、残尿、失禁をともなう子宮膀胱膣脱に対するマンチェスター手術に、大同病院部長で名大分院医局時代からの旧友（おそらく東海地方では有数の症例経験者）と積極的にとり組んで、中高年患者にＱＯＬ向上を喜ばれています。
(4) 慎重対処を要するケースについては上記病院の部長らとの意見交換に努め、患者にとって最適のコースを選択し、転送後は症例検討を行っています。セカンドオピニオンどころかサードオピニオンまで患者より先に医者が求め合うべきだと思っています。
板子一枚下は地獄の稼業ゆえ。

第五二号　二〇〇五年夏

二　IN DEFENCE OF PROF. MIZUTA ——磯貝氏への反論

『象』第五〇号一三八～一四一頁の磯貝氏の文章を読んで、とくに水田さんの「北鮮無法国家」という言葉に対する彼の批判を読んで、おかしな人だと思った。だけど、こんな文にかかずらわったらキリがないと思って、何も書かず、合評会へ出た。そこで彼と議論するために、『凍土の共和国』（亜紀書房）をザックに入れていったのに、磯貝氏は出席していなかった。しかし、それで済まなかった。第五一号（一五〇頁）で、また書いておる。僕は彼の文章を読んでやり切れなくなった。こんな文章を書く人と同席する同人誌はヤメタイと思った。だけど書かずに済ますことは許されない（中野重治『歌のわかれ』の安吉の心境）。

㈠五〇号の磯貝文章について

①五〇号一三九頁下段後半「共和国の体制を批判すること自体に問題はないけれど……語る筆者の主体を見失っているのが気にかかったのです」と言い、「共和国の独裁、全体主義、貧困の現実」と大戦後の「米日韓の、軍事同盟包囲網」との間の「因果関係はないのか」を問う。あるのはあたりまえ、分かり切ったことを問う。フシギ（ただし、因果関係より相関関係の方が正しく、それをいくら言っても「共和国」権力層の責任の言い逃れにはならないことを銘記せよ。このことはＡＢＣＤ包囲を対米開

戦の責任逃れの合理化にする日本の保守反動支配層が許されないのと同じ)。「主体」がどうのと説教たれる。聞かれるまでもない自明なことをあえて問うのは、論敵が、無知、無自覚との予断を、読者に与える手口だ。

②一四〇頁上段半ば「水田さんの『戦争の民営化』(四九号)に「北鮮無法国家」という表現が出てきて驚いた」と言うが僕は全然驚かない。「北鮮」「南鮮」も「付与差別語」と君は定義する。それなら「西独・東独」、「南欧・北欧」「北米・南米」「嶺南・嶺北」(福井県天気予報)もイカンのか。「北鮮という言い方は、……『救う会』(拉致家族会のことか?=筆者)あたりでもあまり使わないようにおもう」そうだ。それはあたりまえ、「救う会」は、人質をとられてるので北鮮との外交交渉を、外務省と一緒にやらなければならないからだ。

③同下段「……水田さんがそうだと言うつもりは勿論、ない。」「……データをとったわけではないけれど、そういうケース(ナショナリストへの変貌=筆者)は、無菌状態の学問プロパーの世界で純粋培養されたアカデミックキャリアのなかに割と多い」もナンセンスな言辞である。データもなしに、何々が「割と多い」とよく言える。それも、水田さんがそうではないような言い方の直後で言う。読者に、ある印象を与えながら、反論を回避する姿勢。

④同下段後半(いまここでは七十万人の強制連行・徴兵徴用・旧日本軍性奴隷と日本人拉致とを秤にかけてどちらが重いかとか……交流関係が正常だったなら拉致事件はなかった、と言うことはしない)。これも、前項と同じ手口。言っておいての反論回避(「秤にかける」は重大で見逃すべからず)。

同下段末「なんだか『言葉尻をとらえる』あるいは『重箱の隅をつつく』といった話になってし

まいましたが、『こまい事ほど一大事』なのでカンベンしてください」とある。カンベンせん！ この部分は「大事」で、「こまい事」を言って、磯貝氏自身が、稀少残存種スターリニストであることを証している。

㈡五一号の磯貝文章について

⑤五一号一五〇頁上段第一節「……九条をターゲットにした改憲などを下支えしているのが共和国への敵意。……」何を言うか。ジョーダン・ジョークも休み休み言え。僕は「九条を守る会」に積極的に参加し、町ではカンパもし、愛大の憲法学者の講演の前座もつとめ一所懸命だ。僕ら九条を守り抜きたい者達の前に立つ日本民衆の壁は、テポドンである。テポドン一発が、あっという間に有事法制、「日の丸」「君が代」法制化を引き起こし九条改正↓集団的自衛権容認＝アメリカ核戦力の傘による防衛＝アメリカ戦略への従属的参加の方向へ日本国民の多数を誘導したことに怒りを感じないのか。だから僕は「九条をターゲットにした改憲などを促進しているのが『共和国』のテポドンと核兵器開発である」と強調する。話は逆なのだ。君が何も運動してない証拠だ（高齢の水田さんはやっとるのに！）。

⑥北朝鮮が「共和国」であるか。あれほどの惨禍をもたらした朝鮮戦争の戦犯（スターリンもマッカーサーも共犯）である金日成は、その責任をとらず、権力を粛清と強制収容所によって保持し、また、あれほどの自国の餓死者（三〇〇万を越える）を出す失政にもかかわらず政治的結果責任をとらず権力を世襲した金正日をみて、それでも「共和国」と言えるのか。「金王朝」ではないか？

⑦同上段第二節「韓国籍の友人から『日本の知識人に対する幻滅がまたふえた……と電話が入った』」と言うが、その在日朝鮮人の友人はそうとうの非知識人だと思う。困ったものだ（僕は在日・日本人としてモノを言っている）。

⑧同第三節より末尾まで。「まず『無法国家』について。水田さんは『立法機関が機能していない国家』という。共和国には有権者によって選ばれた最高人民会議があり……（日本より）共和国のほうがガチガチに立法機関が機能しているという見方もできる。旧ソビエトや中国を『無法国家』と呼ぶのを聞かない」と言う（不勉強の君が聞かないだけだ）。

これは「無法国家」が正しい。僕は北朝鮮を四五年前から（「地上の楽園」どころか）「地上最低の国家」と思っている。それは、当の権力者が「民主主義」的、「人民」的、「共和国」だと言っているだけで実態はまったく逆を示しているからだが、「自称何々」ではなく、実態が何かを探究するのが、社会科学の仕事であり、勿論ジャーナリストの調査報告も含まれるが、その研究の上に国家規定（学問的定義）がされるべきだと考えるからだ。磯貝氏は「アカデミックキャリヤー」とか「無菌的」（今時、こんなことを誰も考えない）とか、デッチアゲの思い込みをしてるが、そうした社会科学的認識が、例えば、（『日本資本主義発達史講座』が）大日本帝国の虚像をはいでその実像を明らかにしたのではないのか。大日本帝国の社会科学的認識は、アカデミックキャリアの人々の努力苦闘のおかげと思わんのか？（野呂栄太郎・羽仁五郎・戸坂潤・河合栄治郎・古在由重・林達夫・家永三郎・丸山眞男・藤田省三……）。

アムネスティ・インターナショナル、オックス・ファム、ヒューマン・ライツ・ウォッチ、ユニセフ、などなどが調べ、報告しているデータをもとに、その国の人権侵害の程度を考え、それから、無法国家度の程度を考えるべきである。旧ソ連だって、革命直後のヴェーチェーカー、その後のGPU、NKVDと人権（侵害）の程度の変化があり、大きくはスターリン体制化とフルシチョフ以後の差がある。前者は無法国家度が高く、後者は低い。中国でも、革命政権成立時よりプロ文革、天安門事件時は「無法国家度」が高く、その後は低い（しかしロシアについては、いまもチェチェン圧迫攻撃は、許容不可の無法国家状況である）。このように民主主義的権利と人権侵害も、国家が、どの時期にどの程度にやったかを考えるべきで、磯貝氏のような「国家自称」依拠説は、現在では国際的に通用しないアナクロニズムか、認識論レヴェルの誤謬と知るべし。スターリン憲法があるから、大粛清（や『収容所群島』）はあったはずがないと言えるのか。スターリンの収容所で死んでいった人々、北朝鮮の収容所で死んでいった人々、殺された人々のことを思うべきである。判断の基準は人民大衆の基本的人権侵害の程度であって、「システムの違い」（一五〇頁下段第七行）の白々しいオハナシではない。「システム」どころか人類史的普遍性（Allgemeingültigkeit）の問題だ。もっと直截に言おうか。磯貝氏よ、君はいまこの日本に住みたいか、かの朝鮮「民主主義」「人民」「共和国」に住みたいのか。後者を選ぶなら中国などを通って、豆満江を渡ればよい。君なら同志として歓迎されよう（僕だとトロツキストとして収容所入りだろう）。

⑨五〇号二一二頁　水田編集後記、コトバの問題。僕は「北鮮」が正しく「共和国」は間違っていると思う（外交交渉をやる外務官僚でないから）。

このコトバの問題につき、磯貝氏が言いつのっているのに、水田さんはどうも後退してる。後退はイカン。たとえば数年前から「分裂病」は「統合失調症」言いかえることになったが、これは「分裂病」でよい。学会も「統合失調症」と言いかえているが、精神が分裂していることは、精神が統合失調していることと同義である。分裂→統合失調は自明の言いかえで意味がない（「痴呆症」→「認知症」はもっとイケナイ）。こういう言いかえで何が、誰が救われるか。僕は身長一五〇㎝だけど、「チビ」というコトバを使用禁止にして「背の低い人」と言いかえてもらおうと思わない。「チビ」も同じことでこれは病気ではなく、ただ女どもが、身長とペニスの大小が相関していると誤解しているだけで相関はなく（男子直系のY染色体と強く相関するが）、機能たるや、脳の働きのレヴェルが決定的であることが分かっていないだけである。だから「チビ」というコトバを禁止するのでなく、バカ女を相手に求めなければよいだけだ。コトバ制限は、国語の表現力制限（「言論の自由」の抑圧）になる。実態は何も変わらない。精神分裂病治療は、脳生化学的療法やロゴセラピーまたは行動療法の進歩に期待すべきであって、病名の言いかえに期待すべきでない。どんなコトバも、そのコンテクストの中で理解される。差別コトバ禁止は禁止する方の大勘違いか低劣な差別派的精神のあり方によって起こる。「差別語」云々する手合いは、実態を考究し（変え）ようとしない、口先だけの偽善者か「差別」で喰ってる「差別官僚」のお仲間である。一歩も譲るべからず。

補注1（三〇年前の拙文）

⑦北朝鮮

金日成の息子が後継者ときまったという記事、朝鮮総連がそのことに関して機関に流した文書を読んで、こういう文章は、戦前の天皇制の下で流通したスタイルだとまず思った。次に、モンプリエにいた頃（七三年）『ル・モンド』の特派員が、北朝鮮の会議の全会一致ぶり、「鳴り止まぬ拍手」などスターリン時代のソ連そのままで、マルクス主義研究についてさえもはや、原典を読む必要はなく、金主席の著作を読むだけで十分であるという風潮が支配的であると書いていたのを思い出した。次に文書からは、リベラル＝デモクラート派との党内闘争があり、金日成スターリニスト派が勝利し前者は追放されたと読みとれた。次に思い出したのは、二〇年前町で一緒に平和運動をやっていた朝鮮人の友人と久しぶりに電車で出会った時、「ソルジェニーツィンがとうとう追放されたね」と忿懣をこめて語りかけたら「ああいうヤツは、もっと早く片づけるべきだったのだ」とアッサリ言われた。彼は朝鮮高校の教師をしている。ブラック・ジョークのように聞いたことを思い出す。

北のスターリニズムの強化は、南の反朴独裁闘争に困難をもたらし、統一の阻害要因をそれ自体として構成する。

友人に適齢期の朝鮮人の青年がいて、見合いの不成功の話をしばしば聞く。勿論相手は在日朝鮮人の娘達だ。聞くたびに、在日朝鮮人の家族は、戦後三〇年の現在、日本のごくごく普通の家庭のすべてが経験した民主化を、いまだに経験していないという思いが深まる。驚くべき前近代性がそこに生きている。社会的抑圧が前近代なものを必要な防衛的連帯の装置として残させたに違いない。しかし解放された本国のスターリニズムは、前近代的なものの土壌にしか成立し得ない以上、日本社会の抑圧に全てを帰すことはできない。僕はパリにいた頃、南鮮から日本へ脱出し、大村収容所から、ウルグアイへ送られ、そこから留学生試験をパスしてパリに来た青年と知り合った。彼から借りた金石範の『鴉の死』を戦慄して読んだ記憶がある。他の作家は金達寿、李恢成くらいしか知らないけど、何故彼らは、北のスターリニズムを、朝鮮人社会の前近代性を撃たないのだろう。朝鮮文学には、魯迅は現われないのだろうか。勿論、毛沢東がどんな讃辞を語っても、革命中国の中で、魯迅的な精神が真に自由に生きられたことはなかったと思われるのだが。それでも。

⑧「アントニオ・グラムシのアンチノミー」

イギリスの雑誌『ニュー・レフト・リヴュー』一〇〇号にエディターのペリー・アンダーソンが書いた論文から受けた感銘を書きたいが僕はもうダウン。昨未明四時に難産で起こされ、今日午後は帝王切開があって眠れず、今は期限の三〇日午前二時だ。一昨日の手術患者のガスがまだ出ないのが気がかりだ。　（一九七七・六・三〇）

（六〇年安保闘争時の東大法学部での丸山眞男東洋政治思想史講座受講者クラス会誌「'60」第9号より転載）

補注2

「十大原則」は、まず前文において、「金日成同志」は、主体思想を創始した偉大な思想理論家であり、全朝鮮民族の指導者であるだけでなく「人類解放の救いの星であられ、世界革命と国際共産主義運動の偉大な指導者であられる」とのべる。そして、全党員と勤労者は「敬愛する首領さまを永遠に高くいただき、首領さまに最後まで忠誠を尽くし、全党と全社会を偉大な金日成同志の革命思想で一色化する歴史的偉業を輝かしく遂行してゆくために」徹底的に守らなければならないとして、以下十大項目を次のように設定している。

一　偉大な首領金日成同志の革命思想で全社会を一色化するために一身を捧げて闘争しなければならない。

二　偉大な首領金日成同志を忠誠をもって高く仰ぎたてまつらなければならない。

三　偉大な首領金日成同志の権威を絶対化しなければならない。

四　偉大な首領金日成同志の革命思想を信念とし、首領さまの教示を信条化しなければならない。

五　偉大な首領金日成同志の教示執行において無条件の原則を徹底的に守らなければならない。

六　偉大な首領金日成同志を中心とする全党の思想の意志的統一と革命的団結を強化しなければならない。

七　偉大な首領金日成同志について学び共産主義的風貌と革命的事業方法、人民的事業作風を持たなければならない。

八　偉大な首領金日成同志が抱かせて下さった政治的生命を大切に保管し、首領さまの大きな政治的信任と配慮に高い政治的自覚と技術で忠誠をもって報いなければならない。

九　偉大な首領金日成同志の唯一指導の下に全党、全国、全軍がどこまでも一体化して動く強い組織規律を打ちたてなければならない。

十　偉大な首領金日成同志が開拓された革命偉業を代をついで最後まで継承し完成させなければならない。

［金元祚『凍土の共和国』（亜紀書房）佐藤解説三三四頁より引用］

補注3

先に引用した「システムのちがい」? よく言うよ。現在の南鮮と北鮮の差を考えてもみよ。日本帝国主義植民地から解放された半世紀前の時点で、北と南の人種的、言語的、文化的、制度的、伝統的差があったか。何もなかった。現在の南はKCIA支配＝軍事独裁政権を打倒し、欧米日型三権分立、言論の自由を確立したではないか。この「システムのちがい」は毛沢東プロ文革、ポルポト体制型スターリニズム支配が生み出したものである。N・チョムスキーやM・ムーアの言う如くアメリカにも無法国家性がある。しかし自国内での民主的諸権利＝人権侵害の程度の質的、量的違いが「共和国」とは雲泥の差である。N・チョムスキーは論文を書き出版できるし、ムーアは映画を作って発表できる。(僕は、チリ・アジェンデ政権をピノチェトがCIAとの共謀の上にクーデタで倒したことを今も許さない)。

さらに細かいことを言うと五一号一五六頁下段半ば「共和国の憲法では三権分立も確立していて……司法機関である裁判所、検察庁もあり……」と何げなく書いているが、水田さんが制度と機能を分けて書いているのが全然、分かっていないだけでなく、三権分立の意味も分かっていないことがこの表現で露呈している。「検察」は「行政権の作用であって」、三権分立の司法権に属さないことが分かっていないので、平然と、こう並べ立てる(『政治学事典』団藤重光執筆司法権項参照)。「システムのちがい」を言い立てるなら、それを貫くべきなのに、それもできず、米欧型三権分立、議会制デモクラシーもあると言うのは、それ自体、自己矛盾、自己破産の証である。

この文冒頭で引用した第五〇号一四〇頁第一行の「共和国の独裁、全体主義、貧困の現実と……」

という君自身の認定とも、上記指摘（第五一号一五〇頁下段半ば「共和国の憲法では三権分立も確立していて……」）の部分も自己矛盾的背反である。論理的思考は、こうしたことを許さない。たった二〜三頁の文で、これほどの精神分裂（じゃなかった統合失調か）をやれるのは漫才くらいだ。

補注4

①国際政治、外交政策については、坂本義和先生とその門下（ICUに多いか？）の論文に共感する。

②対北鮮政策は、南鮮（韓国）との協調を基本にすべきであって、岸信介の政治思想的三代目たる安倍―小泉―ファシスト石原ら、自民党タカ派と闘うべきである。

③何百万の戦死傷者、難民を出さずに、北鮮を「開かれた社会」（The open society-Karl Popper）へソフト・ランディングさせることが最も大切で、日本は、世界に誇るべき憲法九条を死守する「半国家」として、侵略戦争を反省し、その反省を子孫に伝え、韓・中国と共同歩調をとるべきである。

④（二一世紀的状況では）ナショナリズムなどは一九世紀的病気だから領土境界問題は、現地住民の共同利用＝開発で対処すべきである。国家主権のフィクションより現地住民主権のリアリズムが大事。

⑤北鮮スターリニスト権力者への批判は、どれだけやってもよい。それは日本国内での「バッシング」とは無関係である。北鮮権力層と北鮮民衆、在日朝鮮人はチガウ。後者は共に前者の犠牲者である。人質自体か、人質をとられている人々である。後者に共感し、支持するのが人道である。こ

んなアタリマエ、自明が分からないのが僕の論敵磯貝氏である。バカも休み休み言えと言うしかない。

⑥なんで僕が、この問題にこだわるか。

a　父が町（旧挙母《ころも》町・現在の豊田市）の共産党細胞を、敗戦を待っていたように立ち上げたため、少年時代「アカ」としてのマイノリティ差別をうけた。自然・当然、在日朝鮮人の友人に共感して、よい友情関係が小・中学時代に続いた。

b「挙母平和を守る会」を代表して、第一次帰国者達を豊田市中央公民館で歓送する辞を述べた（中野重治「雨の降る品川駅」を引用しながら）。六〇年安保闘争の頃、「我誤てり」と知り、以後、自責感が続いている。小学時代、畏敬の念を抱いた大学生の優秀な在日青年も帰国後、消息不明……。平坦（ペイタン）か。

c　小・中学生以来の彼ら旧友に会い、訪朝の感想をきくたび、その表情に苦渋を読み取った（『凍土の共和国』の記述は本当だ）。共感と自責と恥が、僕のこだわりだ。萩原遼は同年で、遅くまでスターリニストをやっとったものだと思いながらも、よくここまで書いてくれて立派だと思う。（『北朝鮮に消えた友と私の物語』〔文藝春秋〕）。

参考文献

A　広義のもの

アンドレ・ジイド『ソヴェト旅行記修正』（岩波書店）中一か二年で読んだ。初めてのスターリン体制批判書。サルトル「スターリンの亡霊」(『世界』)、丸山眞男「スターリン批判の批判」(同)、加藤周一　岩波講座『現代思想』所収―(ハンガリー事件への予言的論文)五六～五七年頃、トロツキー『裏切られた革命』(岩波文庫)、K・ポパー『歴史主義の貧困』(中央公論社)、H・ルフェーブル『総和と余剰』(現代思潮社)、ヴォーリン『知られざる革命』(同)、ソルジェニーツィン『収容所群島』(新潮社)、N・トルストイ『スターリン―その謀略の内幕』(読売新聞)、R・コンクェスト『スターリンの恐怖政治』(三一書房)、R・メドヴェージェフ『共産主義とは何か』(同)、『一九一七年のロシア革命』(現代思潮社)、F・ポンショー『カンボジア0年』(連合出版)、家永三郎『戦争責任』(岩波書店)、ビックス『昭和天皇』(講談社)

B　狭義のもの

『凍土の共和国』(亜紀書房)、佐藤勝巳『在日韓国・朝鮮人に問う』(同)、金時鐘『「在日」のはざまで』(立風書房)、金石範『火山島』(文藝春秋)、梁石日『血と骨』(幻冬舎)、『夜を賭けて』(同)、辛淑玉『鬼哭啾啾』(解放出版)、萩原遼『北朝鮮に消えた友と私の物語』(文藝春秋)、石丸次郎『北のサラムたち』(インフォバーン)

＊傍点はすべて鈴村による。

第五五号　二〇〇六年夏

三　(1)「戦後デモクラシーは虚妄か」

僕自身は小学校高学年から中学時代にかけて、父の書棚にあった伏字×××がいっぱいある古い本をたくさん読んだ。だから「戦後デモクラシー虚妄」説は、明治憲法下の戦前、戦中の知識人がどんな思いで生きたかへの知識も、イマジネーションもない全共闘世代のバカ話ではないかと思う。日本国憲法は、欧米諸国での数世紀にわたる血と汗の近代市民革命の結晶だ。三〇〇万の日本人、二〇〇〇万の東南アジア諸国民の死者、そして米英兵の多数の死者のおかげでもたらされたものだ。この死者たちへの痛恨の哀惜が、憲法第九条を生み出した。「悔恨共同体」が。

三十数年前、パリのシテ・ユニヴェルシテール日本館で、東大法学部研究室をカナヅチでコッツンコッツンと打ちたたいて壊したという全共闘上がりの男に「そんなこととして、大学制度、ましてや国家体制が変えられると本気で思っていたのか？『虚妄』を言い立てるテマエの精神こそ虚妄だと思え！」と怒鳴ったことあり。

主意主義・主情主義の自己肯定の徒輩が、「自己否定」と叫ぶのも笑わせる。学園広場の幼稚園ゴッコ。

六七年佐藤首相南ベトナム訪問阻止羽田デモを闘った学生たちを「未熟児」と非難した地元紙の

コラムを痛罵して学生たちを擁護した投稿文末尾［付記：断っておくが、僕は全学連の一部学生達の大学内の「学園闘争」とかいう暴力監禁騒ぎには一片の同情も持たぬ。あれは愚劣の一語に尽きる！」（加茂タイムス一九六七・一〇・二二）（『60の会』第7号に転載）。

こうして書いてきて途中、気になりだしたので断片的に拾い読みしてあった丸山先生の『自己内対話』を一気に読んで書く気力が失せた。半歩でも前に行くため全力疾走してきても結局お釈迦様の手のひらの中の孫悟空だったのかと。この本が出るより前に、語り、書いてきた、僕の考えは、もっと的確な表現を与えられて、この本の中にある。ということは、談話を通じて、ずい分前から先生から聞いていたことになる。

それで高木君にお願いします。下記の部分を同書よりコピーして、この後に転載して下さい。（無理なら下記のママでもよいです。みんな同書を持っているから。）

二〇〇六・五・四（上天気の連休午後）

（鈴村鋼二　手沢本より複写）

丸山眞男『自己内対話』の僕なりの essence

p２４６　第7行より末尾まで。

p２４７「私はどのような意味で社会主義者であるか……」

よりp２４８、p２４９末尾まで。

p２５１　半ばの「混沌への陶酔でもなく……」よりの三行。

p２５２　末尾「インテリの大衆に対する負い目の……」

よりのp253の5行目まで。
p255　第二パラグラフ「自分が本当に……」より「……エピゴーネンとのちがいだ」まで。
p271　全部。
これだけでも多すぎるけどできれば、以下追加。
p141「人類（マンカインド）とは……」よりこのパラグラフ末尾「……女の悲劇は逆に人間になろうとするところに生まれる。」まで。
p190　第14行よりこのパラグラフ末尾「……無関係ではない」まで。
p229（ロ）全体とp230　4行目まで。
p242　第一パラグラフ（6行目まで）。

以下、丸山眞男『自己内対話』からの抜粋部分

「　○
日本は敗けてよかったのか、それとも負けない方がよかったのか、戦後民主主義の「虚妄」を、それだけをわめくものは、この問いに答える責任がある。戦前の日本帝国は「虚妄」でなくて「実在」だとでもいうのか。それなら私は日本帝国の実在よりもむしろ日本民主主義の虚妄をえらぶ。

○
（後記）
戦後の「理念」に賭けながら、戦後日本の「現実」にほとんど一貫して違和感を覚えて来た私の立場の奇妙さ！　それは悲劇だか喜劇だか知らない。むしろたずねたいのは私は根本的に時代を表現してい

るのか、それとも反時代的なのかという事なのだ。私の実感としては後者としか思えない。
理念は自然的傾向性の「流れにさからう」ところにこそ存在意義があるという私の確信はゆるぎそうもない。」

「　○

私はどのような意味で社会主義者であるか、もしくはありたいか。第一に、国家主義―国家が社会と個人を併どんするようないかなる傾向にも反対だからである。社会主義は本質的にインターナショナルであり、それはいわゆる社会主義国家をこえた原理でなければならない。インターナショナルは民族の連帯よりはむしろ世界市民の連帯である。

第二に、現代のテクノロジーと組織の肥大化及びその社会的相互関連の複雑化はもはやブルジョワ個人主義によって処理できなくなったからである。生産の社会化という現実を無責任なまた根本的な利潤追求原理に委ねないためには、生産と分配の計画化を欠くことはできない。ブルジョワ個人主義は国家(官僚)のフォーマルな組織悪には敏感であるが、社会の中に成長する組織悪には鈍感である。近代巨大産業はまさに全体主義的で、指導者原理に依拠している。それは組織内部において全く権威主義的でありながら、他の社会にたいしては無責任な自由を要求する。

けれども第二の要求は第一の要求に従属する。したがって、この立場からは国家＝社会主義は個人主義よりなお危険である。どこまでも個人＝社会主義でなければならない。計画化は個人個人の尊厳に奉仕する限りにおいてのみ是認される。

同じ自由についての個人間の衝突があるだけではない。ちがった自由相互の間の矛盾があるのだ。「契約の自由」と「欠亡からの自由」、「言論の自由」(↓反革命の言論の自由)と「革命による解放」。

「　○

私は学者でもなければ思想家でもない奇怪な化物だと評された（吉本隆明）。それはある意味では当たっている。しかしそれを奇怪としか見ないということは、私を貫いている大きな問題関心が、批判者の関心には全く登場して来ないということでもある。私が雑誌に書きちらして来た、対象的には実に雑多な論文の方法論的視覚は、どうしたら日本的な「認識の客観性」についての囚襲的なイメージと、思想やイデーについての同じく根強いイメージをこわし、両者がきりむすぶ場を設定するかという点にあった。認識の客観性とは、「クソ実証主義」とも、またたんなる論理的整合性とも異なること、認識することは自己の責任による素材の構成という契機をめぐって不可避的に思想と価値判断の領域にふみ入ることを自覚しなければならない。しかし他方、「思想」というものは、決してそれだけで学問的認識の代用をするものでもなければ、それより何か本来的に尊いものでもない。自己のアスピレーションを外に投射するだけの思想、自己表白と感慨の吐露にすぎない思想がいかにハンランしていることか。一方、主体的なコミットメントを欠いた「認識」に安住する学者にも満足できず、他方、思想、世界観等々をどんな美しいコトバで表現しようと、ザハリヒな認識、鉱物質のようにつめたい認識への内的情熱をほとんど理解しない思想家たちにも左祖できない私は「化物」たらざるをえないではないか。一九六四年？

もしいくらかでも私を「理解」できる人間がいるならば、それは、私と長く附合っていて、しかも評論家でも大学教授でもなく、一般社会の職業についている、名声への野心なしに書を読む人間だろう。」

「　○

混沌への陶酔でもなく、秩序への安住でもなく、混沌からの秩序形成の思考を！

底辺の混沌からの不断の突き上げなしには秩序は停滞的となる。けれども秩序への形成力を欠いた混沌は社会の片隅に「異端好み」として凝集するだけで、実は停滞的秩序と平和共存する。」

「　○

インテリの「大衆」にたいする負い目の感情とないまぜになったものわかりのよさは、私にむかつくような嫌悪感を与える。創価学会を一概にファッショというなといった評価の仕方にそれを感じる。創価学会の急激な擡頭という社会現象が深い注目と分析に値することはいうまでもない。しかしそのこと、創価学会の思想やエネルギーを評価することとはまったく別のことだ。もし創価学会を支援する大衆の「可能性」を評価せよというなら、同じことはファッショやナチを支援する、いやあらゆる運動を支援する大衆にもあてはまるだろう。（つまりそれは無内容な提言になる）。大衆をこうしてあらゆる場合に「いい子」にすることこそ、大衆にたいする最大の侮辱ではないのか。」

「　○〔181〕

自分が本当にいいたいことは書けないで、是非ともいわなくてもいい事ばかりが表現になることの苦しみ。—そうしたものが、あんなに絶えず書きまくる自称文学評論の徒に実感されているのだろうか。小林秀雄の初期のエッセイには、すくなくもそうした絶句の緊張感があった。それが彼の凡百のエピゴーネンとのちがいだ。」

一九六九年

「　○

残念ながら、忙しい評論家やタレント教授ほどそそっかしい読み方をしたり、イメージとほんもの、、、とのズレを検討する労をはぶいて、流通するイメージによって人を批評したりするものだ。むしろ本当の読者は、大部分は、無名の熱心な勉強家だ。そうしてそういう人々こそ著者にとって本当にこわい読者だ。

○

反概念という名の概念—情念とか怨念とか（戦争中は慟哭とか、恋闕とかだった！）その他その他—をやたらにつかった最悪の概念的文章がいま氾濫している。

○

自己否定が叫ばれる時代に、祖国と民族と伝統への回帰を説く論調がめだって来た。しかもしばしば両者は「戦後民主主義」の告発において手をにぎりあう。無理もない。『自己否定』とは、孤独な自己にたえられなくなった者が他者との同一化をあえぎもとめるヒステリックな叫びだから。」

「　○［80］

人類（マンカインド）とは男（マン）性の世界だ。女は神か動物か、あるいはその両者であっても、ついに人間ではない。しかしまさにそのゆえに女性は男にとって永遠の魅力である。（ゲーテのファウスト）男は神にも動物にもなりきれない人間の矛盾をギリギリまで体現している。

ドストエフスキーはどうしてあんなに女が描けなかったのかを考えて見るがいい。男は偽善的で好色だ。だが女は色そのものであり、好色者にも偽善者にもなれない。彼女はスタティックに統一している。動物に徹しようとして徹しきれず、神にあこがれて神に近づけないでもがいている男の姿は、女からみたら間がぬけて滑けいに見える。男の悲劇は、神又は動物になろうとするところに、女の悲劇は逆に人間になろうとするところに生まれる。（昭和三一）」

「だから、インターンも、研修医制も、いな無給に等しい「医局」の労働自体も、すぐれて社会保障の問題であって、評論家たちがいう、徒弟制や「封建制」それ自体に根ざすものではない。いわゆる徒弟制に長期的に堪えうるのは経済的保障の裏付けがないかぎり、ますます不可能になったという現実を放置しておいたことこそが、まさに「当局」の責任なのである。むろん一人の主任教授が生殺予奪の権をにぎることの弊害―それはなにも医学部にかぎったことではない―は、それとして制度的にチェックする必要がある。（ポストの公募制とか、少くも複数指導制によって）。しかし『スキル』の習得は、知識の暗記とちがって、熟練した経験者に親近して「見えざる」教育を受ける過程を必要とするという、当然の事理がコンピューター時代にあまりにも忘れられていないだろうか。この徒弟制的な教育は、他のあらゆるプロフェショナル・トレイニングに共通する。（弁護士・教師・研究者・特定の新聞記者）徒弟制の「永遠性」が！　そうしてこのことは日本における保守主義の欠如と無関係ではない。」

「（ロ）人間社会においても、見えざる権威―神の権威、真理・正義の権、天・道理の権威―による内面的拘束が弛緩する程度に応じて、事実上の見える権威―感覚的に触知できる権威による拘束が増大する。（「人《具体的人間関係》に従わんよりは神に従え」「人を相手とせず天を相手とせよ」。）政治権力だけでなく、経済的な利益、世間の思わく、「世界の大勢」、集団的雰囲気等々からの自立は、見えざる絶対的権威の承認なしにはおぼつかない。たんに一切の権威の否定は、動物的な自己主張とほとんど区別しがたい。「理性」の権威だけをみとめるという場合も、その理性が自他をこえた普遍的なものとしてとらえられたとき、はじめて、たんなる自己主張と区別されるのである。逆にいえば自己、もしくは自己集団を絶対的権威の前に相対化することを知らない者は、「理性」を語る資格はない。「権利意識」と動物的自己主張とを区別するものは、やはり、権利の普遍性の承認、したがって他人の同様の権利の承認である。」

† 「千万人といえども我往かん」「私はここに立っている」

†† 見えるというのは、感覚的経験といいかえてもよい。視覚的に限らない。

「他者を他在において把握する能力の衰退と欠如のうちに、マンハイムはナチズムの精神史的背景をみた。こうした自己中心的な世界像が、あたかも「自我意識」のめざめであるかのように錯覚されているのが、戦後の日本である。三派全学連とその追随者たちに共通した「客観性」や概念的定義や「コミュニケーション」への軽蔑—自己の情念の燃焼にのみ生きがいを見出す精神態度は、どんなに「イデオロギー」においてはなれているように見えても、奥深い時代精神の鉱脈においてナチズムに通じている。」

(2) SEXするのに医師・助産師免許が必要か

厚生労働省看護課長への反問

〈epigraphe〉

法学に立証責任という考えがある。現状を変えることを主張するものは、変えたら現状よりよくなることを立証すべきです。ところが公取委はその立証責任を相手に押しつけようとしている。

長尾龍一（法哲学者・駒場寮で同期）『毎日』朝刊〇六年四月一九日第一一面

江戸期のことは言うに及ばず、日本の産科業務は産婆さんか医者がやっておった。医者は看護婦に分娩経過診察、処置を手伝ってもらって、必要、肝心なところで手を出していた（難産のときの鉗子吸引操作、双子、逆子のお産、膣・会陰裂傷縫合、帝王切開など）。明治時代に近代医制が成立して以後近々一年半前までそうだったのに突然厚生労働省看護課長が通達を出して、看護婦に内診等の分娩経過診察をさせてはいけないという法解釈を法的に強制した。実態調査、現場医療機関、医師会への意見聴取も何も無しに。おそらく、たまたま助産婦（産婆）上がりが課長になったのを好機として助産婦協会のバカな役員共が後押ししたのだろう。（寅さん『相合い傘』メロン騒動の語り→リリーの一喝!!を想起されたい）。昭和二三年の関連法（保助看法）は、助産婦が自立的に助産業務をなしうることを追認しただけのものなのに、それを医者の指示下での看護婦の内診を不可とする無理な解釈に変更した。事前調査もなく、変更後の事態の予測もなくやった。厚労省は、助産婦の業界のためにあるのではなく、日本国民の健康と医療全体の向上のためにある。特殊利害を全体に優先する無茶をやった。

何が起こりつつあるか。

①　看護婦に手伝ってもらえないため産科医がヘトヘトになる。お産は俗説のような、潮の満ち引きとは関係ない。アト・ランダムに三分の一＝（二四時間中八時間）は医者が眠る時間に起こる。（四～五日かかるのもいっぱいある）。

② 慢性的な寝不足は勉強不足と誤診を生み出す。

③ いっそのこと帝王切開でケリをつけようとする。（この三〇年間で全国平均帝王切開率は一〇→一二→一五％に上昇した）。当院は、三二・〇％（中京大学疫学専攻田中豊穂教授による過去一〇年間の分娩台帳統計分析処理）（勿論、緊急転送先帝切を含む）で頑張っているが、いつまでもつか分からない。全国平均が三〇％台になっても不思議ではない。（既にセンター病院では二〇％台になっている。名古屋大学医局で問題化）。

④ ただでさえ3K業（キタナイ、キツイ、キケン）と言われる産科は、医局入局者がこの二年間で四割減少した。医事紛争は全科平均の四倍。当直、拘束待機義務も他科の四倍。若い医学生は半分が女子、お産、子育て、主婦業もある女医は、楽な婦人科を専攻し産科に来ない。四割減って六割になったその半分が産科に来なければ、三割でやらねばならない。これでは、大学病院はやっていけないから、地方への派遣産科医を引き上げる。厚生官僚に言いたい。福島県の医療事故は氷山の一角と思え！　自分たちが、行政が、責任の一部にかかわるくらいの認識をもて！　それが国全体を考えるあり方だろう！　行政が責任を感じるべきことであって、司法、警察権力の介入するべきことではない！　地方病院でも産科閉鎖が北海道、東北地方、愛知県東部、南紀、九州で問題化しているのはテレビ報道で皆さんご存知。困るのは妊婦さん、患者さんだ。

こうしたことは悪循環を形成して、数年内に日本の産科医療システムは崩壊するであろうと憂慮していると、この問題を担当している愛知県医師会理事可世木成明氏は中日新聞編集局幹部の前で語った。

これまでのシステムで、日本は、妊産婦死亡率、新生児死亡率の低さで、他の先進諸国を抜いてトップを達成維持してきたのに。こんなムチャが起こってよいのか。トップからズリ落ちるのは自明。

戦後デモクラシーの「虚妄」に賭けると丸山先生が言ったことを本気にして、立法、司法、行政のデモクラシーの精神の鈍磨、衰退に抗して、市民精神を初心に復せしめるには、近代社会の第四権としてのマス・メディアに期待するしかないと考えています。

最後に、表題の説明をします。

厚労省看護課長が医者の指示下でも禁じるとした看護婦の内診とは、膣の中に二指を挿入して、児頭の下降度、子宮口の開大度を判定する診断行為です。この危険性は前置胎盤（子宮口＝子宮の入口頸部に胎盤が付着している場合）のみで現在では腹壁用、経膣用の超音波診断装置が全産科医に装備されているので、早期に発見でき、不用意な内診上の危険はあらかじめ排除されています。

通常の男女間の性行為において、膣へのペニスの挿入、指の挿入による愛撫がありますが、この方が超音波装置検診を受けていなければ何倍も危険です。

したがって、上記の条件を満たして医者の指示、監督下での看護婦の内診を医者・助産婦しか内診できないとして法的に禁ずることは、医師・助産師免許を持たない一般国民の通常のＳＥＸを禁じる以上に不合理なことであります。

追記

①　恩師丸山先生とか、中学時代の恩師鈴木先生とかに使うような場合以外で師の字は嫌いなため、医者とか看護婦、助産婦と書きましたが、者と婦を師と読み替えて結構です。婦長を看護師長などと口が腐っても呼べません。その前に医者をやめます。

②　僕は名大医学部を出てすぐに大同病院に勤めました。これから「ヴィルヘルム・マイスターの修業時代」（ゲーテ）が始まると覚悟し、「オレは産婆さんの助手」からやるのだと思いました。その覚悟が通じたのか、産婆さんは僕を親切に指導してくれました。産婆さんから教わった外回転による逆子の正常位への整復は、僕のところでは逆子のままお産を迎える率が全国統計の六分の一～一〇分の一という結果から分かるように高い成功率で行っています。問題になる事故無し。だから、先輩産婆さんを尊敬し学び、可愛がられた僕は、反助産婦ではありえない。「職分をわきまえよ」という古典的批判があるだけです。

③　医療の人的資源の問題。これが本稿で一番大事です。僕は開業三〇年で、一万数千例の分娩をやってきました。うちの婦長は開院以来だし、他の看護婦も皆二〇年、一〇年の経験者ばかりです。各自ピンチなケースを全部経験していますころも（当院での三〇年間の妊産婦死亡は一例のみで、ＤＩＣにより、名市大への転送後、翌日死亡例があり、口惜しいけど、当時は薬がなかったのです。二五年前のこの件は『'60の会』誌に書き、つらくてこの年は年賀状を出さなかった）。この項はＤＩＣ（Disseminated Intravascular Coagulation）のことではなく、徒弟的訓練＝ＳＫＩＬＬの修行のことです。彼女たちは、その三〇～一〇年の年月を毎週二回眠い目をこすり深夜に起きて、または仮眠すら十分とれ

ずに分娩経過を見て、学び、覚えてきて、やっと僕以上の一人前になったのです。僕は彼女らを信頼しています。婦長らが、これは分娩停止→帝切ですと言えば九九％正しいです。そのおかげで、当院の産科臨床は、全国統計と比較してのトップクラスの成績が維持されているのです。（僕の本読み、山登り、海の素潜り、市民運動はご存知でしょう）。みんな彼女らのおかげです。近頃、厚労省から文書が来ました。現助産婦学校卒業生は分娩経験が足りないので（たった一〇例が、名大助産婦学校でも満たせないらしく）研修費補助してもよいから引き受けてほしいと。僕はこの文書を「笑わせるな！」とゴミ箱に捨てた。あたりまえでしょう。一〇例に満たない経験の助産婦有資格者を何千何百例の経験を有するが今や内診を禁じられた当院の無資格者（婦長以下全員、岡崎産科看護学校卒業者であるのに！）がどうして指導教育できるのか。地域医師会がつくり、そこで真剣に教えたのに、そこで真剣に学んだのに、「学校」と認めない「中央」主義は地元＝市民＝専門的職業人の市民社会での決定的意義を認めない明治憲法体制的官僚主義として失笑に値する。アホ！オトトイ来い！　これほどのバカゲタ「学歴主義」はない。僕自身は、東大、名大、パリ大を全部奨学金、アルバイトとブルシエでやってきたが、つまるところ、職人は、学校じゃないと承知している。年月かけたつらい修練の集積しかないことが、厚労省看護課長に分からないのは長年月の臨床経験がないただのペーパードライバーだったからかね？　文書を読んでハンコついてきただけの。そんなのは僕や看護婦らの職人の世界に口出しする資格はない。シャラクサイ黙って引っ込んでろ！　そういうツライ、眠い目をこすりながらの何十年かの貴重な経験＝能力＝実力を行使不可として封印、死蔵させる権利が誰にあるのか。もっとも貴重な人的医療資源を

!! どんな妊婦が一〇例に満たない分娩経験の助産婦を、何千、何百例の分娩経験介助経験をもつ看護婦と較べて頼りになると思うか。想像力の欠如！ だから、バカ、タワケと呼ぶ。反省せよ。

④ どこかの地裁のヒラメ裁判官によって、看護婦による内診あり次第、医者は敗訴となる判例が続いていると聞くが、ホントかいな？ こうなると、衆愚政治の立法府、ヒラメ判事の司法府、公私弁別不能のアキレタ行政府と、三権分立もかたなしだか、どうするのか？

⑤ 国家賠償責任追及：冒頭に〈épigraphe〉と記した法哲学的定説、法社会学的認識を無視して一官僚によってなされた不当な法解釈が判例を重ねて通用されることによる国民の損害は、測り知れない。これに対し、国民は、国家賠償請求権を持つ。敗訴、産科医の過労（過労死もありうる）、産科医・病院の閉鎖は既に発生している。産科廃業による損失は、医者にとってだけでなく、行き先を失うか遠方へ転院する患者の損失、間に合わなかった時の事故、医者の数不足と過労による事故……数え上げたらきりもない損失は現に今起こっており、今後増え続けるにきまっている。国家は賠償費をどこからひねり出すつもりか。全国の産科看護婦が、寝不足、汗と涙の年月で習得した技術を行使不可とすることに対する対価保証はどうするつもりか。医者としてよりも、一日本国民として、眩暈《めまい》がするほど怒りがつきあがる。（体重が四〇・八kgに減ってしまった）

⑥ 全日本の産科医、否、全科の医者が、確信犯たる覚悟を持ってこの官僚主義的職権濫用に抵抗すること。厚労省看護課長の「看護婦による内診を不可とする」法解釈を認めず、明治以来、近々一年半前までの解釈を正しいとして医業を行なうことを宣言、全員がこの宣言に署名し、あ

らゆる法廷闘争を日本医師会が一括して、全面的に支援してゆくこと。マス・メディアに訴え、この問題性を日本国民に伝え、国民の理解と支持の上に、司法府、立法府を動かし、行政府の偏向逸脱を常軌に復させること。みんな患者のために医者になったのだから、こうした態度、決定は、職業的義務としてなされる。

⑦ いまや、パラ・メディカルへの医療行為の委譲（例：看護婦の静脈注射、救急隊消防士による心臓除細動装置操作、気管内挿管……）がますます進みつつある。患者のためだからだ。助産婦協会は利己的独占的排他主義で、患者のことを考えずに逆行している。本当は、助産技術を看護婦に教えれば、教えるほど自分たちも助かるのに。どこまでアホなのだろう。

⑧ 助産婦協会のタカ派は「医学部講座に『助産術』がないから、産科医も助産の資格なし」と言いつのっているそうだ。医学部には産科講義はチャンとあるのに。こうまで神経症的になっているのがフシギ。以前アメリカのウーマン・リブの一派が、膣オルガズムを拒否、クリトリス・オルガズムのみを許容して不感症になるのが、「男支配」からの女性解放と言い出したことがあるが、この psycho-pathologic な域に近いのが助産婦協会に出てきたのかな？ なぜなら、助産婦による産科業務独占化の意図は同性看護婦への縄張り意識、優越感だけでなく、男性産科医を疲労困憊させ、転科・廃業に追い込む敵意を感じさせるから。困ったもんだ。僕は全部の人間は（だから男も）、女から生まれるから、全部の男はマザ・コン（即ち女性尊敬）を条件付けられていて、階級社会が生み出した家父長制的社会習慣と市場原理主義（プロレタリアをリストラで見捨てる競争主義）を人類が克服すれば、全社会が女性母性原理で動き、平和で安らかになるのにと思ってい

るのに。キリスト教、仏教におけるマリアや菩薩信仰を思え。それが「エンゲルス的社会主義」なのだ。

目を覚まして、ヒポクラテスの精神に戻れ！

⑨　僕の家族には息子たち甥っ子たちとその妻たちを数えれば、現在七人の医者・医学生がいる。誰かが産科を選んで欲しいと、僕の和解を含む医事紛争ゼロの臨床的実績は、身内が理解してくれると思っていたけど、七人の全部その気なく、僕も「看護婦内診不可」となって以後、彼らを早死にさせたくないので、産科専攻で後継してもらいたいと思わない。これは産科医減少の全国統計と私的家族的実例の符合だ。

⑩　厚生省と労働省がくっつくなんて変だと長年月思っていたけど、今回の「産科看護婦の内診を禁ずる」厚労省看護課長の通達でなるほどとナットク。厚生省の不当労働行為を労働省が一体となって認めたことになるから。町の四十数年来の同志は応用化学系大学院修士を出て、実験研究職として、この町の会社に入ったが、組合作りをしたので、実験研究から、個室に閉じ込められる外国文献翻訳職に廻された。第二組合が作られ、彼の第一組合は収縮した。小林収君らが協力して地労委へ問題を持ち込み、長年月の経過の後、半勝はしたけど、実験室へは戻れないまま停年になった。産科看護婦は何万人かいるが、彼と同じ目に遭わされたのだ。厚生省の存在（……）理由（……）に反する決定がなされ、何万人かの彼女らへの不当労働行為を。それを監視阻止するのが存在理由である厚生労働省が認めたのだから同一省として一体であるはずだ。労働省

系から、看護課長に苦情が出たなんて話は全然聞かないもん。M・ヴェーバーが知ったら泣くようなレヴェルの官僚共！　僕は二〇歳の頃から、公人、私人、職業人としてキチンと生きていくために勉強するのだと思ってきた。職業は人の誇りの大事な一部だ。それを奪うこと、解雇、配転は、経済問題である以上に人の誇り、生きがいへの損傷行為である。何万人かの産科看護婦がTraumaを受けているはずである。看護課長だけでなく、他の同僚も、それに気づかないほど想像力（……）が欠如しているのか。アア……これを書き忘れ付記したが、このことは、これに続く参考資料Bへの introduction になると思います。

追記の追記

① 僕がこの稿で反問した厚労省看護課長は看護学校長としてこの四月に転出したそうです。後任にチャンとした人が来たらよいが。

② 鴨下先生のコメント

「送られてきた丸山眞男読書会一〇周年記念会の『抄録集』の中に産婦人科医師の鈴村鋼二という人の原稿がありました。産科医不足が叫ばれている中、痛烈な主張です。三〇年間一万数千人を取り上げて、妊産婦死亡例が一例だけというのは驚異的であります。厚生労働省の看護行政が非難されていますが、私も看護界の最近の動向を心配しており、悪い方向へ向かわなければよいがと思っております」。

＊鴨下重彦
八五年より東京大学教授、九二年医学部長。社会福祉法人賛育会、賛育会病院長、日本学術会議第一九期会員（第七部長（医学系））。小児神経科医。

参考資料

資料A

『世界』〇六年六月号、宮村博論文

（略）

私はこれらのすべてについて述べる能力はないし、そういう立場にもない。私がここで述べたいのは「予防訴訟（国歌斉唱義務不存在確認等請求訴訟）」というユニークな裁判についてである。予防訴訟は前述の諸裁判に先だって始められ、それらの土台となった。「日の丸・君が代」強制に対する先制的不服従の宣言ともいうべき新しい闘いである。

6　予防訴訟はどんな性格の闘いか

通例、裁判に訴えるのは事件が起こった後からである。「日の丸・君が代」関連の裁判、たとえばピアノ裁判、ブラウス裁判、ピースリボン裁判、北九州ココロ裁判等の多くも、事後に「不当処分撤回」の性格で闘われてきた。しかし、「10・23通達」は懲戒処分を振りかざし「職務命令」によって強制を押し通そうとするものであり、これが実施された後では、思想・良心の自由、表現の自由への侵害という「回復しがたい重大な損害が生じる」こと、また、憲法・教育基本法が定める「教育の自由」に対する重大な侵害ともなることは明かである。こうした不法な行政行為に対しては、事前に予防的に「通達」無効の確認を求める抗告訴訟を起こすことができる。「予防」訴訟と呼ぶのはこの意味である。

前例はあった。敗訴とはなったが「長野勤評事件」最高裁判決（一九七二年一一月三〇日）は「事前の救済を認めないことを著しく不相当とする特段の事情がある場合」には予防的訴訟が適法となる余地があることを確認している。この判決時に最高裁調査官が書いた判例解説は以下のように述べている。「自己の憲法上の権利を侵害するゆえに、無効と信ずる法令等によりある義務を課せられた者が、その義務の不履行に対する不利益処分のおそれのために心ならずも、憲法上の権利を放棄してその義務を履行するか、それとも、あえて義務の履行を拒否して不利益処分を受けるかという選択を余儀なくされているような場合には、それが真に救済を必要とするものである限り、現実に不利益処分が行われる前であるからといって、司法的介入を拒否する理由はない」。東京の教職員たちの、職務命令による「日の丸・君が代」強制とこれを認めがたい自らの信条との相克を、あらかじめ想定して書かれた文章のようではないか。

（略）

資料Aの1

YAHOO!ニュース—河北新報—〇六／〇五／〇七

過酷な現場産科、やまぬ悲鳴　本社・医療アンケート

東北の病院で産婦人科の休止や縮小が相次いでいる。他の診療科目に比べ、診療業務が過酷とされる産科医が慢性的に不足しているためだ。河北新報社が六県の主な病院を対象に実施した産科医療アンケートでも行政、病院、大学に対し、現状の改善を求める多様な訴えが寄せられた。

仙台市若林区のＮＴＴ東日本東北病院。平日の午前八時、産婦人科の待合室は診察を待つ妊婦や家族で込み合っていた。月平均の患者数は入院八〇〇人、外来一二〇〇人、分娩四〇〇件。三人の常勤医ですべてをこなす。

「宮城県北や県南から通う妊婦も珍しくない。各地で産科医が減っている影響を感じます」。産婦人科部長の小沢信義さん（五一）は打ち明ける。

四月下旬には、「重症の恐れがある」と公立気仙沼総合病院（気仙沼市）から紹介された妊婦を手術した。気仙沼病院の常勤医は一人だ。「僕らは三人だから恵まれている方だけど……。正直言って、きつい」。三日に一度は当直が回ってくる。深夜の呼び出しや、仮眠もそこそこに外来の診療や手術に入ることも珍しくない。肉体的な疲労に加え、ストレスも大きい。

小沢さんは「お産は急変が付き物。リスクの高い三五歳以上の初産が増え、先天性脳性マヒなど避けられない疾患もあるのに、『無事に産まれて当然』と考える人が多い。ギャップを感じる」とため息をつく。

アンケートに応じた病院九一カ所のうち、四割は医師一～二人体制。二割近くが「休診中」あるいは「今後休診の見通し」と回答、全体の九割は「産科医の確保は難しい」と答えた。

医師不足の解消策としては、国に「産科医療の診療報酬アップ」を求める声が強く、「報酬を上げ、人を増やさないと安全な医療を提供できない」（宮城・民間病院）との意見が代表的。『皮膚科などリスクの低い診療科と横並びでは納得できない』（青森・公立病院）という指摘もあった。

地方自治体に対しては、産婦人科を持つ医療機関の集約など訴え、病院には当直免除といった支援策を要望。大学には、専門の養成コース創設をはじめ、診療現場の充実に貢献する取り組みを求めている。

資料Aの2

YAHOO!ニュース―河北新報―〇六／〇五／〇五

産科医一人が二割　東北の基幹病院　本社アンケート

全国的に産婦人科医の不足が指摘される中、東北の産科医療を担う病院の二割は医師一人体制で診療していることが四日、河北新報社が実施したアンケートで分かった。一〇カ所以上が休診中で、今後休診する見通しと答えた病院も少なくない。診療する医師の負担は大きく、産科を取り巻く厳しい実態があらためて浮き彫りになった。

調査は、診療科目に産婦人科あるいは産科を掲げる東北六県の基幹的な自治体病院、民間病院など一四六カ所を対象に、郵送方式で実施。九一カ所の回答を得た。回収率は六二・三%。

常勤医一人だけの病院は一四カ所で、県別では青森、岩手、福島各三、宮城、山形各二、秋田一、うち二カ所は常勤医の休日などに限り、医師の派遣を受けている。

一人体制の病院は、月平均で延べ入院二九八・六人、外来四五四・四人の患者を診察し、一六・二件の分娩を手掛けている。一カ月に入院、外来合わせて一二五〇人の患者を担当した上、二〇件の分娩をこなしているケースもあった。

常勤医が不在で、非常勤医一人という綱渡りの状態で診療を維持しているのは四カ所。各病院とも診療は外来に限定していた。

常勤医二人は九カ所で、八カ所は常勤医一人と非常勤医の応援で実質的に「二人体制」を保っているが、現場では「一人や二人では十分な診療ができない」といった声が圧倒的だ。

一方、常勤五人以上は一二カ所で、いずれも大学病院や仙台市などの都市部の大病院。それでも、すべての病院が「医師数は不足している」と答え、中核的な医療機関に受け入れ体制を上回る患者が集中していることがうかがえる。

休診中は十二カ所で、うち八カ所は「大学から医師派遣が打ち切られた」と回答。「今後休診の見通し」という五カ所のうち四カ所も「派遣打ち切り」を理由に挙げ、大学の医師不足が地域に波及している現状か浮かび上がった。

医師数については、「不足している」が六八カ所と四分の三を占めた。「確保が難しい」と答えた病院は八二カ所と九割に達し、「全体的に数が少ない」（宮城・公立病院）、「産科医は激務で希望者がいない」（福島・民間病院）など絶対数の不足を指摘する意見が目立った。

資料Aの3

『朝日新聞』（〇六／〇五／一四）

全国一六六五病院　本社調査　分娩休止一三八病院に　医師の「集約化」加速

〇四年秋に産婦人科・産科を掲げていた全国の一六六五病院のうち、八・三％にあたる一三八カ所が四月末までに分娩の取り扱いをやめていることが、『朝日新聞』の全都道府県調査でわかった。深刻な医師不足を理由に、大学の医局が派遣している医師を引き揚げたり、地域の拠点病院に複数の医師を集める「集約化」を独自に進めたりしているのが主な理由とみられる。出産の場が急速に失われている実態が浮かび上がった。

厚生労働省が行った直近（〇四年一〇月時点）の調査で産婦人科・産科を掲げた病院は一六六五カ所にのぼっていた。この時点で複数の病院が分娩の取り扱いをやめていたが、同省は把握していなかった。『朝日新聞』が今回四七都道府県と政令指定市から聞き取ったところ、こうした病院を含め、四月末までに計一三八カ所が分娩を取りやめていたことがわかった。リスクの高い妊娠を扱う地域周産期母子医療センターでも計七カ所で分娩休止に追い込まれていた。

厚労省の調査によると、産婦人科・産科は九〇年以降、減り続け、〇二年一〇月～〇四年一〇月の二年間では計八五病院で廃止・休止された。今回の調査では、この一年半にこれを上回るペースでお産ができない病院が増えている実態が判明した。今年五月以降、産科の休診を表明している病院も多く、減少傾向はさらに続く見通しだ。

地域別にみると、福島や新潟、山形、長野各県など、特に東北、中部地方で減少ぶりが目立つが、兵庫や千葉、福岡など指定市を抱える県でも、産科が相次いで休止に追い込まれている。昼夜を問わない過重労働や医療訴訟のリスクが敬遠され、医師不足が深刻化したため、大学が病院への派遣を打ち切ったり、高齢出産などリスクが高い分娩の安全性を高めるため、集約化を推し進めたりしている現状が背景にあるとみられる。

厚労省によると、〇四年に全国で生まれた約一一一万人の五一・八％が病院での出産だった。同省は昨年末、産婦人科・産科の集約化の必要性について今年度までに検討するよう各都道府県に通知したが、それぞれの地域事情を抱え、具体的な取り組みは進んでいない。

「産科がなくなる地域の反発が心配」（京都府）といった慎重論が多い一方、「集約できるほど医師がいない」（宮崎県）、「医師を確保できる仕組み作りが先決」（沖縄県）など集約化に懐疑的な県もある。

こうした状況下で、県レベルの医師確保策が過熱している。岩手県は今年二月、産婦人科医不足を補うため、厚労省の「臨床修練制度」を利用して岩手医大に中国人の研修医を迎え入れた。新潟県では昨年度、県内の病院に医師を送り込んだ人材派遣会社に支払う成功報酬の半分を県費で負担する独自事業がスタート。富山県や三重県では、県が指定する病院に勤務した医学生に奨学金の返済を求めない「修学資金制度」を産婦人科に適用している。

資料Aの4

『朝日新聞』（〇六／〇五／一四）

進む産科医の集約妊婦不安　「次は控える」　大学側、少人数のリスク回避

少人数体制でのリスクを避けたい大学の医局と、一人でも医師を確保したい自治体。そんな両者の思惑の違いが、お産の現場で色濃くなっている。産科医不足の危機感は同じだが、その自衛策は大きく隔たる。「頼みの綱」だったはずの大学医局に背を向けられる地域で、取り残される妊婦たちの不安が募っている。＝一面参照（資料Ａの３）

「やむを得ない状況だが、まだ三重大の意見をうかがっている状態。事態が深刻すぎて……」。三重県健康福祉部の担当者は戸惑いを隠せない。大学主導で地域からの産科医引き揚げが進んでいるためだ。

同大は昨夏の尾鷲総合病院（同県尾鷲市）に続いて、今年六月末には同県立志摩病院（同県志摩市）から常勤医二人を引き揚げる。隣の伊勢市にある山田赤十字病院に医師を集めて対応する。志摩病院は一一月から産科をやめざるをえない。

この引き揚げを決定した今年二月の同大「県産婦人科医療再生検討委員会」には、県からも健康福祉部幹部が出席。このため同大側は「県を交えた協議で決まった話」と県側を牽制する。

「若手の離職進む」

産科医不足は同大でも深刻だ。医局員数は〇三年七月現在で七一人だったが、昨年一〇月は五八人。今春、五四人まで減った。各病院に派遣する医師数も絞らざるをえなくなり、〇三年の五一人から、今春は三九人と激減した。

医師を一人ずつ多くの病院に配置するのをやめ、中核病院に複数の医師を集める「集約化」を進めているのも、少ない医師をやりくりするためだ。過重労働や医療ミスを回避する目的もある。

同大は、さらに松阪地域や桑名地域でも集約化を検討しているという。

同大産婦人科の佐川典正教授は「今のままでは若手の離職や転科に拍車をかけ、状況が悪化する。また住民にとっても通院は不便でしょうが、お産の安全のために中核病院にかかってもらう方がいい」と話す。

志摩市内に他に産科はなく、妊婦らは車で三〇分ほどの伊勢市内に通わざるをえなくなる。竹内千尋・志摩市長は「これから出産を考える世代や現に妊娠している人に多大な不安を与える。安全安心な出産ができる環境をぜひ残して」とする要望書を四月、同大と県などに提出した。

お産できない市も

集約化の「先進地」東北地方。六県にある医学部を持つ大学が連携し、医師を集約する動きが始まっている。

岩手県遠野市には四年前から、お産できる場所がない。岩手医科大が医師派遣をやめ、県立病院の産科が休診したからだ。どこで産むにも山道で一時間近くかかる。市が最近、妊婦に実施したアンケートでは、市内でお産ができないことに九〇％が不安を感じ、三五％が「次の妊娠を控えたい」と回答した。

確保へ「政治生命」

大阪府八尾市の市立病院では昨秋、大阪大から派遣されていた産科医三人が相次いで辞め、産婦人科が休止になった。市内の出産施設は診療所しかなくなり、医師確保が重要課題となった柴谷光謹市長は、市議会で「政治生命をかける」と表明。阪大のほか、近畿大や大阪医大を飛び回った。

阪大産婦人科では、この二年間に約五〇人の医師が医局を離れた。「人手不足の中で燃え尽きてしまうケースが多かった」と当時の教授は振り返る。柴谷市長は結局、同病院に小児科医を派遣していた奈良医大に頼み、ようやく後任の医師を確保した。

資料Bの1

フィリピントヨタ労働組合(TMPCWA)の闘い

フィリピントヨタ労組を支援する愛知の会　田中九思雄

フィリピントヨタ自動車(株)は一九八八年にマニラ近郊に二つの工場で創業されました。当時の規模は従業員約九〇〇人、フィリピン最大の自動車会社でした。社長は日本のトヨタ自動車(株)から派遣です。

〔争議の概略〕

労働組合結成の動きは早くからありましたが、会社の妨害で失敗を重ねました。

一九九八年に「フィリピントヨタ労組(TMPCWA)」が独立組合として労働雇用省に登録されました。フィリピン国では労働組合は会社に一つしか認められず、労働雇用省の立ち会いのもと、全従業員(管理職除く)の投票の過半数を得る必要があります。

二〇〇〇年四月に「組合承認投票」が行われ、「フィリピントヨタ労組」は五〇〇票を超え、投票の過半数を獲得し、雇用労働省から組合資格を承認されました。

しかし、トヨタ会社は課長クラスの票が含まれていないと異議申し立てを行いました。

二〇〇一年三月に雇用労働省長官の裁定で組合の勝利が確定しました。

まさにその日。トヨタ会社はエド委員長を始め組合員二二七名を解雇しました。雇用労働省の公聴会に参加したのが「無断欠勤」にあたるとの理由でした。

組合は工場前でピケをはり、三月二三日から七〇〇名がストライキに突入しました。

トヨタ自動車（株）はアロヨ大統領に「争議が長引けばフィリピンから投資を引き上げる」と申し込み、雇用労働省長官が仲裁に乗り出し、ストは停止されました。

トヨタ会社は「組合承認投票」の無効を裁判所に訴え、組合員二六名を「ピケの際、睨み付けるなど、重大な威圧行為を行った」理由で刑事告訴を行いました。解雇された組合員は逮捕を免れるため、多大な保釈金を払い続けなければなりません。

その後、フィリピンの最高裁で組合の勝利が確定し、ＩＬＯ（国際労働期機関）でも組合への不当行為を是正するように求める勧告がでましたが、トヨタは交渉拒否を続けています。

〔最近の状況〕

今年（二〇〇六年）トヨタはＴＭＰＣＬＯ（御用組合）を作り、ＴＭＰＣＷＡ（フィリピントヨタ労組）に不当な制限を加えた中で、二月雇用労働省に「組合承認投票」を行わせ、強引にＴＭＰＣＬＯ（御用組合）を承認させました。

国際的な労働団体であるＩＭＦ（国際金属労組）が仲介作業を開始し、フィリピントヨタ会社との交渉を行いましたが、交渉は決裂しました。ＩＭＦ（国際金属労組）は世界規模での抗議行動を準備しています。

〔支援を要請します〕

一連の動きを見れば、トヨタがフィリピンの国内法と国際的な労働基準を踏みにじり労働者の権利を蹂躙していることは明らかです。

日本でも「フィリピントヨタ労組を支援する会」が活動しています。神奈川県地方労働委員会にトヨタ自動車（株）を不当労働行為で提訴しました。一昨年には愛知県でも「フィリピントヨタ労組を支援する愛知の会」を設立し、取り組みを行ってきました。

海外で、日本企業の労働者への不当な扱いを正すのは、日本の労働者の責務でもあります。

各位のこの問題への御支援をお願いします。

＊＊

（鈴村記）ＴＭＰＣＷＡ（第一組合）（Toyota Motor Philippines Corporation Workers Association）の人々はみんな敬虔なカトリックで仕事上は会社から表彰状をもらっている模範労働者です（ヴィデオで見ました）。この人々の運動を僕らに伝えた日本人カトリック女性は、グティエレスの『解放の神学』を語った僕に対して首をふってＮＯＮを示したことがありますが、そんなことはどうでもよいです。（ラス・カサスを思い起こせ！）カトリックの一部の姿勢より、より大きく、深い学問的普遍的なイエス解釈があると僕は思っているから。（佐藤優論文『文藝春秋』七月号参照）。ミルチア・エリアーデはちゃんと読んで、クルト・ルドルフ『グノーシス』は読みかけだが、この稿終わってから読みあげてＥ・カッシーラーの『認識問題』にもどるつもり。再度言うけど、ことは賀状で書いたように「利潤原理」とは次元の違うイエス・仏陀らの普遍宗教の「倫理感覚」が先行しなければマルクスの仮説（科学はすべて仮説）は生まれない。「倫理感覚」の問題です。

資料Ｂの２

ＩＭＦ総書記長　マルチェロ・マレンタッキー殿

２００６・３・７

全造船関東地協神奈川地域労働組合
事務局長　早川　寛

フィリピントヨタの労働組合ＴＭＰＣＷＡをめぐる労働争議の解決のために貴殿及びＩＭＦが払われている絶大なご尽力に敬意を表します。

情勢が緊迫しているために、余分なことは省いて、問題の核心について、私たちの見解を率直に述べますので、ご検討戴きたいと要望いたします。

昨年の八月以来、貴殿のイニシアチブの下に本件争議解決のための秘密裡のご努力が払われて来た事は承知しております。私たちはこの争議が既に長期にわたり続いていること、被解雇者とその家族を含むＴＭＰＣＷＡの組合員その他、全労働者たちの苦労、トヨタ資本の頑迷な態度、フィリピン国内の危険な政情等を思い、一日も早い争議の解決を願っています。また、私たちは貴殿らの解決交渉努力の結果に期待を寄せながら、貴殿からの要請を受けて交渉への参加に固執することなく、今日まで注目して来ました。

聞くところによれば、フィリピントヨタは前回の「解決提示案」ではＴＭＰＣＷＡとの解決が出来ないことを知ったのでしたが、その傍ら自分たちの息のかかった御用組合ＴＭＰＣＬＯをそそのかし、雇用労働省に圧力をかけて、新たな組合承認投票を去る二月一六日に強行実施しました。しかしながら、果たせるかな、このような野望はものの見事に失敗しました。即ち、ＴＭＰＣＬＯは組合承認に必要な単純過半数を獲得することが出来ませんでした。しかも、会社側の圧力と監視下の下で行われた選挙結果について、雇用労働省はこの投票の結果についても、それを踏まえた今後の労使関係についても、現在までの所、何等の裁定を出すことが出来ない状況にあります。このことは既に貴殿が十分ご承知の通りです。

このような情勢にあって、IMFのウェブサイトで公表されている通り、貴殿がIMFのイニシアティブのもとに、来る三月一六日〜一七日に、トヨタの世界のIMF傘下組合を召集した会合が行なわれることは、きわめてタイムリー且つ適切なアクションであると思います。

私たちはTMPCWAの上部団体として真に争議の解決を望むものであり、またトヨタ本社が所在する日本の労働者、労働組合として階級的な責任を痛感しています。現在、トヨタ本社の決断が大きなウェイトを占める日本で、私たちも日本の労働委員会の場でTMPCWAの争議の解決の為にトヨタ本社を相手に不当労働行為の申し立てを行っております。

ついては、私たちはこの機会を逸することなく、この争議の解決に関係組合として建設的に協力したいので、是非とも私たちを会議に出席させるようご検討願いたいと要請するものです。

資料Bの3

ブライアン・フレドリックス発
小嶋武志、マルチェロ・マレンタッキー宛て
CC・TMPCWAエド・クベロ、アルナサラム
来るべきTMPCWAのための貴方の会合に関する我々の要請の件
2006年3月8日発

親愛なる早川寛殿

TMPCWAのフィリピントヨタとの争議の件に関する貴方のレター有難うございました。マレンタッキー氏は月曜日まで貴方に回答することが出来ないため、彼に代わって回答しておくよう私に頼んでき

ました。

まず最初に、そして何よりも大事なこととして、TMPCWAの闘いに全造船が払ってきて下さった支援と援助に対して、私が十分理解していることを表明するものです。IMFと我々の傘下組織は、世界の何処にあっても労働者の権利のために闘わなければならず、かつ闘い続けなければなりません。

この争議が、会社側が傲慢な態度を示し、労働者とまた彼らが自分自身で選んだ組織に帰属することが出来るという合法的な権利を無視し続けたまま、今もなお長期に続いていると貴方が言われるのは、まったくそのとおりです。

IMFとしましては、TMPCWAの指導部に対して、この争議が彼等の組合員の満足する形で緊急に終結されるべきであるという我々の強力な希望とそれへの支持、ならびに、そのゆえに我々が我々の傘下の世界のトヨタの各組合を三月一六日にマニラにおける会議に召集することを、伝えたところです。

この会議において我々が行なう討議は、IMF傘下組織だけのためのものであり、各国においてトヨタにIMF組合籍を有する組合からの出席であることと念を押しているところです。したがって、貴組織が実際に日本においていかなるトヨタの組合も代表しておらず、かつ確実にIMFの傘下にもなっていないことを考慮に入れれば、我々が貴方の会議出席の要請に応ずることは不可能なことでしょう。

私は、貴方がこの件に関するIMFの立場をご理解いただけるものと切に望むと共に、結論として、我々はこの長期にわたり続いている争議の解決を、望むべきは、影響を被っている労働者にとって利益となるよう取り付けるべく、最大の努力を払うことを請合うことが出来ますので、ご安心下さい。

我々の貴方への回答と、貴方の言われるとおり全造船が彼等の上部団体であるという事実を考慮に入れたとしても、TMPCWAは依然としてわれわれの支援を受け入れることを快諾するものと、私は切に望んでいます。明らかに、これこそがTMPCWAが下さなければならない決断であり、我々は彼等からの回答を待っています。
心からの気持ちを込めて、
連帯のうちに。

ブライアン・フレドリックス　総書記長補佐

資料Bの4

フィリピントヨタ労組を支援する会事務局会議報告

（06・4・13）
事務局　小嶋武志

①神奈川県労働委員会対策

4／6　中内労働側委員との面談2006・2〜4月までの現地での主要な動きを説明。審問開始を要請。

4／11　弁護士との打ち合わせ　県労委事務局へ審問再会を問う。次回公益委員会議（4／21頃）に間に合うように審問再開の意見書を提出予定、公益委員の意向は「審問を行いたい！」と。

弁護士からの調査依頼：田畑前社長の現在の肩書き＝取締役顧問はどのような役割なのか。トヨタ社の代理人か？　少なくとも2／1付トヨタ本社の辞令でトヨタツーリストインターナショナル社に出向となっている。しかしトヨタ本社の意向（命令）で現地で解決交渉の責任を担っていることは事実。現地トヨタの月刊社内報（Dateline 3月号）では田畑前社長の離任式を特集記事にしていた。IMF交渉時のマレンタッキー書記長の質問に「今は日本の旅行代行業務のところで働いている」と、田畑氏は答えている。よって、「トヨタ本社は一切知らない！　関わっていない！　聞いていない！」とのトヨタの弁護士の発言は真赤な嘘！である。

②支援する会ニュース№10の発送済み。
既に五件の会員再登録が届く。身近な会員に再登録を勧める。一〇号は賞味期限がとっくに過ぎてしまった。新たなニュース一一号の発行が必要になってくる。反トヨタキャンペーン開始時期に発行予定（Oidon 担当）
③ＩＭＦ反トヨタ国際キャンペーン
ＩＭＦブライアンから資料類、写真類の送付要請がありエドは送付済み。ＩＭＦがＴＭＰＣＷＡの支援組織を知らせろとのことで国内の共闘組織を紹介、全造船も上部組織として直接ＩＭＦ本部マレンタッキー書記長宛に日本の支援体制の紹介文を送付済み。（4／11付）
エドからの最新のブライアン宛の書簡（4／10）では、ＩＬＯのリーダーからの情報で「ＤＯＬＥが数日内に承認投票結果に対して、何等かの決定を行なうだろう」と述べている。
④トヨタの挑戦状（3／28付）を受けての我々の闘い
『私達はＩＭＦ・ＪＣの態度がどうであれ多国籍企業トヨタの本拠地日本で、世界の労働者に恥ずかしくない闘いを準備する！　全ての闘う仲間に絶大な協力を要請したい！』と、我々はＨＰで訴えている。それで、具体的には？　1、県労委でも審問開始　2、ＩＭＦとの共同行動　3、その他の国内キャンペーン　＊ポスター作成（OIDON 案作成）、愛知行動（7・16〜17）＊レクサス攻め　＊吉田氏から今後に向けた具体的プランが提示される予定。（次回事務局会議で公表予定）
⑤ＩＭＦ本部への三者会議開催申し入れ
『つきましては、当該のＴＭＰＣＷＡと全造船関東地協、そしてＩＭＦの三者の会議の場を作っていただくようお願いします。今日までのＴＭＰＣＷＡの頑張りを支えてきた全造船関東地協としては、今後の闘い方についてぜひ三者協議の場を作っていただき、意見交換をしたいと考えます。ご検討ください。』

との、ＩＭＦへマレンタッキー書記長宛申入れ書も送付済み。場所、日時は先方に任せてある（ジュネーブでも構わない）。

右記に対する返事は未だ無し（恐らくイースター休暇に入ってしまったので、来週に何等かの回答があるであろう）。ＩＭＦからの返事次第で、ジュネーブに行く場合の人選（通訳と一緒に）、日程を準備する必要あり。（早川、川畑？）

⑥ＩＬＯ勧告について

三月に理事会で新たな勧告が発せられた。REPORT NO.340（VOL.LXXXVLLLL.2006.SERIES B.NO.1 従来通りの「委員会および理事会の勧告への効力付与」と記されてあるが、内容はまだ未公表（イースター休暇後？）。

エドのＩＬＯ行きの準備始動。エドのビザ取得のためにスイスとフランスに招請状を依頼した（ポール経由）。フランスの大規模ストライキも終了したので、ポールも運動から解放されて少しは動けるようになった。従来、フランス入国のビザ取得が大変困難だったので（費用が嵩む）、今回はフランスの国際人権団体に仲介をお願いする。（ジャンポール氏経由）

＊ＩＭＦとの三者会談がジュネーブで実現するのであれば、既述の通り日本からも誰か行かねばならない。

⑦池田理恵さんの訪比

既に報告記がメールにて発せられている。希望者は事務局まで。池田さんに買い付けと運び屋をやって頂く。物販に力を注ごう！　今回の分は本年度メーデー集会用に使用が予約済み。

⑧支援する会総会

６月３日（土）午後２時～港町２Ｆにて　全トユニオンの代表招聘をOidonが誘った。検討するとの返事あり。

愛知の支援する会の総会　6月17日に開催が決定。関東から数名来て欲しいとの要請あり。
⑨4／19経団連申し入れについて　午後1時〜吉田氏担当　山際氏のパフォーマンスあり！
⑩その他ＯＩＤＯＮから4／11付連合通信―労働ニュースダイジェストにて、連合は初めて「フィリピントヨタ労組問題」をアリバイ的に取り上げた。参考まで以下に転載する：
「060411・3月末に話し合い決裂／比トヨタの労使紛争／会社は原職復帰を拒否
フィリピン・トヨタでは二〇〇一年から労組承認と組合員解雇をめぐる労使紛争が続いてきた。昨年八月以降、解決に向けた動きが活発化し、今年二〜三月に大きなヤマ場を迎えた。労使の話し合いは結局決裂した。労使交渉の仲介役を務めてきた国際金属労連（ＩＭＦ）は、同社へのキャンペーン行動を含め今後の対応を検討中である。

同社はトヨタと現地企業が一九八八年に創業したフィリピン有数の自動車メーカー。従業員一五〇〇人を抱えている。労使紛争は、フィリピン・トヨタ労組（ＴＭＰＣＷＡ）の承認をめぐる対立がきっかけだった。二〇〇〇年に労組は従業員選挙に勝利したものの、会社はこれを認めず。翌年のストライキに対し、二百数十人の組合員を解雇した。それ以来組合承認と解雇撤回を求める活動が続き、日本にも『支援する会』がつくられている。

ＩＬＯ（国際労働機関）は二〇〇四年一一月、フィリピン政府に対し「解雇された労働者の復職、さもなければ十分な保証金の支払いを考慮する話し合いを開始すること」を勧告した。こうしたなかで、国際金属労連が昨年から仲介役に乗り出した。ＴＭＰＣＷＡは同労連加盟の組合ではないが、労働基本権にかかわる問題でＩＬＯ勧告まで出されるトヨタの行動は放置できないと判断。日本の金属労協を含めて現地労使の交渉を側面援助してきた。

フィリピン・トヨタは今年二月、一定の補償金支払いなどを提起したが、原職復帰を求める組合は納得しなかった。三月末の会社側再回答も原職復帰を認めない内容だったため、話し合いは決裂した。

ＩＭＦ本部は以前、トヨタに対する国際キャンペーン行動を行なう用意があることを示唆していた。以上」

⑪次回事務局会議　五月九日（火）午後六時半～港町＊現地情勢次第で間に臨時会議を招集することも有り得る。

資料Bの5

TMPCWA最新情報　2006年4月20日

すべてのＴＭＰＣＷＡの支援者の皆さんに熱い挨拶を送ります。

昨日（２００６年4月19日）、私達は調停仲裁官シモネッテ・カラボカルの裁定書の謄本を入手しました。すでに労働雇用省から裁定が出ているそうだとの情報が内部組合員からもたらされてきましたので、私達が予測してきたとおり、それはＴＭＰＣＬＯをえこひいきするものでしょう。裁定は、去る２００６年4月5日の審問の２日後になされています。女史の裁定は次の三点をめぐってなされています。即ち、①2月16日に実施された投票は無効であるか否か、②２００６年2月16日の承認投票は申立人が提起した理由に基づき無効とすべきであるか否か、および③２１０票のチャレンジ票を開票し算入すべきであるか否かについてです。

調停仲裁官は２００６年2月16日の承認投票に対する我々の抗議を却下し、ＴＭＰＣＬＯを勝者と認定し、ＴＭＰＣにおける全一般従業員の唯一交渉団体であると宣言しています。このカラボカルの一方的な裁定は、経営陣およびＴＭＰＣＬＯの見解とほとんど同じものです。

我々は、このカラボカルの一方的な裁定に対する糾弾集会を準備中であり、また労働雇用省長官に再審査中立を提出していきます。

これより前、先週火曜日に、ＴＭＰＣＬＯの内部指導者達は経営側の者達と共に、ＩＭＦが国際的次元でトヨタ製品不買キャンペーンを開始しているため、トヨタの売上高が二五％に低下しつつあるという悪質な情報を流していました。ＴＭＰＣＬＯと経営側はこのように労働者を脅かしつつ、ＴＭＰＣＷＡを支持しないよう、またＩＭＦのキャンペーンに乗せられないよう労働者を説得しています。

その同じ日、ＴＭＰの筆頭副社長デイヴィッド・ゴー・dr.がＣＬＯの指導者達に、すでに労働雇用省から裁定が出されたからお目出とうと言っていました。ＣＬＯの指導者達は監督職組合と共に、いよいよ労働協約交渉を開始するという噂を広め、その調印記念ボーナスをもらえるようＣＬＯに入るべきであると一般労働者に呼びかけています。

先週水曜日、ＴＭＰＣＷＡは工場内で遊説集会を打ち上げ、ＣＬＯ指導者達と監督職組合指導者達、およびカラボカルの一方的裁定によるどす黒い宣伝キャンペーンの背後にひそむあらゆる嘘を明らかにし、暴露しました。一般労働者の多くは、ＣＬＯの指導者達、とりわけその委員長ロモトスの言うことを信じていません。我々はまた、ＩＭＦ、ＴＭＰＣＷＡおよび全造船がこれから打ち上げるいかなるキャンペーンについても、まだ情報はないということを明らかにしました。

すべてのＴＭＰＣＷＡの指導者と工場内の組合の中心的な者達は、ＴＭＰＣＷＡの指導者達の姿勢を知っています。我々はまた、ＴＭＰＣＬＯがＩＭＦに提出したＩＭＦ提案拒否のレターは、それにロモトスの署名を入れる前に、経営陣によってお膳立てされ、ロモトスやその他のＣＬＯの指導者達のもとに渡されたものであることも暴露しました。組合員達は、このレターの背後にいるデイマランタ、メロおよびアリガダを疑っています。このレターはＣＬＯがそのリーフレットにも添付しています。

今回は以上です。有難う！

エド・クベロ
2006年4月20日

資料Bの6

フィリピントヨタ労組を支援する会事務局会議報告　（2006・5・9）　事務局小嶋武志

①神奈川県労働委員会対策

中内労働側委員より5／12の公益委員会総会に向けて調査再開への意思固め調整との連絡あり。「支援する会・全造船」連名の県労委・会長宛の『審問開始要請書の署名集め』開始の了解を中内委員より得る。団体署名目標数：300団体・個人（第1次集約5月下旬）引続き第2次も集める。（それに合わせての署名用紙作成済み。要請文発送済み。要請文を配布中。ポスター完成＝希望者は早川氏へ。新しいパンフを緊急に作製し全国配布を行なう。印刷は高教組出入り業者に依頼）

②TMPCWAの行動計画案の検討

既送付済み資料にある通り、エドから原案が5／1付けで届く。具体的な行動計画案に対する我々の意見が求められている。5／9の日本側事務局会議結果が出るまで、くれぐれも早まった行動をしないように事務局から意見提示。〝IMFキャンペーンと連動せよ〟と。彼らは果たしてこの意見に従うか。それとも既に動き出したか？　彼らの5／15、16、19、22、26の行動がくれぐれも〝劇的・戦闘的行動〟にエスカレートしないよう慎重且つ自重行動することを願うと伝える。現地では今年になって既に10名の労働組合のリーダーたちが暗殺されている！（KSP鈴木氏情報）事務局員総意としての意見をTMPCWAに送ってあげる。

（以下参照）。

TMPCWAの皆様へ

CC：IMF　ブライアン書記次長、アランサルム氏

早川　寛

卑怯にも、トヨタがDOLEを使ってTMPCLOを勝者にしようと画策している今、皆さんの怒りと行動は大変重要であることは私たちも理解しています。

昨日（5／9）の支援する会と全造船のミーティングでの私たちの総意は次の通りです。

A　行動要項案

1　トヨタとの承認投票の確認

2　最高裁での争い

3　DOLEの承認投票の結論

これ等に対するTMPCWAの行動は当然と考えます。

B　しかし、逮捕されることを覚悟して行なうアクションについては了承出来ない。

勿論、敵の攻撃というのは、こちらが予期しないことも有り得るので、「どんな場合も逮捕されない」ということは何もしないということに成りかねません。（フィリピンでは）しかし、逮捕ということになると、そのことはまた別の事件としてクローズアップされ、今日のトヨタの「不当労働行為・組合つぶし」という中心議題から目をそらす役割を果たすことになるでしょう。（敵もそれを狙います。〝あいつらは捕まるような悪いことをするやつらだ！〟）財政的な負担も大変になります。どれくらい捕まるか分からない、つまり予測出来ない額の保釈金を用意するのは、我々にも不可能です。むしろ、それだけの金が用意できるのなら他のことに使った方が有効でしょう。

結論として　どんな争議においても逮捕はありえる。そのことを私たちは否定しないし、怖れない。しかし、今、この時期に大量逮捕も覚悟してやる戦術には賛成出来ない。何故なら、

C

(1)敵がつくる別のターゲットにされてしまう。

(2)十分な納得の無いままの財政的負担（特に多数）は無理。

(3)ＩＭＦの世界キャンペーンにとっても不利に働く可能性は高い。（恐らく、余り乗り気でないＩＭＦ・ＪＣにとって闘いをサボる口実になるだろう。）

(4)しかも、今一気に敵を追い詰め、勝てる状況にない。

そして今、Ａの緊急課題とともに、世界的に包囲し、しかも長期戦に耐えられる世界戦略と戦術を共に考えるべきだと考える。

Ｄ　その鍵は

(1)日本のトヨタ本社への闘い

(2)アメリカでの反トヨタキャンペーン

(3)日本、アメリカへのオルグ

(4)その為に、ＩＭＦ・全造船との緊密な戦術調整と共同行動

　つまりＡとの闘いと共にこの(1)～(4)が必要であり、もう一つ(5)も大事だと考える。

(5)ＴＭＰＣＬＯとトヨタが交渉を始めた時の工場内への工作オルグ

一方、私たちは　　(1)神奈川県労働委員会への働きかけ

　　(2)反トヨタキャンペーン7月行動

　　(3)アメリカでの反トヨタキャンペーンの可能性の追求を考えています。

また、この緊急な時期にＴＭＰＣＷＡが地域での共同の闘いを強めていることを評価し、ＤＯＬＥなどの動きに抗議等の対応しなければいけないことも配慮し、一〇万円のカンパをおくることに決定した。6月のＩＬＯジュネーブ、7月の日本行動と大きなスケジュールですが、それも含めて是非頑張って下さい。

③ＩＭＦトヨタ国際キャンペーン

（解雇された労働者の原職復帰を確保するためのもの）

既送付済み資料にある通り、5／2付ＩＭＦブライアン書記次長からトヨタに対するキャンペーン行動計画素案が送られて来ている。具体的には5／18、19にオスロで開かれるＩＭＦ執行委員会で承認されてから動くものと思われる。この会議にエドが当事者として呼ばれているか否か問い合わせ中。（この文面でみる限り、執行委員会での討議が終了するまではトヨタに対する各組合の行動は待ってくれるよう指示されている。）ＩＭＦのメイン・ウェブサイトにこのキャンペーン欄が設けられることになっているが、未だ記載されていない。

④ＩＭＦ本部への三者会議開催申し入れ

マレンタッキー宛の申し入れ書は予想通り、返事がない。ジュネーブで突撃訪問しかありえないであろう。チャレンジの予定。

⑤ＩＬＯ勧告について

ＴＭＰＣＷＡからの追加報告が届き、次回のＣＦＡの会議で審査されるとウエブサイトに記載された。

〝Report No. 340〟

⑥エドのＩＬＯ派遣について

エドのパスポート期限切れが発覚して、準備手続きが大幅に遅れている。先週半ばに漸く新しいパスポートを入手。日本からも同行が必要。早川・遠野両氏が行く予定。ILO理事の中嶋滋氏に現地サポートを要請（日本で事前打ち合わせ5／22）。今回はフランス訪問のビザ取得期間がないためフランス行きは無理と判断する。ジュネーブ滞在は短期間（5／30〜6／3程度）。ポールにも参加を呼びかける。

⑦支援する会総会

6月3日（土）午後2時〜港町2Fにて　準備資料作成開始（事務局、会計、他）、早川、遠野欠席、愛知からは田中、阪野両氏が参加予定。全トユニオンからは来れるか？

6月17日（土）午後1時〜豊田産業文化センター　関東からの参加者（山際、小嶋他）。

⑧6・18東京総行動（旧6／20日程が変更になる）トヨタ本社申し入れ、夕方4時45分〜

⑨7・16愛知行動　現地より宣伝カー2台を神奈川に依頼あり。17日の早朝門前行動は昨年規模（本社工場周辺のみ）で行なう。

⑩次回事務局会議　6月20日（火）午後1時〜総会の前に行なう。港町

＊現地情勢次第で間に臨時会議を招集することも有り得る。

資料Bの7

フィリピントヨタ労組を支援する会

—トヨタと闘うフィリピントヨタ労組（TMPCWA）と共闘しよう—

フィリピントヨタ労組の闘いを支援し、あの「トヨタ」と闘おう！

フィリピントヨタ労組を支援する会　共同代表　山際正道

純利益一兆円日本一の会社トヨタ。あれだけの利益を上げたのは多くの労働者の努力の結果であり、それ相応の見返りがなされて当然です。しかし、世界に多くあるトヨタの会社・工場で、それぞれの労働組合との間で対等の立場での交渉、賃金・労働条件の決定のルールが確立しているとは思えない。見える姿は一貫して労働組合を忌避し、組合を作らせない、弱体化する、御用組合化する姿である。車は世界標準を上回っているのかもしれないが、働く者の条件決定の仕組みが少しも世界標準ではない。

さらにトヨタの会長の奥田碩さんが財界の総理・経団連会長となるなど、トヨタ経営者が政治に対しても大きな発言力を持っている。その財界が今行おうとしていることに、「政治献金の再開」、「武器輸出3原則の見直し」等がある。これら日本の根幹に関わることであり、この主張に疑問を呈する人も多い。

こんな中でフィリピントヨタ労組支援の闘いは私たちが持つその歯がゆさを乗り越えて、直接トヨタと闘う機会を与えてくれている。闘いの輪がフィリピン・マニラから日本・横浜・東京・豊田、ジュネーヴへと広がり、時間が経つほどに無視できなくなっている。皆でこの闘いを支援し勝利を目指し、あのトヨタに物申す機会を大事にしようではないか。

フィリピンで闘い、日本でも闘う!!

フィリピントヨタ社とは

従業員約1500人（工場労働者900人）、マニラ近郊の、サンタロサに工場があるフィリピン最大の自動車会社。社長は日本のトヨタから派遣。

フィリピントヨタ労組（TMPCWA）

上部団体をもたない独立組合として、1998年4月に労働雇用省に登録。2000年3月「組合承認選挙」が実施され交渉権をもつ一般従業員（工場労働者）の組合として認められるが、会社は現在まで一度も交渉に応じていない。

フィリピントヨタ争議とは

フィリピントヨタ社が「組合承認選挙」の後もさらに訴訟を行なったので、労働雇用省長官は、2001年2月に会社側証人を尋問する公聴会を開いた。組合はこの公聴会が山場となると判断し、抗議集会に組合員を動員した。3月16日、公聴会の結果が出て、労働雇用省長官は組合のいいぶんを認める最終裁定をだすが、同日、会社は抗議集会に参加した組合員227名を解雇、64名を停職にした。組合は解雇撤回をもとめて、2週間のストライキを決行、生産はストップした。

トヨタ、フィリピン政府に圧力

ストライキ期間中からトヨタは他の日系企業とともにフィリピン政府に労働争議を解決しなければ投資の撤退もありうると圧力をかけはじめた。恫喝に屈した政府は、組合に不利な裁定をつぎつぎとだしている。さらに会社はストライキ中に解雇者が会社関係者に暴言をはいたとか、睨みつけたとして刑事告訴までしている。驚いたことに2002年3月にこの刑事事件は起訴された。

広がる国際連帯

2001年4月、フィリピントヨタ労組のエド委員長が支援を訴えて来日したのを始めに、フィリピントヨタ労組はこれまで五度、日本に来て、日本の労働者・市民、在日外国人労働者とともに、トヨタ東京本社、トヨタ愛知本社に抗議行動を行なっている。「フィリピントヨタ労組を支援する会」は、このような国際連帯活動のなかから、2001年10月に結成された。この共闘の輪を、日本全国に、世界にひろげよう！

裁判闘争

フィリピントヨタ労組（ＴＭＰＣＷＡ）は、組合の正当性を主張し解雇撤回を訴えている訴訟、会社が違法ストライキ、刑事事件で組合を訴えている訴訟等、複数の裁判をかかえている。刑事事件で起訴された二三名の解雇者は投獄されないために毎年、保釈金を支払っている。

フィリピン最高裁は２００３年９月ＴＭＰＣＷＡの唯一交渉権の「高裁による差止め」無効の裁定を出し、ＴＭＰＣＷＡが唯一の交渉権を持つ組合として再度確定した。

ＩＬＯへ提訴、フィリピン政府への勧告

２００３年２月、ＴＭＰＣＷＡはＩＬＯ結社の自由委員会に、フィリピントヨタ社によるＩＬＯ第87号・98号条約違反を提訴した。

２００３年11月、結社の自由委員会はフィリピン政府に対し、解雇された労働者を再び雇い、刑事責任の追及を中止し、団体交渉を行なうための必要な措置の実施を求める勧告を出した。

トヨタ社のＯＥＣＤガイドライン違反

２００４年３月、ＴＭＰＣＷＡとフィリピントヨタ労組を支援する会は日本外務省に対しトヨタ自動車を「ＯＥＣＤ多国籍企業ガイドライン違反」で訴えた。

全造船へ加入、労働委員会への申し立て

２００４年９月、ＴＭＰＣＷＡは全造船関東地協神奈川地域労働組合に加盟し、トヨタ自動車に団交開催要求を提出した。トヨタ社がこれを拒否したため、２００５年２月、神奈川労働委員会にトヨタ社による不当労働行為救済（２２７名の解雇撤回、賃金支払い、団交拒否、組合認知）を提出し、受理された。いよいよ審議が始まる。

「フィリピントヨタ労組を支援する会」の会員へのお誘い

年会費個人：一口　五、〇〇〇円

団体：原則として二口　一万円

会費は、フィリピンに送金され、現地の裁判闘争費用、保釈金、組合事務所の経費、組合の行動費等に使われます。会員になると会員はニュースレター（年4回発行）を受け取る。メーリングリストや郵送でフィリピントヨタ労組（TMPCWA）の最新情報を受け取り、支援活動に協力する。

振込み先　郵便振替口座：00290—7—60036

口座名称：フィリピントヨタ労組を支援する会

会員のお申し込み・お問い合わせはこちらまで

フィリピントヨタ労組を支援する会

237—0063　横須賀市追浜東町3—63—901

TEL/FAX 046（869）1415

私記

私的なことを書く。〇六年二月一八日初孫、遼太生まれる。五日がかりの遷延分娩を婦長にまかせて長男の嫁が生んだ。孫ボケの友人をバカにしてたが、一目見るとカワイクなった（それまでは、孫が来ても、「ジジイは本読んでるからあっち行け」と言うに決まっとると思っていたけど）。結局、僕は進化論的にナットクした。人類は、二足歩行になってから、骨盤が狭くなったので、小さい未熟児しか産めなくなった（neoteny）。それをカワイイと思うDNAを持った類だけが子孫を残せて今に至った。これは僕の中に埋め込まれているＤＮＡの反応と思う。二人の息子のときは、こんな気分はなかった。長男、出産二週間後にフランスへ行ったし、二年後、次男ができて帰った後も忙しすぎて、「パパまた来てね……」などとお妾さんの子みたいなこと言われたから。三〇台半ば。

＊　＊

昨年一二月中旬に友の一人が消えました。一三日に僕を訪ね「ああ明るい感じになった」と思い、愛環鉄道まで送り、別れた翌日、奥さんに「死にきれなかったら、ルンペンでもする」と手紙が来た。うつ症・軽症脳梗塞の二重負荷です。名大医学部入学式で隣席にいて以来の旧友です。

暗い日々です。ツライです。……そして日本も世界もツライ、ラテンアメリカの小国（ゲバラの死地）を除けば、希望が見つからない状況です。

国家権力による民衆運動への抑圧が、かつてないほど強化されつつあります。名大の後輩で市職員労働組合専従の、市民＝労働運動の同志、田中君が昨秋不当逮捕され拘置された。『中日新聞』は一一月一七日夕刊第二ページで日本山妙法寺の僧侶（僕と同年）の沖縄での逮捕、立川米軍基地の定点観測グループの逮捕……を特集扱いで報道してくれました。

事実上、小泉政権は「日本国憲法」第九条（戦力の不保持）を破壊しました。その小泉に大多数のバカな日本人は投票した。あとの安倍＝麻生のバカヤロー（民主党の前原もアホだが）を世論調査は次期主犯（首班？）と予測している。日本の民衆はドコまでバカなのか。日本では憲法裁判が機能していない。

昨年の勤労感謝の日、フィリピン・トヨタ労組の被解雇者支援の本社工場でのビラマキは例年と同じく「受け取り率」が低かった。労働者の国際連帯が必要なのに、そうした倫理感覚がますます低下している。

＊＊＊

東大同期本郷追分寮、丸山眞男講義で一緒だった元高松地裁所長（徳島ラジオ商殺し冤罪事件の最終判決は有名、情理を兼ねた文は作家らも高く評価）が『朝日新聞』「声」欄へ投稿して没になった（投稿文を採録します）。

山田真也　『朝日新聞』「声」欄投稿文

「裁判は上へ行くほど悪くなる」という不安がまた当たってしまった。起訴自体が不当というべき防衛庁宿舎でのビラ配布事件で、司法の責務を尽くした一審の無罪判決が高裁で覆された。高裁はその根拠として宿舎管理者や居住者の迷惑を重視したと言うが、防衛庁の職員やその家族が、個人の判断よりも組織の意志に従った供述や証言をするのは当たり前だ。社長がけしからんといっているのに社員が「私は平気です」と言えるはずがない。高裁はその程度の被害の訴えを鵜呑みにして安易な結論を導いた。地裁が苦心して道理にかなった判決をしても、その多くが高裁で覆される。東京高裁にその例が多いのは、そういう事件が集中するからに違いないが、最高裁長官をさえ嘆かせた上ばかり見ているヒラメ判事が多すぎはしないか。法を操る能力だけに優れて国民の自由を守る使命感を欠く裁判官はいらない。地裁の裁判官はこんな高裁に絶望せず、誇りを持って職責を担い続けてほしい。

この冒頭の弓削竜一の遺体が、琵琶湖東岸長浜の山麓後鳥羽神社の溝川で発見された。失踪から二カ月豪雪に埋まっていた。地元署からの連絡では、タクシー会社の記録でも、僕と別れた当日夕刻にそこに行ったと思われる。五月の連休に妻・美彌子さんと二人でそこへ供養に行った。渓谷どころか、ちょっと助走すれば飛び越せる幅で、山から水がチョロチョロ流れている溝の橋の上で、線香をたき、花を添え、ワインを少々飲んで、流してやった。

翌夕、三方五湖の梅林作業用農道で車を止めて、長浜で買った稚鮎串焼を肴に少々飲みながら、右足をひきずる程度の後遺症なら、生きておれば、俺がこんな所へ連れてきてやれたのに……と涙が出た。

＊　＊　＊

遼太が生まれて二週間ほどで、父が老人ホーム和合の里から誤嚥性肺炎で加茂病院に入院し大也（弟の長男）が主治医になった。一時軽快して僕や美彌子さんが行くと懐かしがったし、寒天食をナースで食べるようになったが、結局、腎不全を起こして応答なくなり五月一六日に死んだ。九八歳と八カ月。苦しむことがなくてよかった。父をよく知る人も少ないから密葬にした。近所の人や職員が知って来てくれた。五月二〇日丸山眞男読書会、六月三日町の九条の会の前座で語ったことを繰り返す。父は運がよかったと思う。

明治の終わり頃、紺屋職人頭として、有松から花本に来た祖父銀十郎は染色工業の発展によって小作百姓になった。花本の地主の末っ子本多秋五さんと父は青木小学校で一緒だったので、その影響で遅くなって二〇歳頃進学を決心した。元からの地付き百姓でない、職人上がりの銀十郎は、それを許した。それから苦学が始まるが、これも良き地主一族の秋五さんの兄静雄さん（高級官僚）からアルバイトさせてもらう助けもあった。昭和五年頃明治薬専に入って、崩壊期の左翼運動に加わるが、逮捕＝特高による拷問経験なし。

薬剤師として町で薬局を始め僕が五歳の頃、僕の通っていたキリスト教系幼稚園が、スパイ容疑の弾圧を受け閉鎖。園長先生の挨拶に父が同情、悲憤して応対していた。この頃、父は薬局の机上に大きな欧州地図を拡げ、東部戦線の状況を赤鉛筆でプロットしていた。日米戦記事は信用ならんが外電ＵＰとかロイターの独ソ戦報道はウソでないはず。第二次大戦は、それで決まると。ソ連がナチ・ドイツをくい止め持ちこたえ、反撃に転ずると、父は来る客ごとに「ドイツは敗ける」と言い放ったので「お前は反戦薬局の子だろう」と僕はよく言われた。「日本は敗ける」と言ったらすぐ捕まるが「ドイツ」は別と父なりに判断してたらしい。もう一つは生産力理論だった。小二で敗戦した時、父はエライと思った。インテリにならにゃいかんと。当時薬剤師は徴兵されずに残った。医者が軍医として召集された後の地域医療の肩代わりとケシ栽培のため。これが一番運良かった。父みたいな左翼くずれが、軍隊初年兵でどんな目にあうか（野間宏『真空地帯』）。他国の人民を殺さずに済んだ。本人も死なず、負傷もせず。

戦中戦後の飢餓も、花本の銀十郎らが百姓してたので経験せず。敗戦を待っていたように町の共産党細胞を作った。そのあとにきたレッド・パージも薬局をやってたので被害なし。しかし父のパージされた同志達を小学高学年から中学の頃に父に連れられて訪れると身にこたえた。これも強烈な教訓だった。父は僕らの巨大サッカー場建設反対住民投票請求署名運動まで、だから九〇歳まで、足で歩いて協力してくれた。その頃までは週に何回も市図書館へ通っていた。出棺の時、『共産党宣言』を入れてやりたいと本棚を探させたが見つからなかった。数年前、多部数取り寄せていたのに配りつくしたのか。

僕は父の系統から職人主義を受け継いだ。祖父銀十郎はエライ紺屋職人だったし、その姉の子は、愛知用水を着想、設計した農業土木の浜島辰雄さんだ。風媒社の稲垣喜代志さんが本を送ってくれた時、すぐ父を連れて行くべきだったと悔やまれる。

二〇〇六・六・一〇

四　国民投票法

第五八号　二〇〇七年　夏

『象』五八号特集への水田洋先生から寄稿要請文、ありがたく拝読。全面的に共感しましたが、書くこと特になし。『読売』以外の各紙の社説、文化欄論説、読者投書欄には、ほとんど僕と同じ見解がいっぱいあふれていて何も追加を要しないと思ってしまうので。それでもちょっとだけ。

⑴『世界』〇七年六月号五一～六一頁「憲法を救うために――『超党派』市民の潮流と政党への提案」小林正弥（千葉大教授・公共哲学）はぜひ読んでほしい。『世界』をとっている人は同氏による〇五年一一月号、〇六年五月号も。雑誌のない人は、http://global/peace-public-network.infoseek.co.jp/index-j-html を参照されたし（『象』はみんなこの「超党派」じゃないか?・）。

⑵『中日』〇七年五月八日夕刊第八面文化欄「憲法とどう向き合うか」③「ミレニアム・スタンダード　死者たちの「贈り物」」高橋真司（前長崎大教授）。これは、キイ・ワード、語調が、僕と全く同じで、強く共鳴したので、コピーを一〇〇〇部作り患者に配り、外来待合室に張り出し、クリア・ファイルにも入れて置いた。〔本文末に収録〕

⑶現憲法でその改正発議→国民投票には三分の二の議会の多数を要するとあることは、全有権者

（投票者でなく）の少なくとも二分の一以上（必要最低投票率を定めない時は特に。その場合は以下の計算よりさらに厳しくなる。三分の二もありうる）の改正案支持を要すると解すべきである。ということは、有効投票率九〇％のとき五五％、七〇％のとき七〇％、六〇％のとき八〇％、五〇％のとき一〇〇％の改正票が必要とされるべきである。安倍政権は、この常識を無視した。最近の世論調査六二％の九条支持であるから、現時点では、改正不可能である。改正派はたったの一九％（〇七年五月一四日『中日』朝刊第一面）。僕らにはまだ希望はある（……と思いたい）。

(4)井上ひさし『子どもにつたえる日本国憲法』（講談社）を当院での全産婦に退院時贈っている。昨九月以来（勿論、僕の絶対平和主義の現憲法擁護論を含むパンフレットも）。

(5)良かった論文を追加する。『世界』〇七年五月号一七四頁、「溶解する『法の支配』衰退する『憲法感覚』」間宮陽介（京大教授）と同号二〇五頁、「山川均の平和憲法擁護戦略」佐藤優（休職外務事務官）。前者は、良い著書も二～三読んでいて、ここではふれない。後者は良い雑誌論文を二～三読んだだけだが、これも良い。山川論文は、駒場時代、スターリニズムから脱けつつあった頃、集中的に読んだ。旧社会党政策審議会長だった伊藤好道は、町の実家のすぐ裏に住み、中高生頃、夫婦喧嘩の怒鳴り声をよく聞いたし、一浪して『加茂民衆新聞』記者をしていた頃、インタビューに行ったこともある。六〇年安保闘争の頃、神田の古本街を回っていて、トロツキー『裏切られた革命』の荒畑寒村との共訳者として名前が出ていてビックリ見なおしたことを思い出す（おそらく英文からの初訳。満鉄調査部か日経時代の仕事か？）。山川も、伊藤も偉かった。佐藤による今、現在での山川論文の発掘は見事だと思う。

(6)本と違ってテレビ放映のものは、どこで見られるかわからないけど（長時間録画ＤＶＤか）書いておく。ＮＨＫＢＳ２、五月六日夜一〇時よりの「焼け跡から生まれた憲法草案」。敗戦直後、若手憲法学者鈴木安蔵（僕は高校の頃から読んでいた）他、オールド・リベラリスト七人（名は全部、中高生頃より知っていて高野岩三郎以外は右寄りと思っていた）の研究会が草案を作り、それがＧＨＱ民政部に渡り、英文憲法原案の基になったこと（不足分を民政局法律家が補ったという）。さらに、鈴木安蔵は戦前の特高による弾圧下で、明治憲法研究を自由民権運動（植木枝盛らの対抗憲法案発掘）研究と並行させ、植木枝盛らの案が、欧米近代市民革命思想の影響をうけていたこと（当然のことだが）を示した（自立的内発的普遍性）。時宜を得た放映に感動し、担当者にハガキを出した。色川大吉らによる八王子草案発見、もっと昔の安藤昌益だってあると付記して。「押しつけ」憲法論者は、ただの無教養のバカにすぎない。この「押しつけた方」は第二次大戦後、朝鮮戦争（スターリン、毛沢東、金日成が始めた侵略）への反撃戦を唯一の例外として、ベトナム、東南アジア、中南米、アフリカで帝国主義的植民地支配戦争を表と裏でやりつづけ、現在、アフガン、イラクで無辜の死者をＷＴＣテロ犠牲者の二〇倍以上生み出している。この「押しつけた方」との軍事同盟（＝「集団的自衛」）に安倍一派は盲従的に参加しようとしている。ナショナリズム＝右翼的言辞（靖国、慰安婦問題）を弄しつつ、身をアメリカ帝国主義にゆだね、変えよと言われれば憲法まで変える追従は何だ。岸信介の孫ならアタリマエか。戦犯ジジイへ向かって atavism をやってるバカ孫め。小泉＝安倍政権は、精神的には無である。経済的有（ex. 第三世界の子会社の労働者の人権無視の抑圧でなりたったトヨタの世界一）のためなら、なりふりかまわぬ自己矛盾をやる。その近視眼的利権主義（世界史的普遍性＝理念の欠落）はアサマシイ。こうした政権を支えた日本国民多数派も、ファシスト石原を支えた東京都民多数派も民度の低いアサマシイ民である。アホクサ。

(7)もう一つテレビ話。BS2、五月一五日『ジョニーは戦場へ行った』ベトナム戦争中七一年の作。僕らがJATECに協力して、脱走米兵をかくまっていた頃、題名は聞いていたが、見てなかった。第一次大戦時の、一命はとりとめたが、聴力と意識のみ残り、発話、動作不能の戦傷青年の長くかかった死に到る物語。以前、英国の反核運動の論文で、E・P・トムスンが核戦争による死を、一瞬にして蒸発の楽な死ばかりと限らず、長い長い死があると書いていたのを想起した。ヒロシマ、ナガサキで半世紀にわたる長い死があり、アメリカの貧しい若者達（奨学金のためにイラクに行った）の長い死と、死なないけどpost-trauma-stress-syndromeに苦しむ姿を僕らは見ている。我が平和憲法の絶対平和主義が危機にある今、これもまた時宜を得た放映である（やはりレーニンの古典的『帝国主義論』は、一時すたれたが復活すべきか？　マルクス『資本論』とともに。二一世紀の妖怪になるよね。このへんオールド・ボルシェビキのままボケて昨春死んだオヤジのことを想起する。僕はハイエク問題を言ったが、それは分からないまま）。

(8)自民も公明もテメエラどこまでいくかと思わせたのは、教師、公務員の憲法発言の制限である。明白な憲法違反、「言論の自由」の否定である。現憲法を守る義務を彼ら与党議員、閣僚は、公務員のくせに放棄する違憲行為をやりながらの上にである。こうした法感覚ゼロの連中を選んだ国民多数派は反省せよ。要するに、目先のことしか思わないミニ利権屋のお仲間さん共だ。町内会＝部落私益主義の市議から国会議員まで、同型精神構造の助け合い積み上げでやっておる（市民、国民の多数がミニ利権屋になり下がったことはオソロシイ)。

(9)ちょっと横道へそれて、僕の実証不能の幻想を書く。故アイゼンハワーのフェアウェル・アドレス「このままでは、Military Industrial Complex の増殖が危機を生みだす。用心せよ。」を想起して。確かに冷戦が終わった時 Mutual Assured Destruction=MAD の危機は去ったとみんな思った。ホッとした。全世界の軍需産業は収縮し、民生用生産に転換を図った。軍需予算の根拠がなくなったから国家からの注文が減ったため。ここまでは実証できるが、あとは別。僕の幻想。

アメリカを中心とする産軍複合体は、巻き返しを策し、世界に火種は絶えず、常に軍備増強が必要だと思い込ませるために、いつ亡命しなければ分からない独裁者のスイス銀行秘密口座に、例えば「テポドン一発頼む、金はふり込むからな……」と。これは速効性があった。あっという間に「有事法制」「日の丸=国歌強制」軍備増強=MDなど米日軍需産業に見返り効果があった。「死の商人」は一世紀前からやっとったことじゃないか。

(10)僕の本心は、絶対的平和主義で、現日本国憲法第九条を字義通り、fundamentalist 的に守り、日本的九条を持たない国際社会の抑止力に「前文」にある通り「期待して」、それもかなわない場合は敵=侵略国の民を殺し返さず、生き残った国民が対ナチス占領下フランスのような Resistance をあらゆる方法で続けるべきと思う。しかし、こうさしせまってくると、これではこれまでの法制局解釈(=集団的自衛権を否認)の範囲で現憲法九条を、ある幅を持って守るための議会三分の一以上を維持できなくなるのではないかと危惧する。それで現憲法九条解釈の幅の中で、現在の軍事科学(技術)を、どう理解し、どう適用すれば、侵略国軍の日本上着陸を阻止、せん滅できるか、その有効な専守防衛のミニマムを考えなければと思う。綱領的マキシマムではなく、ミニマムの合理的設定の探究が必要かと思う。

僕はいまも、坂本義和学派であって変わらず平和は全内外政によって守られると考え、自衛隊＝防衛省を廃止し、海上保安庁機能のミニマムの軍事技術的拡充で十分と思っているが、アメリカ帝国主義と連動するミサイル防衛、「集団的自衛」を拒否するための、軍事科学（技術）の政策立案的研究は必要分野ではないかと思っている。これをやらないと、「前文」と分かちがたく結びついている九条も、共に変えられ、天井なしの軍国化、軍拡路線に引きこまれる危険が高まる。戦禍の体験と、伝聞による追体験の少ないヤングを狙って有権者年齢一八歳を、ヤツラはやろうとしている。小学二年で敗戦、教科書の抹削、その二年後新憲法を学び、二〇歳前後で六〇年安保（これこそ九条を守る）闘争をやり、僕らは、現平和憲法と共に七〇年を生きてきた。日本の誇りは、全世界に向かってこれだけだと。日本に続けと……。

⑾あさって、豊田加茂医師会総会があり、そこで古稀の記念品を贈呈される通知が来た。旧知の鎌田慧のフィリピン・トヨタ労組被解雇者支援講演があり、そのあとでも中途でも、ぜひ出席すると返事した。古稀がどうしたと思い、三八歳で開業してアッと言う間に七〇歳のジジイになったかと腹がたちながら、まだ現役はやめないのは、人民大衆運動と患者さんのためと、読書のためだ。やめると糸の切れた凧みたいに遠くに行きたくなって、読まねばならない、未読の無数の本が読めずじまいになるという強迫観念からだ。それで僕より年上は医会で数名になる長老になってしまったけど、今度、何を言いに行きたいかというと、あんまり長老らしくない件である。いつも選挙が

来ると、医師会政治連盟（実体は医師会）から、自民党候補への集票と献金要請が来る。三十何年前に開業当初、総会で宣言した。「自民党は悪いから集票には協力しないが、ギルド的意味で、献金だけする」と。今回は、医師会推薦自民党候補が、第九条を守るかどうかが最優先の判断規準になるから、役員は調べて報告してもらいたいという、質問内容をファックスで伝えた。場合によっては、勿論献金もしない。あらゆる関係で、こうやらなければと思う。民主党内も分裂があるし、自民党内にも潜在的にあると思う。三分の一確保のためだ（医会総会で二〇〇名に配るために(2)の高橋真司氏の『中日』文のコピーを増刷した）。

(12)僕らは平和憲法擁護のこの町での緒戦に敗れ、失敗した。惨敗したことは恥ずかしいし恐ろしい。書きたくないから書かずに済ませたかったが、書かなければならない。地方選挙の話は、分かりにくく面白くもない（杉浦明平さんの著作以外では、僕自身、他地方に関心を持ったことなし）。この敗け戦さの直前、明平さん作品の人物渥美町の山本道雄（前町長）、川口務さんらと会った。なんで市議選挙を一所懸命やるかを説明した。「一人の議員を当選させれば、自治体から給料もらってのフルタイムの平和憲法擁護常任活動家をつくることだよ」と言ったら、しばしの間があってうなずいてくれた。彼らもトシだから時間がかかる。オレもトシだから、もうすぐそうなるとイヤになった数秒間あり。

四五年間、二五歳の渡久地政司市議当選、小林収君の一敗後の連続当選、小林君の県議への当選、同時にその代わりの市議として岩田道子市議当選（だが本人不徳のため第二期落選）まで、長く闘い、よい結果を我が旧市政研は生み出してきたはずだが、県議二期八年間のあと小林収君は二回落選を続け、今回は「離婚問題」が起こってもいかんと立候補しなかった。この二回の落選は、トヨタ御用労組（小林君を除名して）地元トヨタ民主党が票を国会では敵のはずの公明党にまわしたためとの伝聞多々あり、これでも民主党は公党と言えるか？ 豊田市は、その間、愛知県下最大の広域都市となった（稲武町、小原村、旭町、足助町、下山村、藤岡町合併）。それなのに自民、民社、公明の県議は定数を四のままでよしとした。小林収とその自由民権派を封殺するためだ（五にすれば当確）。これが、僕らが半世紀間、労働者＝市民のために自立サークルとして闘ってきた町だ。結局、市議選の大敗のあと（サッカー場反対運動で生まれた一期半の若手は当選して残ったが）僕は、全部の旧友を呪い怒ったが、二～三年前から準備しなかった僕自身バカだったと悟った。僕の中高生以来の旧友の新聞『矢作新報』が、社民党候補（投票日のたった三週間前に立った）を第一面で「非共産護憲勢力を結集」と書いてくれたのに、それはありうると乗ってしまった。あまりにも遅かった。僕は、動いている二カ月間、我が病院の外来患者カルテの市内一〇〇〇名への電話にとりつき、職員は、三年間の、市内の分娩患者さんへのハガキ一〇〇〇名を書きつづけた。僕は電話で「今回は、ただの市議選ではありません。平和憲法を守るためです。社民党高山さんをお願いします」とやった。

結果、共産党は成功した。最下位二八六三のところを新人女性根本さん三七七八、四期目の市議大村さん（サッカー場反対共闘仲間）三三二一九。僕らの完敗。一・五期やっていた岡田君四三四二、八年の空白前まで二回一三〇〇とっていた社民の高山さん一六五四で惨敗。僕ら無党派左派はこれほどダウンした。心身共にコタエル。このままだと全部マケル！

地方選挙から、国会まで十分準備してやらないと平和憲法を守りぬくことはアヤウシ！アヤウ

シ！アヤウシ！　敗けたあとのオソロシサは、もう見えておる（アリアリとあの新藤兼人監督の『足摺岬』が描いた戦前への回帰だ）。五〇～六〇年間何やっとったか……となる。

（二〇〇七・五・二九）

資料　『中日新聞』夕刊　二〇〇七年（平成一九年）五月八日（火曜日）八頁

施行六〇年　憲法とどう向き合うか③

ミレニアム・スタンダード　死者たちの「贈り物」

高橋　眞司

この五月三日は日本国憲法施行六〇周年の記念日に当たっている。ところが、日本の政治はこれを祝うどころか、これを覆そうとしている。「教育基本法」はすでに改正され、憲法改正の手続きを低くひく定めた国民投票法案は衆議院を通過し、参議院でも可決の見通しである。あとは憲法の改正を残すのみという過剰な《政治の季節》である。憲法改正の焦点は憲法九条にある。私はこの危険な《政治の季節》に重大な危惧と懸念を抱いている。

私の見るところ「日本国憲法」は世界各国の憲法の中に置いてもすこしも遜色がない。それどころか国民主権、基本的人権の尊重、そして戦争放棄の規定をもった日本国憲法は、極めて先進的な、世界に誇ることのできる憲法である。

私の言い方では、それは「ミレニアム・スタンダード」（Millennium Standard）である。日本の伝統と歴史のなかで、それは千年先取りした憲法であり、今後千年保持するに値する憲法だ、というのである。

では、なぜそのように先進的かつ持続可能な憲法を持つことができたのか？　その源泉はさきの世界戦争の悲惨な体験とその体験にもとづく人類の叡智にある。そしてそこにはアジア・太平洋戦争におけるおびただしい死者の平和希求の願いもこめられていたのである。だからこそ、あのように先駆的・普遍的な、非武装・非暴力の絶対的平和主義の規定が定められたのである。

それはアジア・太平洋戦争の《死者たちの贈り物》ということも可能である。生きのびた人びとのからだと心の傷もいまだに癒されていない今日、日本国憲法の第二章「戦争放棄」は、時代に合わない、などの薄弱な理由で安易に変えてよいものではない。日本国憲法第九条第一項「戦争の放棄」と第二項「戦力の不保持」を変えることは先の大戦で亡くなったすべての死者への冒涜でなくて何であろう。憲法九条の改正は断じて「改正」ではなくて「改竄《かいざん》」である、と言うゆえんである。

いま提起されている改憲の企ては、いうなれば日本国憲法から千年の輝きを奪い去り宝石をただの石ころにすり替えようとする行為に近い。国民は憲法改正の後に必ずや出現するであろう軍事国家のむごい過酷な現実に直面して、今の平和憲法のたぐい稀なる価値に思い至るであろう。だが、それでは遅すぎるのだ。このあまりにも過剰な《政治の季節》に、安倍首相によって「戦後体制からの脱却」が声高に叫ばれているいまこそ、日本国民の一人ひとりに将来の侵略戦争に対する責任、《戦前責任》が問われているのである。

私は「歴史算術」(Historical Arithmetic) とでも呼ぶべきものを考えてきた。「大日本帝国憲法」の旧体制は、一八八九―一九四五年のわずか五十六年しかもたなかった。この旧体制がもたらしたものは植民地支配と侵略戦争、すなわち放火、略奪、強姦、そしてアジア・太平洋戦争だけでも二〇〇〇万人をこえる死者と地域の荒廃であった。

それに対して、日本国憲法第九条の戦争放棄の旗の下では、すでに六〇年を経て、日本は国の内と外でただのひとりたりとも軍事行動によって殺してはいない。ここで、憲法九条を改正してみよ。国内と北東アジアにおける《平和の質》は急速に悪化し、日本の平和は半世紀もたない、と予見できる。

いま、日本国民は憲法九条の改竄を阻止するために何ができるであろうか。それは右のような「歴史算術」をさまざまに試算して、日本国民の一人ひとりが歴史の真実に目覚め歴史の展望をもつならば、なお十分に可能である。その可能なことをなおざりにして憲法九条の「改竄」を許すなら、私たちの愛する子や孫たちの世代に、ヒロシマ・ナガサキをこえる核戦争の被害と恐怖を与え、そうして未来の世代から私たち自身の《戦前責任》をきびしく糾弾されることを覚悟しなければならない。

この原稿を執筆中に、長崎市で市長の射殺という凶行が起きた。私は故伊藤一長市長の読む平和宣言文の起草委員をつとめ、原爆資料館の展示監修者を引き受けたこともあり、つよい衝撃をうけた。恒常的に暴力に傾いた男が拳銃を所持していたことが今回の凶行を招いたといえる。改めて「戦争の放棄」と「戦力の不保持」の根本原則を変えてはならぬ、と痛感した。

たかはし・しんじ＝社会学者　一九四二年、旧「満州国」新京（現中国・長春）生まれ。一橋大大学院博士課程修了。今年三月まで長崎大教授。著書に『ホッブズ哲学と近代日本』『続・長崎にあって哲学する―原爆死から平和責任へ』など。

Ⅴ　折々の記

本章では、鈴村鋼二が本書のⅠからⅣの紙誌以外のところで、それぞれの折に書いた文章三編を発表年代順に収めている。短文ながら、いずれも自らを語りつつその時々の心情を率直に吐露したものであるため、逸するには惜しい小品と思い収録した。

1．高校の同級生で、同じ産婦人科医であった友人への弔辞。

2．鈴村産婦人科病院開院二十周年の記念パーティーの折、石垣定哉画伯のリトグラフと共に来賓へくばられた「挨拶文」。（なお鈴村の挨拶文の後に、友人代表として川上欣宏氏が鈴村の人物像を活写した一文も収録した）。

3．鈴村の生まれ育った豊田市花本の土地の半分が、市の都市計画道路に組み込まれていることを知り、豊田市長及び都市計画審議委員へ、計画撤回を求める「意見書」として書かれたもの。後に二〇〇〇年一月一九日の『新三河タイムス』に掲載された。

（編者）

(36) 第二六二号　豊田加茂医報　一九九五・一二・三一

一　鈴木雅晴君への弔辞

雅晴君、誰が一番君のお蔭を受けたかと言うと、やっぱり僕だと思う。今から二十年近く前、ほとんど十日も違わずにお互い開業した。僕は海や山や川が好きだから、しょっちゅう遠出をした。その度に君に頼んだ。南島や越前の海に潜って帰った時は、採ったサザエをお礼に持ってきた。ハエをたくさん釣った時は、僕流の焼き方で持ってきた。この二十年間、開業医としてのやり切れぬ拘束の中にあって、君が頼りだった。僕のいない時、何か患者に事が起これば、きっと君が来てくれるはずだった。高校は同級でも医者としては五年先輩の君が、近くにいてくれることが救いだった。君がいなくなって不安で淋しい。

君とは挙母高校の同級だった。その上、僕のおやじと君のおやじは同業の薬剤師だった。君のおやじさんと歯科医のおふくろさんは僕を可愛がってくれた。高一の頃から家へ出入りし、君の弟さん恭輔君の家庭教師もした。高校の頃、それほど近しく付き合っても、僕のイデオロギーとしてのブルジョワ嫌いからの距離感は持続した。この野郎、生まれも育ちもブルジョワで、そのまま開業医的ブルジョワになりおおせやがって……と、いう思いが付きまとっていた。趣味も違った。君は、おやじさんゆずりで碁が強かった。僕は、そんなことやれば読むべき本の数が減ると思っていた。君は自動車好きで、外車の新車をしょっちゅう買い替えていた。僕に言わせれば、ムダ事で、車など一生中古車を二、三台乗り潰せばいいんだと思っていた。それでも君が新車を見せびらかしに来た時は、同乗して付き合ったけど。

バカバカしいけど、そういうことがもう無いかと思うと悲しい。

雅晴君、君はトヨタ病院時代、評判がよかったから、開業した時、全部の患者がついてきた。その数年後でも、挙母高校の同級会の時、僕は患者数では今も今後も君には勝てないと、恩師の民ちゃんや伸三君達に話したことを覚えている。

だが、産婦人科医はつらい。患者が多ければ、深夜に起こされる回数が多い。寝就けない。眠るために酒を飲む。アルコーリズムにかかる。僕自身がそうだけど、君はウィスキーだったから、よけいに早く進行した。僕は同級の伸三君と何度も何度もアルコーリズムからの離脱について説得に行った。なのに君はウソばかりついて飲み続けた果て、幻覚症状まで出て入院した。退院時の検査で偶然、胃ガンが見つかって、八年前名大で手術した。アルコーリズムから離脱し、その後四年たって食道ガンで藤田学園で手術した。その間、君の入院中の患者は僕が引き受けた。手術後の君は体力的に医院の再開に迷ったけど、僕と伸三君は外来だけでも再開すべきだと言って薦めた。入院、分娩患者は僕が引き受けて、君の医院は再開した。ブルジョワのお嬢さんだった奥さんが受付事務を引き受けた。僕のとこの受付の後藤さんが指導に行った。

雅晴君、君の奥さんは、その後の三年間、一緒に働いた時期は貴重で充実感に満ちていたと言っている。よかったと思う。それがあたりまえだ。

それから。今年の春、咽喉部のガンが発生した。ノドと舌のガンだ。僕は原発か、転移かは知らない。トヨタ病院で放射線療法を受けた。君の医院は閉じた。患者は、僕が引き受けた。君は、治療のための病院への入院は絶対的に拒否すると言った。ウチで死ぬと言った。

雅晴君、今からほぼ一カ月前に行った時、君はキッチンのテーブルに腰掛けて、奥さんの作った流動食、ドテ煮のミンチとか、山イモのすりおろしなどを一時間以上かけて熱心に努力して、しかも僕らに向かってしゃべりづめに、ほとんど一方的にしゃべりながら、食べていた。いや飲み込んでいた。その時僕は、点滴の量を増やせとか、鎮痛剤のこととか言っていた。たしかに君は点滴を一時は受け入れてくれた。が、結局は拒否した。その時、僕は君に聞いた。「君は、昔の偉いお上人様がやったように、水だけ飲んで枯れるように死のうとしてるのかや」と。君は「ウン、そうだ」と言った。その後、僕は同級の伸三君や順幹さんに事の切迫を伝えた。

雅晴君、一一月一一日土曜日に君を訪ねた時、筆談で僕の弟にくれるものを指示した。僕の手を握った。まだ力があった。翌一二日日曜日昏睡に入ったそうだ。僕はその夜、君が元気になった夢を新城の寺で泊まって、見た。翌日、火曜日、僕の妻と僕の恩師鈴木雅之先生が見舞いに行った時に、君は死んだ。

雅晴君

君は、医者として自分の設定通りに死んだ。

僕の恩師雅之先生は、僕を慰めるためにその夜半まで僕のウチに来て語ってくれたが、君の死に様を「鬼神」と言った。

僕は、医学部の学生の頃、『夜と霧』という本で名高いウィーン大学精神科のフランクルの著作集の中で、マックス・シェーラーというドイツの哲学者の言葉を知った。それは、「人生は、創造価値、体験価値、態度価値につきる」というものだ。僕は、長い間この態度価値という言葉の意味に引っ掛かっていたが、君の死に様のお蔭で分かったように思う。「態度価値」のあり様を全うした君に脱帽する。君を目指したい。

付言すれば、人は、君が弟恭輔君、長女由美子さんら医者に囲まれていたからだと言うかも知れないが、僕はそうした条件がなくても、奥さんがいたからできたと思う。君が強烈な自我を主張するのに、奥さんが赤児をあやすように対応してくれたのを思うと。

付言二つ目、病院ではなく、自宅で死ぬためには、良い奥さんをもつだけではなく、内服用麻薬の往診時投与を許すなど、麻薬使用に関する医師の裁量権の拡張が必要だと思うこと。これはアピール。

以上

一九九五年一一月一七日
鈴村鋼二

二　アカはバカにあらず

鈴村病院　開院二〇年記念パーティー

生来、晴れがましいことが苦手で、ホテルだのパーティーとかに抵抗があり、一〇周年はパスしましたが、二〇周年になってみると、今回パスしたら三〇周年では、親父もおふくろも居らなくなっているか、ボケてしまっているかのどちらかだなあと思って、祝賀パーティーをやることにしました。

それにもっと大事なことは、開院時から勤め、定年を超えてからも、現婦長以下全看護婦の指導を続けてくれた手島さんが、退職されることになったので、その歓送の意味でも、この会をしようと思いました。

二十年、大過なく来たことはありがたい限りですが「板子一枚下は」という、船乗りの心境でもありました。

年間五百例、二十年で一万例の分娩をやり、分娩による重度障害児ゼロというのは当院のスタッフの優秀さの証拠だと思います。もち論、緊急時には、名大分院以来の尾藤先生たち友人や、加茂病院・梅村先生、田中先生たちに多大のお世話になっています。

東大法学部での後輩の弁護士が、医療訴訟の問題点発見のため、ぼくの病院へ来ました。その書類を、当直看護婦に回覧、検討させています。彼女たちは、的確に問題点を発見するに違いありません。ぼくたちは、絶えず医療の現場で何をなすべきかを検討しています。

「何をなすべきか」と書いて、レーニンを思い出しました。レーニンがロシア革命の初期に『国家と革命』で「国家公務員の給与は、平均的熟練労働者の給与を超えてはならぬ」と書いたのを読んで、ぼくの消費生活の水準もそうあるべきだと今日まで思っています。マルクス主義は科学理論であると同時に倫理原則の提示だと思います。ぼくは「アカ」(ぼくの親父)の子供として育ち、十分に社会的プレッシャーを受け「アカはバカにあらず」を証明するため猛勉強しました。ハイティーンまではスターリン主義者だったぼくは、五六年のハンガリー事件を契機に東大入学からトロツキズムに共感し、以後、悔い改めざるトロツキストでありつづけるつもりです。

市民運動をするつもりで、この街に帰って来ましたが、昨年の統一地方選挙で、たった一人のディシデントを、市会議員として失ったりする態たらくです。この街は、一人の異論派すら許容しない民度の低いところです。だからプロ用のサッカー場、つまり見るだけのサッカー場を数百億円をかけて造ることが平気なのです。少年たちの草野球場、草サッカー場なら、いくらでもよいが、見るだけのサッカー場などは、市民の精神として頽廃です。

人生の設計上、ぼくは半分は失敗しました。職業人として、私人としては、まあまあとは思いますが、市民としては敗北と失敗をしてしまったのです。挽回可能か? 医療現場の日々のストレスと、この問題が、ぼくの髪の毛を白くしました。

しかし、ぼくは、この二十年間、ただの一日も病気で休んだことはありません。日曜祭日も、夜中も働いています。しかも毎年三週間は、登山、スキー、海の素潜り、寒バエ釣り（年間二〜三千匹）を楽しんでいます。

何故こんなことが続けられるか。当院の看護婦の練度が高く、通常の産科医や助産婦のレヴェルを超えているからだと思います。手島さんの訓練のおかげです。それと現婦長の縄村さんは利口で、若い人の指導に熱心ですから、手島さん退職後も当院は安全です。ぼくの見方では、名大病院の看護婦、助産婦が当院の彼女たちのレヴェルに達するのには、当病院で彼女たちから数年の訓練を受ける必要があるように思います。ぼくも、少しは偉いのです。教えにゃ損だ、教えなければ夜中に呼ばれるのがつらいではないですか。看護婦も助産婦も資格上の差は認めない。学ぶべきは全て学べ、教えられることは全て教える、というぼくの主義がよかったのだと信じています。

川上欣宏さんという中学高校の一年先輩がいて、邦夫君という同級生がいて、和夫君という二年ばかりの後輩がいて、この川上三兄弟が、ぼくの若い頃からの親友です。同年の邦夫君だけが、あまりにシラジラしいので、いまは無縁になっています。

今回の祝賀会に来てくれる、澤さんみたいなえらい音楽家は、欣宏さんを通じての知人で、かれの口ぞえがなかったら、こんなところへ現われるはずもありません。

画家の石垣定哉さんとは、もち論、欣宏さんを通じて十年来のつきあいです。この石垣さんとは、いろいろ因縁話もあります。会場の設定などでは、欣宏さんのお客で、ぼくたちアジールの会員でもある柳川翼村さんのお世話になりました。いずれにしても川上欣宏さんがいなかったら、この会もうまく開けなかったかも知れません。欣宏さんとの思い出が、ますます多くなります。

ともあれ、分不相応な会を持ってしまうことになりました。この石垣さんのリトグラフも、その証拠であります。たまには、この絵を眺めて、ぼくを思い出してくれたら、光栄です。
ありがとうございました。

鈴村鋼二

附記「やっぱり鋼ちゃん」

「死ねぇ‼」「二度と貴様には会わん。絶交だあ‼」と、ののしりあって、幾日かたつと、無闇に気になる相手がいる。もう何度も、そんな切ない思いを持ったことか。

矢作川上流の、まったく空の狭い村から、挙母（現豊田市）の街に下って来て、初めて知り合ったのが鈴村鋼二だ。この街で強もての顔役だった伯父が「男ちゅうもんは、ええ友だちを持たにゃあかん。いち友、二カネ、三度胸、といったもんだ」と言って鈴村を紹介した。共産党と警察が死ぬほど嫌いだった伯父が選んだ少年は、当時、下駄をはいて『アカハタ』を配っていた。どういうことか。そのあたりの機微が、いまだに分からない。ぼくが中学三年生、鈴村が二年の夏休みだった。

東京でもよく会った。お互い昔風にいえば苦学生で、いつも腹をすかせていた。荻窪の下宿から吉祥寺にあった松下圭一先生の下宿へ、人生一大事の相談ありと偽って押しかけ、めしと酒などを馳走になると、一大事の問題は雲散霧消した。

松下先生は、ぼくより七歳年長の独身で『中央公論』や『世界』『思想』などに論文を発表されていた高名な学者だが、何せ若い助教授なのだから、ぼくたちの図々しい所業にはふところ淋しい思いをされたに相違ない。歩いて行き、足代をもらって電車で帰った。鈴村は、総タイル貼りで三帖ほどの閉鎖した女工寄宿舎の風呂場に、ベニヤを敷いて住むという壮絶さで、松下ゼミの授業料も払わず、盗講していたのである。

飲み代を稼ぐことでは、ぼくに一日の長があるらしく、鈴村はよく、本郷から歩いて来て、ぼくの下宿にへたり込み、食い物をねだった。ぼくのこさえたレバニライタメが気に入ったとみえ、あの旨さはめしの上に涙をこぼしたほどだと、いまでもいう。なにしろ、ぼくたちは本代以外は、とことん節約した。大きくなれるはずもなかったのである。

札幌へ行くことになったとき、東大の卒業式を欠席し、上野駅の特急「はつかり」出発ホームへ見送りに来てくれた風景は、ついこの前のことのように思える。そのあと二、三カ月して名大医学部生となった鈴村が札幌へ来た。

当時は呑気な時代で、特に北海道はそういった気配が強く、ぼくの勤めた会社の支店長は、出張扱いでトラックを提供してくれた。羊蹄山麓などを駆けめぐり、大耕地のただ中に建つ諸国御商人宿で、吹きつける夜風の猛烈な音を聞きながら、行く末などを話しあった。空気が透明で、星が大きくみえた。以来、二十年ほど、ぼくは渡世の都合で東京や大阪を流れ、鈴村はパリのソルボンヌに留学していたりして会うことはなかった。

再会したのは、十四年前だ。頭は白くなってはいたが、やっぱり鋼ちゃんだった。

開院二十年祝賀会は、鈴村は照れくさいだろうが、三十年にしたら、おそらくご両親は果かなくなっておられようし、鈴村本人とて、達者であるという保証はなく、この機会をのがすべからずとなった。それにぼくもそうだが、結婚式で金を使うようなムダはしなかったから、勘定も合うではないか。

近頃のぼくたちは、絵かきの石垣と三人が発起人となって「男の駆込寺・アジール」なる山荘をつくり、ぼくが店主だった頃のお客や、古い友人をたぶらかして仲間に入れ、酒盛りをくりかえしているが、こと鈴村とは年に何日かは登山したり、旅をしたり、よくもまあ口実をみつけるものだと、女房があきれるほど、せっせと会って飲んでいる。気分は若いときの、あの頃と、ひとつも変わることはない。

いよいよ、離れがたい気持ちが深まるばかりである。

川上欣宏

三　豊田市長及び都市計画審議会委員への花本地区都市計画についての意見書

(1)私の本籍地は豊田市花本町青木九四で、祖父・銀十郎が明治時代に住みついて以来、現在父・光義の所有地です。この地のほぼ西半分が御船花本線新規計画道路にかかっております。

(2)私と父は都市計画課による花本地区説明会の第一回は知らされず、事後的にお向かいの本多家のおばあさんより教えられて以後、第二、三回の説明会には岡田耕一市議を同伴し出席しました。その際、課担当者に対して批判、反論、計画修正等の提案を何度もやりましたが、全く無視された感じのまま第三回で打ち切り終わりと通告されました。

(3)計画素案が何ひとつ修正されないまま市原案となり、十二月には縦覧になるというのでビックリして十二月四日、花本区長・石川侃氏に会って、大急ぎで花本区民集会を開いて、区民としての話し合いをつめて区民意識調査、複数の対案提出等の準備をするよう要請しました（その際、意識調査は記名式よりも、例えば、新規路線に直接所有地がかかる人をA、路線に近接して面する人をB、それ以外の人をCと三つのカテゴリーで行なうとか、現憲法の個人尊重の精神にのっとって、戸主のみでなく全有権者に参加してもらうとか提案しました）。

区長は区役員にはかった上、私の意向にそいたいと答えました。私は心配だったので、大急ぎでないと間に合わないのではないかと再三言いましたが、区長は縦覧後、審議会までは一、二カ月はかかるだろうから、そんなに慌てることはないでしょうと楽観的でしたので、私も少々ホッとしました。

(4)ところがその数日後、縦覧が十九日に終わると、三日後の二二日に審議会が開かれることが判明しました。これでは到底花本区民集会、意識調査、対案提出は間に合いません。唖然としました。

(5)区民集会はタウン・ミーティングに相当する地域民主主義、住民自治の原点です。計画課作成のパンフレットにある「都市計画決定手続きの流れ」を見ると、「計画素案の作成」→「住民説明会」→「市原案提出」→「案の縦覧」→「都市計画審議会」→「計画決定告示（効力発生）」というふうに矢印がすべて一方向ですが、これがオカシイのです。逆方向矢印↑でフィードバックし、住民参加による素案の練り直し、修正をくり返すべきです。そうした真の住民参加の上に市原案が作成された場合には、私権を主張して計画実施阻止を計ることは公共的倫理に反することになり、抵抗の正当性は失われます。

(6)『新三河タイムス』や『矢作新報』などに載る新市長の方針に、形式的手続き「民主主義」から住民参加型の実質的民主主義への市政の転換の兆しを感じてきた私としては、残念でたまりません。市長の方針、新しい行政手法への意欲が課員に徹底されていないのではないかと。

(7)第(5)項で述べたフィードバックを実現するために都市計画審議会、またはその決定を十分な期間延期するよう、市長及び審議会委員各位にお願いします。以上

補足的私記

ａ、花本の父祖の地は、私が幼児期に祖父母に可愛がられた思い出と密着しています。青木小学校二年生で敗戦を迎えた日は、枝下用水でグラマンの心配もなく父と泳ぎました。幼少年期だけでなく、この二十数年間、毎年本多静雄邸での花見の時には本多秋五先生が一夕を旧友と過ごされ、その度に「ここからの眺めは昔と変わらず良いなあ」と言われました。真南に村積山、東南に六所山、炮烙山、東に奥三河の山並みが見わたせ、近景は田畑と農道、花本台地南端の竹藪だけの静穏の地です。この地は何物にも替え難いです。

ｂ、私は引退後はこの地に住み、死んだら光明寺の本多先生御兄弟の墓のそばにある祖父母の墓に入るつもりです。

ｃ、その墓の直近東側に幅二〇メートルの道路ができ、日に一万台の車が走るのを想像するのは悪夢のように耐え難いことです。

ｄ、その、日に一万台の車（市計画課交通量推計）は越戸へ行きたいのではなく、市中心部から南部、西部をめざすのだから、青木小学校交差点を改良し、その南の名鉄跨線橋南の辻から西への道を拡張して井上高橋線へ接続すれば、花本の静穏を乱さず迂回させられます。「計画」の「補15」も有効と思います。

ｅ、花本越戸駅間の道は適切な間隔をおいて現存農道に車スレ違い用地を作れば十分です。花本地区内は時速二〇キロ制限の自動監視装置を各所における歩行者、自転車の安全を保障できます。

九三歳の父は平戸橋駅に自転車を置き、枝下用水沿いの道を今も使っていて何の不便もありません。

f、現農道の一・五倍程度の拡幅なら私を含めて誰でも協力すると思います。

g、花本を南北に分断する豊田北バイパス計画はCO_2など環境負荷問題の重圧下にある今後の世界経済の動向、国・県の財政破綻、大政党の公共事業見直し方針から見て中止になる公算が大きいと見るべきです。

h、花本の住環境保全の視点からは、花本北部より越戸駅までの直線二〇メートル幅道路は、破壊的性格のものです。

i、父・光義と私及び私の兄弟は、そしてその子供達も、現在の市原案に反対し抵抗し続けることが花本を守る公共善への寄与であり市民的倫理的責務だと考えています。

j、今日、越戸の矢作川ハエ釣り場で、私同様に市原案に地権者としてひっかかる小沢さんは、この問題を話し込んで、私と同見解であること、名前を出してもらってよいから市長に手紙を書いてくれと言われました。こうした人々は大勢います。となると、市原案をゴリ押しで計画決定してもその実現は二十年経っても無理でしょう。「計画」というものは、合意形成可能性と合理性に基づく実現可能性を考慮するリアリズムの上に立てられるべきです。そうでなければ北バイパスと同じ運命になるしかなく、いま必要で可能な花本地区の小規模の個別的改良を放棄放置する行政の無責任、無能が問われることになります。

k、今期の一括計画番号⑨④⑤⑩⑥から花本地区を分離して再検討してください。

l、もうたくさんです。市都市計画課は前任者らの知的不誠実が然らしめた Heimatlos 課であることを、このへんでやめてほしい。

m、文化的価値意識における保守主義者としてこの私記を書きました。

（二〇〇〇・一二・一九『新三河タイムス』）

＊補注

⑴この文は市計画原案縦覧最終日（意見書提出期限）に書き上げ提出しました。僕はワープロができないので、旧『月刊市政研』用原稿用紙に書いたままのコピーを小林収元県議に手伝ってもらって三〇部ほど作り、計画道路沿いの各戸に配布説明しました。

二二日審議会は、延期されず開かれ、僕は意見陳述に一五分を与えられたので花本の地図をプロジェクターで映写して説明しました。その際、地理上の問題だけでなく、人のアイデンティティーは、過去の懐かしい思い出と未来の安定的なイメージによって支えられているのだから、その両者が破壊されると不安に陥るといった心理的側面にも目を向けてほしいと訴えました。時間切れになった時、僕は審議会委員に「質問はありませんか」と問うたけど沈黙だけでした。退席を促されて終わりました。その日決定は出ず、一月中旬に持ち越すことになったことが十一日後に分かったので、コピーを増刷して花本集落中心部にもヒマがあるかぎり年末まで配布しました。本多秋五先生にも送りました。

年が明けて一月一三日、本多立太郎君（花本の本多家の当主で、町の高校の十年後輩の昔の仲間）から長文の返事が着き、案に相違して、僕の意見書へのていねいな反論だったので、これでやっと旧花本衆（本家筋）の本音、意向が分かったぞと感慨にふけっていたところへ、彼自身から電話がありました。途端、道路問題で一戦だなと構えたところ「鋼ちゃん、あの話じゃない、秋五さんが未明に死んだんだよ」。

(2)それでいっぺんに、ある種のデプレッションが来ました。ずっと前に中野重治が死んだ時も、四年前に丸山先生が死んだ時も、そうだったなと思いうかべました。サルトルの時も。長い間、若い頃から、書かれたものを読んで、心の中で対話をし続けて来た人々。みんな年をとって知的活動を停止していても、人はみんな死ぬのだと分かっていても、ある種のデプレッションがしばらく続くのです。

(3)秋五先生は、僕が送った意見書を読んでくれたのかどうか気になってしかたなかった。読んでもらえなくてもしかたないなとも思っていました。三月二日、日本出版クラブ会館で「本多秋五さんとお別れする会」がありました。僕は妹と父母を連れて出席しました。そこで久しぶりに小堀陽一郎さん（アメリカ文学研究者）と会った時、「暮れの二八日に秋五叔父のところへ行ったら、机の上にあなたの手紙があって封が切ってあったよ。読んだと思うけど確かではないよ」と言われました。二次会で海太郎君と空次郎君に会った時、二人とも「父は読んだんです。赤線が引っぱってありましたよ」と言ってくれました。そして二人は、僕の意見書に賛同してくれました。嬉しかったです。

(4)補足的私記のb項に「光明寺の本多先生御兄弟の墓」と書きましたが、これは、五つの自然石が置かれ、それぞれが、一歳上の戦死した兄義雄さん、長兄の鋼治さん、姉華子さん、次兄静雄さんと秋五さん用になっています。光明寺の北東裏手の墓地の北東に位置し、その並びの東の端に僕の祖父母の墓があります。

(5)「お別れする会」の「式次第」に献杯の音頭とりに阿川弘之の名があり、僕は「たとえ彼が志賀直哉に師事し、伝記を書いていても、これはおかしいじゃないか」と違和感を持ちました。実際は彼は遅刻したか、来なかったので別の人がやったけど、二次会の始まる時に、僕は菁柿堂の高橋さんに「文春の巻頭随筆を読んでも、戦後精神を否定する立場をとりつづけているのが明らかなのにおかしいと思う」と発言しました。高橋さんは「いろいろ業界の事情がありまして……」と言葉を濁されたので、僕はそれ以上何も言いませんでしたが、阿川は中国や韓国から批判される日本帝国主義の歴史的弁護に努める教科書作りをやった西尾、西部らの同類だし、中曾根とも海軍仲間として仲良しです。

(6)一月一六日都市計画審議会は、市計画原案を可決しました。審議内容が分からないので、三月八日情報公開条例にもとづいて内容開示の申請を出しました。これを見れば「落ちこぼれ」のイエス・マンばかりの委員会かどうかが分かるはずです。

(7)現在、花本を南北へ抜ける車の九五%は、僕がd項で指摘したスレ違いに難点のない、花本北縁、西縁の道を走っており、拡張すら不要です。

(『雑談』岡田孝一編四七号)

× × ×

(追記)紀伊國屋書店ビデオ評伝シリーズ「学問と情熱」第三〇巻『丸山眞男』の末尾一分間に「僕の民主主義」を語りました。公共図書館などで見て下さい。

1993年６月、愛知県立豊田北高等学校にて

本稿は一九九三年六月、県立豊田北高等学校で全校生徒に対して行なった「保健講話」、『高校生の性に関する疑問に答える』というタイトルの講演録である。

本講演録を読んだ鈴村の友人知人、それを又借りして読んだ多くの人々は一読して讃嘆したり呆れたり、ついには鈴村鋼二の稀有な個性に脱帽した「過激」な内容である。『遺稿集』の掉尾を飾る「異色編」としてここに収録する。

鈴村は産婦人科医として町の老人クラブや婦人会などで「医療講演」（これらの講演内容の幾つかは、本書Ⅲの中で読むことができる）を行なっているが、医師として特に産婦人科医としての義務感から啓蒙活動を熱心に行なってきた。なかでもこの高校の「講演」は、そのハイライトであろう。（編者）

高校生の性に関する疑問に答える

今、紹介にあずかりました鈴村です。まず、AIDS《エイズ》というのは何の略か—板書—このAはacquired、これは物事を獲得するとか、そういうような意味です。獲得したものというから、先天的に、生まれながらにあるものではなくて、生まれてから、外から獲得したもの、そういう意味がこのacquired、Aということ。それからこのIはimmunoという。immunityという言葉が「免疫性」という言葉でありますけど、それの造語型ですね、免疫の。それからこのDはdeficiency、deficiencyというのは欠損がある、何かが欠けているという意味ですね。SというのはSyndrome。Syndromeというのは医学上のいろいろな症状ですね。いろいろな症状がまとまって塊りになって、症候群というような意味になるのです。

だからAcquired Immuno Deficiency Syndromeこれの略ですね。だから後天的な、後天性の免疫不全。不全というのは免疫が完全ではないということ。免疫欠損がある、欠陥がある、そういう症候群。これがエイズ。この言葉の略がエイズですね。エイズというとこれは助けるという意味があります。だから極めて皮肉な感じがするけれども、フランス語だとこれが逆になりまして、フランス語は、Syndrome Immuno Déficitaire Acquis で SIDA という。

今の Acquired という「後天性」という意味はわかった。生まれながらに免疫関係の欠損がある子供達はもちろんいますけれども、そうでない普通に生まれてきて、何も先天疾患がないにもかかわらず後から問題が起こることです。すると今度は Immunity と Immune という形容詞ね。免疫のということはどういうことかわからないといけないですね。それで人間の免疫の機構というのはどうやって成り立っているのか。自己というものが、自己でないもの、非自己を認識して排斥、排除する、そういう作用を免疫作用という。何か哲学みたいになったけどね。自己というものが、自己でないものが入ってきた時にそれを発見して排除する。そういうシステム全体を免疫機構という。

では、その免疫の、自己が自己でない非自己を認識して排除する機構というのはどういうシステムによって行なわれているかというと、血液とリンパ液系統のシステムで行なわれている。それであとから出てくる重要なT細胞とか、B細胞とかの観念が頭に入っていないとわからないから、生物でやったかもしれない授業の復習をします。

人間の血液とかリンパ液の全ての基、大基になる幹細胞、「幹」と書く幹細胞はどこでできるか、これは骨髄です。骨の中の一番中心の部分、骨髄でできる。胎児の時には肝臓だとか脾臓でもできるが、とにかく生まれてからは骨髄です。この幹細胞は骨髄でできて、こいつが二つに分化してくる。一つの分化のグループでは、これは白血球と赤血球、そして血小板という血液を凝固させる成分を作る。それからもう一つがリンパ球を作る。それでこの幹細胞がこういうリンパ球、白血球、赤血球、血小板などに分化していき、さらにリンパ球が作られる時に二つのコースをとるわけです。骨髄で幹細胞が発生して白血球、赤血球、血小板、全部骨髄の中で分化していくのです。だけど、リンパ球は二種類に分かれるのです。どのように分かれるのかというと、胸骨の裏側にある胸腺という臓器を経過して成熟分化していくものがある。それをT細胞という。胸腺に入らずに骨髄の中で成熟分化していくのがB細胞。そういうふうに分かれるわけです。

それでなぜTというかというと、胸腺のことは英語で Thymus という。その胸腺を経由して成熟、分化するという意味でT細胞。B細胞は骨髄の中で成熟、分化する。骨髄のことを Bone Marrow というから、このボーン・マローを略しているわけですね。

体外から異物、異種たんぱく質が人間の身体に入ってきた時に、まずそれは白血球の一種である単球とかマクロファージという細胞の中に取り込まれるわけです。取り込んだ異物を、これは異質なものである、非自己であるとマクロファージが提示するわけです。提示した時にT細胞の中のヘルパーT細胞がそれを認識して、他の細胞群に対して指令を与えるわけです。異物が侵入したぞ警戒せよ、抗体産生の準備をせよ、いろいろな指令を他のリンパ球、白血球に与えるわけです。このT細胞というリンパ球は免疫体系の司令部の役割を担っているというわけですね。

エイズというのは他のどの血球・リンパ球でもなくて、まずT細胞というリンパ球の表面にあるCD4と呼ばれている糖たんぱく質と特異的に結合する力がある。他とは結合しない—黒板をさして—ここに取りついてしまうわけです。全ての免疫機構を発動させる命令を与える指令の中枢を担っているヘルパーT細胞の表面の糖たんぱく質の分子構造と結合する力があるわけです。他には単球に結合する、マクロファージに結合するとか、脳神経細胞に結合するとかいろいろあるが、それは、まず弱く、このT細胞と特異的に結合するのです。そうすると、免疫機構の中枢が、まずやられてしまうわけです。T細胞は二種類に分かれ、今いったこのCD4という糖たんぱくを持っているやつと、CD8という糖たんぱくを持っているのがあって、前者がヘルパーT細胞、指令を出す方です。後者がサプレッサーT細胞という。このサプレッサーT細胞は免疫反応で、抗体がたくさん作られすぎたら困っちゃう。だから一定の所で、ストップせよとか、反応を停止せよとか、そういう調節をするわけです、このサプレッサーの方がね、こちらの方がCD8という表面の抗原を持つ。それがちゃんともう区別がついている。

それでヘルパーT細胞が、自己でない異物が身体の中に侵入してきたぞという警報を発して指令を出すと、このB細胞が免疫グロブリンという抗体をドンドン生産するわけです。抗体をうみ出す。それで入ってきた異物にとりついて凝縮させてやっつける。これが免疫の機構です。これをまず頭に入れておいてもらわないと……。

その次に、エイズウィルスをHIVといいます。これは、Human Immunodeficiency Virus ですね。人間の免疫不全のウィルス、こういう意味です。これにはどういう特徴があるかというと、ウィルスというのは遺伝子を中に持っておって、ちょっと、膜を被っている、こういうような糖たんぱくの膜を被っていて、中に遺伝子を抱え込んでいる。こういう非常に簡単なものですね。遺伝子というのはDNAというのとRNAと二種類あるのだけれども、生物を受験で選んでいる三年生はきっと、ある程度知っているかと思うが、一、二年生では無理かもしれないし、物理、化学を選択している人はちょっとわかりにくいかもしれないが、これらはDeoxyribo Nucleic AcidとRibo Nucleic Acidの略号です。

ここのDeというのは、何かを除去する、取り除くという接頭語だから、De-oxyで酸素を取ってしまったということ、ＲＮＡという分子から酸素を取ってしまったということ。これとそれの差は、酸素がついているか、いないかの違いだけだということ。それで、共に二重螺旋構造をしているが、その構造がこのＲＮＡというのはＤＮＡと比べると非常に脆い。インフルエンザウィルスでもエイズウィルスでも、自分自身がＤＮＡという遺伝子の形で持っているわけでなくＲＮＡという形で遺伝子を持っているわけですね。これが細胞にとりついて普通は、まず、ウィルスというのは細胞にとりついて細胞質の中で自分を増殖させていって、それで人体に害を及ぼす。インフルエンザの場合そうですね。

だけど、ちょっと特殊な役割をするＲＮＡウィルスなんです。それ、どういうことかというと、エイズというのはレトロウィルスという。レトロというのは懐古趣味とか何とかというretrospectiveとか、ああいう意味でのレトロじゃあない。そうではない。これの略なんですね、Reverse Transcriptase Containing Oncogenicの略です。発ガン性を持っている逆転写酵素を持つウィルスのことをレトロウィルスというわけです。ＲＮＡウィルスの中の一種類になるわけですね。それが、何がこわいかというと、ヘルパーT細胞のＣＤ４という表面抗原に特異的にＨＩＶエイズウィルスは付着するわけです。付着すると、ここから自分のウィルスの外皮（envelope）を脱いで中に侵入するわけです。ＲＮＡを持ったウィルスですが、自分のＲＮＡを今いった、逆転写酵素でＤＮＡに換える。換えたＤＮＡを核の中にある本来のＴ細胞ＤＮＡ二重螺旋の中に自分自身を組み込んでしまう。核の中の遺伝子のＤＮＡの中にＲＮＡの自分の遺伝子をこれに切り換えて、核の中に侵入させて、この中におさまってしまうわけです。そうするとそれはとうてい非自己として認識できなくなってしまう。ウィルスを認識しなければならない司令部にあたる細胞自身が、自分自身の中に非自己と認識できないような形でウィルスを取り込んでしまう、核の中にね。そうするともう、これは発見したり撲滅したりする免疫の機能が働かなくなってしまう。それで感染の早い時期にはエイズウィルスが、この中におさまり込んでしまったやつが、ヘルパーＴ細胞が増殖している時に同時に増殖しているわけですね。だけども、それだけでなく自分自身の組み込まれたＤＮＡをＲＮＡにかえて、自分の被膜を作って、発芽して、外へ出てくる。ドンドンドンドン作って出てくるわけですね。これをやりだすと攻撃がかかって、これが死滅するわけです。

常にこれをやって死滅するかというとそうでなく、静止してしまう時期がある。何もやらずに、みつかって殺されないよう、ジーッとしている。要するに核の中におさまったままで、ずっと生きている。だからエイズになった時に、すぐ死ぬのでなく、毎年だいたい六％くらいずつが発病していって、だいたい一〇年か一五年くらいで全員発病してしまう。こう言われているのが、この間の静止期間が長いということです。これがエイズウィルスの、他のウィルスと違った特徴なわけです。

それで、昨年の三年三組の人達がエイズについての文化祭のクラス発表をしたのを見せてもらって、非常によくできていると感心しましたが、どうも不充分なところがあると思いましたので、ちょっと紹介がてら。一年生はまず全然知らないだろうし、二、三年生でもクラスに行って説明を聞いたとは限らないし、アンケートだけは受けたと思いますけどね。だから自分がアンケートを受けた時にどういうような答えをしたかということを二、三年生の人は思い出しながら考えてもらいたい。

いろいろ統計を見る時に、エイズ患者というものと感染者というのは区別されている。患者というのは何かというと、エイズ患者という時には、先程言った免疫機構がやられてしまっている。要するにT細胞の中のヘルパーT細胞の部分。だから先程言ったCD4という表面抗原を持っているのがやられてしまって、ザーッと低下してきて、それで、そのために日和見感染といってね、普通の、正常の免疫機構を持っている人だったら、病気じゃない、かからないような病気があるわけですね。

僕は本でしか知らないけど、カリニ肺炎という原虫による肺炎とかね、それからカンジダ性の食道炎とか。カンジダ症なんていう病気は僕は毎日つきあっている病気でね。特に夏場なんか外来の婦人科の患者の六、七割くらいがカンジダ性膣炎といって、カビだけどねカンジダというのは。カンジダ・アルビカンスという一種のカビですけど、これはね、便の中に普通の状態でおるわけです。カ膣の中にも、だいたい普通に常在する菌と考えていい。だから人間の免疫力のある限りにおいてはひどくならないわけね。だけど、それが膣だけでおさまっているちゅうだけでなく、まあ僕らから見ればそれが異常に増殖してきた時にはこれを治療するわけだけれども、だいたい年に何回か自分でかかっていても、知らずに終わってしまうんです。自然に治っちゃうってことが多いわけね。

だけど抗生物質かなんかを使ったあとの菌交代症なんかの時には異常に増殖してくることがあ

るから、薬を使って、まあ、一週間で治る病気だわ、カンジダ性膣炎ちゅうのは。だけど、そのたいしたことはない病原菌ですね、それでノドがやられてしまう、食道がやられてしまう、胃腸がやられてしまうというね、そういうひどい病気になるわけです。日和見感染ちゅうのはね。

だから抵抗力がなくなった場合には、そういうのがドンドンドンドンひどくなっていって、そういうものは薬をいくら使ったって、最終的にはアウトになる。そういう症状の出た人達のことをエイズの感染者でなくて、エイズ患者ちゅうわけね。発病した人達を。それまでなら症状が全然なしの状態で、さっき言ったそのT細胞の、ヘルパーT細胞の核の中の、遺伝子内に組み込まれてしまって発芽してない、ジーッとしている静止の状態というのはこれ。数年間というのはあるわけです。この時、何も起こらない。はたから全然見分けもつかないわけですね。だけどそれはウィルスを抱えておることは間違いないわけだから、そういう人のことを、キャリア。だから表面に出た患者の数に対して百倍したらいいか千倍したらいいかちゅうところなんですね、そのキャリアちゅうのは。

それでキャリアも結局は一〇年か一五年が限度で死んじゃうわけですよ。だいたいそのくらいで全部発症するわけですよね。それで、まあ、数の問題で言うとそういうことですね。だから実際に発表されている患者数を百倍くらいしないとキャリアは出てこない。一〇倍じゃちょっと足らんのじゃないかと言われとる。

で、その、昨年の三年三組のやった調査の第二ページの所にね、自分がエイズに感染しているかを知るにはどうしたらいいのという質問に対する答えが書いてある。こんな症状が出たら要注意と。正しいことだからこれを読んどきます。痰の出ない乾いた咳が出る。息切れ、視野がボンヤリする。

目がチカチカする。視野の喪失。風邪やのどの痛みが数週間続く。五、六日ひどい下痢が続く。三週間以上柔らかい便が続く。柔らかい便のあとに熱が出たり体重が減ったりする。原因不明で部分的に筋肉が弱くなる。原因不明の極度の疲労感、皮膚の斑点、体重の一〇％以上の減少。リンパ節の腫張。リンパ節とはここのあごのリンパ節とか鼠蹊部とかいろいろあるね。そういうのが腫れてくる。このような症状がみえたら医者の診察を受けた方が良いでしょうと書いてある。だけど、これ、いかんのだ、こういうことでは。もう遅いわけね、これは末期。これから医者に来たところで、どうすることもできない。で、それまでに他人にうつしとる。それまでに何年か経っているわけだからね。それまでに知らず知らずうつしている、他人に。で、こういう症状が出たから医者に行ってみましょうでは遅いわけで、大勢の犠牲者をうみ出しているちゅうことを考えにゃいかんわけね。自分も、もうこんな症状が出たら、あと何カ月しかもたないわけだからね。行ったところで意味がない。

保健所で血液検査ができる。値段まで書いてある。二五〇〇円（今は保健所で行なう限り無料）。原価が一五〇〇円くらいだ。だから、あと採血したり送ったりという手数料があるからね。それで二五〇〇円くらいになると思うけど、そんなに高いもんじゃあないです。それで感染した可能性がある日から三カ月後に検査に出かけよ。これはどういうことかというと、エイズを持った人と関係して、要するにセックスをしてだね、うつったかもしれないなということがあっても、すぐには抗体はできないわけですね。抗体というのはさっき言ったようにヘルパーT細胞が外部から異物が入ってきたちゅうことを確認して指令を出して、それをB細胞が受けて免疫グロブリンの抗体を完成していってそれからだね。それまではだいたい、六週間か八週間と言われている。抗体ができるまでがね。そうすると六週間から八週間と言っても、まだ疑陽性とか充分な形で検査に反応しない場合があるから三カ月と。三カ月経てばまず出るものは全部出ちゃっとるからこれは捕捉できる。だから三カ月っちゅうわけですね。感染経路の所で、現在のエイズの感染者の七、八割は性行為、通常の性行為で感染しております。母子感染というのがもちろんありますけど、それは母親がエイズの場合に胎盤を経過してとか産道を通ってくる時に赤ちゃんが、お母さんのエイズの血液を飲み込んだりしてうつる場合、それから母乳にも出てくるから乳を通してうつる場合、そういうのがあります。

だけど一番問題になるのは性行為による感染ですね。エイズが今から一〇年くらい前に発見された。アメリカの国立防疫センターが、エイズという病気があるぞということを言ったのが八一年くらいかね。それから一年経たんくらいにフランスのパスツール研究所のモンタニエ博士がエイズウイルスを発見したのですね。

今から一〇年くらい前にもう確認された病気であるけれども、それからしばらくの間ちゅうのはエイズについてみんなはどう思っていたかちゅうと、あれは同性愛の人達の病気であって、同性愛みたいな変な趣味を持たん人間にはまず関係がないじゃないかと、こういうふうにみんな思っとったわけです。同性愛の人達、確かに初期は同性愛の人が、主だった。それは外国でも日本でもそうだ。だけどそれ、どういうことかというとね、同性愛というのは、男同士の同性愛ちゅうのは男同士でセックスするわけだから、片方が女の役割をするわけです。男には膣がないからそれを肛門、直腸で膣の代わりをするわけです。アーナル・セックスというけど、アヌスというのは肛門のことだからね。締まりがものすごくいいから気持ちがいいっていう話がある（笑い）。だって突っこんだ先が便まるけだからね。うんこの中に突っこんでいくわけよ、きたならしいセックスだね。ただきたないだけだったらいいんだけど、直腸の粘膜というのは膣の粘膜と違うわけです。粘膜の細胞学的な構築がね。膣ちゅうのは重層扁平上皮という比較的強い粘膜で覆われている。直腸は円柱上皮ちゅう円柱形をしたね、細長い弱い粘膜で覆われている。しかも、弱い粘膜のすぐ下に静脈叢とか血管の網の目がいっぱいあるわけですね。痔の時に出血しやすい人があるでしょう。あれと同じことだわ。だから弱い粘膜がそういうペニスでつつかれて傷がついて出血する。そうするともうすぐにその血液の中にはエイズはいっぱいおるわけだからね。感染を起こすわけだね。そこへ射精する。射精すれば射精した精液の中のエイズがその血管の破れ目を通して相手の身体の中に入っていく。だから同性愛関係のエイズの感染率が非常に高いというのはそういうことです。膣の粘膜に比べてはるかに脆い、直腸は。だから危険であるということですね。

ついでに言っておかないかんけど、じゃあ膣の粘膜は丈夫だから普通のセックスでは、エイズはうつらんのかというとね、うつる。激しいセックスを長い時間にわたってやって膣の粘膜がすり切れたりペニスに傷がついたりすることがもちろんありますね、これ。するともう、あきらかにこれはお互い同士の血液が接触するからウィルスがどちらかから、どちらかへ移っていきますよ。それだけど問題はミクロの傷です、ミクロの。そんな目に見える血の出ている傷が、どうのこうのという問題じゃない。ミクロ、マクロちゅう言葉知ってるよね。ミクロというのは微小な、細かい、目に見えない。マクロちゅうのは巨視的。というこのミクロの傷ちゅうことを考える。だから正常な普通の性行為を自分はやったと思っておる。例えば時間もまあせいぜい一〇分か一五分くらいで終わったと、血も出てないよと、そう思っとる。だけどそれ、目に見えない傷ができていてその目に見えない傷にはね、体液が流れ出ていて、ちゅうことが充分あるわけです。だから、正常のセックス行為によって感染するんです。別に同性愛のアーナル・セックスだけじゃなくって膣に対してペニスが挿入される行為によって感染するわけ。だからミクロの傷が必ずできると思わないかん。それで今、その比率がどんどん接近する。ほとんど、だから、外国の統計も日本の統計も通常の性行為による感染ちゅうやつの比率がザーッとあがってきているわけだからね。今後ますますこれですよ。だから目に見えない傷が必ずできて、そこからちゅうことを考えないといかん。

　それからエイズはどのようにして発生したか。これはね、この答えはおかしいな、「その原因は、はっきりしませんが、人間がなぜこの世に存在したかというようにエイズウィルスもこの世に発生したのです」って、まあ、何も言わんと同じ、こんなことは。これにはいろんな仮説が出てきているわけです。どういう仮説があるかちゅうと、僕が読んだ本の限りでは、一つは、第一次大戦後だから一九二〇年代から三〇年代にかけての時期にね、サルの睾丸ね、サルの金玉、サルの金玉をスライスして（笑い）、年寄りのね、体に埋め込むとホルモンが効いて若返るちゅうようなことを考える人達がおったらしいんだな。たくさんの実験が行なわれている。結局効かんかった。そんなことやっているうちにテストステロンちゅう男性の性腺刺激ホルモンやなんかが化学的構造がはっきりして合成されるようになったから、もうそちらの方に移っちゃったわね。年寄りの性的機能が衰えてきたのをものすごく高めるというのを、実際、化学合成薬品が出てきたから消えちゃった。だけど実際、それが行なわれたらしいわ。サルちゅうのは特にね、金玉が大きい動物なんだ。だからこれがよく効くと思ってそういうことをやった。

それからね、ワクチンの製造、要するにマラリアなんかに対するワクチンの製造を目的にして、サルにかかるマラリアで抗体を持った血清ができるはずだから、それを人間に注射すればマラリアに対する抵抗ができるんじゃないか。こうやって、サルの実験が行なわれたらしい。それも、だから疑問ですね。

それからまだある。獣姦ちゅうやつね。獣姦って、獣はけものちゅう字だ。難しい漢字だから僕はよう書かんけど、姦は姦淫の姦な、こういう姦―黒板に字を書く―アニマル・セックスちゅうんだな。結局サルを相手にしてセックスするちゅうことね。だからサルのワギナにペニスを突っこんでセックスするとかね。そんなことできるかどうかわからんけど、サルのペニスを人間の女性の膣に突っこますとか、そういう獣姦ちゅうのはかなり広く行なわれていることなのね、それがある。

そういうような主に三つの疑いがあるわけです。だからもともとサルの中におったエイズがそうやって人間に感染してきたんだ。それが感染したのが、一九五〇年代までは遡れるらしい。一九五〇年代のポルトガルだったかの船員の血液が残っとって、その血液を調べたら、その血液の中のDNAを増殖させる新しい研究技術で調べたら、エイズが発見できたちゅう。だから、どうも、サルから人間にうつってきたという説が非常に今、盛んに言われている説ですね。

で、さっき言ったように、しっかり頭に入れておかにゃいかんことはね、エイズというのはまず、血液の中におる。その次にね、唾液の中におる。それからもう一つね、大事なことは、精液の場合よりちょっと濃度が少ないけれども膣液の中におる。だからセックスする時に女性の方が分泌する液ね、あん中におる。一番危険の高いのは血液、精液、膣液、これが危険なわけ。で、これに生傷が接触したら感染するちゅうことです。だから僕なんかも産婦人科の医者だから女性のセックスをしょっちゅう触って、それを治療しないかんし、お産の時なんか血を浴びるようなことをやっとるわけだけどね。手に傷がある場合、生傷だったら絶対手袋はめなあかん。だけど傷があってもカサブタができてそれがカバーしとれば、これ大丈夫だ。血液、精液、膣分泌液、これがいかんわけ。あと例えば、ツバはどうかちゅうと、キッスのことがあるからね。ツバはどうか、こりゃ重大なことだね、ツバはね。ツバは大丈夫だ。ツバはねえ、風呂桶一杯くらい飲まないと感染力ない（笑い）。いっくら濃厚にDeep Kissをやっとったとしたって、風呂桶一杯のツバが出るはずないし、飲めるものでもないからね。キッスではうつらん。ただ、これは唾液についてだけ言っているからね。虫歯があって、そこから血が出ているからとか、口内炎があってそこからジクジク血が出ているとか、そりゃあ話が違うからね。両方に口内炎があったり両方に虫歯があったり、出血性の症状が口腔にある時にはこんな話、全然別だ。両方ともそんなもん全然なくってだったら、キッスはいくらやったってうつらん。そういうことだよ。誤解しないように。

それで治療法ってどんなものっちってね。アジドチミジンっていう薬のことが書いてあります、治療法ってね。アジドチミジンってどういうことでありますかって、さっきこういった逆転写酵素が働いてＲＮＡをＤＮＡに換えて、それからそれをヘルパーＴ細胞の遺伝子の中に組み込んでしまうと、こう言ったでしょう。あの時の逆転写酵素の働きを阻害する薬がアジドチミジンという薬なんだ。それの、それもだけど耐性ができているらしいし、それから副作用、ものすごい強いもんでね。それで治しきることは到底できない。それにかわる薬が今開発され、日本人の研究者が非常に大きな役割を果たしているけれども、治療薬なんかないと思った方がいいわけです。ただ死ぬ時期をちょっと遅らせるだけ、二、三年。それくらいの効果しかない。だから「ない」と思った方がいいです。

で、WHO（World Health Organization）、あの国連の組織がありますね、世界保健機構。あれの予測だとね、あれが最近ね、この一年間か二年間の状態を見てね、予測を修正したらしいけど、二〇世紀の終わりには四〇〇〇万人。四〇〇〇万人くらいになるという、全世界でね、エイズ感染者が。で、今五五億でしょう、人口が。だからどのくらいの率になるかというとすぐ頭に浮かぶと思うけど、非常に恐ろしい見通しですね。現在の日本の患者についての推定は、いろんな人達の推定はたいがい一致しているんだけれど、推定で言って感染者全体三万人くらい。今、日本三万人くらい。

それで今からアンケート調査の方に移ります。アンケート調査の結果の方にね。去年の調査だよ。去年の全校生に対する全部の生徒に対する結果、もし身近な人がエイズ感染者だったらどうしますか。で、答えはね、選択肢が三つある。㋐が避ける、㋑が内心では避け表面では普通に振る舞う、㋒が今まで通り接する。こう三つの選択肢がある。とにかく避けるちゅう人が一二%、内心では避けて表面では普通に振る舞うちゅう人が半分五二%、今まで通りに変わらず付き合うっちゅうのが三六%、これ、この中に間違っとる人は㋐だね。避ける人は、こりゃ間違っとる。差別することになる。で、今まで通り接するちゅうのは正しいかちゅうと何か極めてhumanisticな感じがするけれどもちょっとインチキ臭いですね（どよめき）。内心では避け表面では普通に振る舞う、これはまあ半分だけどこれが偽善者ぶってないし、正直なところだと思う。で何が一番肝心な事であるかというと、内心で避けると言っても避け方が何かということだけだよね、問題はね。セックスする時はコンドーム使うちゅうこれだけです。その人と恋愛をしてはいけないわけではない。エイズの人と恋愛してもいい。キッスも大丈夫。だけど、セックスする時だけは絶対コンドームを使うという。男が自分がエイズだったら、絶対コンドームを使わなかったら女の人とセックスしない、自分の恋人なり妻なりとセックスしない、必ず。それから女がエイズだったら絶対コンドームを使わせる、相手にね。そういうことでしょう？　要するにそういうことに尽きるわけだ。だから内心では避けるだとか、とにかく避けちゃうとか、今まで通りにするちゅうのもインチキなんだ。そんなことは今まで通りにはいかんわけ。今まで通りに行きゃあ普通にむき出しでセックスしとったら、そのままむき出しでやれちゅうのは、そんなもん間違っとるわけだ（どよめき）。コンドームに尽きるわけだ、コンドームにね。だからその性行為にコンドームを使う。あとは同じと、こういうのが一番正しい答えなんだけど、それはそういうのには書いてない。こういうのに入ってない。

それからね、次、自分にエイズの疑いがあったら検査に行きますか。行くっていうのが四%、行きたいと思うが行けないちゅうのが二〇%、それから……待てよ、ごめんごめん、一番いい答えがあるが、七六%だ。行くのがね。行かないちゅう人四%おるからね、恐ろしいねこれ。それから行くという人が七六%だからいい成績だけど、行かないと行きたいと思うが行かないちゅうのが合わせて二四%だから四人に一人は危ない人がおるわけですよ、この中にね。行かないんだから。行かないちゅうことは、自分で自覚することが怖いだけに他人にうつして行くっちゅうことになる、セックスする限りはだよ。四人に一人はそういう人がいる。全部行かにゃいかんわけ、すぐ。

それから四番目、エイズについて不安や疑問を持った時、誰に相談しますか。これはいろいろある。友達とか先生とか病院とか電話相談とか保健所とか、それで問題のあるのはね、誰にも相談しない、わからない、その他というのが三六五人もおる。一四〇〇人くらいでしょう、一二〇〇人か。そん中で三六〇人も、どこの医師にも相談せずにポーっとしとる人がいるという、これも怖い話だね。そういうふうに考える人は充分に反省してもらいたい。

それからもっと怖い話が出てくる。自分がエイズになったらどうすると思いますか、という問いにね、㋐としてね、人にうつすちゅう(笑)。あとね、誰にも言わないとか治療を受ける、自殺する、やりたいことをして遊ぶ、みんなに知ってもらう、親しい人に話す、普段と変わらず過ごす等、ここにあるんだけれども、人にうつすちゅう人がね一〇二人もいるの(大笑い)。この学校というのはとにかく入学試験もちゃんと受けて、ある程度できる人が入ってきた学校だと思うんだな僕。この街にも学校いろいろあるけどね。学校に入ってもらっても困るけれども無理矢理ちゅうような低いレベルの学校じゃあないと思う。極く極く一般の、普通のレベルの学校だと思っているけどね。一〇〇人もおるんだ、そういう人が、他人にうつすちゅう人が。変質者ちゅうか異常者ちゅう人がね。恐ろしいと思いましたね。確かにこういう人がうつしていくんだよ。そうやって広がっていくんだもん。

今ここでそういう人に説教した所で時間が足らんからね、先に移るけど、自分はエイズに感染する可能性はあると思うかという問いに対して、男の子はね六四%が感染すると思う、感染するかもしれないと思う。女の人は男より一〇%は低いから五三%くらいだね。感染しないという人は、男で一〇%、女で三%。じゃあ感染しないちゅう人、半数か、違うか三六~四七%は感染しないと答えている。これはね、僕ね、実際心がけ次第だと思うよ。さっき言ったように単純に、簡単なことでしょう。セックスする時にコンドームちゅう、この一つのことを覚えておいてそれさえ実行しゃあ、感染しないわけだから。もっと増えてもいいわけ、知識さえちゃんとしてやね。キッスは大丈夫だ。風呂もトイレも大丈夫。

それでエイズになるとどんな症状になるか知ってるか? こんなこと知らんでもよし。症状が出てからではもう遅すぎる。自分にも遅いし他人にも遅い。もうすでにうつしちゃっとる、他人に。エイズ検査方法はどんな方法か。よく知ってる人が四%だけ。少し知っている人が一六%、だから八〇%はだめだ。簡単なことだ。どこでもいいから、行ってお願いしますと言えば、いいんだわ。二五どこかの内科でもいい。どこの医者でもいいから保健所でもいいし、僕のところでもいいし、ど〇〇円持って。ここの血液ちょんと採ってくれて、一週間くらいで結果出るわね。そんだけのこと。検査ちゅうのはどこでもできる簡単なこと。ちょんと血を採るだけ。値段は二五〇〇円それだけで済む。これ全員知っといてもらって、簡単に気楽にやってもらわにゃあかんよ。気楽にやらにゃあね。僕自身、今血液検査の結果を待っている所だからね。

そいでこの次もさっきの予防の所で大事なことだけどね。日常生活で次のうちエイズが感染するのはどれでしょうかと。それでね、㋐咳やくしゃみを吸い込む。これを信じとるという人が五九人。㋑蚊など虫に刺されるというのがね二一一人。㋒性交するという人がね一二一九人。これ正しいね。㋓風呂、プールの共用でうつると思っとる人七四人。㋔同じ学校、仕事場で仕事をすると、と思っとる人が五人か（笑い）、まあいい線かもわからんね。だけど僕これね、一つだけマルをうてという調査じゃないと思うんだ。人数を足していくとね、かなりの数になっちゃうからね。そういう調査じゃない。だから自分が怪しいと思ったことに二つマルをうつとか三つマルをうつとか、おると思うんだね。

だから正解は何だというと、㋒だけだよね、性交をするちゅう行為だけ、これだけだな。あとはぜんぜん関係ない、エイズの感染とは。咳やくしゃみでは感染せん、エイズはね。エイズはものすごく弱いウィルスですから、B型肝炎のウィルスの感染力ちゅうのは、これ性交したりキッスすりゃあ必ずうつる。エイズはうつらない。それくらいエイズちゅうのは感染力が弱い。それから蚊についていろいろ疑問が数年前まであったけど、今はもう蚊は心配ないらしい。だからエイズの人を刺した蚊がブーンと飛んできて自分を刺してもね。それでは感染が起こらない。そこまでは、はっきりしたよ。何で咳やくしゃみや風呂とかプールとか職場で一緒だったちゅう事を言っとる人がいかんかいうとね、それ合わせると二五％の人が間違った答えをしとるわけだけど、社会的な差別が起こるわけですね、猛烈にね。エイズに感染したって、死ぬまでまだ一〇年や一五年はあるわけだから、その間働けるし生きていかないかんわけですよ。

それでエイズに感染したということについて本人には責任のない人がいっぱいいるわけです。例えば、売笑婦を買って感染した。海外旅行に行って、タイなんか、今売笑婦にものすごく高い率でエイズの感染者がいるらしいんだけれど、そこで売笑婦を金で買ってうつってきた。こりゃあ本人が悪いんだよ、本人が悪いし、本人に道徳的責任があるし非難すべきだよ。だけどそういう人が奥さんにうつした場合、奥さんに責任があるか？　奥さん何も知らずにうつされちゃうわけだろう。だからこれからの世の中でその人の行為には何も責任がなくても運が悪くってエイズになっちゃった人達がずっと増えていくに決まっとるわけです。それでそういう人を差別する行為になるわけです。この誤解の二五％はね。だからエイズのことについて一番大事なことは、何でうつるかちゅうことを頭に入れて、だからセックスでうつるちゅうのを頭にしっかり入れておいて、セックスしてうつらないためには何をすべきかといったら、コンドームを使えばいいんだ、ということをしっかり覚えておく。この二つだけを徹底的に実行すればもうこれでいいわけですね。だけどそれ以外のことをプールでうつるだの、咳やくしゃみでうつるだの何だかんだって誤解をしとると、どんどん差別をしてゆくことになっちゃうわけです。そうすると責任のない人達で不幸な運の悪かった人達に苦しい悲惨な思いをさせるわけですね。それは非人道的な行為になるわけですよね。だから正しい知識をちゃんと持つということは、自分がエイズにかからんでいくために大事なことだし、自分がエイズにかかったら、自分以外の所に拡散させない。広がらせんために大事だし、それから非人道的な行為として差別しない。運の悪かった人を差別しないために大事なんだ。こういう意味で非常に大事なことなんですね。それはたった二つだけの項目で実行できる。セックスする時はコンドームをはめてやる。

それでだいたいエイズの話、終わりですけどね。まだ時間がちょっとあるから。今エイズの患者を臨床的に一番多く扱っている病院が都立駒込病院で、そこの感染症科の部長の山口剛先生の書いた本。具体例が、エイズ患者との一問一答や何か書いてあって非常に感動的な本ですけれども、ショッキングなことが載っている。

そこでね、終わりの方の question & answer の所にどういうことが書いてあるかっていうとね、これあんたら頭に入れといてもらいたいから読むけど、

Q「半年後に結婚する予定です。健康な家庭を築くために、エイズ検査を受けようと思います。一回の検査で充分でしょうか」

A「とりあえず二人一緒に血液検査を受けて下さい。（二人一緒に病院へ行ってかかるわな、そいでエイズ検査を受ける）マイナスだったとする、両方ともエイズの抗体はなかったと。それからさらに三カ月間二人で完全な禁欲を守ります。マスターベーション、自慰行為を除き、とにかく誰ともセックスをしない状態を持続するのです。そして三カ月後にもう一回血液検査をします。これで再びマイナスとでてれば完璧です（あとはもうコンドームを使わんでもええちゅうことだね）。そのかわり結婚後お互いが浮気はしない」（笑い）。

厳しいよ（笑い）。ものすごく簡単なんだね。セックスする時必ずコンドーム使ってやれば、自分にも今つらないし他人にもうつさんでいいんだ。それで、だけどものすごい簡単なことだけど今のことだけでも深刻でしょう。考えてみると、出逢うわね、キッスまでは別にいいわな、キッスしてますます好きになった、セックスしようじゃないか、となった時に、二人で一緒に病院行くわけよ。

それで採血して一緒に検査結果聴きに行って陰性を確かめた。なんで三カ月待たにゃいかんか、さっきから説明しただろう。今の時点で抗体検査が陰性と出たということは今から三カ月前までの間については何もハッキリしてないと同じなんだね。抗体ができていないわけだから。三カ月前までには感染は起こっていないちゅうことなんですね。だけど三カ月前から今までの間に感染が起こっていた場合に、今の検査では結果は出んわけよ。だから三カ月っていってるんだよ。今、お互いがマイナスだってことを確認したうえで、ジッと我慢して三カ月待たないかん。それでもう一回やってみると、この我慢している時間はお互い愛しあっているから絶対浮気なんかしてないと想定してだね、ここでもう一回検査やってみて、やっぱり陰性だ。それからは大丈夫と、こういうことなんだよ。

僕はねエイズがでてくるまでは性の解放論者だったんですよ、ずっと少年時代青年時代ずっとね。社会の約束事に縛られたり家族の約束事に縛られたりね、そんな外部的な外在的な規制によって人間の男と女の愛情ちゅうのがね、左右されてはいかんと。男と女の関係は passion がすべてであるちゅうふうに僕は思っとった。だからあらゆる反抗をやってきました（笑い）。で、日本の近代文学の伝統を考えてみたら、そういう問題に満ちているじゃないか。人間の解放というのは個の解放だよ。社会や国家や家族の束縛から人間を自由に解き放して自由な Passion でなすことをすべてそれを許そう、認めようじゃないかちゅうのが人間の解放の方向だったじゃないか、僕はそれをやってきた。ついこの間まで（笑い）。ここに到ってね、エイズが出現してからね、どうもねえ逆コースだな。逆コースの保守反動にならざるをえんもの。純愛主義者になったね（笑い）。相手をパラパラパラパラ変えてはいかん（笑い）。その度に危険度が高まる（笑い）。相手を固定する必要がある。固定してても最初のセックスの前には今いった用心がいる。二人で病院に行って調べて、それから三カ月ジーッと我慢しとって、また調べてそれでＯＫになってから、それから解禁と（笑い）、そういうことがいるわけ、安全のためにはね。どこまで実行できるかどうか。なかなか難しいと思う。僕なんかは仮にそういうチャンスに恵まれた場合簡単だけどね。そのう、恋愛関係に入った女性に、一寸診察にいらっしゃいと言って血液を採って調べればいいんだからね、簡単だわ。だけど僕はチャンスないけどね、忙しすぎて（笑い）。だけど諸君はこれ深刻だと思う。だからものすごい大変化が起こったわけね。深刻だし、かわいそうだっちゃあ、かわいそうだし、運が悪い時代に生まれちゃったわけだね。

それでエイズの話終わりで、あと一〇分くらいあるから、今度は中絶の話をせにゃいかん。みんなのアンケートとったら、中絶のこと聞きたいということになってたから、本当はな、さっき言ったように必ずコンドームちゅうことを実行しとってくれればこんな話はせんでもいいのだけれど、それができないのがつらいところでね。妊娠することがある。それで妊娠について、今から話することはね、数字をキチッと頭にたたき込んで数字を一生忘れんようにしといた方が得だよ。自分にとってても得、相手の女の子、相手の男の子にとっても得。それから、自分の娘や息子にとってても得だから、いいかね。

まずね、どういう場合に産婦人科の医者の所に来にゃいかんかというとセックスをしとって次の生理を待っている。が、来んかった。どのくらい待つかというと一週間だな。六月一〇日に生理が始まりましたと。今月七月一〇日になっても生理が来ないと、一週間待って七月一七日になって生理がなかったら医者の所に来るべきです。そうすると産婦人科の医者がね、恥ずかしいこと何もない、超音波装置をここにチョンと、ベッドに寝てもらってあてるわけ。そうすると断面図が映像化されて出てくるわけ。拡大して書くけど子宮の影がボヤーッと映ってきて、まん中に黒く抜けた影が出る。これがGestational Sacといってね、妊卵の嚢です。直径が〇・五㎝くらいか一・〇㎝くらいからみえる。妊娠の初期でね。これだけでも妊娠ですといってはっきり判定できる。実はもっと早く診察できる。これでわからん時には尿を採って検査する。そうするとＨＣＧという妊卵の絨毛が出すホルモンが検出されてくるわけですね。それで妊娠かどうかの判定ができる。別に内診の必要もないし恥ずかしいことも何もない。簡単なことだわ。お腹に一寸あててみるか、尿の検査でわかる。

その次どうするか、お産したことのある人の場合とお産したことのない人の場合と処置の仕方が違うけどね。まずお産したことのない人の場合、妊娠中絶手術で事故が起こるのはね、子宮にこう穴をあけてしまうというような子宮穿孔など、いろいろな事故は子宮の口を開くときに起こるわけですね。これが子宮だとすると、この中に胎盤ができて胎児嚢胞があって、ここにベビーがこういる。こっちが膣ですね。ここが子宮の頸部ですね。ここが子宮の頸管。ここんとこが開くのが肝心なんです。

僕のやり方をいうと、僕のやり方は何でいいかというと、僕のやり方は非常に模範的で事故率が少ないからちょっと宣伝しておくと、この二〇年間で一万四〜五〇〇〇例くらいの妊娠中絶をやってきて連続して事故なし（拍手）だからね。僕のやり方を説明しとくから。だから「中絶して下さい」と言って来ても、ハイッて言っていきなりやらないよ。ちょっと手間かけるの。ここの所にね、ラミナリアという海藻の茎みたいなものを差し込むわけです。みそ汁をつくる時にね、パッと水にわかめを入れるとさあ、わかめというのはパアーっと広がるだろう。ものすごく膨張して。だから海藻を乾燥してでてきたものが、マッチ棒くらいのものがね、この子宮頸管に入れておくと、五倍くらいに水を含んで広がるわけですよ、こういうふうに一晩でね。ここの所へ細いマッチ棒二本くらいの太さのものを差し込んでやって一晩おいておくわけですね。別に入院せんでもいいけど、抗生剤飲んで家で風呂に入らんで寝て、それで次の日、朝が来るとだね、ここん所がパーっと開いているわけですよ（現在はラミナリアに代わる新素材ダイラパンなどにより、この処置は三〜五時間に短縮された）。こういうふうに、開いてくるんですね。自然に膨らんでくるわけだから。そうするとここん所へ先が丸くなっとって穴があいとる吸引嘴管というのを差し込んでやって、こちらの方で真空ポンプでパーッと吸ってやると中のものが、全部シューッと引き込まれてこちらのビンに落ちてくるわけです。これで手術終わりです。一分か二分です。簡単な手術なんだわ、ものすごく。

値段はね、六万円です。ちょっと高いちゅう説もあるけど、名古屋へ行ったら八万円かかるはずだから。この街はまんだ安い方なんだ。ものすごく簡単な手術なんだよね、あっという間。一分か二分で済む。で麻酔から目が覚めるのに一時間半くらいかかるだけです。それ以後の一週間は生理中より多分軽い出血で済んじゃうからね。仕事は普通通りやってよし。生理中にできることは何でもやってかまわない。風呂に入れんだけだ、シャワーだけ。それで終わりです。これが中絶手術。これはいいかね。今言ったのは妊娠の三カ月までの中絶なんで、それを超えると話は違ってくるんでね。もうちょっと厄介なことになるんだよ。

で、これを超える人が結構おるんだわ。だから生理があって、次の月、生理の来るのを待っとって来なかった、となったらこれ妊娠第二カ月に入ったわけ。もう一カ月待って来なかったら、これ第三カ月に入る。もう一カ月待っとって来なかったら第四カ月に入っちゃう。で四カ月以後がえらいことなんだわ。四カ月以後になるとね。手術するのは、そんな日帰りで一分二分だとか、日帰りで済むものじゃないんだよ。これは四日かかる。入院しないかんし。で、費用も分娩の費用と等しいかそれより高くなっちゃう。

それはどういうやり方をするかというと、第一日は、今言ったラミナリアとかそういうものを三、四本入るだけ入れておいてそっとしておく。で次の日は今度は子宮の中にメトロイリンテルといって、小さい風船を入れておく。それの刺激を待つ。で三日目にいよいよプレグランディンちゅうね、プロスタグランディンの製剤を膣の中に差し込んでいって子宮の収縮を促進する。と、そうするとその風船が外に押し出されてきて、ベイビーの頭が通るだけの大きさに子宮が少しずつ開いて、ベイビーも押し出されてくる。そりゃあ痛いわけよ、この間ね。普通のお産だったら、だいたい五時間か、一〇時間苦しめば済むんだけど、これはねえ、まるまる二日くらい痛いね。えらい思いをせんならんわけだ。だから区切り目を覚えておかないといけないよ。いいかね、生理が、まず待っていた生理が来んで、二カ月。もう一カ月待って、三カ月。もう一カ月待ったらもう遅いわけ。もう遅いのは、やれんことはないけど、ものすごいえらい思いせんならん。だからそれ以後は中期中絶と言って、ちゃんと役場へ届けを出さないかんもんな。役場へ届けを出して、出たベイビー、火葬届持っていって、焼場へ持っていって焼かないかん、手数かかるしね。妊娠六カ月の半ばまではできるけど、そこまでいってはものすごく面倒くさいことになるからね。早い目に来ないかん。

で、妊娠二カ月でやる手術と三カ月でやる手術でもね、これ、同じことなんだけど、ものすごく違うから。二カ月でやるんだったら、この手の平の上にちょっと、それくらいの出血で済むよ。三カ月だったら丼一杯だね。ものすごい損ですよ（笑い）。血液が損じゃないか。こちらでもやりにくいしね。さっき言った吸引嘴管で吸えるちゅうのは三カ月の始めまでだしね。三カ月の半ば過ぎたら吸引嘴管では吸えないから、こう挟んでくる流産鉗子ちゅうやつで挟んで潰して引っ張り出して来る作業やらないかんで、えらい、大変だ。だから手術の危険度も高まるのです。出血の量だけでも、大変損するから、早く来ないといかん。

それから……あ……、もう時間ないか。それでさっきからも、このエイズの防止に対して、神頼みのようにしてコンドーム、コンドームと言っていたね。そしたらさあ、一年生の誰かが、二人くらい、アンケート取った時にね、何が聞きたいかちゅう。どう言ったかというとね。かなわんなあ。「先生が自分でコンドームの付け方を実演してくれ」ちゅうんだなあ（笑い）。ほやあ、参ったね（笑い）。それでな、君らの歳だったら僕はね、その、ペニスが簡単に勃起できたと思うんだ（笑い）。公衆の面前でも勃起できたと思うよ。だけど五五（歳）になるとね、ちょっと無理だ（笑い、拍手）。だから勃起しないペニスにはめるなんていうのは、当然実演もクソもない。無理だ。だから俺がやってみるちゅうのが出てくれれば僕は、はめてやってもいいが、それじゃあ誰もイヤだろうから絵で説明する（どよめき―黒板に書き始める）。

こういう（どよめき）これがペニスだ。それでね、エーここが亀頭の部分ですね。これが陰茎です。で、コンドームちゅうのは結局ね、簡単に言うとね、こんな形しとるわ。ここん所がこういうふうになって、こういうペシャンコになっとる。結局全部がね、ここにこういう（―と説明）。それで先端の部分に精液溜がついている。それでこの精液溜をね、ひねるか、ここの中につばを入れるわけ。つばを入れてここの先端にこういうふうにあてるわけ。だからここ、空気じゃあいかんよ。空気じゃあなくて、つばか、ひねってここにこういうふうにあててやるわけ。あててある方向にスーっとこうズルズルとこういうふうに伸ばして来るわけ。そして、ここの所に、ちょっとゴムの厚い部分がある。こうやって装着するのがコンドームだ（どよめき）、わかったね。それで、使用上の注意はね（また、どよめき）、いや、だから、結局、いいかね。さっき言ったように勃起しなければ、そんなフニャフニャなものではめれんから、ということはセックスが終わって射精を済ましちゃって、それからも、まだ、膣の中に入れてグズグズ時間を取っとると、アノー、萎《しぼ》んでくるんです。萎んでくるとこれが、すり抜けちゃうことがあるわけだな。置いてきちゃう、膣の中に、精液と一緒に。だから、その事故を起こさないためには、ソノー、射精が済んだら、まあ、女の人は射精が済んでからも、しばらく、余韻を楽しみたいという傾向が強い。一般にね（どよめき）。だけど、そんなこと構っちゃおれんから（どよめき）、根元にちゃんと、手をあてて抜くということだ（どよめき）。萎む前に抜く。これが大事です（どよめき）。

それから、もうこれで終わりだけどね、ついでに絵を書いたから言っておくけどね。エー、包茎についての質問が、何件かあったついでに絵を書いたから言うけど、包茎というのはどういうのかというと、皮被りちゅうんだな（笑い）。亀頭がこうあると皮が被っているわけだ。これをどうむくかという問題なんだ。それで僕自身も一種の仮性包茎、仮性というと仮の包茎だってね。大学のねえ、エー、二年の時だったかな。決心して自分で始末したね。どうやってやるかというとねえ、だって結局はこの陰茎の亀頭の部分というのは—黒板の絵をさして—この向こうに点線で書いた部分にあるわけだけど、この皮と亀頭の部分の間にアカがたまってくるんだ。それがものすごく臭い。それをフロに行くたびに洗わないかん。面倒くさくなった。だから意を決してね、グッとむいたんだ。むいたというのは、だからここの所をこちらにむいて皮をこちらの方に、こういうふうに持っていったわけだ。この部分というのはものすごく鋭敏だからね、そうだなあ一週間くらい、ペニスは立ちっぱなしだ。電車に乗ってもどこへ行っても（大爆笑）。そりゃあ、閉口した、すぐ立っちゃうから、もう擦るだけで立っちゃうからね。だけど、だんだん慣れてくるからね。慣れてきてだんだん何ともなくなるから、だからほとんどの包茎は自分でむいて一寸辛抱すれば治る。

だけどね、無理にむくと出血してくるやつがある。これはね、仮性包茎でなく真性の包茎だから泌尿器科へ行ってね、泌尿器科。男のペニスをみるとこだ。泌尿器科へ行って一寸簡単な手術があるからしてもらう。これは日帰りの手術だからすぐ済む。わかったあ。

それでまあ、だいたい全部の質問に答えられたと思いますけども。質問が今あってしゃべる人がおったら、何でも答えるけれども、今言ったのでも足らんことがあったら、手を挙げていう人おるかね。

よしっ──チョークを置き、マイクの所へ──エーッと、高等学校へ行ってしゃべると何かな、五分か一〇分おきに何か笑わせとらんと話なんか聴いてくれないぞと、友達に言われたけど、それでなく、よおく、話を聴いてくれてありがとうございました。どうも（笑い、拍手）。

（付記）本稿は一九九三年六月、県立豊田北高等学校で全校生徒に対して行なった講演で、校誌『青雲』より転載。

Ⅶ　画像録

新聞・年賀状のコピーなど

開業して35年の豊田市若宮町、鈴村産婦人科は、自然分娩率"日本一"の産院といわれ、市内外から信頼が高い産科医で知られるが、鈴村鋼二院長（72）は1960年の安保闘争時、東大法学部学生で闘争に参加した。その後も市民運動を続けるため、医師の道を選択したのだが、同年6月15日の安保から50年を振り返って、その想いを聞いた。【鬼頭直基】

60年安保から半世紀

産婦人科医の鈴村鋼二さん

勝ち目ない闘いに挑み続ける

1976年に開業し、ほぼ35年ですが、分娩数は約2万例。うち帝王切開件数は2%台で全国平均の10分の1。文献を見る限り、当院を超える自然分娩率は見当たらない。だから"日本一"を自負しているのです。

一般の産院の帝王切開率は高くなっているのですが、理由は①産科技術の低下。うちでは数日がかりで出産するケースもありますが一般の産科では帝王切開してしまう。30分かからないし、医療

点数、手術料もある。つまり体が楽だし収入もいい。②医療事故の可能性、訴訟を怖がる。で、手術してしまうのです。当院では、粘りと高い技術力を持つ優秀な看護師がいるから、やってこられたのです。開院以来、ほぼ全員が居付いていて経験も技能もあり、勤務数年の医師より高いレベルですよ。安心して任せられますが、これを維持していくことは現在の医療制度や状況では難しいと思います。

僕は60年に東大法学部卒業ですが、当時は60年安保の真っ最中。高校時代からあこがれた丸山真男先生の教えを受け、卒業後は生まれた豊田市に帰り、労働運動に携わるつもりでした。

当然、会社に勤めればすぐ首にされる。「医者なら首にされんだろう」と家から通える名大医学部を受験。だから卒業と入学試験が重なって大変でした。

東大法出身 市民活動のため医師の道へ

医学部を卒業して数年後にパリ大学へ2年間留学しました。70年代初頭でアルジェリア戦争、学生反乱の余韻が残る状況を肌で感じました。

一方、名大時代から、トヨタの下請会社で労組を作った労働者が解雇された事件に関わり、ビラまきや裁判闘争を延々と闘いました。10年かかって、和解という結論でしたが、取れるものは取った。これ以降「延々とやられるんで労働者を簡単には首切れんぞ」という空気が定着する効果はあったと思います。

その後、豊田スタジアム建設の話が持ち上がった時は「他都市で巨大サッカー場が建設され、赤字状態は分かっていた」ので反対運動を展開しました。市民アンケートでも医師の声も反対でしたが、「公」の声は出てこない。ここでは、自由にモノが言えないんですよ。これでは健全な市民社会とは言えない。

私は今でもビラまきに出ますが、地元のマイター（ビラまきをする人）が足らない。協力してくれるのは他都市の協力者か定年退職して"自由"になった人たちくらい。

資本主義でも自由にモノが言えて、能力に合ったポストに就かせて発展するケースはいくらもあるし、その方が強いはずですがねえ。

60年安保から50年。丸山先生は「自由がなければ市民社会は腐敗する」と言っていました。私は勝ち目のない戦いを闘い、ここまで来たかもしれませんが、年をとっても体が動く限りビラ配りもやるし、言いたいことは言い続けますよ…。

1．2010年6月10日『新三河タイムス』から受けたインタヴュー記事。

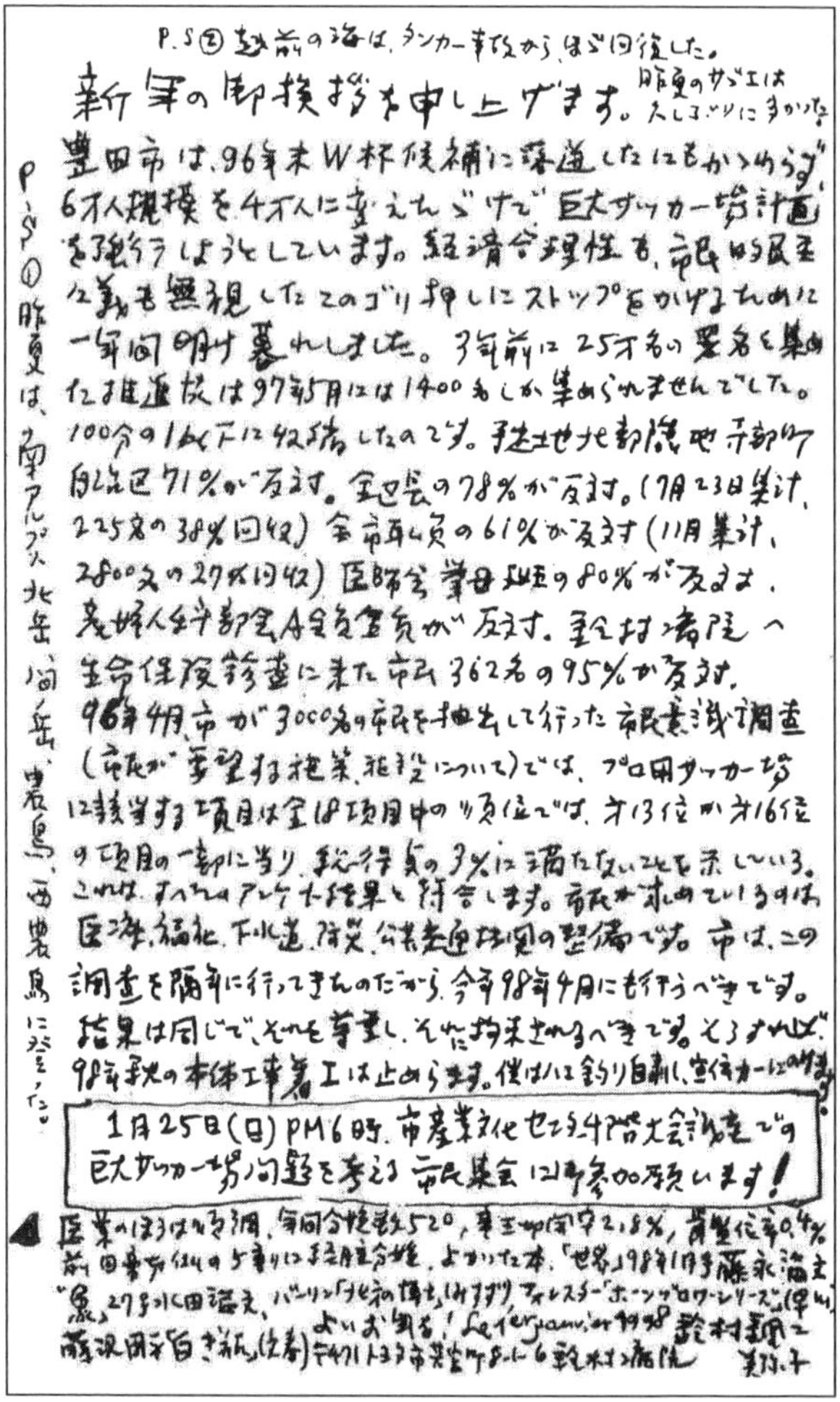
P.S② 越前の海は、タンカー事故から、ほぼ回復した。

新年の御挨拶を申し上げます。 昨夏のサザエは久しぶりにうまかった。

豊田市は、96年末W杯候補に落選したにもかかわらず、6万人規模を4万人に変えただけで巨大サッカー場計画を強行しようとしています。経済合理性も、市民的民主主義も無視したこのゴリ押しにストップをかけるために一年間明け暮れしました。3年前に25万名の署名を集めた推進派は97年5月には1400名しか集められませんでした。100分の1以下に縮んだのです。予定地北部隣地元町自治区71%が反対。全区長の78%が反対。(7月23日集計、225名の38%回収) 全市職員の61%が反対(11月集計、2800名の27%回収) 医師会常任理事の80%が反対。婦人会部会A全役員が反対。全トヨタ病院へ生命保険診査に来た市民362名の95%が反対。

96年4月、市が3000名の市民を抽出して行った市民意識調査(市民が要望する施策、施設について)では、プロ用サッカー場に該当する項目は全18項目中の順位では、第13位から第16位の項目の一部に当り、総得点の3%に満たないことを示している。これは、すべてのアンケート結果と符合します。市民が求めているのは医療、福祉、下水道、防災、公共交通機関の整備です。市は、この調査を隔年に行ってきたのだから、今年98年4月にも行うべきです。結果は同じで、それを尊重し、それに拘束されるべきです。そうすれば98年秋の本体工事着工は止められます。僕はハエ釣り自粛し、宣伝カーにのります。

1月25日(日) PM6時、市産業文化センター4階大会議室での巨大サッカー場問題を考える市民集会に御参加願います!

▲医業のほうは26週、毎回合格数520、再手術率2.18%、前置位率0.4%、前回最高位4の5割りに手術合格。よかった本:「世界」98年1月号藤永論文「泉」27号水田論文、バーリン「北京の博士」(みすず)、フォレスター「ホーンブロワーシリーズ」(早川) 藤沢周平「白き瓶」(文春) よいお年を! Le 1er janvier 1998 〒471 トヨタ市若宮町8-1-6 鈴村病院 鈴村鋼二 美弥子

P.S① 昨夏は、南アルプス北岳、間ノ岳、農鳥、西農鳥に登った。

2. 鈴村の手書き「年賀状」。毎年受け取る人々にとっては新年の「名物」となっていた。これはそのうちの一葉。

市民のみなさん、私達は昨年の四月以来、満一年の間市政の研究と調査を続けてきましたが、ようやく不正事件をた[illegible]けたのでこれをみなさんの前に公表します。私達市政研究会の目的はただ一ツ、不正のない真に市民のためになる市政を作ることです。

工場誘致奨励
補助金四九〇万円を不正支出か?

市役所は工場誘致奨励補助金と称して、市内に工場を新設する者に対し、毎年莫大な補助金を支出しているが、その支出先と金額は、決算書にさえ発表されず、最も疑問の多い補助金である。三十八年度は当初予算だけでも、一億円、三十七年度もこれ近い額を支出しているはずである。条例によれば、操業を開始した工場でなければこの補助金を受けられないことになっているが、地ならしだけおこない事業を放棄してしまったKK東海理化電気製作所、KK三五に各々二四五万円が支出されているようである。日本農民組合豊田支部の調書によれば、両工場に対する補助金は、三十七年四月二十三日付けで商工課より支出されており、総務課長の管理する「補助金指令簿」に記載されている。農民組合豊田支部は、四月十三日正式に市役所へ調査に出かけ関係者に会った。以下はその時の問答の一部である。

（商工課にて）
農民組合—事業をしていない工場へ補助金が出ているらしいが
田中商工課長—そんなことは絶対にない。
（総務課にて）
農民組合—不正な補助金が出ているということだから「補助金指令簿」を見せてほしい。
青山総務課長—田中君か助役の許可を得なければ見せられない
（商工課にて）

交際費合計	四、一六一、五八五円
市長交際費	二、八一九、〇六六円
議長交際費	七四九、七二八円
農業委員会長交際費	一九九、六一〇円
教育委員長交際費	一七九、九八一円
消防関係交際費	一三八、二〇〇円
学校長交際費	七五、〇〇〇円

これは三十六年度の決算であるが、三十八年度はこれより二〜三割上まわるものと思われる。食糧費は、酒と芸者とめしにきまっているが、交際費の使途は全く不明で、決算書にはただ「交際費」とのみ記されている。交際費と補助金のかなりの部分が食糧費にあてられることは常識であるが、そうなると実質的な食糧費はいったいどれだけになるのか?市長にも正確なところはわかるまい。正規の食糧費の倍額つまり一、〇〇〇万円に近づくことはまちがいないだろう。市長交際費には、恋人との「交際」費もふくむということが常識になりつつあるほどの噂である。

最低の議員諸氏

以上のようなことは、書けばきりのないほどある。こういうことは全て、議員から出ている二名の監査委員と、議会の承認を得ておこなわれたことである。名前は挙げないが、定員三〇名のうちかなりの人が土地ブローカーをしている。選挙費用がなくて困っていたような人が、任期中に大財産家に早変りする。某部落出身の議員のように、共有地処分にまつわる不正に関係する。悪いことをしないいい人だと思えば、任期中いちど

3-1．新聞の折り込みで配られた、現存する市政研の最も古いビラ（1963 年 4 月 15 日）

農民組合―商工課長がよいといっているので見せてほしい。
青山総務課長―田中君はよその課のことだと思って勝手なことをいう。たしかに出ていないのだから見せる必要はない。
農民組合―見せなければ疑われても仕方がないではないか。
青山総務課長―困る。
結局「補助金指令簿」は見せられなかった。現在のところ調査はここまでしか進んでいない。今後も農民組合と共に交渉を続けていくが、市役所側が誠意のある回答をしない時には、有権者の五〇分の一の署名を集めて直接監査を請求するつもりである。

不可解な給連と自治振興会への補助金

ここ数年来、給連と中山三郎氏を頭にした自治振興会（区長会のこと）には、毎年各々一〇〇万円前後の補助金が出ている。給連の幹部はトヨタ系で占められており、この金でバケツや砂糖を会員に配っている。一方自治振興会とは名ばかりで、実は選挙ともなれば区民を上から押えつけ特定候補のために票を集める「自治弾圧会」である。区長六六名の手当、食糧費、大名旅行費は別に年一〇〇〇万円以上の金が出ることになっている。そうすると、毎年一〇〇万円の補助金はいづこへ消えていくのか？もちろん、使途も正確な金額も決算書には発表されない。来年の市長選挙に備えてか、三十八年度は、当初予算だけで両補助金とも一〇〇万円となっている。追加は例年のことである。

莫大な食糧費と交際費

食糧費　　四、八〇六、三〇一円

一九六三年四月十五日

がおこなわれているという話すらある。

弱い者いじめの市政

こういう議員連ばかりだから、自分の給料は勝手に上げ、あげくの果ては恩給までつけてしまう。一方では、保育料の値上げを前ぶれなしで突然倍額にするというようなことを平気でやる。大きな工場やボスには莫大な金がどんどん出ていくが、一般の市民や農民がわずか一万円の補助金を得るためにする苦労は並みたいていのものではない。予算書の書き方がよくない、決算書には違いがある、……とさんざん文句を並べられ、最後に「課長さんどうもありがとう」ともらってくるのである。市役所の決算書はどうだといいたくなる。要するに弱いものいじめの市政である。

市政研究会は、この堕落した市政を叩き直すまで活動を続ける覚悟です。

市政研究会のスローガン

一、四月三十日の選挙には、市民の立場に立つ批判者に投票しよう！
二、補助金の支出先と金額を市民の前に明らかにせよ！
三、食糧費をけづり、交際費の使途をはっきりさせよ！
四、保育料、税金の値上げ等の弱い者いじめをやめよ!!

豊田市政研究会

市政研ニュース

1963. 5. 22

割りふり人事で始りドンチャンで終る

―臨時市議会報告―

市民が注目していた選挙後初の臨時市議会は、五月十五日に開かれました。ここで演じられたファッショ的議事進行と茶番劇は、腐敗堕落している豊田市政にまことにふさわしく、ウワサのごとき醜態ぶりをいかんなく発揮してくれました。トヨタ労組選出の四議員が主流派の自民党と「団結」したり、元校長の人格者であるはずの議員が、ボス議員から「××副委員長」という末席を授って感激したり、果ては、議長招宴なる大宴会を料亭〃魚十〃で市民の批判をシリ目に堂々開催、豊田市の芸者総上げで飲めや歌えのドンチャンさわぎ……

あらかじめ決められていたポスト

議長、副議長、各常任委員会の正副委員長などのポストの人選は、議会が開かれる前にすでに決められていました。休憩中に、民主クラブの古橋、梅田両議員が、主流派の石川、永田、宇野議員達に「石川さんの議長は了承することにするから、副議長は議会運営をスムーズにするため民主クラブにいただきたい」と要求したらなんと「すでに石川議長、秋元副議長、宇野監査委員は決定しているので了承してほしい」という返事。常任委員会の正副委員長問題についてきくと「それはまだ決めてないのでオープンで選出したい」と、この割にフェアーな答え

豊田市政研究会（会長　渡久地政司）
発行責任者　鈴村鋼二

問題に発展する可能性も持っています。強行採決した議員達はどのような責任をとるつもりでしょうか。

あきれた阿部天皇と北川、大川議員

―矢作川にぶち込まれたいのか―

五月に入ってから降り続いている長雨のために、保育園、学校、住宅団地の周辺の道路はひどいぬかるみになり、全く小災害状態です。そこで「道路を早急に修繕するように」という緊急動議を、柴田議員が提出者となり、渡久地議員が賛成者となって出したところ……

阿部議員　そんなのは議事日程にない。
北川議員　予算化してないものを、どうして実行できるのか
大川議員　賛成議員を事前に文書で議長に報告してあるのか
（知ったかぶりして）

……等々、いやらしい妨害を行いました。妨害を予想して、渡久地議員は議会事務局へ必要な手続きをしてあったので、動議は採決されることになりました。ところが、阿部、北川議員ら主流派議員は賛成しようとしません。曽我善さんが「道路を直してほしくない議員の顔をよくおぼえておけよ」というと阿部、北川議員は恥しそうに賛成に立上りましたが、それでもなお、賛成しない議員もいました。

あとで某議員が「渋谷団地の居住者がこのことを知ったら、阿部天皇は久澄橋から放り込まれてしまうぞ」といっていましたが、全くのところ、阿部さんや北川さんの発言ぶりからすると、高橋やトヨタ地域の道路はよっぽどよいらしい。予算化されていないから、というのは妙なリクツです。なければ予備費から出せばいいし、追加更生予算を計上すればいい。それもダ

3-2．現存する鈴村の名が書かれた最も古い「市政研ニュース」（1963年5月22日）

それなのに選出してみると委員長には主流派古参議員、副委員長には主流派新議員とみごとに割りふった結果が出、しかも、割りふりの投票はきわめて正確に行なわれていました。議会外「議会」でポストは決っていたのです。

市長推せんの監査委員？

豊田市ならではの珍事は、議会選出の監査委員の推せんを、こともあろうに長坂市長がやってのけたことでしょう。ただでさえ使いみちの怪しいといわれる十六億円もの市予算を監査するのに、市長推せんの監査委員とはあきれてものがいえません。当然、猛烈な異議が出ましたが、石川議長は強行採決。むろん主流派も、議会が自らの権利を放棄するこの芝居に一役買っています。

脱税補助の疑い

——挙母農協四千万円寄附のナゾ——

挙母農協から豊田市に、四千万円もの巨額な金が寄附されました。これに対して古橋、田口、柴田、渡久地議員が疑問点と要望を述べました。

市から補助金をもらいたいぐらいの挙母農協が、市の学校教育振興という名で、気前よく四千万円をポンと出すとは全くおかしな話です。この寄附のカラクリは、挙母農協が土地売却利益金をそのまま利益として計上すると、五割ぐらいは税金にとられるので、一応豊田市に寄附しておいて、あとで補助金としてもらうという税金逃れの苦肉の策です。古橋議員は「一種の脱税行為でも、挙母農協の利益は市民の利益だから賛成はする。しかし、議会がこのことを知らん顔して通すわけにはいかないので、秘密会を開いて説明してほしい」と要望しましたがこの発言は無視されてしまいました。

利益金を豊田市に寄附しておいて、あとで補助金をもらうことによって税金逃れができるなら、開拓農協や養蚕・養鶏農協あたりも、マネしかねません。これは場合によっては、国会のメなら、議長招宴などという金喰らいのドンチャンさわぎはやめて、少しでも役に立つ方へ廻わせばいい。

料亭〃魚十〃で大宴会

——酔っぱらい議員の頭を、ドロ水で冷させよう！

議会が閉会すると加藤事務局長が「五時三十分から〃魚十〃で議長招宴が開かれるのでご出席下さい」と叫びます。議長招宴とは、当選した議員を議長が一席もうけて招待するというだけではなく、市長、助役、収入役、市役所の部課長といった市当局のおえら方もずらりと顔をそろえ、町の芸者総上げというおそろしく派手なものです。しかも、飲ませて反主流派、特に新人議員連のシッポをつかもう、というはなはだ政治的な宴会です。市長招宴をボイコットされたのでコリたかと思ったら、あくことなくこんどは名を変え、議長招宴というわけです。

「横暴議長のまずい酒を、それも石川個人で自腹を切るならいざ知らず、市民の血税を飲めといったって飲めん」と創価学会の八百住さん、柴田、渡久地議員は欠席を申し合わせ、これに古橋議員も同調。議長のメンツだけは一応立ててやるために出席した梅田、黒川、光岡、田口、羽根田、曽我議員らも、バカさわぎにあきれて早々に退席。主流派議員はいささかうす気味わるかったけれど、それでも役の全ポストを独占したうれしさで大いに気焔を上げ市民の血税をうまそうに飲んだのです。

この酔っぱらい議員達に、ドロンコ道路の水を、頭からかけてやる必要があります。

会長渡久地君を市議会に送り込んで、初めてのニュースですので、全市的に新聞折込みをしましたが、市政研は、安月給のサラリーマンや青年労働者、アルバイト学生などが主要メンバーのため、大いに意気はあっても金がないのです。今后、運動の意義を理解して下さる方々の資金カンパへの依存か、実費をいただく新聞にするかして、なんとか、ニュースを全市民のものにしてゆきたいと思っています。そうした財政的基礎が固まるまで断続的になるかもしれませんがその点御了承下さい。

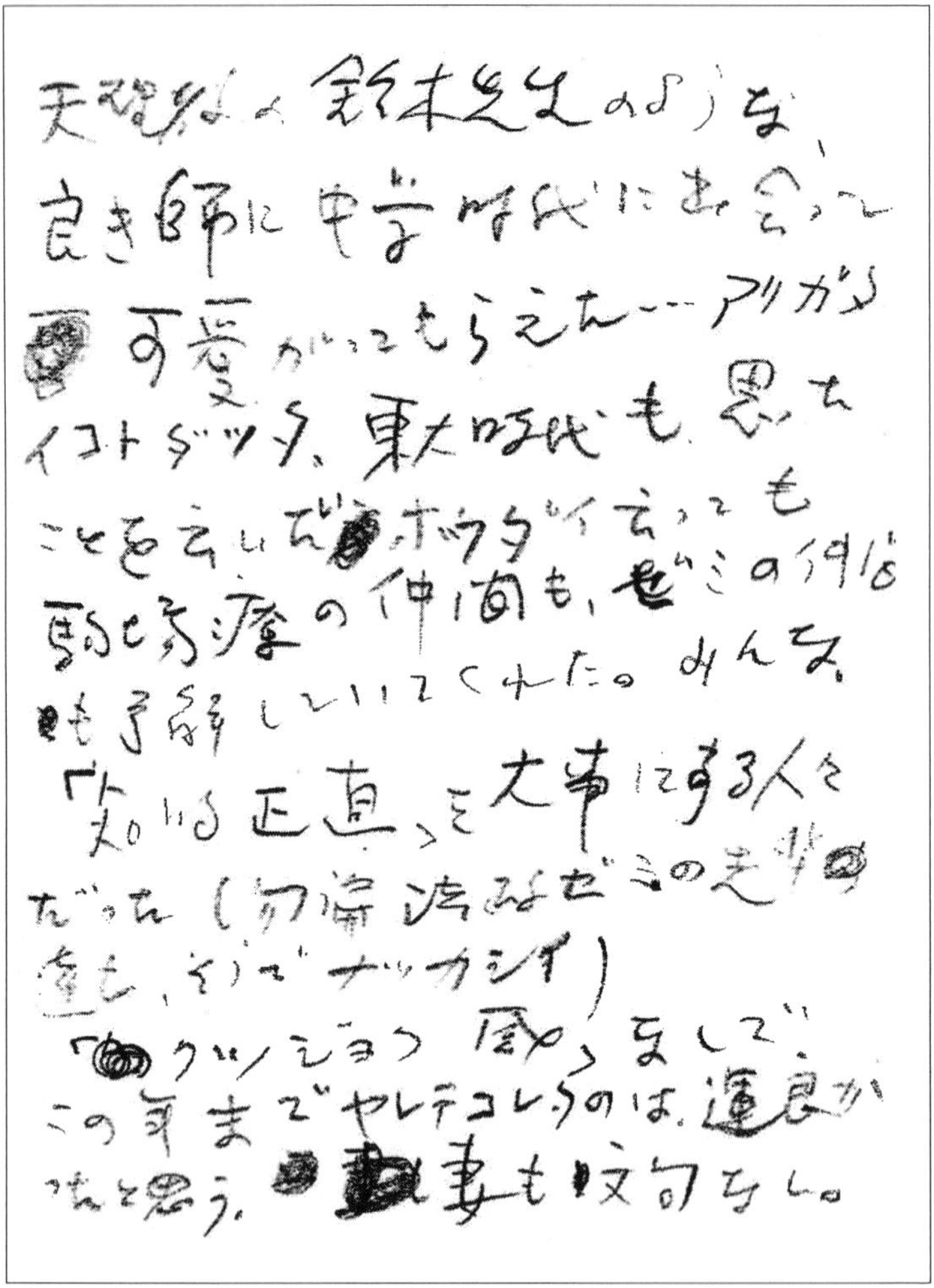

天理教の鈴木先生のような、
良き師に中学時代に出会って
可愛がってもらえた…アリガタ
イコトダッタ。東大時代も思った
ことを云いたいホウダイ云っても
動じる人の仲間も、ゼミの仲間
も了解していてくれた。みんな
「知的正直」を大事にする人々
だった（加藤治ゼミの先生
達も、そうだナツカシイ）
「クツジョク感」なしで
この年までヤレテコレタのは、運良か
ったと思う。妻も文句なし。

4．鈴村最晩年の手書き「遺稿」の一部

正健ら孫小供達も、そういう
風に生きて行ってもらいたい。
社会的にエラクナラナクテヨイ。
自分の理想と、人生観によって
ナットクデキルように生きること
が良い生き方と思う。
(勿論そのためにはオレがやって
きたような、エラクナルタメデナク、
人民大衆のための勉強を、
一生懸命しなければならないこ
ことは自明、アタリマエのことだ。)
正、健へ、父より。
Le 22 juillet 2014. PM 1:24

鈴村鋼二　略年譜

一九三七年（昭和一二）九月二七日、愛知県挙母町（現豊田市）に生まれる。

一九五〇年（昭和二五）三月、挙母小学校卒業。

一九五三年（昭和二八）三月、挙母中学校卒業。

一九五六年（昭和三一）三月、愛知県立挙母高等学校（現豊田西高等学校）卒業。

一九六一年（昭和三六）三月、東京大学法学部政治学科卒業。

一九六二年（昭和三七）「豊田市政研究会」（以下、豊田市政研という）の結成。

一九六七年（昭和四二）三月、名古屋大学医学部卒業（産婦人科学専攻）。蒲郡市民病院産婦人科勤務。

一九七二年（昭和四七）六月、フランス政府給費留学生として、パリ大学医学部産科外科研究室に二年留学。

一九七四年（昭和四九）五月、帰国後、名古屋大学病院産婦人科勤務。

一九七六年（昭和五一）三月、郷里、豊田市にて、産婦人科病院を開院。

一九七八年（昭和五三）七月、豊田西高の後輩である在日朝鮮人崔正雄君の強制送還阻止運動に、豊田市政研の仲間と共に関与し、強制送還を阻止させる。

一九七九年（昭和五四）十月～十二月、「金大中氏救出豊田市民の会」の結成に関与し、署名活動に奔走。二万三千名余の署名を集め、内閣に提出。

一九八一年（昭和五六）二月～四月、「第二回国連軍縮特別総会に核兵器完全禁止と軍縮を要請する国民署名を進める豊田市民の会」の結成に関与し、署名活動に奔走。豊田市内各層から十一万一七八〇名の署名を集める。

一九九六年（平成八年）十二月、「巨大サッカー場問題を考える会」の結成に参加し、二〇〇二年ワールドカップを招致するために豊田市が提案した豊田スタジアム建設反対市民運動を開始。

一九九八年（平成十年）一月、「巨大サッカー場問題を考える会」が、スタジアム建設の是非を問う住民投票条例制定の直接請求署名運動開始を決める。四月二五日正式に署名運動が開始され、その署名集め人および署名集めに奔走。五月二四日までに、署名総数三万一八一七名、署名集め人一五二八人を集めて、豊田市長に対し、住民投票条例制定の直接請求をするも、七月の臨時市議会で否決される。

二〇〇三年（平成一五）フィリピントヨタの労働者不当解雇撤回闘争の支援活動を始める。

二〇一六年（平成二八）一月二四日午前七時一八分、肺炎のため逝去。

あとがき

追悼　鈴村鋼二

二〇一六年一月は鈴村鋼二（以下鋼ちゃん）が死に、五月にぼくは八十歳になった。昼めしどき、朝めしは何を食ったかを忘れ、手紙一本が書けなくなり、足腰が覚束なくなり、二、三日前木曽川の河原を歩いてみたらよろぼうてしまう無様さだ。六十代、七十代は何ともなかったが八十代への峠路は、鋼ちゃんの死に遭ってから、まことに胸突きだった。

鋼ちゃんとは割合ながい付き合いだったので、頼りない脳味噌のぼくでも、彼の所作、音声は記憶も存外鮮明である。

札幌に勤務していた一九六〇年代、鋼ちゃんが医学部の一年か二年の夏のおわりに、ぼくを訪ねて来た。いま思うと呑気な時代だったようで、上司は会社のトラックの使用を許可し、目的不詳の出張を一週間させてくれたので、二人で北海道を走りまわった。

国鉄小樽駅ホームの柱は「おたる」と縦書きであり、昨今は観光名所になった運河も、当時は黒い水面にゴミや流木を浮べ、崩壊寸前の倉庫群が頼りない影を写していた。鋼ちゃんは伊藤整だなあと嘆息し、羊蹄山麓の強風で吹き飛びそうな諸国御商人宿では、裸電球の下で安酒をのみ、有島武郎はこんな風の中で上等な洋酒をのんでいやがったんだろうな、といった。金持ちの有閑人が気に入らなかったのだろう。
だが鋼ちゃんは有閑でなかったが、ほとんどの医者の例外にならず裕福になった。滅多に得られないほどの夫人も得、優れた子息にも恵まれた。よく働いた。寸暇をおしんで山に登り海に潜った。剣岳の山頂では、ありがたいといい、北岳では涙を流し、神はいるよといった。独特の言葉を多く残したが、心もちを表現するには、単純で簡素であるのを旨としたようである。従って風体には拘泥せず、腰には手拭い、パリで購入のダウンの破れにはガムテープを貼り、胸を張った。

通夜のとき、鋼ちゃんの写真を見た。夫人の美彌子さんのカメラに相違ないが、一瞬、土門拳の『風貌』が思い浮かんだ。当時の著名人の顔を写真集にしたよい本だ。ただ鋼ちゃんは笑顔だが、土門のモデルは一人も笑っていない（いるかも知れない？）。

ことばにできないほど、ぼくには優しくしてくれ、力添えも並ではなかった。ぼくは、それにひとつも報いることができないでいる。物事の判別が難しくなり、酒の味も分かりにくくなった。鋼ちゃんがいなくなったことばかりが寂しい。目蓋がかゆくなり、文字も霞む。

これであとおいならぬ「あとがき」になるか。

二〇一六年十一月

川上欣宏

編集後記

鈴村鋼二遺稿集の編集を終えるにあたって、以下の二点につき注記しておきたい。

まずはその題名である。鈴村は自分の書く文章のタイトルには、いつも極力「平凡」なものを選択した。このことは、この「遺稿集」を見れば明らかである。それは彼の言語に対する「美意識」ともいうべきもので、大仰なものや凝りすぎたものをできるだけ忌避する感性から来ているといえよう。そういう人物の「遺稿集」のタイトルを、『マルクスとヒポクラテスの間』などとすれば、生前の鈴村なら頭から受け付けなかったかもしれない。しかしこの題名は、もちろん鈴村をマルクスやヒポクラテスに比定するものではない。このようなタイトルを選んだのは、鈴村が「遺稿集」の中で度々言及しているように、一人の市民の生き方としてはマルクス主義思想の「倫理的命題」に忠実であろうと努めたこと、また医師としては「ヒポクラテスの誓い」を片時も忘れず医業に励もうとしていたことを表したかったからにすぎない。

今一つは、この「遺稿集」の中で、かなりの字数を費やして産婦人科医療のシリアスな「症例」を克明に記録している論稿の扱いについてである。一読されればお分かりのように、これらは専門家以外の一般人には読みづらい内容である（最初この部分は外してはどうかとの意見も出た）。

しかしこの「遺稿集」では、一切省略せず全て収録した。その理由は、これをもって自らの医師としての活動記録を広く世に周知させるためのみならず、後進の産婦人科医師たちへ重要な「症例治療」の参考に供するための記録として残そうとしたのではないかと推量したからである。それゆえこの本は、医業の中でも、最も過酷な状況で働いておられる産婦人科医や看護師の方々への「遺言」でもあると言えるだろう。

「遺稿集」を編集するにあたっては、とくに次の方々の助力が大きな支えとなった。

『月刊市政研』の鈴村論稿が載ったバックナンバーについては（半世紀以上前のものは散逸が心配されたが）、豊田市政研究会を代表して長らく豊田市議会議員や愛知県議会議員を務められた小林収氏が、創刊時からのものをすべてそろえてくださった。また同人誌『象』の原稿収集については、河合文化教育研究所の加藤万里さんにお世話になった。このお二人の協力がなければ、「遺稿集」編纂も大幅に遅れたことであろう。さらに「遺稿集」の原稿をスキャナーで読み取り、コンピューターへ取り込んで編集するための技術的な手助けは、私の教え子の星川大祐君が務めてくれた。これらの方々へは心から御礼申し上げる。なお本書の校正や内容の点検などは、鈴村と私の古くからの共通の友人である仏文学者佐々木康之氏から、懇切な助力をいただいた。そもそも、鈴村急死の一報直後、「鈴村鋼二遺稿集」を作ろうと真っ先に提案されたのは佐々木氏であり、氏の迅速で積極的な勧奨が本書成立の契機である。

「遺稿集」の編纂と出版の基本的な方針は、本書の出版元である風媒社の創業者稲垣喜代志氏（本書「巻頭言」の執筆者で、一九五〇年代からの鈴村の友人）と、あとがきの「追悼文」を執筆した川上欣宏氏（鈴村の中学時代からの親友）、それに佐々木氏と私（村山）を含めた四人の「編集会議」（二〇一六年二月十三日）で話し合い定めたものである。

愛知県豊田市の産婦人科病院五階の自室で万巻の和洋書を読み、現代世界の思想状況と格闘しながら、市民運動では常に一兵卒として働き、産婦人科医師としては日々研鑽を怠ることなく最高の臨床医であり続けた鈴村鋼二の「遺稿集」が、広く多くの読者に読み継がれていくことを望んでやまない。

また鈴村鋼二の生涯を献身的に支えられた愛妻美彌子さんと鈴村家の方々、病院のスタッフや近しい友人さらには市民運動の仲間の方々にも、本書がいささかの慰めともなることを願っている。

本書の出版にあたり、我々の面倒な注文を快く聞き入れ、着実に実務を進めていただいた風媒社編集長劉永昇さんには大変お世話になった。末尾ながら記して感謝の意を表する。

二〇一六年十一月

村山高康

［編者略歴］50音順
稲垣喜代志（いながき・きよし）
1933年生まれ。風媒社創業者、現在・名誉会長。
鈴村の東大学生時代（1950年代）からの友人。

川上　欣宏（かわかみ・よしひろ）
1936年生まれ。元建築会社経営。
鈴村の中学時代からの友人。

佐々木　康之（ささき・やすゆき）
1935年生まれ。元立命館大学教授（仏文学）。
鈴村の1960年代後半からの友人。

村山　高康（むらやま・たかやす）
1940年生まれ。元桃山学院大学教授（政治学）。
鈴村の1961年以来の友人。

マルクスとヒポクラテスの間　鈴村鋼二遺稿集

2017年1月24日　第1刷発行　（定価はカバーに表示してあります）

著　者　　鈴村《すずむら》　鋼二《こうじ》
発行者　　山口　章

発行所　名古屋市中区上前津 2-9-14　久野ビル
振替 00880-5-5616 電話 052-331-0008
http://www.fubaisha.com/
風媒社

＊印刷・製本／モリモト印刷
乱丁本・落丁本はお取り替えいたします。
ISBN978-4-8331-5318-8